AF401788

*ur les rôles de taxes abusives au 1.er*

| ticles restant à recouvrer au 1.er | | | | OBSERVATIONS, |
| d'un recouvrement douteux. | | sans espoir de recouvrement. | | *Dans lesquelles on fera connaître la nature des poursuites et les causes qui arrétent ou suspendent le recouvrement.* |
| Nombre. | Montant. | Nombre. | Montant. | |
| | | | | |

*ussigné.*

BUREAU d

*TRIMESTRE d*

les condamnés,

| IL RESTAIT à recouvrer au 1.er | FRAIS DE JUSTICE consignés sur le sommier pendant le trimestre. | TOTAL. | A DEDUIRE | | TOTAL. | Nombre et [illegible] d'un recouvremen |
|---|---|---|---|---|---|---|
| | | | SOMMES recouvrées pendant le trimestre. | SOMMES tombées en non-valeur pendant le trimestre. | | Nombre. |
| | | | | | | |

*Certifié véritable par moi Receveur de l'Enregis.*

A                         le

# TABLE

## GÉNÉRALE, ANALYTIQUE ET PAR MATIÈRES,

### DES

## INSTRUCTIONS ET CIRCULAIRES

### DE M. LE CONSEILLER D'ÉTAT,

DIRECTEUR GÉNÉRAL DE L'ENREGISTREMENT ET DES DOMAINES,

JUSQU'AU 1.ᵉʳ MARS 1823,

Auxquelles on a réuni, aux titres ENREGISTREMENT, TIMBRE, GREFFE et HYPOTHÈQUES, les dispositions des Circulaires de l'Administration qui ont paru depuis la publication des Lois y relatives et qui sont encore en activité ;

### RÉDIGÉE

### PAR DEUX EMPLOYÉS DE CETTE ADMINISTRATION.

## A PAU,

DE L'IMPRIMERIE DE VIGNANCOUR, AVOCAT, IMPRIMEUR DU ROI.

Mars 1823.

# PRÉFACE.

On sent toute l'utilité d'une Table analytique quand on est souvent obligé de consulter l'ouvrage auquel elle appartient ; cette utilité s'accroît encore à mesure que l'ouvrage augmente et que les objets se multiplient : on y trouve alors l'avantage de faciliter les recherches, de les abréger même, et d'épargner en outre une perte de tems considérable.

La Table des instructions et circulaires de M. le Conseiller d'état, Directeur général de l'administration de l'enregistrement et des Domaines, que l'on a l'honneur de présenter à MM. les Employés et Receveurs de cette Administration, offre ce triple avantage, par le classement des matières, par l'indication dans une colonne particulière de l'objet de chaque instruction et par l'extrait qu'elle en donne. Cet extrait, si l'on en excepte un petit nombre d'instructions qui n'ont pas paru susceptibles d'analyse, dispensera souvent de recourir à l'instruction elle-même, puisqu'il en indique les dispositions essentielles et, en outre, s'il s'agit de décisions, leur date et l'Autorité qui les a rendues.

Indépendamment des instructions de M. le Directeur général et pour compléter les parties de l'enregistrement, du timbre, du greffe et des hypothèques, elle réunit les extraits des circulaires de l'Administration qui sont relatives à ces droits et qui ont paru depuis la publication des dernières Lois qui les ont établis ou modifiés et qui sont encore en activité.

Quand une instruction ou une circulaire a traité des objets différens, on l'a classée sous le titre auquel chacun d'eux pouvait se rapporter ; on a annoté en marge de celles des instructions qui ont apporté quelques changemens à des instructions précédentes ou qui ont été elles-mêmes modifiées par des instructions subséquentes, la date, le numéro et le titre de celles qu'il a paru nécessaire de consulter, afin de connaître de suite les dispositions abrogées et celles maintenues et à suivre.

On y a joint encore, pour l'utilité de MM. les Directeurs et Receveurs, un tableau présentant au 1.er mars 1823, la nomenclature des états périodiques qui doivent être adressés par les Directeurs à l'Administration et par les Receveurs à leur Directeur, avec l'indication de l'époque précise à laquelle chaque envoi doit être fait.

Cette table ne comprend pas les instructions relatives à la perception sur les droits de garantie, les tabacs, les patentes, en un mot, sur les diverses branches de produits qui ne sont plus dans les attributions de l'Administration.

Enfin, pour aider les recherches sous tous les rapports, on a joint au commencement de cette table, une table alphabétique des titres qui la composent, et dans laquelle les matières qui n'ont pas de titre particulier, à raison de leur peu d'importance et qu'on peut cependant être obligé de consulter, y sont indiquées, avec la désignation des titres sous lesquels elles ont été classées comme ayant avec eux le plus de rapport.

# TABLE ALPHABÉTIQUE

*Des titres qui composent ce volume, avec l'indication de ceux sous lesquels ont été classées quelques matières qui n'ont pas de titre particulier et que l'on peut cependant être dans le cas de consulter.*

# ADMINISTRATION.

| INSTRUCTIONS GÉNÉRALES. | | OBJETS. | EXTRAIT DÉTAILLÉ DES INSTRUCTIONS. | OBSERVATIONS |
|---|---|---|---|---|
| N.º | DATES. | | | |
| 1 | 8 brumaire an 10. | CORRESPONDANCE. | Mode de correspondance des employés des départemens, avec l'administration centrale. | |
| 5 | 12 dudit. | BUREAU DE LIQUIDATION SUPPRIMÉ. | Suppression du bureau de liquidation établi près l'administration centrale. | |
| 14 | 1.er frimaire. | CAPACITÉ DES EMPLOYÉS ET SURNUM.es | Compte à rendre de la capacité des employés et surnuméraires. | |
| 30 | 4 nivôse. | INSTRUCTIONS GÉN.es ADRESSÉES DIRECTEMENT AUX DIRECT.rs | Les instructions générales seront adressées, à l'avenir, aux directeurs des départemens, par le directeur général, à qui ils en accuseront la réception et la transmission. | |
| » | 17 pluviôse. | VOLS DE CAISSE. | Arrêté du Gouvernem.t du 17 niv. an 10, sur les vols de caisse. | |
| 42 | 23 dudit. | PRÉVARICATION. | Le directeur général est autorisé à traduire devant les tribunaux, sans recourir à la décision du conseil d'état, les agens inférieurs de cette administration, prévenus de prévarication dans l'exercice de leurs fonctions. (*Arrêté du Gouvernement du 9 pluviôse an 10.*) | |
| » | 21 ventôse. | ENVOIS PÉRIODIQ.s | Arrêté du directeur général du 18 ventôse an 10, relatif aux envois périodiques des états de mois, des journaux de recette et dépense et des comptes; mesures prescrites pour son exécution. | |
| 56 | 25 floréal. | VOLS DE CAISSE. — PRÉCAUTIONS A PRENDRE. | Précautions que doivent prendre les receveurs et autres préposés chargés des deniers publics, pour prévenir les vols de leur caisse et pour obtenir la décharge de ceux qui auraient pû leur être faits. (*Arrété du Gouvernem.t du 8 floréal an 10.*) | |
| » | 26 messidor. | LETTRES ET PAQUETS A ADRESSER DIRECT.t AU DIRECTEUR GÉN.l | Les lettres et paquets pour le directeur général, doivent lui être adressés directement. | |
| » | 7 thermidor. | IMPRESSIONS ET PAPIERS TIMBRÉS. — DEMANDE. | Les demandes d'impressions et de papiers timbrés doivent être adressées directement au S.r Boisot, chef de l'atelier général et des magasins du timbre, et non à l'administration; *actuellement à l'administrateur chargé de la 8.e division.* | |
| » | 19 brumaire an 11. | FOURNISSEURS DES REGISTRES. | Les directeurs sont autorisés à traiter avec les fournisseurs qui, en exécution de la circulaire du 24 prairial an 7, n.º 1586, ont dû fournir les registres, sommiers et tables alphabétiques dans les départemens et leur proposer une prorogation jusqu'au 1.er germinal an 11. | |
| 125 | 13 ventôse. | CONTRÔLEURS DES CONTRIBUTIONS. — COMMUNICATION DES REGISTRES. | Les receveurs de l'enregistrement doivent communiquer sans déplacement, aux contrôleurs des contributions directes, les registres et tables alphabétiques, les adjudications et autres actes concernant les domaines nationaux. | *V. la circulaire du 22 février 1806 sous ce titre.* |
| 130 | 9 germinal. | FRAIS DES POURSUITES. = AGENS INFIDÈLES. | Les administrations publiques qui ont une manutention de deniers publics, ou de domaines nationaux, doivent payer, tant au civil qu'au criminel, les frais de poursuites contre leurs agens infidèles. (*Décisions du G. Juge et du Ministre des finances, des 15 brumaire et 11 ventôse an 11.*) | |
| » | 14 thermidor | RECOUVREMENT. | Ordre de suivre les recouvremens avec activité; faire connaître au directeur la date et la nature des poursuites et les causes qui en ont suspendu ou empêché l'effet. — Le directeur portera ces observations dans chacun de ses états et y joindra celles qu'il croira convenables. | |
| » | 13 vendém. an 12. | ENVOIS PÉRIODIQUES. | Nomenclature des états périodiques à adresser à l'administration, et époque à laquelle ils doivent être remis. — Les directeurs doivent les faire parvenir directement au directeur général. | |

# ADMINISTRATION.

| INSTRUCTIONS GÉNÉRALES. | | OBJETS. | EXTRAIT DÉTAILLÉ DES INSTRUCTIONS. | OBSERVATIONS. |
|---|---|---|---|---|
| N.ᵒˢ | DATES. | | | |
| » | 24 vendém. an 12. | Congés. | Aucun employé ne peut s'absenter sans congé, à peine de révocation ; ceux à qui il sera accordé des congés, perdront leur traitement pendant leur durée ; la retenue sur leur traitement sera versée à la caisse des pensions de l'administration ; sont exceptés de la retenue ceux qui auront obtenu des congés pour maladie constatée. | *V. la circulaire du 29 ventôse an 13.* |
| 171 | *Idem.* | Registres. — Ports de lettres. | Établissement de deux registres, l'un tenu par le directeur de la poste aux lettres, et l'autre par le directeur de l'enregistrement, pour y inscrire : 1.ᵒ le port de toutes les lettres et paquets adressés aux directeurs de l'enregistrement ; 2.ᵒ celui des affranchissemens des lettres et paquets adressés par ces derniers aux employés supérieurs et receveurs ; 3.ᵒ celui des affranchissemens des circulaires et autres impressions. État à dresser par l'inspecteur du chef-lieu à la fin de chaque trimestre et vu à mettre par lui sur le registre du directeur des postes. (*Déc. du Ministre des finances, du 5 vendémiaire an 12.*) | *V. les circulaires de l'administration n.ᵒˢ 1755, 1781 et 1938.* |
| » | 26 brumaire. | Correspondance des receveurs. = Piétons. | Les directeurs et receveurs sont autorisés à employer les piétons pour la correspondance des receveurs des communes où il n'y a pas de bureaux de poste aux lettres. Mode de remboursement de ces frais. — Tous les paquets précédemment envoyés par la messagerie à l'administration, doivent l'être par la poste au directeur général. | |
| 188 | 30 frimaire. | Messageries. = Transports de ballots. | L'administration générale des messageries à Paris, par un traité passé avec l'administration de l'enregistrement, le 1.ᵉʳ frimaire an 10, est responsable des pertes et avaries des ballots, des registres, papiers timbrés et imprimés qu'elle se charge de transporter dans les départemens. — Mode de constater ces pertes et avaries. | |
| » | 9 nivôse. | Aliénations de domaines. = État | Les états de ventes des domaines, faites en vertu des lois des 15 et 16 floréal an 10, doivent être adressés au directeur général le même jour que l'état général des produits de la direction, c'est-à-dire le dix de chaque mois. — C'est par erreur que le tableau joint à la lettre du 13 vendémiaire an 12, n'en indique l'envoi que par trimestre. | |
| » | 17 ventôse. | Exactitude dans la correspondance. | Les directeurs doivent mettre dans leur correspondance avec M. le directeur général et les administrateurs, une grande ponctualité ; les lettres et expéditions ne doivent être datées que du jour du départ du courrier, et l'on ne doit jamais traiter plusieurs objets dans une même lettre. = Adresse à mettre sur les enveloppes à l'administration ; tableau du service de la poste aux lettres de Paris aux chefs-lieux de départemens et des chefs-lieux à Paris. | |
| » | 17 germinal. | Lettres et paquets. | Recommandation d'adresser directement au directeur général toutes les lettres et paquets à envoyer à l'administration, en ayant soin de ne jamais mettre sous un même cachet des papiers destinés à différens bureaux ou divisions, et en fesant sur l'adresse les mentions nécessaires. | |
| » | 12 floréal. | Correspondance. | Rappel des dispositions contenues dans les circulaires des 17 ventôse et 17 germinal an 12 ci-dessus, concernant la correspondance avec l'administration. — Invitation de s'y conformer *mot pour mot.* | |
| » | 29 messidor. | Envois. | Recommandation de ne plus rien adresser à l'administration par les diligences et voitures publiques, et de faire dorénavant les envois à l'adresse du directeur général par la poste aux lettres = Frais à supporter par ceux qui contreviendront à cet ordre. | |

# ADMINISTRATION.

| INSTRUCTIONS GÉNÉRALES. | | OBJETS. | EXTRAIT DÉTAILLÉ DES INSTRUCTIONS. | OBSERVATIONS. |
|---|---|---|---|---|
| N.<sup>os</sup> | DATES. | | | |
| » | 20 thermidor an 12. | PIÈCES DE COMP-TABILITÉ. | Les pièces de comptabilité seules, lorsqu'elles seront trop volumineuses pour être divisées en cinq ou six paquets admissibles au bureau des postes aux lettres, pourront être envoyées par la diligence et autres voitures publiques. — Défense de joindre, à ces sortes d'envois, aucune autre expédition, ni d'en faire d'autres par la messagerie, à peine de répondre des frais de transport. | V. la circul. du 15 décembre 1809. |
| 254 | 23 fructidor. | DROITS RÉUNIS. — DROITS DISTRAITS DE L'ADMINISTRATION. | Mode de transmission à la régie des droits réunis de la suite de la perception des droits que la loi du 5 ventôse an 12 et l'arrêté du gouvernement du 5 germinal suivant, ont distraits des attributions de l'enregistrement et des domaines. | |
| 262 | 16 frimaire an 13. | RETENUES. | Mode de la comptabilité des retenues par suite de congés. — Elles doivent être liquidées sur les remises et les frais de bureau alloués par trimestre et non par année. | |
| 269 | 17 pluviôse. | PRESTATION DE SER-MENT. — CHANGEM.<sup>s</sup> | Les employés de l'administration, dans le cas d'un simple changement de résidence sans avancement ni augmentation de traitement, ne sont pas soumis à la prestation d'un nouveau serment : ils doivent seulement faire enregistrer au greffe du tribunal dans l'arrondissement duquel ils viennent continuer leurs fonctions, l'expédition du premier serment. *(Décision du Ministre des finances du 6 pluviôse an 13.)* | V. l'instruction générale, u.° 438. |
| » | 29 ventôse. | CONGÉS. | Il ne sera plus accordé de congé pour affaires de famille, si l'employé qui le demande n'indique le lieu et le département où il a besoin de se rendre. — Il n'en sera plus accordé pour cause de maladie. *(Arrêté du Direct. gén. du 29 vent. an 13.)* | V. la circul. du 6 septembre 1808. |
| » | 16 germinal. | INSPECTEURS GÉNÉ-RAUX. | Création de six inspecteurs généraux. *(Décret du 30 ventôse an 13.)* Nomination à ces places. *(Décret du 8 germ. an 13.)* | |
| 287 | 23 prairial. | RETENUE. — PEN-SIONS AUX VEUVES. | La retenue pour fonds de retraite est portée à 2 1/2 p. %, à partir du 1.<sup>er</sup> floréal an 13, à l'effet d'assurer des pensions aux veuves et enfans orphelins des employés de l'administration, à dater du 1.<sup>er</sup> germinal an 12. — Conditions imposées aux veuves pour être admises à en jouir. *(Décret du 12 floréal an 13.)* | V. la circul. du 10 septembre 1806. |
| » | 6 vendém. an 14. | GUERRE CONTI-NENTALE. | Conduite à tenir par les employés de l'administration à l'occasion de la guerre continentale. | |
| » | 10 dudit. | DÉCRETS. — DATE DU JOUR OÙ ILS SONT OBLIGATOIRES. | Les décrets, insérés au bulletin des lois, sont obligatoires du jour où ce bulletin a été distribué au chef-lieu ; quant à ceux qui ne sont point insérés ou qui n'y sont indiqués que par le titre, ils sont obligatoires du jour qu'il en est donné connaissance aux personnes qu'ils concernent, soit par publication, affiche, etc. *(Avis du Conseil d'état du 12 prairial an 13, approuvé le 25.)* | |
| » | dudit. | NOUVELLE DIVISION ENTRE LES SIX ADM.<sup>s</sup> | Nouvelle division des départemens, faite entre les six administrateurs pour la suite de la correspondance. | |
| 293 | 13 dudit. | COMMUNES ET ÉTA-BLISSEMENS PUBLICS. | Les communes et établissemens publics sont tenus de communiquer, sans déplacement, aux préposés de l'administration et à toute réquisition, leurs registres et minutes d'actes, à l'effet de s'assurer de l'exécution des lois sur le timbre et l'enregistrement. *(Décret du 4 messidor an 13.)* | |
| 295 | 9 frimaire. | CONGÉS. | Mode de comptabilité des remises et traitemens d'emplois vacans par congé ou par toute autre cause. | |
| » | 22 février 1806. | CONTRIBUTIONS DI-RECTES. — RENSEI-GNEMENS A FOURNIR. | Les receveurs de l'administration doivent non-seulement communiquer aux contrôleurs des contributions directes leurs tables alphabétiques, mais encore les registres contenant le | Addition à l'ins-truction, u.° 125. |

# ADMINISTRATION.

| INSTRUCTIONS GÉNÉRALES. | | OBJETS. | EXTRAIT DÉTAILLÉ DES INSTRUCTIONS. | OBSERVATIONS. |
| --- | --- | --- | --- | --- |
| N.° | DATES. | | | |
| | | | libellé des enregistremens, et à défaut de renseignemens suffisans, ils doivent faire chez les notaires, le relevé des clauses des baux et autres actes qui pourraient être demandés par le directeur des contributions. | |
| 303 | 21 mai 1806. | CONTRAINTE PAR CORPS. | On peut employer, sans jugement préalable, la contrainte par corps contre les préposés de l'administration constitués en débet ; à moins de circonstances urgentes, le directeur devra en référer à l'administration, afin d'éviter les abus d'une arrestation arbitraire. ( *Décis. du Ministre des finances du 28 brumaire an 14.* ) | |
| » | 1.er septemb. | SURNUMÉRAIRES. — LEUR FIXATION. | Arrêté de M. le Directeur-général du 1.er septembre 1806 qui fixe le nombre des surnuméraires à 1000 pour toute la France, et détermine le contingent de chaque département. | |
| » | 10 dudit. | PENSIONS DE RETRAITE. — VEUVES DES EMPLOYÉS. | Les veuves des administrateurs et employés pensionnaires de l'administration, n'ont droit à la pension qu'autant que leurs époux ont obtenu leur pension de retraite sous l'empire du décret du 12 floréal an 13, c'est-à-dire à compter du 1.er germinal an 12. ( *Délibération du Conseil d'administration du 3 complémentaire an 13.* ) | |
| » | dudit. | INSPECTEURS. — COPIE DE JOURNAUX. | Les inspecteurs sont tenus, comme par le passé, de remettre, à l'expiration de chaque quinzaine, au directeur, copie de leur journal de recette et dépense, ou un certificat négatif. | |
| 316 | 11 dudit. | INSCRIPTIONS HYPOTHÉCAIRES A RENOUVELER. | Les receveurs des domaines doivent renouveler les inscriptions prises pour la sûreté des créances nationales avant l'expiration de leur durée décennale ; responsabilité à laquelle ils s'exposeraient s'ils négligeaient cette formalité. ( *N.° 5, § 1.er de l'instruction.* ) | |
| » | 26 décembre. | FALSIFICATIONS OU ALTÉRATIONS SUR LES REGISTRES. | Les registres de recette de l'administration sur lesquels il aurait été commis des falsifications ou altérations, doivent être déposés au greffe de la cour spéciale de *la Seine*, chargée exclusivement des délits de l'espèce. Une vérification sur le lieu au moyen de commissions rogatoires ne peut suppléer à cette formalité. ( *Décision du Grand-juge du 21 novembre 1806.* ) | |
| » | 4 juillet 1807. | CONTENTIEUX ADMINISTRATIF. | Ordre de former un sommier pour le contentieux administratif, comme pour le contentieux judiciaire. | |
| 356 | 26 octobre. | COMPTABLES DIRECTS DU TRÉSOR. | L'administration des domaines doit rester absolument étrangère tant au séquestre des biens des *comptables directs* du trésor public *constitués en débet*, qu'au recouvrement des revenus et du prix de vente des immeubles. — *C'est à l'agent du trésor public seul* à diriger et suivre toutes les opérations y relatives par l'intermédiaire des préfets et des receveurs généraux ou particuliers dans les départemens, *sauf l'exception du séquestre pour défaut de présentation de compte.* ( *Décision du Ministre des finances du 15 septembre 1807.* ) | |
| » | 22 mars 1808. | SOMMIERS ET TABLES ALPHABÉTIQUES. | État à fournir chaque trimestre, de la situation des sommiers et tables alphabétiques. ( *Arrêté du Directeur-général.* ) | |
| » | 24 dudit. | PORTS DE LETTRES ET PAQUETS. | Mesures à observer pour obtenir le remboursement des frais des ports de lettres et paquets : joindre à chaque état de frais, celui des lettres adressées aux divers préposés de l'administration. — Les directeurs continueront de se conformer à l'instruction générale n.° 171, en y ajoutant les renseignemens demandés par la présente. | |
| » | 12 mai. | ENVOI DES COMPTES. | Modifications provisoires apportées à l'exécution de l'arrêté du 18 ventôse an 10 pour l'envoi des comptes et pièces à l'appui, à l'administration. | |

# ADMINISTRATION.

| INSTRUCTIONS GÉNÉRALES. | | OBJETS. | EXTRAIT DÉTAILLÉ DES INSTRUCTIONS. | OBSERVATIONS. |
|---|---|---|---|---|
| N.os | DATES. | | | |
| » | 14 mai 1808. | EMPLOYÉS SUS-PENDUS. | Suspension de deux inspecteurs, de deux vérificateurs et de trois receveurs, les premiers pour avoir annoncé dans leurs journaux et lettres de tournée qu'ils s'étaient rendus dans des bureaux où ils n'ont pas paru, et les derniers pour leur avoir réservé des cases en blanc. ( *Arrêté du Directeur-général du 14 mai 1808.* ) | |
| » | 6 septembre. | CONGÉ. — | A l'avenir les préposés de l'administration ne conserveront leur traitement, pendant la durée du congé qu'ils auront obtenu, qu'autant qu'ils seront retenus chez eux pour maladie constatée. ( *Décision du Ministre des finances du 30 août 1808.* ) | |
| » | 26 dudit. | TRAITEMENT DES EMPLOYÉS SUPÉR.rs | Les receveurs des chefs-lieux de département, sont exclusivement chargés de payer le traitement fixe des employés supérieurs et du timbre; le complément de la remise générale et les frais de bureau du directeur. — Chaque employé ne doit fournir qu'une quittance par trimestre. — Le montant des traitemens et les dépenses de régie doivent être portés dans les comptes de l'année à laquelle ils appartiennent. | |
| 407 | 30 novembre | DÉBET. — INTÉRÊT. | Les préposés de l'administration doivent l'intérêt à 5 pour cent des sommes provenant de débets constatés. — Distinction des causes qui ont donné lieu au débet pour déterminer l'époque depuis laquelle court l'intérêt dû. — En cas de contestation entre l'administration et ses préposés, tant relativement aux intérêts dont s'agit que sur toutes autres questions concernant la comptabilité, le ministre des finances décidera, sauf le recours au conseil d'état. ( *Avis du conseil d'état du 9 juillet 1808.* ) | *V. les circulaires des 17 avril et 25 mai 1809.* |
| » | 6 décembre. | CAPACITÉ. — CONDUITE DES ASPIRANS AU SURNUMÉRARIAT. | Renseignemens à fournir par les directeurs à l'administration, sur l'éducation, la capacité et la conduite des aspirans au surnumérariat, sur la profession des parens et sur leur fortune : les pétitions devront être écrites par les aspirans et sur papier timbré. | |
| » | 2 janvier 1809. | CONSCRIPTION. | Les sous-préfets sont autorisés à se faire apporter, une fois par trimestre, les sommiers et registres concernant les amendes de conscription, lorsqu'ils ne peuvent se transporter chez les receveurs. — Recommandation d'user de cette faculté avec la plus grande réserve. | |
| » | 4 mars. | LETTRES ET PAQUETS. | Nouvelle recommandation de se conformer pour l'envoi des lettres et paquets à ce qui est prescrit par la circulaire du 29 messidor an 12, d'adresser sous le couvert de M. le Directeur général tous les paquets et lettres concernant l'administration. | |
| » | 17 avril. | DÉBETS. | Les débets sont passibles d'intérêt soit qu'ils aient été contractés antérieurement ou postérieurement à la promulgation du code civil. ( *Avis du Conseil d'état, du 28 février 1809.* ) | *Addition à l'instruction générale, n.o 407.* |
| » | 25 mai. | INTÉRÊTS. | On peut remonter à 30 années pour l'exigibilité des intérêts des débets contractés avant le code civil. ( *Décisions du Ministre des finances des 25 avril et 16 mai 1809* ) | |
| 438 | 6 juillet. | PRESTATION DE SERMENT. — CHANGEMENT DE RÉSIDENCE. | L'enregistrement au greffe de l'acte de prestation de serment d'un employé qui change de résidence sans avancement, ne donne ouverture à aucun droit d'enregistrement ni de greffe, et doit être fait sans frais, conformément à l'article 13 de la loi du 22 août 1791. ( *Déc. du M. des fin. du 30 mai 1809.* ) | |
| 443 | 26 dudit. | NOUVEAUX REGISTRES ET SOMMIERS. | Nouvelle forme de registres de recette, de sommiers et tables alphabétiques. | |

# ADMINISTRATION.

| INSTRUCTIONS GÉNÉRALES. | | OBJETS. | EXTRAIT DÉTAILLÉ DES INSTRUCTIONS. | OBSERVATIONS. |
| N.os | DATES. | | | |
|---|---|---|---|---|
| » | 1.er août 1809. | DEMANDE D'ESCORTE. | Les demandes d'escorte que les préposés de l'administration sont dans le cas de requérir, doivent être faites suivant le modèle joint à la circulaire. | |
| 448 | 28 août. | MAJORATS. — SURVEILLANCE A EXERCER PAR LES EMPLOYÉS. | Les préposés de l'administration sont chargés d'exercer une surveillance sur les biens situés dans l'étendue de la France, affectés à la dotation des majorats. — Renseignemens à transmettre à M. le procureur-général près le conseil du sceau des titres, sur les baux passés par le titulaire, sur les changemens qui pourraient survenir dans la nature et la consistance des propriétés — Ils ne peuvent s'immiscer dans aucun acte d'administration. ( *Décret du 4 mai 1809.* ) | |
| » | 7 novembre. | PORTS DE LETTRES. — INSP.s GÉNÉRAUX. | Mode de remboursement des frais de ports de lettres et paquets adressés aux inspecteurs généraux. | |
| 455 | 29 dudit. | TABLES DES CRÉANCES HYPOTHÉCAIRES. | Table alphabétique à former des créances hypothécaires. | |
| » | 15 décembre. | ENVOIS DES COMPTES D'ORDRE, etc. | Les directeurs pourront adresser à l'administration par les messageries, leur compte d'ordre et les pièces de comptabilité. — Défense d'adresser à qui que ce soit, des lettres et paquets sous le couvert du directeur-général. | |
| 479 | 20 juin 1810. | REMISES DES RECEVEURS. | Nouvelle fixation des remises des receveurs de l'administration de l'enregistrement et des domaines, à compter du 1.er janvier 1810, laquelle, entr'autres dispositions, fait cesser la stagnation que produisait la liquidation des remises d'après la loi du 14 août 1793 et fixe le minimum à 600 fr. ( *Décret du 23 mai 1810.* ) | |
| 499 | 10 décembre. | PREMIER JANVIER, JOUR FÉRIÉ. | Le 1.er janvier doit être considéré comme jour férié légal : conséquemment les bureaux des receveurs et des conservateurs doivent être fermés ce jour-là. ( *Avis du Conseil d'état du 13 mars 1810 et décision du Ministre des finances du 24 janvier 1810.* ) Les arrêtés sur les registres doivent, pour les dimanches et fêtes conservées, présenter, indépendamment de la date, la désignation du jour. | |
| » | 18 dudit. | ÉTAT DES SOMMIERS AU 1.er JANVIER 1811. | Relevé à faire sur les sommiers et comptes ouverts de chaque bureau, pour présenter la situation au 1.er janv. 1811, de ce qui restera alors à recouvrer pour le compte du trésor public. | |
| » | 21 dudit. | INSTRUCTIONS GÉNÉRALES. — RÉCEPTION. | Les directeurs sont dispensés à l'avenir d'accuser la réception des instructions générales : ils doivent continuer d'accuser celle des circulaires. | |
| » | 28 janvier 1811. | NOUVELLE COMPOSITION DES DIVISIONS ENTRE LES 8 ADMINIST.rs | Nouvelle composition des divisions entre les huit administrateurs, déterminée sur l'augmentation des départemens. | |
| 529 | 27 juin. | COMPTE D'ORDRE DE 1810. | Mode à suivre pour la formation du compte d'ordre de 1810. | |
| » | 28 août. | DROITS RÉUNIS. | Vérification à faire d'un tableau présentant le montant réel de l'arriéré des droits transmis à la régie des droits réunis le 1.er vendémiaire an 13. | *Addition à l'instruction générale, n.o 234.* |
| » | 7 septembre. | CONTENTIEUX ADMINISTRATIF. — INSTANCES. | Mode d'introduction et d'instruction des instances relatives au contentieux administratif des domaines nationaux devant les conseils de préfecture et devant le conseil d'état. ( *Décret du 23 février 1811.* ) | |
| 542 | 11 dudit. | CONTRIBUTIONS INDIRECTES DE 1812. | Les contributions indirectes seront perçues en 1812 comme elles l'ont été en 1811. ( *Loi du 15 juillet 1811.* ) | |

# ADMINISTRATION.

| INSTRUCTIONS GÉNÉRALES. | | OBJETS. | EXTRAIT DÉTAILLÉ DES INSTRUCTIONS. | OBSERVATIONS. |
| --- | --- | --- | --- | --- |
| N.<sup>os</sup> | DATES. | | | |
| » | 9 décembre 1811. | NOUVELLE COMPOSITION DES DIVISIONS ENTRE LES ADMINISTRATEURS. | Nouvelle composition des divisions entre MM. les administrateurs, par laquelle les 130 départemens sont partagés entre 7 des administrateurs, et la 8.<sup>me</sup> division est composée de la comptabilité générale, de la suite des caisses, des pensions, des décomptes, etc. | |
| 564 | 25 février 1812. | COMPTE D'ORDRE DE 1811.—RENSEIGNEM.<sup>s</sup> | Nouvaux renseignemens pour la formation du compte d'ordre de 1811 ; ordre de l'expédier à l'administration le 1.<sup>er</sup> mai 1812. | |
| » | 12 octobre. | ADRESSES DES LETTRES ET PAQUETS. | Modèle d'adresses des lettres et paquets pour le service de l'administration. | |
| 606 | 25 dudit. | CONTENTIEUX ADMINISTRATIF ET JUDICIAIRE. | Instruction relative au contentieux administratif et judiciaire, laquelle fait connaître les attributions respectives des conseils de préfecture et des tribunaux ; rappelle le mode d'instruction des instances, et les précautions à prendre pour l'exécution des jugemens ou arrêtés ; désigne les voies pour faire réformer les décisions ; trace la marche à suivre en cas de conflit entre l'autorité administrative et l'autorité judiciaire, et indique les comptes que doivent rendre les directeurs de la situation du contentieux. | |
| 607 | 31 dudit. | SOMMIER DES DROITS EN DÉBET. | Le sommier des droits en débet, dont l'établissement a été prescrit par l'instruction générale n.° 443, sera dorénavant tenu de la manière indiquée par celle-ci ; enregistremens qui doivent y être portés, et mesures nécessaires pour qu'il soit compté d'une manière régulière de tous les droits en débet. | |
| 609 | 4 novembre. | FORMULE EXÉCUTOIRE. | La formule exécutoire ne concerne que les jugemens et les actes des notaires ; en matière administrative, il suffit que l'expédition soit délivrée conforme à la minute. (*Décision du Grand-Juge, du 14 octobre 1812.*) | |
| 625 | 25 février 1813. | DOMAINE EXTRAORDINAIRE. | Défense aux préposés de l'administration d'enregistrer les actes de vente, donation ou aliénation des biens affectés aux dotations du domaine extraordinaire, si ces actes ne sont pas revêtus de l'autorisation de S. M. (*Décret du 22 déc. 1812, art. 43.*) | |
| 635 | 29 avril. | LES EMPLOYÉS NE PEUVENT SE RENDRE ADJ.<sup>s</sup> DES BIENS, etc. | Défense faite aux employés de se rendre adjudicataires, tant des biens de l'Etat que de ceux provenant des communes, cédés à la caisse d'amortissement, sous peine de destitution. | |
| » | 6 juillet. | BIENS DES COMM. CÉDÉS A LA CAISSE D'AMORTISS. | Les états, expéditions, lettres et envois relatifs à ces biens, doivent être timbrés. (*Biens des communes, loi du 20 mars 1813.*) | |
| » | 19 novembre | DANGERS DE LA PATRIE. | Transmission d'une lettre du ministre des finances, qui annonce que l'ennemi a pénétré sur le sol français ; zèle et énergie recommandés aux employés, comme français et comme agens du gouvernement. | |
| » | 12 janvier 1814. | TRAITEMENS. | Les traitemens de toute nature seront payés pour l'année 1814, par quinzième chaque mois, au lieu de l'être par douzième ; la mesure est commandée par les circonstances. — Les quittances énonceront le cinquième, dont le paiement n'aura lieu qu'en 1815. — Cette disposition s'applique aux pensionnaires. | |
| 659 | 17 mars. | HUISSIERS. | Les contraintes visées par les juges de paix doivent être signifiées par les huissiers des justices de paix. Il n'est dû aux huissiers qu'un seul droit de transport pour tous les actes signifiés dans la même course et dans le même lieu. (*Décrets des 14 juin et 29 août 1813.*) | |
| » | 8 avril. | CHANGEM.<sup>t</sup> DU GOUVERNEM.<sup>t</sup> DE L'ÉTAT.—RAPP.<sup>l</sup> DES BOURBONS | Rappel des Bourbons sur le trône de France. L'administration de l'enregistrement et des domaines maintenue dans ses attributions et son organisation actuelle. Ordre aux employés qui | |

# ADMINISTRATION.

| INSTRUCTIONS GÉNÉRALES. | | OBJETS. | EXTRAIT DÉTAILLÉ DES INSTRUCTIONS. | OBSERVATIONS. |
|---|---|---|---|---|
| N.os | DATES. | | | |
| | | | auraient suspendu leurs fonctions de les reprendre sur le même pied, et aux autres de les continuer. Ils doivent s'occuper avec zèle des intérêts du trésor. Les directeurs doivent rendre compte de la situation du service, des caisses et des magasins et bureaux de timbre, de leur direction respective. | |
| » | 27 avril 1814. | EMPLOYÉS. REPRISE DE LEURS FONCTIONS DANS LES DÉPARTEM.s OCCUPÉS PAR LES TROUPES ALLIÉES. | D'après l'art. 8 du traité de Paris, les puissances alliées devant remettre de suite l'administration des départemens qui au 1.er janvier 1792 composaient le territoire français, aucun obstacle ne doit s'opposer à ce que les employés qui ont adhéré aux actes du gouvernement, reprennent leurs fonctions. Mesures prescrites à cet égard pour les lieux où des agens provisoires auraient été institués. | |
| » | 30 mai. | BUREAUX OU LE SERVICE A ÉTÉ INTERROMPU. | Demande d'un état en deux modèles de situation du service dans les bureaux où ce service a été interrompu et dans ceux où il s'est fait pour le compte des puissances alliées. | |
| » | 21 juin. | IMPRESSIONS. | On doit continuer à se servir des impressions existantes, en y fesant à la main les changemens convenables. | |
| » | 30 juin. | CORRESPONDANCE DE L'ADMINISTRATION. | Nouvelle division territoriale pour la correspondance. La composition présente six divisions pour la correspondance; une division pour la comptabilité générale, et une division pour les décomptes, liquidations, l'atelier du timbre et les impressions | |
| 665 | 7 décembre. | PENSIONS DE RETRAITE. | Nouvelle loi du 4 novembre dernier, sur le fonds des pensions de retraite. — La retenue est portée à 4 p. %; elle comprend, outre les traitemens et remises, les 2/3 des salaires des conservateurs des hypothèques, ainsi que le produit des traitemens et remises de tous les emplois vacans par mort, démission ou autrement, sous la déduction des frais d'intérim. Nouveaux modèles des états de retenue à former. | |
| 667 | 4 janvier 1815. | PERCEPTION. | La perception des droits d'enregistrement, timbre, greffes, hypothèques, pêche, passe-ports, ports d'armes et décime par franc, est maintenue jusqu'au 1.er janvier 1816. (*Loi du 21 décembre 1814.*) | |
| Idem. | Idem. | ENVOI DES INSTRUCTIONS GÉNÉRALES. | Il n'y aura plus à l'avenir de distinctions entre les instructions et les circulaires; le même protocole servira pour toutes | |
| 668 | 20 janvier. | PATENTES. | Les huissiers doivent faire mention de leurs patentes dans les actes de leurs ministères; ils sont également tenus, ainsi que les notaires, greffiers et avoués, de faire mention de la patente des particuliers qui y sont sujets, dans tous leurs actes, le tout sous peine de l'amende de 500 fr. (*Ord. royale du 23 déc. 1814*). Les receveurs doivent constater l'omission par un procès-verbal qu'ils remettront avec copie certifiée des pièces, au procureur du roi près le tribunal de première instance. | |
| 671 | 8 février. | APERÇUS DES RECETTES ET DÉPENSES, ET VERSEM.s A FAIRE. | Les employés doivent remettre aux receveurs généraux les aperçus des recettes et dépenses et des versemens à faire. Les receveurs ne doivent, sous aucun prétexte, réserver des fonds dans leurs caisses. Le dernier versement du mois doit, avec les précédens et les dépenses, balancer la totalité des recettes. | |
| 680 | 12 avril. | SERMENT A PRÊTER. | Les employés de l'enregistrement, de tout grade, sont tenus de prêter le serment d'obéissance aux constitutions. Mode de cette prestation. (*Décret du 8 avril 1815.*) | |
| 681 | 2 mai. | DISPOSITIONS IRRÉGULIÈRES DE FONDS. | Toute disposition et emploi de deniers publics, contraires aux règles de la comptabilité, sont et resteront à la charge de ceux qui les ont provoquées et des comptables qui y ont concouru. | |

# ADMINISTRATION.

| INSTRUCTIONS GÉNÉRALES. | | OBJETS. | EXTRAIT DÉTAILLÉ DES INSTRUCTIONS. | OBSERVATIONS. |
| --- | --- | --- | --- | --- |
| N.os | DATES. | | | |
| | | | Tout prélévement de fonds, à quelque titre que ce soit, qui n'est pas autorisé par une ordonnance ou autorisation préalable du ministre compétent, est réputé violation de caisse ; ceux qui y prennent part en sont responsables. | |
| 692 | 3 juin 1815. | COMPTE D'ORDRE DE L'ANNÉE 1814. | Formation du compte d'ordre de 1814. | |
| » | 17 juillet. | PLACE DU DIRECTEUR-GÉNÉRAL. | M. le comte du Châtel ayant cessé ses fonctions, M. Barrairon, doyen des administrateurs, prend l'intérim de la direction gén. | |
| 696 | 16 août. | MAJORATS. | Les receveurs de l'enregistrement doivent refuser la formalité de l'enregistrement aux actes qui tendraient à engager les biens et rentes affectés aux dotations. | |
| » | 17 dudit. | NOMINATION DES PREMIERS COMMIS DE DIRECTION. | Décision du ministre des finances, du 14 août 1815, qui rétablit les premiers commis de direction. — Ceux-ci seront nommés par le directeur général ; ils seront choisis parmi les vérificateurs et receveurs à replacer, et ensuite parmi les receveurs ayant plus de deux ans d'exercice. — Ils pourront être vérificateurs après deux ans d'exercice. — Fixation de leur traitement ; mode de paiement sur les frais de bureau des directeurs. | |
| » | 26 septembre | PLACE DU DIRECTEUR-GÉNÉRAL. | M. Barrairon, conseiller d'état honoraire, est définitivement nommé directeur général de l'administration, et M. Calmon administrateur. (*Ordonnance du roi, du 25 septembre 1815.*) | |
| 699 | dudit. | RETENUES DE PENSIONS. — REMISES EXTRAORDINAIRES. | La retenue de 4 p. % pour la caisse des pensions doit avoir lieu sur les remises extraordinaires, comme sur les remises ordinaires et traitemens. (*Décision du ministre des finances, du 18 septembre 1815*) | |
| » | 12 décembre. | CORRESPONDANCE DIRECTE AVEC LE DIRECTEUR-GÉNÉRAL. | Envoi direct au directeur général des avis des vacances d'emplois, de ceux d'exécution des mouvemens prescrits et de tous renseignemens ayant rapport aux emplois et aux employés ; ensemble de toutes propositions y relatives. — Cette correspondance directe ne change rien à celle usitée avec l'administrateur divisionnaire. | |
| 704 | 27 janvier 1816. | CAISSE DES PRÉPOSÉS. — VÉRIFICATIONS PAR LES INSPECTEURS DES FINANCES. | Les inspecteurs et sous-inspecteurs des finances étant chargés de vérifier toutes les caisses publiques, les receveurs représenteront à ces employés les fonds en caisse et leur donneront les facilités nécessaires pour remplir la mission qui leur est confiée. | |
| 707 | 8 février. | PENSIONS. — RETENUE A 5 POUR %. | La retenue sur les traitemens et remises est fixée à 5 p. % — Prélévement, au profit de cette caisse, de 15 p. % sur les doubles droits et amendes. | |
| » | 9 dudit. | CACHETS ET SCEAUX PORTANT L'EMBLÊME DU DERNIER GOUVERNEMENT A DÉTRUIRE. | Les cachets, timbres et sceaux pouvant exister dans les bureaux, et dont les emblêmes rappellent le dernier gouvernement, ou les gouvernemens révolutionnaires qui l'ont précédé, doivent être détruits. | |
| » | 26 dudit. | NOTICES DE DÉCÈS. | Les événemens de la guerre ayant, dans plusieurs départemens, fait différer la remise des notices de décès par les maires, il leur est accordé jusqu'au 1.er avril pour cette remise. | |
| » | 5 mars. | JOURNAL DES MAIRES | Recommandation aux employés de contribuer à la publicité du journal des maires et des habitans des campagnes. | |
| 710 | dudit. | RECETTES DES ÉTABLISSEMENS DIVERS CONFIÉS AUX RECEV.s | Les receveurs ne doivent être chargés d'aucun service, à quelque titre que ce soit, que sous la surveillance directe et immédiate de l'administration. Ils doivent rendre compte, comme des autres produits, des recettes qu'il font pour les établissemens publics. | |

# ADMINISTRATION.

| INSTRUCTIONS GÉNÉRALES. | | OBJETS. | EXTRAIT DÉTAILLÉ DES INSTRUCTIONS. | OBSERVATIONS. |
|---|---|---|---|---|
| N.ᵒˢ | DATES. | | | |
| 711 | 6 mars 1816. | RETENUE EN FA-VEUR DE L'ÉTAT SUR LES TRAIT.ˢ ET REM.ˢ | Les retenues sur les salaires, traitemens et remises pour 1816, excédant 500 fr., auront lieu à partir du 1.ᵉʳ janvier 1816. — Base pour cette retenue dans la proportion du traitement. | |
| » | 6 avril. | PRESTATION DE SERMENT. | Les employés assermentés avant la restauration, prêteront un nouveau serment. Mode de ce serment ; envoi de nouvelles commissions. | |
| 717 | 6 mai. | CAUTIONNEMENT D'INSTALLATION. | La prestation de serment et l'installation d'aucun préposé ne pourront désormais avoir lieu, s'il ne justifie préalablement de la quittance de son cautionnement. (Art. 96, loi du 28 avril 1816.) | |
| » | 4 juin. | LE MOT NAPOLÉON DOIT ÊTRE RAYÉ SUR LES IMPRIMÉS DES RE-GISTRES. | Les préposés doivent rayer sur les registres, notamment dans le préambule et en tête des feuilles de ceux relatifs aux hypo-thèques, le mot Napoléon qui s'y trouve imprimé, et par lequel on désignait précédemment le code civil. | |
| » | 19 dudit. | ÉTATS A FOURNIR. | Demande d'un état du produit des droits d'enregistrement et de transcription, dont les quotités sont réglées par la loi du 28 avril 1816. | |
| 730 | 12 juillet. | JOURS FÉRIÉS. | Les bureaux des préposés de l'administration seront fermés pour tout le monde les jours de dimanche et de fêtes, reconnus par le gouvernement. Dans les arrêtés sur les registres, les préposés indiqueront le jour férié. ( Décision du ministre des finances, du 1.ᵉʳ juillet. | |
| 734 | 25 dudit. | PENSIONS DE RE-TRAITE. | Les retenues pour la caisse des pensions seront versées à la caisse des dépôts et consignations. Les employés ne seront li-bérés que par un récépissé du caissier ou du préposé de cette caisse. ( Ordonnance royale, du 3 juillet 1816.) | |
| 736 | 20 août. | DÉPÔTS ET CON-SIGNATION. | Recommandation aux receveurs de surveiller l'exécution des articles 6 et 7 de l'ordonnance royale du 3 juillet 1816, qui imposent l'obligation aux gardes de commerce, huissiers, no-taires, greffiers, commissaires-priseurs, courtiers qui auront procédé à une vente, de déclarer, au pied de la minute du procès-verbal en le présentant à l'enregistrement, qu'il y a ou qu'il n'y a pas d'opposition aux scellés, etc. | |
| » | 22 dudit. | TRAITEMENS. | Fixation du traitement total et fixe des employés supérieurs. | |
| 737 | 26 dudit. | ÉTATS DE PRODUITS. | Nouvelle rédaction. ( Voir comptabilité.) | |
| 740 | 3 septembre. | DOMAINES SOUS-TRAITS. | Les questions de propriété en matière de domaines ne peuvent être portées devant les tribunaux qu'après avoir été soumises à la décision préalable du conseil de préfecture (loi du 5 novembre 1790), et sans qu'il soit nécessaire d'appeler les parties à ce premier examen. | |
| 745 | 1.ᵉʳ octobre. | PENSIONS DE RE-TRAITE. | Le traitement de l'emploi de premier commis pour le tems de la vacance ou l'absence, sera versé en totalité pour être affecté aux pensions. Mode de versement direct par les inspecteurs, des fonds de retraite, le 5 du second mois de chaque trimestre au plus tard, et compte qu'ils doivent en rendre. | |
| 746 | 2 dudit. | PAIEMENT DU TRAI-TEMENT DES EMP.ˢ SUPÉRIEURS ET DES PRÉPOSÉS DU TIMBRE. | Les traitemens du directeur et des autres employés supérieurs, du premier commis et des préposés du timbre, ainsi que les frais de bureaux, ne pourront être désormais acquittés que par le receveur de l'enregistrement des actes civils du chef-lieu du département. Ce receveur exercera, lors du paiement, les re-tenues prescrites. | |
| 752 | 18 novembre. | PERSONNEL DES EMPLOYÉS. | Les avis des vacances d'emplois, ceux d'exécution des mouve-mens prescrits, et tous renseignemens ayant rapport aux emplois et aux employés, doivent être adressés au directeur général. | |

# ADMINISTRATION.

| INSTRUCTIONS GÉNÉRALES. | | OBJETS. | EXTRAIT DÉTAILLÉ DES INSTRUCTIONS. | OBSERVATIONS. |
|---|---|---|---|---|
| N.os | DATES. | | | |
| 759 | 3o décembre 1816. | NOUVELLE ORGANISATION DE L'ADMINISTRATION. | Attributions du directeur général ; attributions du conseil d'administration. — Mode de nomination et d'avancement des employés —Attributions des cinq divisions par départemens.= indication des administrateurs nommés à chaque division. ( Ordonnance royale, du 25 décembre 1816. ) | |
| 760 | dudit. | IMPOSITIONS MAINTENUES. | Jusqu'à la promulgation de la nouvelle loi sur les finances, toutes les impositions indirectes seront perçues en 1817 comme en 1816. | |
| 761 | 6 janvier 1817. | BORDEREAUX DE COMPTE. | Les bordereaux de compte de trimestre seront rédigés en triple minute, dont l'une sera déposée au bureau pour y avoir recours lors des vérifications des régies. | |
| 768 | 27 mars. | PERCEPTIONS MAINTENUES. | Les dispositions des lois qui régissent actuellement les perceptions des droits d'enregistrement, timbre, etc., sont maintenues. ( Loi du 25 mars 1817, art. 131. ) | |
| | | PUBLICATION DE LOIS | La date du reçu du bulletin où se trouve la loi des presses de l'imprimerie royale, détermine celle de la publication de cette loi. — Si cette date est le 26, la loi est exécutoire dans le département de la Seine le 28, et un jour de plus dans les autres départemens par chaque distance de 10 myriamètres ; les fractions de distance au-dessous de 10 sont comptées comme distance entière de 10 myriamètres. | |
| 776 | 5 mai. | TRANSPORT DES DÉPÊCHES. | Le transport des dépêches, par toute personne étrangère au service des postes, ne peut avoir lieu que sur les routes où ce service n'existe pas. | |
| 777 | 20 mai. | ORGANISATION DE LA DIRECTION GÉNÉRALE DE L'ENREGISTREMENT, DOMAINES ET FORÊTS. | Réunion à l'administration de l'enregistrement, de celle des eaux et forêts. — Suppression de cette dernière, du directeur général, des administrateurs et des conservateurs. — Réduction des administrateurs de l'enregistrement à quatre.— MM. Bochet, Calmon et Bordes, et Chauvet, administrateur des forêts, qui restera chargé de cette dernière partie. ( Ordonnance du roi, du 17 mai 1817. ) — Distribution du travail entre les quatre administrateurs. | |
| 778 | 3o dudit. | MÊME OBJET. | Distribution du travail entre les quatre administrateurs et des 86 départemens en 3 divisions. La quatrième division est composée de tout ce qui tient aux forêts et à la pêche. | |
| 780 | 6 juin. | BUREAUX DES DOMAINES. — BOIS. | Les bureaux dont les domaines et bois sont la seule attribution, et dont les produits annuels ne s'élèveraient pas à 3o.ooo francs, seront supprimés. — Renseignemens à fournir, à cet effet, par les directeurs. | |
| 781 | 9 dudit. | CONSERVATIONS DES FORÊTS. | Fixation de l'arrondissement des six conservations des forêts, conservées par l'ordonnance royale du 4 juin. Ordre aux préposés de tout grade de concourir, par leur surveillance, à la conservation des forêts. | |
| 782 | 10 dudit. | ÉTATS DES PRODUITS PAR MOIS. | Les directeurs dispensés d'envoyer au directeur général le double de leur état des produits par mois. | |
| 783 | 17 dudit. | EMPLOYÉS DES FORÊTS. | Demande aux directeurs de l'état des inspecteurs, sous-inspecteurs et gardes des forêts, attachés à chaque direction ou à chaque conservation ; compte périodique à rendre de leurs services. Modèle de l'état à fournir. | |
| 793 | 3o juillet. | PORTS DE LETTRES ET PAQUETS. | La faculté d'affranchissement des lettres et impressions que les directeurs ont à faire parvenir aux inspecteurs, vérificateurs et receveurs, ne doit s'appliquer qu'aux envois à faire à ceux de ces préposés exerçant leurs fonctions dans le département. | |

# ADMINISTRATION.

| INSTRUCTIONS GÉNÉRALES. | | OBJETS. | EXTRAIT DÉTAILLÉ DES INSTRUCTIONS. | OBSERVATIONS. |
|---|---|---|---|---|
| N.<sup>os</sup> | DATES. | | | |
| | | | — Elle ne peut être étendue aux lettres destinées à des particuliers ou à des préposés en exercice dans d'autres départemens. — Les dépêches qui parviennent au directeur ne doivent être portées sur le registre prescrit, qu'autant qu'elles concernent le service. | |
| 803 | 20 septembre 1817. | PENSIONS DE RETRAITE. | Le paiement de ces pensions ne peut être arrêté par opposition ou saisie. — Elles ne peuvent être cédées ni déléguées.. *(Ord. royale du 27 août.)* — Les pensions au-dessus de 500 fr. sont sujettes à la retenue, à partir du 1.<sup>er</sup> juillet 1817. — Le fonds des pensions profitera de cette retenue. *(Ord. royale du 3 septembre 1817.)* — Nul ne peut cumuler une pension et un traitement d'activité. *(Loi du 25 mars 1817.)* | |
| 812 | 28 novembre | CONGÉS. — CHANGEMENT DE RÉSIDENCE OU D'EMPLOI. | Les règles établies par les préposés de l'enregistrement sont applicables à ceux des forêts. — Nul ne peut, à peine de révocation, s'absenter et quitter ses fonctions qu'en vertu d'un congé du directeur général. Les congés emportent la privation du traitement pendant la durée. — Le montant appartient à la caisse des retraites. — Mode de demande des congés. Le congé court du jour de l'interruption des fonctions. Le préposé malade conserve son traitement. Celui qui fournit périodiquement des journaux de travail ne peut le recevoir sans une autorisation spéciale du directeur gén<sup>l</sup>. Les directeurs ne peuvent permettre aucune absence sans un congé expédié dans la forme ordinaire.<br>Dans le cas de changement de résidence sans avancement, les préposés à traitement fixe ne supportent aucune interruption d'appointemens. Ils sont payés dans leur ancienne résidence jusqu'au jour de la cessation de leurs fonctions, constatée par un certificat du directeur.<br>Le produit du traitement du préposé qui passe à un grade supérieur, et dont il est privé par l'interruption causée par ce passage, appartient à la caisse des pensions. — Se conformer à l'instruction générale, n.° 665, pour la comptabilité des fonds de retraite. | *V.* l'instruction générale, n.° 1049. |
| 818 | 15 janvier 1818. | NOTES PÉRIODIQUES SUR LES EMPLOYÉS. | Ces notes seront adressées chaque semestre au directeur général. Elles comprendront les employés de l'enregistrement et ceux des forêts, hors les gardes à pied. | |
| 825 | 27 février. | ABUS NUISIBLES AU SERVICE. | La défense faite à tous les employés supérieurs, à peine de révocation, de loger ou de manger chez les préposés sous leurs ordres, s'applique à tous les employés de la direction générale. Toute infraction à cette défense serait un motif de destitution. Il en est de même de toute offre de gibier à son supérieur. | |
| 826 | 28 dudit. | PRÉPOSÉS DES FORÊTS | Ordres généraux de régie, particuliers à ces préposés. | |
| 836 | 22 mai. | FONDS DE RETRAITE. | Mode de recette des fonds de retraite des préposés de l'enregistrement. — Compte spécial à fournir. — Ne sont pas susceptibles de remise. | |
| 862 | 8 novembre. | PROCÉDURES CONTRE LES GARDES FORESTIERS. | Procédures contre les gardes forestiers, à raison des faits concernant l'exercice de leurs fonctions. — Ne peuvent être entamées contr'eux par le ministère public ou des parties, sans l'autorisation spéciale du gouvernement. | |
| 868 | 5 décembre. | DROITS DU TRÉSOR. — INSCRIPTIONS HYPOTHÉCAIRES. | Obligation aux employés de l'enregistrement de requérir, dans les 24 heures, à peine de destitution, et au vu des actes portant transmission de propriété en faveur des receveurs généraux et particuliers et des payeurs, les inscriptions nécessaires aux hypothèques dans l'intérêt du trésor royal. | |

# ADMINISTRATION.

| INSTRUCTIONS GÉNÉRALES. | | OBJETS. | EXTRAIT DÉTAILLÉ DES INSTRUCTIONS. | OBSERVATIONS. |
| --- | --- | --- | --- | --- |
| N.os | DATES. | | | |
| 870 | 21 décembre 1818. | RETENUES SUR RE-MISES. — DOMAINE EXTRAORDINAIRE. | Les retenues pour le trésor et la caisse des pensions, en ce qui concerne les remises sur le domaine extraordinaire, doivent avoir lieu sur ces remises comme sur les autres. | |
| 875 | 23 janvier 1819. | CAUTIONNEMENT. — MUTATIONS D'EM-PLOI. | Les préposés, lors d'une mutation d'emploi, peuvent faire appliquer jusqu'à due concurrence, au cautionnement à fournir pour leurs nouvelles fonctions, le montant du cautionnement dont ils sont titulaires par une simple déclaration au dos de l'inscription et sans procuration spéciale. — Modèle de cette déclaration. | |
| 879 | 25 février. | FRAIS DE POUR-SUITE. — RECETTES. — REMISES. | Les receveurs jouiront de la remise ordinaire sur les sommes recouvrées pour frais de poursuites et d'instances en matière d'enregistremens et des domaines, ainsi qu'elle leur est accordée sur les recettes ayant pour objet les frais de même nature, relatifs aux forêts. (*Décision du 15 février 1819.*) | |
| 881 | 22 mars. | PENSIONS ET SE-COURS SUR LES FONDS DE RETRAITE. | Pièces à produire à l'appui des demandes de pensions ou de secours. — Notice de ces pièces. | |
| 885 | 26 avril. | RÉPARTITION DE LA CONTRIB. FONCIÈRE. — RENSEIGNEMENS. | Demande aux employés du taux moyen auquel se font les placemens en propriétés foncières dans les diverses localités où ils exercent leur emploi. | *V. l'instruction générale, n.o 1005.* |
| 888 | 12 mai. | *Idem.* | Nouvelle forme de déclaration pour présenter le taux moyen. | |
| » | 8 octobre. | DROITS D'ENREGIS-TREMENT. | Demande d'un état des droits d'enregistrement perçus en 1818 sur divers actes et mutations. Modèle de l'état à adresser le 15 novembre. | *Même observation.* |
| 930 | 21 avril 1820. | INSPECTEURS DES FINANCES. | Les inspecteurs et sous-inspecteurs des finances étant chargés de vérifier les caisses publiques, les receveurs doivent leur représenter les fonds, les mettre à même de s'assurer des opérations de la comptabilité, et leur fournir en outre tous les renseignemens qu'ils demanderaient sur la situation des diverses parties du service. La surveillance des inspecteurs et sous-inspecteurs est passive. Ils n'ont point d'instruction à donner; leur mission se borne à observer et à rendre compte. Les employés doivent apporter, dans leurs relations avec eux, les égards dus à des agens du gouvernement. | *V. l'instruction n.o 1040.* |
| 932 | 10 mai. | PENSIONS DE RE-TRAITE. — PRÉLÉ-VEMENT A FAIRE SUR LES TRAITEMENS ET REMISES. | Toute personne qui obtiendra une place dans l'administration de l'enregistrement, et dont les appointemens seront passibles de la retenue au profit de la caisse des pensions, devra s'engager à verser à cette caisse le montant net par elle touché du premier mois de ses appointemens. Ce montant sera payé provisoirement lors de l'arrêté du trimestre qui suivra l'installation, quant au traitement et remise, et sera completté lors de la liquidation définitive des remises de l'année. Tout employé qui obtiendra son avancement, versera le 1.er 12.e net de l'augmentation que cet avancement lui donnera. Cette disposition aura lieu du 1.er avril 1820 au 1.er avril 1821. | *V. l'inst. n.o 976. V. l'instruction, n.o 1016, à Comptabilité.* |
| 934 | 31 dudit. | COMMUNICATION DES ÉTATS DE MU-TATION. | Pour suivre avec plus de certitude les mouvemens qui s'opèrent dans les propriétés, les états de mutation seront communiqués aux receveurs de l'enregistrement par l'intermédiaire des directeurs des contributions et de ceux de l'enregistrement. Comparaison à en faire avec les tables et sommiers du bureau. | |
| » | 10 août. | DISPOSITIONS PO-LITIQUES. | Transmission d'une lettre de S. Exc. le Ministre des finances contenant les instructions du gouvernement sur les droits garantis par la Charte. | |

# ADMINISTRATION.

| INSTRUCTIONS GÉNÉRALES. | | OBJETS. | EXTRAIT DÉTAILLÉ DES INSTRUCTIONS. | OBSERVATIONS. |
| --- | --- | --- | --- | --- |
| N.os | DATES. | | | |
| 955 | 14 octobre 1820. | FORÊTS. | Rétablissement d'une administration spéciale des forêts. Cette partie est détachée de l'administration de l'enregistrement. M. le directeur général est nommé comte. | |
| » | 28 novembre | *Idem.* | Jusqu'à l'installation des conservateurs et des inspecteurs principaux, les directeurs continuent le service. | |
| 960 | 30 dudit. | MINUTES DES VENTES DEVANT LES SOUS-PRÉFETS. — LEUR CONSERVATION. | Les minutes des ventes de bois, biens des communes, etc., qui ont lieu devant les sous-préfets, seront conservées dans les sous-préfectures. Quant à celles déjà transportées aux archives de la préfecture, l'état des choses existant sera maintenu quant au passé. Vérifications à faire sur ces minutes. | |
| » | 12 décembre. | MORT DU DIRECTEUR-GÉNÉRAL. | Mort de M. Barrairon, directeur général. Le ministre des finances se réserve d'exercer provisoirement, par lui-même, les fonctions déléguées au directeur général. L'administration reste in-statuquo pour le surplus, sauf que M. Bordes ajoute à ses attributions l'ancien domaine extraordinaire ; M Caimon la vente des Lois de l'Etat et des biens des communes ; et M. Lhoyer, inspecteur général, continue les fonctions qui lui sont attribuées pour les domaines engagés et les décomptes. | |
| 963 | 18 dudit. | PRÉPOSÉS QUI S'ABSENTERAIENT SANS CONGÉS. | Rappel aux employés des dispositions des arrêtés des 8 vendémiaire an 12 et 29 ventôse an 13, et de l'instruction générale, n.o 812. — Nouvelle défense de s'absenter sans congé, ou de se rendre à Paris pour solliciter. | |
| 964 | 23 dudit. | DÉFENSES AUX PRÉPOSÉS D'AGIR COMME FONDÉS DE POUVOIRS DANS DES AGENCES, etc. | Il est défendu à tout chef, employé et garçon de caisse ou de bureau de toute administration dépendante du ministère des finances, à Paris et dans les départemens, d'agir en vertu de procuration d'un comptable, et de suivre auprès de l'administration dans laquelle ils sont employés ou ailleurs, l'apurement d'aucun compte, la liquidation d'aucune affaire, etc. Les contrevenans seront immédiatement remplacés. | |
| 965 | 28 dudit. | FORÊTS. | Remise à faire aux conservateurs, des titres et papiers concernant le service forestier. | |
| 966 | 3 janvier 1821. | SURNUMÉRAIRES. | Réduction du nombre des surnuméraires à six cents. | |
| » | 29 dudit. | NOMINATION DE M. LE COMTE CHABROL A LA DIRECTION GÉNÉ.e | Ordonnance royale du 23 janvier, qui nomme M. le comte Chabrol, conseiller d'état, directeur général de l'administration de l'enregistrement. — Toutes les dépêches lui seront adressées. | |
| » | 30 dudit. | PORTS D'IMPRESSIONS ÉCRITES. | Les impressions, lors même qu'elles contiennent des chiffres ou de l'écriture à la main, seront affranchies dans le bureau de poste au prix de 5 centimes la feuille, pourvu que les paquets ne contiennent ni lettre, ni pièce manuscrite. | *V. l'instruction, n.o 1037.* |
| 970 | 10 février. | ORGANISATION DE L'ADMINISTRATION DE L'ENREGISTREMENT ET DES DOMAINES. | L'administration comprend un directeur général, six administrateurs et un secrétaire général. — Attributions du directeur général. — Attributions des administrateurs. — Répartition des départemens en cinq divisions. — Conservation de deux inspecteurs généraux. Dispositions données en conséquence de cette nouvelle organisation. | |
| 972 | 22 dudit. | PATENTES. | Les tribunaux de commerce ne sont pas tenus de faire mention des patentes dans leurs jugemens, ni d'en requérir la représentation, ni à prononcer d'office sur les contraventions y relatives. | |
| 975 | 31 mars. | ÉTATS PÉRIODIQUES. | Suppression des divers états. — Nouveaux modèles pour simplifier les autres. *( Voir envois périodiques.)* | |

# ADMINISTRATION.

| INSTRUCTIONS GÉNÉRALES. | | OBJETS. | EXTRAIT DÉTAILLÉ DES INSTRUCTIONS. | OBSERVATIONS. |
|---|---|---|---|---|
| N.ᵒˢ | DATES. | | | |
| 976 | 4 avril 1821. | PENSIONS DE RE-TRAITE. — PRÉLÈVE-MENT A FAIRE SUR LES TRAIT.ˢ ET REMISES | Prorogation jusqu'au 1.ᵉʳ avril 1822 des dispositions de l'or-donnance royale du 15 avril 1820, transmise par l'instruction générale, n.ᵒ 932, qui affecte à la caisse des retraites un pré-lèvement sur les traitemens, remises et salaires, etc. | *Voir l'instruc-tion 932 et 1016 à comptablité.* |
| » | 23 mai. | MESURES POUR AC-CÉLÉRER L'INSTRUC-TION DES AFFAIRES. | Mesures pour accélérer l'instruction des affaires : les direc-teurs doivent répondre à l'administration dans les *cinq jours* ; toutes les fois qu'ils peuvent donner les détails qu'elle exige, sans avoir besoin d'autres renseignemens que ceux qu'ils seront à même de recueillir dans leurs propres bureaux ou dans les bureaux et dépôts publics de leur résidence ; — dans les *dix jours*, si la demande exige une correspondance intermédiaire avec quelques préposés ou autres personnes qui ne résident pas au chef-lieu de la direction.<br>Les directeurs écriront, au reçu de la lettre de l'adminis-tration, pour se procurer les renseignemens nécessaires ; dans le cas de retard, ils en rendront compte sans pouvoir s'en dispenser.<br>Les employés supérieurs et les receveurs fourniront, dans les cinq jours de la réception de la lettre du directeur, les ren-seignemens réclamés. Les directeurs désigneront à l'adminis-tration ceux qui mettraient du retard dans leur correspondance. Ils indiqueront à l'administration, les affaires pendantes de-vant elle et non décidées par des motifs qui ne seraient pas connus du directeur. | *Voir l'instruc-tion n.ᵒ 1002.* |
| » | 24 mai. | ENVOIS PÉRIODIQ.ˢ | Les états nécessaires à ces envois seront imprimés à l'admi-nistration et envoyés aux employés. Annonce de l'envoi de ces états. | |
| 989 | 24 juillet. | TABLE DE CRÉANCES HYPOTHÉCAIRES. | Il sera établi dans chaque bureau d'enregistrement une table alphabétique des créances hypothécaires.<br>Les conservateurs devront faire le renvoi de chaque créance aux bureaux de l'enregistrement du domicile des créanciers. Ces renvois seront remis chaque trimestre aux inspecteurs qui les feront parvenir à leur destination, selon le mode prescrit par la circulaire du 22 mars 1808. | *Voir l'instruc-tion n.ᵒ 455. Dérogation à cette instruct.* |
| 990 | 4 août. | FIXATION DU BUD-GET DES RECETTES ET DÉPENSES DE 1821. | Les retenues proportionnelles sur les traitemens et remises prescrites par les lois des 28 avril 1816 et 25 mars 1817, ces-seront d'avoir lieu à partir du 1.ᵉʳ juillet 1821.<br>Les remises des receveurs pour 1821 ne pouvant être défi-nitivement réglées qu'au 31 décembre prochain, ce n'est qu'à cette époque que la retenue sera invariablement fixée. Il n'y a que la remise des premiers 6 mois de l'année qui restera sujette à la retenue ; l'autre moitié en sera affranchie. | *Voir compta-bilité.* |
| 1002 | 25 octobre. | MODE DE TRANSMIS-SION DES RÉCLAMA-TIONS EN MATIÈRE DE TIMBRE ET D'ENREGIS-TREMENT. | Les demandes en modération d'amendes et de droits en sus et en prorogation de délais sur lesquelles la décision ne pour-rait être promptement rendue, seront remises directement aux directeurs des domaines, qui les transmettront, s'il y a lieu, à l'administration ; pour que les directeurs puissent justifier constamment de leur exactitude, ils ouvriront un sommier des pétitions où ils inscriront, par numéros et dates, celles qui leur seront remises avec l'indication du nom du réclamant et l'analyse succincte de l'objet du mémoire. Chaque article sera successivement émargé de la demande de renseignemens qui devra être faite aussitôt ; de l'envoi à l'administration dans la quinzaine ; de la décision de l'administration et de la remise aux receveurs et aux parties. | *Voir la circu-laire du 23 mai 1821. Voir l'instruc-tion 1018.* |

| INSTRUCTIONS GÉNÉRALES. | | OBJETS. | EXTRAIT DÉTAILLÉ DES INSTRUCTIONS. | OBSERVATIONS. |
|---|---|---|---|---|
| N.os | DATES. | | | |
| 1005 | 21 novembre 1821. | RECTIFICATION DE LA RÉPARTITION DE LA CONTRIBUT. FONCIÈRE. | Instruction du ministre des finances, en date du 5 octobre 1821, qui charge les contrôleurs des contributions directes, de faire, dans les bureaux de l'enregistrement, un relevé pour chaque commune des baux et des ventes passés depuis 1812. De leur côté, les receveurs devront fournir un état *pour chaque commune*, présentant les taux de l'intérêt, y compris l'impôt auquel on place les fonds dans chaque commune de leur arrond. | *Voir les instructions*, n.os 885 *et* 888. |
| » | 19 janvier 1822. | ÉTAT DES REMISES DE L'ANNÉE 1821. | Cet état a été adressé au directeur général le 23 février 1822. | |
| 1018 | 30 janvier. | SOLUTIONS DE L'ADMINISTRATION EN MATIÈRE DE DROITS D'ENREGISTREMENT. | Le ministre des finances a décidé, le 11 janvier 1822, que lorsque des particuliers auront cru devoir lui adresser des pétitions pour réclamer la solution des questions sur la perception des droits d'enregistrement, ces pétitions au lieu d'être comme précédemment communiquées à la régie pour avoir son avis, lui seront renvoyées des bureaux du ministère pour que l'administration prononce directement dans la sphère de sa compétence ; que l'administration fera prévenir les parties des solutions qu'elle aura données, et qu'à l'égard des demandes en remises et modérations des droits en sus et d'amendes et en concession de délais sur lesquelles le ministre peut seul prononcer, il n'est rien innové à ce qui se pratique actuellement. | *Voir l'instruction*, n.o 1002. |
| 1019 | 9 février. | MOYENS POUR ACCÉLÉRER LA VÉRIFICATION DES RÉGIES ET LA LIBÉRATION DES RECEVEURS. | Suivant une décision ministérielle du 23 janvier 1822, les gestions des receveurs seront vérifiées pour les cinq dernières années seulement, à moins que des faits graves ne rendent nécessaires la vérification des années antérieures. Si les circonstances l'exigent, les receveurs de canton pourront vérifier la régie de leurs prédécesseurs. A partir du 1.er janvier 1822, la gestion des receveurs devra être définitivement vérifiée dans le cours de l'année suivante. | |
| 1020 | 19 février. | RENSEIGNEMENS A FOURNIR, CONCERNANT LES PENSIONN.os DE L'ADMINISTRATION | Recommandation aux directeurs de remettre chaque trimestre aux inspecteurs, avant leur départ pour la tournée, un état des pensionnaires dans leurs divisions respectives. Les directeurs enverront le 10 du second mois de chaque trimestre, un état des changemens survenus dans le trimestre précédent ; s'il n'y a point eu de changement ils fourniront un certificat négatif. | |
| » | 21 dudit. | DÉMISSION DES EMPLOYÉS. | Tout employé qui se propose de renoncer à sa place, soit pour prendre sa retraite, soit pour toute autre cause, doit en informer directement le directeur général. A l'avenir, tout préposé qui aurait traité de son emploi ou fait colporter sa démission sera immédiatement remplacé. | |
| 1028 | 23 mars. | PROROGATION DU PRÉLÉVEMENT, AU PROFIT DE LA CAISSE DES RETR.es, SUR LES TRAIT.s ET REMISES. | Les retenues au profit de la caisse des retraites du premier mois d'appointemens des nouveaux employés et du 1.er 12.e des augmentations de traitement, continueront à être exécutées jusqu'à ce qu'il en soit autrement ordonné. | |
| 1029 | 23 dudit. | MINISTÈRE DES AVOUÉS DANS LES INSTANCES, CONCERNANT L'ADMINISTRATION. | L'administration est autorisée à se servir du ministère d'un avoué, lorsqu'elle poursuit une saisie immobilière, ou qu'elle est appelée à produire dans une instance d'ordre en matière de saisie-arrêt. L'administration fait prononcer sur simples mémoires, la validité de la saisie des deniers de son débiteur entre les mains d'un tiers : mais elle doit constituer avoué et observer les règles du droit commun de la procédure vis-à-vis du tiers saisi, s'il conteste la saisie-arrêt, ou s'il s'oppose aux poursuites exercées directement contre lui, après qu'il a été déclaré débiteur des causes de la saisie ; cette distinction est établie par un arrêt de la Cour de cassation, du 29 avril 1818. (*Voir l'instruction.*) | |

# ADMINISTRATION.

| INSTRUCTIONS GÉNÉRALES. | | OBJETS. | EXTRAIT DÉTAILLÉ DES INSTRUCTIONS. | OBSERVATIONS. |
|---|---|---|---|---|
| N.os | DATES. | | | |
| 1037 | 25 avril 1822. | AFFRANCHISSEMENT DES FEUILLES IMPRIMÉES REMPLIES A LA MAIN. | Tous les imprimés que les employés de l'enregistrement expédient à leur directeur, ou que ceux-ci adressent aux inspecteurs, vérificateurs, receveurs et conservateurs des hypothèques, peuvent être affranchis à raison de 5 centimes par feuille, quand même ils contiendraient des chiffres ou de l'écriture. (*Lettres du Min. des finances, des 29 mars et 17 avril 1822*). | *V. la circulaire du 30 janv. 1821.* |
| 1040 | 9 mai. | RENSEIGNEMENS A FOURNIR AUX INSPECTEURS DES FINANCES. | Les inspecteurs et sous-inspecteurs des finances sont chargés de vérifier dans les bureaux la situation de la caisse et de prendre connaissance de la régularité des opérations de la comptabilité. Dans le cas où il serait requis des notes écrites par les directeurs, ces derniers en adresseraient copie au directeur général. Au surplus, les renseignemens que les inspecteurs des finances demandent peuvent se résoudre en explications purement verbales. | *V. l'instruction n.° 930.* |
| » | 11 dudit. | NOMINATIONS DES EMPLOYÉS. MM. LES PRÉFETS DOIVENT EN ÊTRE INFORMÉS. | Désormais, à la réception de chaque commission de préposé, le directeur devra informer le préfet de la nomination qui aura eu lieu, et faire connaître à ce magistrat le nom du préposé nouvellement nommé, ainsi que l'emploi qu'il est appelé à remplir. | |
| » | 1.er juin. | NOTES A FOURNIR SUR LES EMPLOYÉS, PAR LES DIRECTEURS. | Les directeurs adresseront pour le 1.er juillet 1822, les notes détaillées sur chaque employé de leur direction. Imprimés à remplir joints à la circulaire. | |
| 1047 | 22 dudit. | COMPTE A RENDRE PAR LES INSPECTEURS, DE LEURS OPÉRATIONS PENDANT LA TOURNÉE DE CONTRÔLE. | Les inspecteurs rendront compte de leurs opérations de tournée, conformément au modèle arrêté par l'administration. = Pour l'envoi de ce compte, qui remplace les lettres de tournée, et pour la remise à faire d'une copie au directeur, les inspecteurs continueront à suivre l'usage existant. = Dans le cas où quelque partie du compte paraîtrait au directeur devoir donner lieu à des observations de sa part, il les transmettrait à l'administration par une lettre spéciale. | |
| 1048 | 12 juillet. | TRANSPORT DES DÉPÊCHES PAR D'AUTRES VOIES QUE CELLE DE LA POSTE AUX LETTRES. | Il a été recommandé aux préposés de l'enregistrement, par la circulaire du 26 brumaire an 12, de se servir de la messagerie pour le transport des paquets volumineux, mais dans ce sens seulement, que le poids des papiers excéderait un kilogramme, ou qu'il n'existerait pas de bureau de poste. Lorsque le poids est inférieur, et qu'il s'agit d'une route où la poste fait le service, les directeurs et les autres préposés ne peuvent employer que la voie de la poste aux lettes, pour leurs envois respectifs. | *V. l'instruction n.° 1061.* |
| 1049 | 3 août. | PERSONNEL ET TRAVAIL DES EMPLOYÉS DE L'ADMINISTRATION. | Les directeurs sont dispensés de fournir au directeur-général les ordres de changement de destination transmis aux employés supérieurs. Ils en donneront seulement connaissance à l'administrateur divisionnaire, chargé de la suite du travail des employés de leur département. Il est dérogé par cette instruction à celle n.° 812, pour ce qui concerne le traitement des employés supérieurs, qui seraient obligés d'interrompre leur travail pour cause de maladie. Les directeurs pourront leur faire payer leur traitement sans l'autorisation du directeur-général. Les inspecteurs sont aussi dispensés de fournir, dans la première quinzaine de janvier de chaque année, un précis de leurs opérations pendant l'année précédente. Les directeurs pourront dorénavant accorder, conformément aux ordres généraux de régie (art. 4), des congés aux surnuméraires, mais seulement pour le département de leur rési- | |

# ADMINISTRATION.

| INSTRUCTIONS GÉNÉRALES. | | OBJETS | EXTRAIT DÉTAILLÉ DES INSTRUCTIONS. | OBSERVATIONS. |
|---|---|---|---|---|
| N.os | DATES. | | | |
| » | 14 août 1822. | VENTE DE PAPIERS HORS DE SERVICE. | dence. Les congés pour d'autres départemens continueront d'être délivrés par le directeur-général. — Décision du ministre des finances, du 21 mai 1822, portant que les registres, sommiers, papiers et impressions reconnus hors de service, existant dans les magasins et bureaux des directeurs de l'enregistrement et des domaines, seront vendus dans les formes et aux mêmes conditions que celles prescrites par la décision du 5 février 1819. | V. l'instruction n.º 894, au titre Timbre. |
| » | 23 dudit. | SURNUMÉRAIRES. | Défense aux directeurs de faire la demande de brevets de surnuméraires jusqu'à la fin de 1823, époque à laquelle le nombre pourra être réduit à 600. | V. l'instruction n.º 966. |
| 1052 | 24 dudit. | FIXATION DU BUDGET DES DÉPENSES ET DES RECETTES DE 1823. | Les droits d'enregistrement, de timbre, de greffe, etc. continueront d'être perçus en 1823, conformément aux lois existantes, à l'exception du droit de consommation sur les huiles, qui concerne l'administration des impositions indirectes. | |
| 1061 | 14 décembre | TRANSPORT DE PAQUETS CONTENANT LES TAXES DE TÉMOINS DANS LES PROCÉDURES EN MATIÈRE CRIMINELLE. | Décision du ministre des finances, du 20 novembre 1822, portant que les envois d'assignations et de taxes de témoins, acquittées par les receveurs, dans les procédures criminelles et correctionnelles, participent à l'exception établie par l'art. 2 de l'arrêté du 27 prairial an 9, pour les sacs de procédure, c'est-à-dire, qu'on doit expédier par les messageries ou les voitures publiques, quoique le poids des paquets n'excède pas un kilogramme, les taxes de témoins, de jurés, d'experts, d'interprètes, d'officiers de santé et autres, acquittées dans les procédures criminelles ou correctionnelles. Les receveurs devront indiquer, sur les enveloppes, que les paquets renferment des pièces de procédure. Cette instruction est applicable aux envois et dossiers des procédures suivies au nom de l'administration. | |
| » | 27 janvier 1823. | DEMANDE D'UN ÉTAT DES REMISES DES RECEVEURS ET DES SALAIRES DES CONSERVA.rs DES HYPOTHÈQUES. | Cet état a dû être adressé à M. le Directeur-général, le 6 février 1823. MM. les directeurs transmettront un semblable état, le 6 février, de chaque année, à M. le Directeur-général. | |
| 1067 | 1.er février. | NOTIFICATION ET EXÉCUTION DES ARRÊTS DE LA COUR DES COMPTES. | La notification ou délivrance des extraits d'arrêts de la cour des comptes, sera faite aux receveurs de l'enregistrement et des domaines par l'intermédiaire du directeur. = L'administration fera parvenir au directeur une copie entière, tant de l'arrêt de situation que de l'arrêt définitif. Dans la huitaine de la réception de cette copie, le directeur enverra, à chaque préposé comptable, un extrait, en double expédition, de l'arrêt de la cour, contenant toutes les dispositions qui le concernent. Cet extrait devra être transmis à l'employé qui aura rendu le compte de gestion, lors même qu'il ne serait plus en exercice dans le bureau pour lequel ce compte a été fourni. (Voir l'instruction pour les modèles des extraits d'arrêts, notifications et reconnaissances.) | |
| 1070 | 15 dudit. | OPÉRATIONS DES INSPECT.rs PENDANT LES CONTRE-TOURNÉES. | Par arrêté de M. le directeur-général, approbatif d'une délibération du conseil d'administration, du 25 janvier 1823, les inspecteurs continueront, en entrant dans un bureau pour s'y livrer aux opérations de la contre-tournée, de constater leur arrivée par un vu dans la forme prescrite par l'art. 215 des ordres généraux de régie. = Ils examineront si les registres sont arrêtés jusqu'au jour de leur arrivée. = Ils vérifieront la caisse du receveur et en constateront la situation, conformément aux articles 108 et 216 des ordres généraux de régie : mais ils se | |

| INSTRUCTIONS GÉNÉRALES. | | OBJETS. | EXTRAIT DÉTAILLÉ DES INSTRUCTIONS. | OBSERVATIONS. |
|---|---|---|---|---|
| N.os | DATES. | | | |
| | | | borneront, en ce qui concerne les recettes, à l'examen des calculs des registres, et ne s'occuperont point de la vérification des perceptions faites depuis le premier jour du trimestre courant, attendu que cette vérification fera partie des opérations de la tournée. = Après avoir constaté la situation de la caisse du receveur, ils se livreront aux opérations principales qui leur auront été indiquées par le directeur, ainsi qu'aux découvertes et aux recouvremens. = Ils continueront, dans chacun de leurs journaux de travail, de présenter le tableau des recouvremens opérés dans le bureau auquel ils sont attachés ; mais ils ne fourniront celui de la situation des sommiers que dans le premier et le dernier journal de chaque contre-tournée : à l'égard des recouvremens effectués dans chacun des autres bureaux de leur division, les inspecteurs n'en produiront plus le tableau. = Ils ne fourniront plus également, dans le dernier journal de chaque contre-tournée, la récapitulation des opérations faites pendant sa durée ; cette récapitulation sera présentée dans le journal, par lequel ils annonceront la clôture de leurs opérations dans le bureau. = Les notes sur le personnel des receveurs et des surnuméraires, faisant partie du compte rendu par les inspecteurs pour la tournée, ne seront plus reproduites dans les journaux de travail. = Enfin, la correspondance avec les receveurs, prescrite par l'art. 216 des ordres généraux de régie, aura lieu dans l'intervalle de la clôture des opérations de tournée, à l'époque de l'entrée en contre-tournée. Les inspecteurs certifieront, par l'art. 1.er de leur premier journal, que cette correspondance a eu lieu et que tous les sommiers particuliers qu'ils doivent tenir ont été mis au courant avant l'ouverture de la contre-tournée. | |
| 1071 | 26 février 1823. | MOYENS D'ACCÉLÉRER LA VÉRIFICATION DES RÉGIES ET LA LIBÉRATION DES RECEVEURS. | Tableau demandé à MM. les directeurs par M le directeur général, de la situation, au 1.er janvier 1823, de la vérification des gestions des receveurs de l'enregistrement et des domaines, pour les cinq années écoulées depuis le 1.er janvier 1817, jusqu'au 1.er janvier 1822. <br> (Voir l'instruction pour le modèle de ce tableau.) | *V. l'instruction n.° 1019.* |

# ADMINISTRATION.

| INSTRUCTIONS GÉNÉRALES. | | OBJETS. | EXTRAIT DÉTAILLÉ DES INSTRUCTIONS. | OBSERVATIONS. |
|---|---|---|---|---|
| N.os | DATES. | | | |

# AMENDES.

| INSTRUCTIONS GÉNÉRALES. | | OBJETS. | EXTRAIT DÉTAILLÉ DES INSTRUCTIONS. | OBSERVATIONS. |
|---|---|---|---|---|
| N.ᵒˢ | DATES. | | | |
| 31 | 6 nivôse an 10. | RECOUVREMENT. — CONTRAINTE PAR CORPS. | Le recouvrement des frais de poursuite et du décime pour franc des amendes pour délits, doit être suivi par la voie de la contrainte par corps comme la condamnation à l'amende. *( Décisions du Ministre de la justice du 8 frimaire an 10.)* | |
| 48 | 24 ventôse. | COMMUNES. — ATTRIBUTIONS. | Les communes sont rétablies dans la jouissance des amendes de police qui leur ont été attribuées par la loi du 6 octobre 1791. *( Arrêté du Gouvernement du 26 brum. an 10. )* Les receveurs de l'administration continueront d'en faire la recette. | |
| 53 | 1.ᵉʳ floréal. | RECOUVREMENT. — CONTRAINTE PAR CORPS. | Le recouvrement des amendes pour délits, doit, d'après l'art. 190 du code des délits et des peines, être suivi par la voie de la contrainte par corps. <br> Cette peine doit être provoquée par les préposés de l'administration lorsque le débiteur est solvable, et par le procureur du Roi lorsque l'insolvabilité du débiteur est constatée. *( Déc. du Ministre de la justice du 15 nivôse an 10 , lettre du Min. des finances du 18 ventôse suivant. )* | *V. l'instruction générale, n.ᵒ 600.* |
| » | 16 thermid. | POLICE DES CULTES. | Le recouvrement des amendes prononcées contre des prêtres en contravention à la loi du 7 vend. an 4 sur la police des cultes, doit être abandonné. *(Décision du Ministre des finances du 8 messidor an 10. )* | |
| 92 | 12 brumaire an 11. | CONSCRITS ET DÉSERTEURS. | La loi du 24 floréal an 10 portant amnistie en faveur des conscrits et des déserteurs a fait la remise des amendes et condamnations. — Les receveurs doivent se borner à recouvrer le montant des frais et poursuites antérieurs à la publication de la loi. | *V. l'instruction n.ᵒ 116.* |
| 103 | 13 frimaire. | AMENDES FORESTIÈRES. | La moitié du produit net des amendes forestières sera distribuée à titre de gratification aux gardes qui auront le mieux rempli leur service. — Mode d'exécution de cette disposition de l'arrêté du Gouvernement du 17 ventôse an 10. | *V. la circulaire du 28 frim. an 14.* |
| 116 | 22 nivôse. | DÉSERTION. | Les frais relatifs à la poursuite des amendes prononcées pour crime de désertion, dont la remise a été accordée par la loi du 24 flor. an 10, sont compris dans les dispositions de faveur de cette loi, et ne sont pas exigibles. *( Avis du Conseil d'état. )* | |
| 120 | 2 ventôse. | DÉLITS FORESTIERS. | Il y a lieu d'accorder l'amnistie et la remise des amendes pour délits forestiers commis antérieurement au premier vendémiaire an 8, soit par des communes, soit par des particuliers, autres que les adjudicataires de bois, condamnés pour délits commis dans leurs exploitations. *( Avis du Conseil d'état du 4 pluviôse an 11.)* | |
| 121 | 7 dudit. | COMMUNES. — ATTRIBUTIONS. | Les communes doivent jouir des attributions dans les amendes de police municipale et correctionnelle depuis le premier vendémiaire an 7; cette attribution est de la moitié du produit net de ces amendes suivant la loi du 11 frimaire an 7. Elles n'ont rien à prétendre dans les amendes pour délits champêtres recouvrées avant la publication de l'arrêté du Gouvernement du 26 brumaire an 10. — L'attribution prononcée par un autre arrêté du 25 floréal an 8 n'a lieu que pour les amendes prononcées en police municipale et correctionnelle. — Mode de comptabilité de ces amendes. | *V. les instructions générales, n.ᵒˢ 241 et 444.* |
| 127 | 23 dudit. | DÉCIME POUR FRANC. — OCTROIS. | Le décime pour franc est exigible sur les amendes prononcées contre ceux qui contreviennent aux lois sur les octrois municipaux. — Mode de recouvrement et de liquidation de ce décime lorsqu'il y a saisie de marchandises. | |

# AMENDES.

| INSTRUCTIONS GÉNÉRALES. | | OBJETS. | EXTRAIT DÉTAILLÉ DES INSTRUCTIONS. | OBSERVATIONS. |
|---|---|---|---|---|
| N.os | DATES. | | | |
| | | | Lorsque la contravention est accompagnée de circonstances telles que violences ou voies de fait, qui donnent lieu à l'application des peines portées par le code pénal, les amendes qui en sont la suite doivent être recouvrées par les receveurs de l'administration, sauf à remettre aux préposés de l'octroi l'amende encourue pour fait de contravention. (*Décisions des Ministres des finances et de l'intérieur des 8 flor. an 8 et 11 vent. an 11.*) | |
| 136 | 12 prairial an 11. | Consignation. | Tout appelant est tenu de consiguer l'amende d'avance en faisant enregistrer son acte d'appel. — Tout appel des jugemens des tribunaux de commerce est sujet à l'amende comme l'appel des tribunaux de première instance. — Mode de consignation et quotité de l'amende. (*Arrêté du Gouvernement du 10 flor. an 11.*) Elle ne peut être reçue, à l'avenir, qu'au bureau établi près le tribunal saisi de l'appel. | *V. les inst. gén., n.os 231 et 257.* <br> *L'amende doit être consignée, quoique l'art. 471 du code de proc. ne l'exige pas formellement* (Lettre du Min. de la just. du 12 sep. 1809.) |
| 148 | 11 thermid. | Contravention aux réglemens de police. | Les préposés requerront, des gendarmes, la remise des procès-verbaux rapportés par eux contre des individus en contravention aux réglemens de police, afin de réclamer auprès des maires ou des greffiers le montant des amendes qui aurait pu y être déposé par les contrevenans. | |
| 180 | 23 brumaire an 12. | Amendes forestières. — Extraits de jugemens. | Les extraits de jugemens portant condamnation en des amendes forestières, doivent être remis par le commissaire près le tribunal qui les a prononcés. | |
| » | 29 frimaire. | Réglemens de police. | Les commandans de la gendarmerie sont tenus de remettre aux préposés de l'administration non-seulement les extraits des procès-verbaux qu'ils rapporteront à l'avenir, mais encore ceux antérieurement rapportés depuis la loi d'organisation du 28 germ. an 6 contre des contrevenans aux lois et réglemens de police. | *V. l'instruction générale, n.° 600.* |
| 194 | 19 nivôse. | Recouvrement. — Contrainte par corps. | La contrainte par corps ne doit être employée à l'avenir, pour le recouvrement des amendes de condamnation et des frais de justice, que contre les condamnés dont la solvabilité sera connue; on doit se borner à faire dresser des procès-verbaux de carence contre les véritables indigens, sauf aux procureurs du Roi à leur faire subir la détention d'un mois, conformément à la loi du 5 octobre 1793. | |
| » | 26 prairial. | Recouvrement. — Expropriation. — Sursis. | Sursis aux poursuites en expropriation forcée pour recouvrement des amendes de police correctionnelle, etc. en exécution du décret du 13 prairial an 12. | |
| 230 | 29 dudit. | Décret de bienfaisance. | Remise de l'amende et des frais en faveur des condamnés en police correctionnelle; ils seront mis en liberté à l'expiration du terme fixé pour la peine. (*Décret du 13 prairial an 12.*) | |
| 231 | 1.er messid. | Consignation. | Quand deux parties se rendent appelantes d'un même jugement, l'une et l'autre doivent consigner l'amende, de sorte que si l'une est en retard, l'autre doit consigner pour elle. — Plusieurs personnes agissant en nom collectif ne doivent consigner qu'une amende; il y a lieu à autant de consignations qu'il y a d'intérêts distincts ou opposés. — Il n'y a qu'une consignation à faire par une partie appelante de trois jugemens, lorsqu'il peut être statué sur ces trois appels par un seul jugement. (*Décision du Grand Juge du 23 germinal an 12.*) | |
| 241 | 2 thermidor. | Attributions. — Frais à déduire. | Les attributions sur les amendes de toute espèce ne doivent être payées qu'après la déduction des frais tombés en pure perte, vu l'insolvabilité des condamnés. | *V. l'instruction générale, n.° 473.* |

# AMENDES.

| INSTRUCTIONS GÉNÉRALES. | | OBJETS. | EXTRAIT DÉTAILLÉ DES INSTRUCTIONS. | OBSERVATIONS. |
|---|---|---|---|---|
| N.os | DATES. | | | |
| » | 2 thermidor an 12. | POURSUITES. | Ordre de reprendre les poursuites contre tous les redevables d'amende de police correctionnelle qui n'ont point été compris dans l'état de ceux qui ont participé au décret de bienfaisance du 13 prairial an 12. | |
| » | 7 fructidor. | ATTRIBUTIONS. — ÉTATS A VISER PAR LE PRÉFET. | Les directeurs doivent donner aux préfets connaissance de l'instruction générale n.° 241 approuvée par le ministre, et se concerter avec ces magistrats pour qu'ils ne fassent aucune difficulté de délivrer les mandats au profit des communes, et de viser les récépissés des trésoriers des hospices civils. | |
| 256 | 5 vendém. an 13. | DROITS RÉUNIS ET OCTROIS. | La régie des droits réunis percevra, à dater du premier vendémiaire an 13, le décime pour franc des amendes de contravention aux lois concernant la taxe d'entretien des routes et les octrois municipaux, ainsi que le principal de ces amendes. ( Décision du Ministre des finances du premier complémentaire an 12. ) | |
| 257 | 11 dudit. | CONSIGNATION. | Il n'y a lieu à la consignation préalable de l'amende que pour les jugemens rendus par les juges de paix, les tribunaux de première instance jugeant civilement, et par les tribunaux de commerce. — Elle n'est pas nécessaire pour l'appel des jugemens en matière correctionnelle ou rendus par des arbitres ou des tribunaux de famille. ( Décision du Grand Juge du 25 thermidor an 12. ) | |
| 263 | 21 frimaire. | ORGANISATION DU NOTARIAT. | Amendes encourues par les notaires dans les divers cas prévus par la loi du 25 ventôse an 11. | |
| » | 10 pluviôse. | DÉCRET DE BIENFAISANCE. | Les dispositions bienfaisantes du 13 prairial an 12 s'appliquent aux condamnés en matière de police correctionnelle, sans distinction des délits et aux détenus solvables ou non. — Les confiscations qui ont été prononcées ne sont point révoquées. ( Avis du Conseil d'état du 6 frimaire an 13. ) | |
| » | 21 vendém. an 14. | PATENTES. | Les préposés de l'administration doivent continuer à faire la recette des amendes prononcées par l'art. 37 de la loi du 1.er brumaire an 7 à défaut de mention de la patente dans les cas et actes y indiqués. ( Décision du Ministre des finances. ) | |
| » | 24 brumaire. | EXTRAITS DE JUGEMENS. | Les extraits de jugemens remis aux préposés de l'administration pour suivre le recouvrement des amendes de police, ne sont sujets ni au timbre, ni à l'enregistrement. ( Décision du Ministre des finances du 14 brumaire an 14. ) | |
| » | 23 frimaire. | MARCHANDISES ANGLAISES. | Les amendes pour importations de marchandises anglaises doivent être perçues par les employés de l'administration des douanes. ( Décision du Ministre des finances du 12 frimaire an 14. ) | |
| » | 28 dudit. | AMENDES FORESTIÈRES. | On doit déduire sur le produit des amendes forestières les frais auxquels l'administration des forêts peut être condamnée par suite des procès-verbaux de délits rapportés par ses agens. ( Décision du Ministre des finances du 19 frimaire an 14. ) | |
| 301 | 8 mars 1806. | REMISES DES GREFFIERS. | Il est dû aux greffiers pour les extraits ou états des jugemens remis aux receveurs de l'enregistrement pour recouvrer les amendes de police et les confiscations, savoir : 40 c. par rôle de 28 lignes à la page et de 16 syllabes à la ligne, conformément à l'art. 3 de la loi du 30 nivôse an 5 pour les extraits des jugemens, et 25 c. par article lorsqu'ils forment des états. Mode de comptabilité de ce paiement et du remboursement de l'avance faite par les receveurs. ( Décisions du Grand Juge et du Min. des finances des 30 frimaire an 14 et 18 février 1806. ) | |

# AMENDES.

| INSTRUCTIONS GÉNÉRALES. | | OBJETS. | EXTRAIT DÉTAILLÉ DES INSTRUCTIONS. | OBSERVATIONS. |
|---|---|---|---|---|
| N.os | DATES. | | | |
| » | 6 septembre 1806. | SITUATION DU RECOUVREMENT. | Etat à fournir de la situation des amendes et autres peines forestières, du recouvrement effectué, et du restant à recouvrer. Cet état sera fourni à l'avenir tous les trois mois. | |
| » | 24 dudit. | ÉTRANGERS DEVENUS FRANÇAIS. | L'administration de l'enregistrement peut procéder à l'exécution pure et simple des jugemens pour le recouvrement des amendes prononcées par des tribunaux français contre des étrangers devenus français, par la réunion de leur pays à la France. *(Avis du Conseil d'état, du 31 mai 1806.)* | |
| » | 11 novembre | AMENDES FORESTIÈRES. | Ordre de surveiller rigoureusement le recouvrement des amendes forestières. | |
| 321 | 29 dudit. | DÉSERTION. | Le tribunal de première instance du domicile du condamné à l'amende pour crime de désertion prononcée par les conseils de guerre spéciaux, conformément à l'arrêté du gouvernement, du 19 vendémiaire an 12, doit rendre exécutoire cette condamnation sur le vu du jugement du conseil de guerre, par un jugement particulier. *(Décis. du Grand-Juge, du 22 août 1806.)* | |
| » | 10 mars 1807. | POLICE DU ROULAGE. | Les receveurs des communes où il existe des ponts à bascule, doivent avoir un registre de recette des amendes encourues par les contrevenans au décret du 23 juin 1806, concernant le poids des voitures et la police du roulage, et en verser le produit intégral tous les trois mois au receveur de l'enregistr.t, sous la seule déduction du quart attribué à l'agent qui aura constaté la contravention. *(Décision du Ministre des finances, du 3 février 1807.)* | |
| 345 | 3 octobre. | *Idem.* | Décret du 23 juin 1806, concernant le poids des voitures et la police du roulage. — Recouvrement et mode de comptabilité des amendes prononcées pour contravention aux lois, décrets, etc., rendus à ce sujet. | |
| » | 10 dudit. | AMENDES FORESTIÈRES. | Mesures prescrites pour faire apurer les restans dus sur les amendes forestières. | |
| » | 26 novembre | APPEL EN CASSATION. | L'amende de 150 francs prononcée par la cour de cassation dans le cas où l'administration succombe dans sa demande après un arrêté d'admission de sa requête en pourvoi, sera à l'avenir acquittée à Paris, quel que soit le département où l'affaire ait pris naissance. | |
| 375 | 14 avril 1808. | PRIVILÉGE DU TRÉSOR | Le privilége accordé au trésor public par la loi du 5 septembre 1808 pour frais de justice en matière correctionnelle et criminelle, n'est point applicable aux amendes. Ce privilége pour les frais de justice, prime celui de l'indemnité due à la partie civile. *(Décision du Grand-Juge, du 19 mars 1808.)* | |
| 381 | 3 juin. | RECOUVREMENT. — PRÉCAUTIONS A PRENDRE. | Précautions à prendre avant d'exercer des poursuites pour le recouvrement des amendes de condamnation et des frais de justice. | |
| 408 | 3 décembre. | CODE DE PROCÉDURE. | Indication des amendes prononcées par le code de procédure civile, et mode de leur recouvrement.<br><br>1. Audiences des juges de paix ;<br>2. Non comparution des parties ;<br>3. Ajournemens ;<br>4. Audiences et leur police ;<br>5. Vérification des écritures ;<br>6. Faux incident civil ;<br>7. Enquêtes ;<br>8. Renvoi à un autre tribunal ;<br>9. Récusation ;<br>10. Appel ; | |

# AMENDES.

| INSTRUCTIONS GÉNÉRALES. | | OBJETS. | EXTRAIT DÉTAILLÉ DES INSTRUCTIONS. | OBSERVATIONS. |
|---|---|---|---|---|
| N.os | DATES. | | | |
| | | | 11. Tierce opposition ; 12. Requête civile ; 13. Prise à partie ; 14. Dispositions générales. | |
| 415 | 30 janvier 1809. | GRANDE VOIRIE. | Les receveurs de l'administration du domicile des condamnés en matière de grande voirie, sont chargés du recouvrement des amendes prononcées par les arrêtés des conseils de préfecture ; ils le sont également des droits en débet et des frais. — Les arrêtés de condamnation leur seront transmis par le directeur qui les recevra lui-même du Préfet. — Les amendes de l'espèce ne seront point attribuées. | *Voir l'instruction n.° 801.* |
| 424 | 23 mars. | PRESCRIPTION. | La prescription pour la demande en paiement, ou restitution d'amendes payées de gré à gré, ou en vertu de simples contraintes, ne s'acquiert que par trente ans. *(Décision du Ministre des finances.)* Les amendes payées en vertu de jugemens signifiés, ne peuvent être restituées après le délai de l'appel ou du recours en cassation. | *V. l'instruction générale, n.° 491, qui a dérogé à ces dispositions.* |
| 434 | 10 juin. | REBELLION CONTRE LES PRÉPOSÉS DES DROITS RÉUNIS. | Les amendes prononcées pour rebellion contre les préposés des droits réunis ou pour insultes et injures, seront recouvrées par l'administration des droits réunis. *(Décision du Ministre des finances, du 30 mai 1809.)* | |
| 444 | 29 juillet. | ATTRIBUTIONS AUX COMMUNES ET AUX HOSPICES. | A compter du 1.er janvier 1809, les attributions des communes dans le produit des amendes de police correctionnelle municipale et rurale, seront des deux tiers du produit net. — L'autre tiers de ce produit net sera attribué aux hospices du chef-lieu du département. *(Décret du 17 mai 1809.)* Mode de cette comptabilité. | *V. la circulaire du 31 mars 1812.* |
| » | 2 septembre. | INDEMNITÉ. — CASSATION | Les 150 ou 75 francs auxquels, suivant les cas, le demandeur qui succombe en cassation après l'admission de son pourvoi est condamné envers le défendeur, étant une indemnité plutôt qu'une amende, doivent être payés directement à la partie sans l'intermédiaire des préposés. *(Déc. du Min. des fin. et du G.-Juge.)* | |
| 471 | 5 avril 1810. | ACTES D'INDULGENCE | Décret du 25 mars 1810, contenant des actes d'indulgence et de bienfaisance. Dispositions qui concernent l'administration et ses préposés. | |
| 472 | 18 dudit. | CONSIGNATION. — INDIGENS. | La loi du 1.er thermidor an 6 qui dispensait les indigens de consigner l'amende pour se pourvoir en requête civile, est abrogée. *(Avis du Conseil d'état, du 20 mars 1810.)* | |
| 473 | 2 mai. | ADMINISTRATION FORESTIÈRE | Les frais faits soit pour l'obtention des jugemens de condamnation en matière de délits forestiers, soit pour en assurer l'exécution et qui sont tombés en non valeur, doivent être prélevés sur le produit des amendes mis à la disposition de l'administration forestière. *(Déc. du Ministre des finances.)* | |
| 491 | 22 septemb. | PRESCRIPTION. | Les amendes prononcées par les lois sur l'enregistrement et sur les ventes publiques d'effets mobiliers, prescrivent après deux ans. Ordre d'exercer des poursuites pour leur recouvrement dans les deux ans de la formalité donnée à l'acte qui les aura fait découvrir. *(Avis du Conseil d'état, du 18 août 1810.)* | |
| 506 | 26 janvier 1811. | CERTIFICAT D'INSOLVABILITÉ. | Le certificat d'insolvabilité délivré par le maire en faveur de redevables d'amendes, est suffisant pour autoriser le procureur du roi à faire subir au condamné la détention d'un mois, sauf au procureur du roi à requérir, s'il le juge à propos, que l'insolvabilité soit constatée par un procès-verbal de carence. *(Décisions du Grand-Juge et du Ministre des finances.)* | *V. l'instruction générale, n.° 600.* |

# AMENDES.

| INSTRUCTIONS GÉNÉRALES. | | OBJETS. | EXTRAIT DÉTAILLÉ DES INSTRUCTIONS. | OBSERVATIONS. |
|---|---|---|---|---|
| N.ᵒˢ | DATES. | | | |
| 510 | 21 mars 1811. | AMENDES FORESTIÈRES. — RECOUVREMENT. | Les gardes généraux des forêts sont chargés, à partir du 1.ᵉʳ mai 1811, de recouver les amendes et autres condamnations pécuniaires en matière de délits concernant les forêts, la chasse et la pêche. *(Décret du 2 février 1811.)* Mode de cette comptabilité. | |
| 515 | 19 avril. | IMPRIMERIE ET LIBRAIRIE. | Le produit des amendes et confiscations pour délits en matière d'imprimerie et de librairie, doit être perçu par l'administration, et appliqué aux dépenses de la direction générale de ce service. *(Décret du 5 février 1810.)* Mode du versement à en faire aux recettes particulières. | |
| 518 | 11 mai. | RECOUVREMENT. — RESPONSABILITÉ DES RECEVEURS. | Les receveurs du domicile des condamnés à des amendes et des redevables de frais de justice, sont chargés d'en suivre le recouvrement et d'en faire la recette, à l'exception de celles prononcées en matière de forêts, de chasse et de pêche, et ce à partir du 1.ᵉʳ juillet 1811. *(Décision du Ministre des finances, du 2 avril 1811.)* Mesures prescrites pour la refonte des sommiers ou les renvois des articles. = Responsabilité des receveurs à défaut d'apurement des articles dans le délai de six mois. | |
| 528 | 20 juin. | AMNISTIE. | L'amnistie du 25 mars 1810 est générale et absolue, 1.ᵒ pour toute espèce de délits forestiers, jugés ou non, autres que ceux réservés dans l'avis du conseil d'état, du 26 juin 1810 ; 2.ᵒ à l'égard des autres délits, la remise de l'amende et des frais n'a été accordée qu'aux individus qui, ayant été condamnés correctionnellement, se trouvaient détenus au moment de la publication du décret, sans distinction des condamnés solvables ou insolvables ; 3.ᵒ enfin, les individus condamnés pour délits de simple police n'étant pas compris dans le décret, ne peuvent profiter de cette remise. *(Décision du Ministre des finances, du 11 juin 1811.)* | |
| 540 | 31 août. | RESTITUTION. — AMNISTIE. | Il y a lieu de restituer les sommes payées depuis le décret du 25 mars 1810, par les individus auxquels l'amnistie a été déclarée applicable en matière forestière. Les frais de poursuite tombés en non valeur par le seul fait de l'amnistie, ne seront point prélevés sur le produit des amendes, mais alloués en dépense aux receveurs sur des états taxés par le président ou le juge du tribunal, et appuyés des pièces justificatives. *(Décision du Ministre des finances, du 16 août 1811.)* | |
| 546 | 2 octobre. | GRATIFICATIONS — ADMINISTRATION FORESTIÈRE. — OPPOSITION. | Les gratifications accordées aux agens forestiers sur le produit des amendes, ne sont point saisissables de la part des créanciers des employés qui les ont obtenues ; le montant total doit leur être payé qu'il y ait ou non des oppositions au paiement de leur traitement. *(Décision du Ministre des finances, du 13 septembre 1811.)* | |
| 557 | 24 septembre | ADMINISTRATION FORESTIÈRE. — RECOUVREMENT. — EXTRAITS DE JUGEMENS. — FRAIS. | Les gardes collecteurs des forêts sont chargés du recouvrement des condamnations pécuniaires pour les délits dont l'administration des forêts suit la répression, ou sur les poursuites du ministère public dans son intérêt. Dans les autres cas, le recouvrement doit être fait par les receveurs de l'enregistrement. — Les extraits des jugemens de condamnation que les greffiers remettent aux agens forestiers, doivent être sur papier non timbré. — Les significations et commandemens des agens collecteurs pour le recouvrement des condamnations doivent être sur papier timbré et acquitter le droit d'enregistrement ; les actes ne doivent point être visés pour timbre ni enre- | |

# AMENDES.

| INSTRUCTIONS GÉNÉRALES. | | OBJETS. | EXTRAIT DÉTAILLÉ DES INSTRUCTIONS. | OBSERVATIONS. |
| N.os | DATES. | | | |
| --- | --- | --- | --- | --- |
| | | | gistrés en débet. Les avances et remboursemens de frais de papier, d'impression des sommiers, rôles, etc., seront acquittés par l'administration des domaines sur des bordereaux approuvés par le directeur général des forêts, et visés par le ministre.— Les frais dus aux greffiers pour extraits et expéditions de jugemens remis aux agens forestiers, et tous autres frais pour les poursuites des délits forestiers, seront payés comme il a été prescrit par l'instruction n.° 147. *(Décisions du Ministre des finances, des 14 brumaire an 14, et 12 décembre 1811.)* | |
| 562 | 18 février 1812. | Police du roulage. | Les frais de bris de roues, en contravention à la loi du 7 ventôse an 12, et au décret du 23 juin 1806, seront prélevés sur les 50 francs de dommages auxquels les contrevenans sont condamnés. — Ils seront acquittés par le receveur de la commune sur mandat du sous-préfet, et passés en compte par celui de l'enregistrement. *(Décision du Ministre des finances, du 11 février 1812.)* | |
| » | 31 mars. | Attributions. | On doit continuer, jusqu'à nouvel ordre, à exécuter le décret du 17 mai 1809, portant attribution des amendes de police correctionnelle, municipale et rurale, quoique le code pénal établisse une distinction entre les peines de police et les peines correctionnelles. *(Déc. du Ministre des fin., du 24 mars 1812.)* | |
| » | 4 juin. | Déserteurs de la marine. | État à envoyer, de six mois en six mois, de la situation du recouvrement des amendes prononcées contre les déserteurs de la marine ; cet état sera remis aux inspecteurs à l'époque des tournées, et par eux certifié. | *Voir la circulaire du 10 juillet 1813.* |
| 600 | 24 septembre | Recouvrement. | Le recouvrement des amendes en simple police, police correctionnelle et criminelle, sera suivi contre les débiteurs solvables par toutes les voies de droit, même par recommandation ou emprisonnement. Quant aux insolvables, les articles seront rayés sur le vu des certificats d'insolvabilité. Les certificats resteront entre les mains des receveurs, et ne seront pas remis aux procureurs du roi. *(Lettre du Grand-Juge, du 1.er août 1812.)* | |
| 610 | 5 novembre. | Poudres et salpêtres. | Les amendes et confiscations résultant de contraventions aux lois sur les poudres et salpêtres, appartiennent aux agens de la régie des droits réunis ou à ceux de l'administration des douanes ; les préposés de l'enregistrement doivent en conséquence cesser de faire ce recouvrement. *(Décret du 24 août 1812. Décision du Ministre des finances, du 20 octobre suivant.)* | |
| » | 14 décembre. | Amendes forestières. | État à adresser le 30 janvier de chaque année, du recouvrement des amendes forestières. — Modèle de cet état. — La remise proportionnelle accordée aux agens forestiers par le décret du 2 février 1812, doit être calculée sur le produit des versemens faits aux receveurs de l'administration, soit par les agens collecteurs, soit par les condamnés directement, à la déduction seulement des sommes payées sur les frais liquidés par les jugemens et du décime pour franc. Ne doivent pas être compris dans la déduction les frais tombés en non valeur, ni la remise du receveur de l'administration. | |
| » | 10 juillet 1813. | Déserteurs de la marine. | Les amendes prononcées contre les conscrits déserteurs de la marine, arrêtés depuis le 1.er mai 1813, ne seront plus recouvrées par l'administration des domaines : elle continuera la rentrée de celles antérieures et de celles prononcées ou à prononcer contre les déserteurs de l'inscription maritime. *(Décret du 10 avril 1813.)* Les recouvremens doivent être portés aux fonds spéciaux. | |

# AMENDES.

| INSTRUCTIONS GÉNÉRALES. | | OBJETS. | EXTRAIT DÉTAILLÉ DES INSTRUCTIONS. | OBSERVATIONS. |
|---|---|---|---|---|
| N.ᵒˢ | DATES. | | | |
| 652 | 28 septembre 1813. | AMENDES DE GRANDE VOIRIE. | Le recouvrement des amendes, en matière de grande voirie, est confié aux préposés de l'enregistrement et des domaines. — Mode de recette et de comptabilité de cette partie. *( Décret du 29 août 1813. )* | *Voir l'instruction n.ᵒ 801.* |
| 659 | 17 mars 1814. | RÉGLEMENT SUR L'ORGANISATION ET LE SERVICE DES HUISSIERS. | Les décrets des 14 juin et 29 août 1813 prononcent contre les huissiers les amendes ci-après : <br> 1.ᵒ Dans le cas où il aura été pris plus d'un droit de transport pour tous les actes faits dans la même course et dans le même lieu, l'amende ne pourra excéder 100 fr. ni être au-dessous de 20 fr., outre la restitution du droit. <br> 2.ᵒ Tout huissier qui chargera un huissier d'une autre résidence d'instrumenter pour lui, à l'effet de se procurer un droit de transport, etc. sera puni de l'amende de 100 fr. L'huissier qui aura prêté sa signature sera puni de la même peine. En cas de récidive, l'amende sera double et l'huissier destitué. <br> 3.ᵒ Tout huissier qui se rendra directement ou indirectement adjudicataire des objets qu'il sera chargé de vendre, sera suspendu pour trois mois et puni de 100 fr. d'amende pour chaque article acheté. — Destitution en cas de récidive. Ces amendes seront perçues par le receveur de l'enregistrement du chef-lieu de l'arrondissement. — Le quart de ces amendes sera versé à la bourse commune. <br> 4.ᵒ D'une amende de 25 francs, si les copies contiennent au-delà du nombre de lignes prescrit. — Cette amende appartient en totalité à l'État. | |
| » | 25 mai. | AMENDES PRONONCÉES CONTRE DES HUISSIERS. | Le quart des amendes attribué en faveur de la bourse commune des huissiers, ne leur appartient que depuis le décret du 14 juin 1813. Celles antérieures appartiennent en totalité à l'État. | |
| 661 | 29 juin. | ABUS DANS LA POURSUITE DES DÉLITS RURAUX ET FORESTIERS, EN CE QUI CONCERNE LES DROITS DE TIMBRE, D'ENREGIST. ET LES AMENDES. | Sur les délits constatés par les gardes champêtres et forestiers, il ne peut être fait de transaction, et l'amende encourue doit être prononcée par jugement. Ordre aux receveurs qui remarqueraient des irrégularités d'en prévenir leurs directeurs. | |
| 662 | 14 septembre | AMNISTIE POUR LES DÉLITS FORESTIERS. | Les amendes, restitutions et dépens prononcés au profit de l'État pour délits commis dans les bois de l'État, par des individus qui n'auraient pas déjà subi d'autres condamnations de ce genre, sont remis aux prévenus. Les confiscations déjà adjugées, ou les sommes payées ne peuvent être restituées. Les frais de procédure avancés par les caisses de l'État, pour délits commis dans les bois des communes et établissemens publics, seront remboursés. Les procès-verbaux rapportés et ceux en instance ne pourront être poursuivis ou jugés que pour les dommages-intérêts dus à des tiers ou pour les frais déjà faits. <br> Sont exceptés de l'amnistie, les adjudicataires, etc., etc. *(Voir les exceptions.)* Concours des employés pour l'exécution de cette disposition. *(Ordonnance royale, du 11 juillet 1814.)* | |
| 664 | 23 novembre | REMISE DES AMENDES POUR TIMBRE ET DES DROITS EN SUS D'ENREGISTREMENT. | Une ordonnance du Roi, du 18 novembre 1814, fait remise des amendes pour timbre, des demi-droits en sus et des doubles droits d'enregistrement, à condition que les simples droits seront acquittés avant le 1.ᵉʳ avril 1815. | |

# AMENDES.

| INSTRUCTIONS GÉNÉRALES. | | OBJETS. | EXTRAIT DÉTAILLÉ DES INSTRUCTIONS. | OBSERVATIONS. |
|---|---|---|---|---|
| N.os | DATES. | | | |
| » | 26 décembre 1815. | REMISE DES AMENDES ET DROITS EN SUS. | Application de la faveur de la remise des droits et amendes accordée par les ordonnances des 18 novembre 1814 et 8 novembre 1815, aux particuliers qui ont acquitté les droits principaux avant la publication de la dernière ordonnance. (*Décision du Ministre des finances, du 12 décembre 1815.*) | |
| 705 | 1.er février 1816. | AMENDES DE CONSCRIPTION, ET EXPROPRIATIONS QUI ONT EU LIEU POUR LEUR RECOUVREMENT. | Toutes poursuites faites pour leur recouvrement sont annulées. = Biens vendus par expropriation forcée. = Si le prix est dû par les conscrits ou leurs parens, il leur en est fait remise; par des tiers, ils en verseront le prix à l'administration, qui le restituera aux conscrits ou ayans droit. (*Ordonnance Royale du 17 janvier 1816.*) | |
| » | 1.er mars. | AMENDES DES DÉSERTEURS DE TROUPES DE TERRE. | Le produit des amendes prononcées contre les déserteurs des troupes de terre sera compris dans la comptabilité de l'administration, sans désignation de fonds spécial, avec les amendes de condamnation. (*Décision du Ministre des finances, du 26 février 1816.*) | |
| 715 | 29 avril. | DROITS DE TIMBRE ET AMENDES. | Loi du 28 avril 1816. — Amende de 500f prononcée contre l'imprimeur qui imprimera des avis et affiches sur du papier non timbré, ou qui ne serait pas celui de la régie. = Amende de 100f contre ceux qui les afficheront. = L'amende sera solidaire et emportera contrainte par corps. = Amende de 500f contre les individus assujettis à tenir des livres de commerce, qui ne les feront pas timbrer. = Les instances seront suivies comme celles en matière d'enregistrement. | |
| 723 | 30 mai. | REMISE DES AMENDES EN MATIÈRE DE DÉSERTION. | Amnistie entière et absolue est accordée à tout individu poursuivi et condamné comme fauteur ou complice de la désertion qui a eu lieu antérieurement au 1.er octobre 1815. = Toute peine encourue est remise, sauf le remboursement des frais. = Remise de l'amende de 1500f, à laquelle des déserteurs auraient été condamnés. (*Ordonnance Royale du 3 mai 1816.*) | |
| 725 | 1er juin. | VENTES PUBLIQUES DE MEUBLES ET OBJETS MOBILIERS. | La disposition de l'arrêt du conseil d'état, du 13 novembre 1778, qui oblige les notaires, greffiers et huissiers et tous autres officiers publics ayant droit de procéder aux ventes mobilières, de comprendre dans leurs procès-verbaux tous les articles exposés en vente, même ceux retirés ou livrés au prix d'enchères, sous peine de 100f d'amende, est remise en vigueur. | *V. l'instruction n.° 882.* |
| 729 | 3 juillet. | REMISE DES CONFISCATIONS GÉNÉR.les ET DES AMENDES ET FRAIS DE JUSTICE DANS LES AFFAIRES POLITIQUES, DONT LE BUT ÉTAIT DE SERVIR LA CAUSE ROYALE. | Toute poursuite, tout séquestre opérés à la diligence de l'administration, en exécution d'arrêts ou de jugemens prononçant des confiscations générales, pour quelque cause que ce soit, ou ayant pour objet d'assurer le recouvrement des amendes encourues, dans les affaires relatives à des faits purement politiques, dont le but évident était de servir la cause royale, cesseront d'avoir leur effet, pour les sommes non perçues. (*Ordonnance Royale du 19 juin 1816.*) | |
| 748 | 12 octobre. | PRESCRIPTION DES AMENDES ET DES FRAIS DE JUSTICE. | Les amendes pour contraventions à la loi du 25 ventôse an 11 se prescrivent par 30 ans. = Les préposés doivent étendre, au-delà des deux dernières années, leurs vérifications pour l'exécution de cette loi. (*Décisions des Ministres de la justice et des finances, des 13 et 27 septembre 1816.*) Les amendes de condamnation en matière criminelle se prescrivent par 20 ans. = Celles en matière correctionnelle par 5 ans. = Et celles en simple police par 2 ans. (*Décisions des mêmes Ministres, des 28 août et 6 septembre 1816.*) | |

# AMENDES.

| INSTRUCTIONS GÉNÉRALES. | | OBJETS. | EXTRAIT DÉTAILLÉ DES INSTRUCTIONS. | OBSERVATIONS |
|---|---|---|---|---|
| N.os | DATES. | | | |
| 750 | 22 octobre 1816. | RECOUVREMENT DES AMENDES ET FRAIS DE JUSTICE. | L'indigence actuelle d'un condamné n'autorise point à renoncer à tout recouvrement ultérieur; de quelque manière que cette indigence soit attestée ou constatée, il ne doit en résulter qu'une surséance indéfinie aux poursuites, sauf à les reprendre si le condamné devient solvable. ( *Lettre du Ministre de la justice au Ministre des finances, du 18 septembre 1816.* ) | |
| 768 | 27 mars 1817. | AFFICHES. | Amende de 100f contre l'imprimeur qui se servirait du papier de couleur blanche pour des affiches. ( *Loi du 25 mars 1817.* ) ⚌ Les imprimeurs doivent, au bas de l'affiche, indiquer leur nom et leur demeure. | *V. l'instruction n.° 834, au titre* Timbre. |
| 801 | 15 septembre | AMENDES DE GRANDE VOIRIE. | Mode de paiement de la partie attribuée aux communes et aux agens qui ont constaté les délits, des amendes versées aux caisses de l'enregistrement, postérieurement au 1.er janvier 1816. Etat à fournir à cet effet par les receveurs à leur inspecteur. Même état à fournir chaque trimestre. Au vu de ces états, le directeur en rédige un qu'il transmet à M. le préfet chaque trimestre, afin de le mettre à portée de délivrer des mandats en faveur des communes et des agens. | |
| 804 | 22 dudit. | RARETÉ DES SUBSISTANCES. — DÉLITS. — AMNISTIE. | Les amendes et autres condamnations pécuniaires au profit du trésor, prononcées pour délits auxquels la rareté des subsistances a pu donner lieu depuis le 1.er septembre 1816 jusqu'au 13 août 1817, sont remises aux délinquans, hors ceux qui se trouveraient en état de récidive. ( *Ordonnance Royale du 13 août 1817.* ) Mesures prescrites à cet égard. | |
| 813 | 2 décembre. | RECOUVREMENT DES AMENDES FORESTIÈRES | A compter du 1.er janvier 1818, les receveurs de l'enregistrement et des domaines seront chargés, dans leur arrondissement respectif, du recouvrement des amendes et autres condamnations prononcées pour délits forestiers. ⚌ Mode de remise aux receveurs des rôles, livrets de recette, extraits de jugement et frais de poursuite existans dans les mains des gardes collecteurs. Compte à rendre par ces derniers; nouveau mode de poursuites. Etat à fournir tous les trois mois par les receveurs à l'inspecteur. ( *Décision du Ministre des finances, du 24 novembre 1817.* ) | |
| 815 | 30 dudit. | AMENDES DE POLICE, ATTRIBUÉES AUX COMMUNES ET HOSPICES. | Les receveurs généraux sont étrangers à l'emploi, au profit des hospices et des communes, du produit des amendes de police correctionnelle, municipale et rurale, recouvrés à partir du 1.er janvier 1818. Les receveurs de l'enregistrement sont chargés d'effectuer, sur les mandats du préfet, et par prélèvement, sur leurs recettes journalières, les paiemens aux communes et aux hospices, du produit des amendes. | |
| 852 | 18 août 1818. | PRESCRIPTION DES AMENDES POUR CONTRAVENT.s AUX LOIS SUR LE TIMBRE. | Les amendes encourues pour contraventions aux lois sur le timbre, sont susceptibles de l'application de l'avis du conseil d'état du 18 août 1810; en conséquence, elles se prescrivent par deux ans, à compter du jour où les préposés ont été à portée de connaître ces contraventions. | |
| 882 | 25 mars 1819. | VENTES PUBLIQUES DE MEUBLES ET OBJETS MOBILIERS. | L'exécution de l'ordonnance royale du 1.er mai 1816 est recommandée de nouveau; ordres donnés à cet égard aux employés. L'ordonnance s'applique aux ventes de coupes de bois et autres objets mobiliers faites dans l'intérêt de l'Etat, des communes ou établissemens publics. Tous les articles exposés en vente devront être compris dans les procès-verbaux. | |
| 906 | 2 novembre. | AMENDES POUR CONTRAVENTIONS AUX RÈGLEMENS DE L'UNIVERSITÉ. | Les amendes de l'espèce demeurent soumises au mode d'attribution fixé par l'art. 56 du décret du 15 novembre 1811; savoir : moitié à l'université et moitié aux enfans trouvés. ⚌ | |

# AMENDES.

| INSTRUCTIONS GÉNÉRALES. | | OBJETS. | EXTRAIT DÉTAILLÉ DES INSTRUCTIONS. | OBSERVATIONS. |
|---|---|---|---|---|
| N.os | DATES. | | | |
| | | | Elles seront portées séparément aux états de mois et comptes. Etat à fournir chaque trimestre. — Modèle de l'état ; les paiemens d'attributions auront lieu sur mandat du préfet. *( Décision du Ministre des finances, du 22 octobre 1819. )* | |
| 936 | 13 juin 1820. | PAIEMENT DES AMENDES DE GRANDE VOIRIE. | A partir du 1.er juillet 1820, le tiers des amendes de grande voirie, attribuée aux agens qui ont constaté les délits, leur sera payé au bureau de l'enregistrement dans l'arrondissement duquel ils sont domiciliés. *( Décision du Ministre des finances, du 22 mai 1820. )* | *V. l'instruction n.° 1044.* |
| 943 | 25 juillet. | MODE DE POURSUITES POUR LE RECOUVREMENT DES AMENDES DE SIMPLE POLICE ET DE POLICE CORRECTIONNELLE. | A l'égard des jugemens des tribunaux de simple police, lors même qu'ils sont contradictoires, il est indispensable, pour mettre le condamné en demeure et pour faire courir le délai de l'appel, de les faire signifier aux parties avant de décerner contrainte, attendu que ce délai ne compte que du jour de la signification ; mais pour les jugemens contradictoires des tribunaux correctionnels, la signification n'est pas nécessaire, puisque le délai de l'appel court de la date de la prononciation. = Toute contrainte décernée pour le recouvrement d'amendes et frais de simple police, constatera que le jugement a été préalablement signifié aux redevables. *( Décision du Min. des finances, du 20 juin 1820 )* | *V. la circulaire de l'administration n.° 1864 et les instructions n.os 1024 et 1059.* |
| 956 | 21 octobre. | AMNISTIE POUR LES DÉLITS FORESTIERS. | Ordonnance royale du 20 octobre 1820, qui, à l'occasion de la naissance de M.gr le duc de Bordeaux, accorde amnistie pour les délits forestiers commis antérieurement au 29 septembre 1820 : exceptions prononcées. — Mode d'exécution. | |
| 1024 | 28 février 1822. | FORME DES POURSUITES POUR LE RECOUVR.t DES AMENDES DE POLICE CORRECT.le | Toutes poursuites pour le recouvrement des amendes correctionnelles seront faites, au nom du procureur du Roi, par les directeurs de l'enregistrement. | *V. l'instruction n.° 943. Voir au mot Pour- suites.* |
| 1044 | 29 mai. | POLICE DE ROULAGE. — PAIEMENT DU 1/4 DES AMENDES. | Suivant une décision du ministre des finances, du 15 mai 1822, le quart du produit net des amendes de police de roulage, revenant aux agens qui ont constaté les contraventions, devra être payé à ces agens, au bureau de l'enregistrement dans l'arrondissement duquel ils sont domiciliés, ainsi qu'il en est usé à l'égard des amendes de grande voirie. Indication à faire par les receveurs dans les états qu'ils doivent fournir, du domicile des agens qui ont rapporté les procès-verbaux. | *V. l'instruction n.° 936.* |
| 1059 | 7 décembre. | MODE DE POURSUITES POUR LE RECOUVREMENT DES AMENDES DE SIMPLE POLICE. | Suivant une décision du 4 octobre 1822, concertée entre S. Exc. le ministre des finances et M.gr le garde-des-sceaux, le recouvrement des amendes de simple police, lorsque le jugement a été rendu contradictoirement et que les condamnations qu'il prononce n'excèdent point la somme de 5 fr. et qu'il ne prononce pas non plus la peine d'emprisonnement, ne peut être poursuivi par la voie de la contrainte ; les receveurs doivent se borner à faire signifier, aux redevables, les extraits des jugemens qui leur sont remis par les greffiers, avec commandement de payer dans la huitaine. En ce qui concerne les jugemens de simple police, rendus par défaut, il est sans difficulté que, sans égard à la nature et la quotité des condamnations qu'ils prononcent, la signification doit en être faite en entier, attendu que, d'après l'art. 151 du code d'instruction criminelle, le délai de l'opposition ne court qu'à partir du jour de la signification. | |

# AMENDES.

| INSTRUCTIONS GÉNÉRALES. | | OBJETS. | EXTRAIT DÉTAILLÉ DES INSTRUCTIONS. | OBSERVATIONS. |
|---|---|---|---|---|
| N.os | DATES. | | | |

# BOIS et FORÊTS.

| INSTRUCTIONS GÉNÉRALES. | | OBJETS. | EXTRAIT DÉTAILLÉ DES INSTRUCTIONS. | OBSERVATIONS. |
|---|---|---|---|---|
| N.os | DATES. | | | |
| 4 | 8 brumaire an 10. | SOMMES DUES SUR LES VENTES DE L'AN 9. | ÉTAT à envoyer des sommes dues sur les ventes des bois nationaux de l'an 9, pour la valeur de ceux fournis à la marine par les adjudicataires. | *V. la circulaire de l'administration n.° 1970.* |
| 6 | 14 dudit. | TRAITES. — LEUR VERSEMENT. | Les traites fournies par les adjudicataires pour le paiement du prix des coupes des bois de l'an 10, doivent être versées directement aux caisses des receveurs généraux par les préposés de l'administration. | |
| 7 | dudit. | POURSUITES. | Les poursuites afin de paiement des traites des adjudicataires de bois nationaux doivent être faites administrativement. | |
| 20 | 14 frimaire. | TRAITES PROTESTÉES. | Les receveurs des domaines doivent rembourser aux receveurs de la trésorerie les traites protestées pour coupes de bois de l'an 9. | *V. la circul. de l'adm., n.° 1984.* |
| 26 | 25 dudit. | TRAITES. — CAISSE OU ELLES DOIVENT ÊTRE ACQUITTÉES. | Les traites des adjudicaires de coupes de bois doivent être acquittées à la caisse du receveur général du département. | *V. la circul. de l'adm., n.° 2054.* |
| 35 | 15 nivôse. | ARRIÉRÉ. | Mode de paiement de l'arriéré du prix des coupes de bois nationaux. | |
| » | 21 pluviôse. | TRAITEMENT DES AGENS FORESTIERS. | Les directeurs ne doivent que viser les états délivrés par les administrateurs pour les conservateurs, et par ces derniers pour les agens subordonnés, et non en délivrer eux-mêmes. | |
| » | 26 dudit. | MONTANT DES TRAITES A PAYER AU RECEVEUR GÉNÉRAL. | Les receveurs des domaines doivent profiter des premières rentrées de fonds dans leur caisse pour acquitter les traites de coupes de bois aux receveurs généraux, lorsqu'à la présentation de ces traites ils en sont dépourvus. | |
| » | 2 ventôse. | FRAIS DE BUREAU DES CONSERVATEURS. | Arrêté des consuls, du 7 frimaire an 10, par lequel ils accordent annuellement aux conservateurs, pour leur tenir lieu de frais de bureau, une somme de 53,800 fr. et ordre d'acquitter cette somme. | |
| 44 | 5 dudit. | FRAIS DE POURSUITES. | Les frais faits pour la police et conservation des forêts, et pour la poursuite des délits forestiers continueront d'être acquittés par l'administration de l'enregistrement conformément aux dispositions du tit 9 de la loi du 29 septembre 1791. (*Décision du Ministre des finances, du 21 pluviôse an 10.*) Les procès-verbaux des gardes des forêts nationales doivent être visés pour timbre et enregistrés en débet. (*Décision du Ministre des finances, du 29 pluviôse an 7.*) Les condamnations prononcées contre l'administration forestière dans des instances pour des délits forestiers où elle succomberait, seront également acquittées par l'administration de l'enregistrement, d'après la taxe du tribunal. (*Même Décision.*) | *V. la circul. de l'adm., n.° 1502.* |
| 49 | 28 dudit. | POURSUITES. | Les dispositions de l'instruction générale n.° 35, relative aux traites à fournir par les adjudicataires de coupes de bois nationaux, sont restreintes aux adjudicataires qui n'avaient pas précédemment souscrit des obligations. | |
| » | 7 germinal. | TRAITEMENT D'AGENS. | Crédit ouvert à l'administration forestière de la somme de 907,470 fr. 75 c. pour traitement d'agens et pour indemnité des droits de passe — Ordre de paiement de cette somme suivant le mode établi par l'instruction générale du 21 pluviôse an 10. Les directeurs doivent s'abstenir d'exiger le visa du préfet pour acquitter le salaire des gardes. | |
| 51 | 19 dudit. | DÉCIME POUR FRANC. | Les ventes des coupes ordinaires et extraordinaires de bois communaux sont assujetties au décime pour franc, conformément à l'art. 19, tit. 12 de la loi du 29 septembre 1791. | *V. la circul. de l'adm., n.° 1892.* |

| INSTRUCTIONS GÉNÉRALES. | | OBJETS. | EXTRAIT DÉTAILLÉ DES INSTRUCTIONS. | OBSERVATIONS. |
|---|---|---|---|---|
| N.os | DATES. | | | |
|  |  | VACATIONS DES AGENS. | Lorsque les coupes sont délivrées en nature, les vacations des agens forestiers doivent être versées par les communes aux receveurs des domaines et bois, au profit du gouvernement, en vertu d'ordonnance des préfets sur le vu des procès-verbaux d'assiette et de récolement. | *V. la circul. de l'adm., n.° 1853.* |
| 52 | 29 germinal an 10. | REMBOURSEMENT DE TRAITES. | Les receveurs des domaines, dans le cas où ils n'auraient pas assez de fonds pour rembourser aux receveurs généraux le montant total des traites fournies en paiement de bois nationaux, devront leur remettre, à titre d'à-compte, les fonds disponibles; et pour sûreté du surplus, leur reconnaissance des traites, portant soumission d'en faire le remboursement des premiers fonds rentrés. — Mode de comptabilité de ce paiement partiel. |  |
| » | 7 floréal. | VACATIONS DES AGENS. | Le montant des vacations des agens forestiers aux coupes des bois communaux délivrées en nature, doit être versé aux bureaux dans l'arrondissement desquels les forêts se trouvent situées. |  |
|  |  | RECETTE DU PRIX DES COUPES DE BOIS. | Le prix des coupes des bois continuera d'être recouvré au bureau des domaines placé dans la ville où l'adjudication aura été faite. |  |
| » | 27 dudit. | TRAITES. — RECTIFICATION. | Lorsque les adjudicataires de coupes de bois nationaux de l'an 10 se refusent à rectifier leurs traites et à les acquitter entre les mains des receveurs généraux, les préposés des domaines sont autorisés à recevoir ces paiemens et à en tenir compte aux receveurs généraux. *( Lettre du Ministre des finances, du 18 floréal an 10.)* |  |
| » | 29 dudit. | REMBOURSEMENT EN CAS DE PROTÊT. | Les receveurs des domaines ne doivent rembourser aux receveurs de la trésorerie les traites des adjudicataires de coupes de bois que lorsque le protêt en aura été fait à leur échéance. *( Décision du Min. du trésor, du 15 floréal an 10.)* | *V. l'instruction générale, n.° 97.* |
| 58 | 28 prairial. | BOIS DES COMMUNES ET ÉTABLISSEMENS PUBLICS. | Arrêtés du gouvernement, des 19 ventôse et 6 floréal an 10, contenant des dispositions relatives à l'administration des bois communaux, et les développemens nécessaires pour en assurer l'exécution. — Instruction à ce sujet. — Les bois des hospices et autres établissemens publics sont soumis aux mêmes dispositions. |  |
| 63 | 21 messidor. | PÊCHE. | La police, la surveillance et la conservation de la pêche seront exercées par les agens et préposés de l'administration forestière. *( Art. 17, tit. 5 de la loi du 14 floréal an 10.)* |  |
| » | 5 thermid. | TRAITES. = STIPULATION. | Les traites des coupes de bois de l'ordinaire de l'an 11 doivent être toutes stipulées payables chez les receveurs généraux de département. |  |
| » | 29 fructidor. | RECOUVREMENT DU PRIX DES BOIS COMMUNAUX. | Les receveurs des domaines ne doivent faire la recette des adjudications des coupes de bois communaux qu'à partir du 19 ventôse an 10, date de l'arrêté du gouvernement, qui charge l'administration de ce recouvrement. |  |
| 78 | 8 vendém. an 11. | CAHIER DES CHARGES POUR L'AN 11. | Clauses à insérer dans les cahiers des charges pour les ventes des coupes de bois de l'an 11 et instruction à ce sujet. | *V. la circul. de l'adm., n.° 2054.* |
| 81 | 21 dudit. | TRAITES. — LEUR VERSEMENT. | Les receveurs des domaines doivent verser directement à la caisse du receveur général, sans l'intermédiaire du receveur d'arrondissement, les traites pour prix de coupes de bois de l'an 11. |  |
| 82 | 24 dudit. | RESTITUTION DU PRIX DES COUPES DE BOIS. — ÉMIGRÉS. | Les receveurs ne doivent faire la restitution du produit des coupes de bois aux individus rayés ou éliminés, que sur mandats du préfet et sous la déduction des objets indiqués par cette instruction. |  |

| INSTRUCTIONS GÉNÉRALES. | | OBJETS. | EXTRAIT DÉTAILLÉ DES INSTRUCTIONS. | OBSERVATIONS. |
|---|---|---|---|---|
| N.os | DATES. | | | |
| 91 | 10 brumaire an 11. | REMBOURSEMENT. — EXACTITUDE ET EXPÉDITIONS. | Recommandation aux receveurs de mettre la plus grande ponctualité à rembourser aux receveurs généraux le montant des traites pour coupes de bois nationaux. | |
| » | 13 dudit. | MINUTES DES PROCÈS-VERBAUX SOUMISES AU TIMBRE. | La minute des procès-verbaux d'adjudications de coupes de bois et les expéditions qui en sont délivrées, sont soumises au timbre. Celles pour le préfet et l'administration générale à Paris en sont seules exemptes, pourvu qu'on y fasse mention de cette destination. | V. la circulaire du 2 ventôse an 12. |
| 97 | 20 dudit. | TRAITES. — LEUR REMBOURSEMENT. | Les traites pour coupes de bois ou pour fermages, qui ne sont point sorties des mains des agens du trésor public, ne sont pas comprises dans la décision du 15 floréal an 10 qui ordonnait de n'en faire le remboursement qu'autant qu'elles auraient été protestées à leur échéance ; elles doivent être remboursées aux receveurs généraux lors même que cette formalité aurait été remplie tardivement. | |
| 101 | 1.er frimaire | TRAITES NON ACQUITTÉES. — ÉTAT A FOURNIR. | Les receveurs formeront, à l'expiration de chaque mois, un état particulier, article par article et par division d'exercice, de toutes les traites pour coupes de bois non acquittées qui leur auront été renvoyées par les receveurs généraux. | |
| 103 | 13 dudit. | GRATIFICATION. — AMENDES. | La moitié du produit net des amendes forestières sera distribuée, à titre de gratification, aux gardes qui auront mieux rempli leur service. (*Arrêté du gouvernement du 17 ventôse an 10.*) Mode d'exécution. | |
| 114 | 13 nivôse. | TRAITES NON PAYÉES. — RECEVEURS A FORCER EN RECETTE. | Les receveurs seront forcés en recette, à l'expiration de chaque trimestre, du montant des traites qui leur auront été remises par les receveurs généraux dans le trimestre précédent, à moins qu'ils ne justifient par des procès-verbaux de carence de l'impossibilité où ils ont été d'en obtenir le paiement des souscripteurs. | |
| » | 23 dudit. | *Idem* PROTESTÉES. | Les receveurs des domaines ne peuvent refuser, sous aucun prétexte, de recevoir les traites qui leur sont remises par les receveurs généraux, sauf à déférer à l'administration des difficultés qui se présenteraient. — Ordre de solder avec les premiers produits le restant dû sur ces traites. | |
| 119 | 27 pluviôse. | MODÈLES D'ÉTATS. | Envoi de huit modèles d'états à fournir par les directeurs, à partir de l'an 11, des ventes et recouvremens des diverses parties de l'administration forestière. | |
| » | 19 ventôse. | ADJUDICATAIRES TENUS DE DONNER CAUTION. | Les adjudicataires sont tenus de donner caution dans les cinq jours qui suivent celui de la vente, et en cas de déchéance les receveurs des domaines feront signifier au précédent enchérisseur, dans la journée du sixième jour, que la vente est à sa charge. | |
| » | 20 dudit. | DÉCHÉANCES. | Les directeurs feront connaître aux conservateurs des forêts les déchéances encourues par les adjudicataires des coupes de bois. | |
| » | 26 dudit. | FORÊTS INALIÉNABLES. | Les bois réservés et inaliénables aux termes de la loi du 2 nivôse an 4, sont ceux de la contenance de 15000 ares au moins, et qui ne sont pas séparés ni éloignés d'un kilomètre des autres bois et forêts de l'état. Cette distance d'un kilomètre se calcule à vol d'oiseau. (*Décision du Ministre des finances du 15 pluviôse an 11.*) | |
| » | 12 floréal. | DÉCHÉANCES. | Les directeurs informeront les conservateurs, des déchéances encourues par les adjudicataires de bois auxquels le fond a été aliéné. | |
| 138 | 15 prairial. | TRAITEMENS. — RETENUE. | Les receveurs de l'administration ne paieront les traitemens des agens et employés de l'administration forestière qu'à la | V. la circulaire de l'administration n.° 2033. |

# BOIS et FORÊTS.

| INSTRUCTIONS GÉNÉRALES. | | OBJETS. | EXTRAIT DÉTAILLÉ DES INSTRUCTIONS. | OBSERVATIONS. |
|---|---|---|---|---|
| N.os | DATES. | | | |
| | | | déduction de la retenue pour fonds des pensions de ladite administration. *( Décision du ministre des finances du premier germinal an 11. )* | |
| » | 8 thermidor an 11. | ÉTAT DES BOIS AU 1.er THERMID. AN 11. | États à fournir des bois existant sous la main de l'administration, au premier thermidor an 11. | |
| 151 | 18 dudit. | PROCÈS-VERBAUX D'ASSIETTE ET DE RÉCOLEMENT. | Il est indispensable qu'il soit rédigé pour les coupes de bois communaux comme pour les bois de l'état, des procès-verbaux d'assiette et de récolement ; à défaut de ces procès-verbaux, les préfets peuvent ordonnancer sur le vu des états de taxes des vacations, arrêtés par les conservateurs, le montant desdites vacations, et en cas de refus de paiement, les directeurs devront décerner une contrainte comme pour le recouvrement des domaines nationaux. | |
| » | 6 fructidor. | AMNISTIÉS. | Dans la lettre du 8 thermidor an 11, et dans le titre du second état, il est parlé des bois des émigrés rayés ; c'est une erreur, il ne doit être question que de ceux des amnistiés. | |
| 159 | 21 dudit. | ADJUDICATIONS POUR L'AN 12. | Clauses à insérer dans le cahier des charges pour l'adjudication des coupes de bois de l'an 12. Termes et mode de paiement du prix des adjudications. | *Voir la circulaire de l'administrat., n.o 2054.* |
| 165 | 3 comp. | BOIS COMMUNAUX. | L'administration est autorisée à poursuivre le recouvrement du prix des coupes de bois communaux adjugés aux enchères, jusqu'à concurrence du montant des sommes acquittées par le trésor public à la décharge des communes. — Mode de cette comptabilité. | |
| 168 | 8 vendém. an 12. | BOIS DE BOURDAINE. | Dans les ventes de coupes de bois on réservera le bois de bourdaine pour la confection du charbon propre à la fabrication de la poudre ; le prix qui est de 25.c la botte, sera versé dans la caisse du receveur des domaines. *( Arrêté du Gouvernement du 25 fructidor an 11. )* | |
| » | 15 dudit. | TRAITES. — PAPIER SUR LEQUEL ELLES DOIVENT ÈTRE SOUSCRITES. | Les traites des adjudicataires de coupes de bois pour l'ordinaire de l'an 12 ne peuvent être admises dans les versemens aux caisses du trésor public qu'autant qu'elles sont faites sur papier imprimé en encre rouge qui leur est destiné. — Dans le cas où les magasins n'en seraient pas suffisamment garnis, les directeurs sont autorisés à se servir de papiers d'effets de commerce. | |
| 175 | 29 dudit. | VACATIONS DES EXPERTS. — BOIS COMMUNAUX. | Les vacations des experts et arpenteurs pour opérations faites dans les bois communaux, ne sont pas à la charge de l'administration. — Le montant doit en être payé par les percepteurs des communes sur mandat du préfet. *( Décision du Ministre des finances, du 11 vendémiaire an 12. )* | |
| » | 25 frimaire. | AGENS FORESTIERS — VACATIONS. | Les agens forestiers peuvent réclamer des adjudicataires de coupes de bois, la portion qui leur revient dans le prix des vacations antérieures à l'établissement de l'administration actuelle. Celle des absens appartient au trésor public. *( Décision du Ministre des finances, du 11 frimaire an 12 )* | |
| » | 29 dudit. | BOIS DES COMMUNES ET HOSPICES. | Les receveurs des domaines doivent verser sans retard aux caisses des receveurs d'arrondissement, les sommes recouvrées sur le prix des coupes extraordinaires des bois appartenans aux communes, hospices, etc. | |
| 191 | 9 nivôse. | BAIL DE PATURAGE. | Défense de provoquer aucune adjudication ni le renouvellement d'aucun bail de pâturage dans les forêts nationales. *( Lettre du Ministre des finances, du 15 frimaire an 12. )* | |

# BOIS et FORÊTS.

| INSTRUCTIONS GÉNÉRALES. | | OBJETS. | EXTRAIT DÉTAILLÉ DES INSTRUCTIONS. | OBSERVATIONS. |
|---|---|---|---|---|
| N.os | DATES. | | | |
| » | 3o nivôse an 12. | CAUTIONNEMENT. | Il n'y a pas lieu d'exiger dans les actes de cautionnement des adjudications pour coupes de bois, l'indication des immeubles des cautions. *(D. du Min. des fin., des 8 brum. et 23 niv. an 12.)* | |
| » | 7 pluviôse. | GARDE-PÊCHE. | L'instruction n.o 63 a annoncé que les gardes-pêche devaient être assimilés, pour le paiement de leurs traitemens, aux gardes forestiers ; cela ne doit s'entendre que de ceux qui seraient établis par l'administration forestière, mais lorsque la pêche est affermée, les gardes qui seraient nommés par le fermier sont à sa charge. | |
| » | 2 ventôse. | BOIS DES COMMU- NES ET ÉTABLISSE- MENS PUBLICS. | L'expédition des procès-verbaux de vente des coupes de bois des communes et établissemens publics, remise au maire, ou à l'établissement public, doit être sur papier timbré ; il n'y a d'exception que pour celles remises au préfet et à l'adminis- tration générale des forêts. *(Décision du Ministre des finances, du 14 pluviôse an 12.)* | |
| 214 | 25 dudit. | TRAITES PROTES- TÉES. — AMENDES ENCOURUES. | Dans les états demandés par l'instruction n.o 101, des traites pour coupes de bois non acquittées, on distinguera à l'avenir le montant des amendes encourues de celui des traites protestées. Ordre d'en suivre le recouvrement avec la plus grande activité. | |
| » | 17 prairial. | BOIS COMMUNAUX. — GAGES DES GARDES | Les gages des gardes des bois appartenant aux communes et aux établissemens publics, pour l'an 12, seront payés par les communes en la forme précédemment usitée en attendant les ins- tructions sur le mode d'exécution de la loi du 9 floréal an 11 et de l'arrêté du gouvernement, du 17 nivôse dernier. | |
| » | 29 dudit. | GAGES DES GARDES. | Les gardes des forêts doivent se présenter chez les receveurs des domaines pour y toucher leurs gages à l'époque de la re- mise des états, de manière que ces états soient émargés et régularisés à l'expiration de chaque trimestre. | *V. la circulaire du 21 flor. an 13.* |
| » | 14 messidor. | SECRÉTARIAT DES PRÉFECTURES OUVERT AU PUBLIC. | Les secrétariats des préfectures et sous-préfectures doivent être ouverts tous les jours, lorsqu'il se fait des ventes de coupes de bois nationaux. *(Lettre du Ministre des finances, du 12 prairial an 12.)* | |
| 236 | 24 dudit. | ADJUDICATAIRES. — AMENDES. | L'amende prononcée contre les adjudicataires de coupes de bois nationaux qui ne se libèrent pas à l'échéance, n'est point passible du décime pour franc. *(Décision du Ministre des fi- nances, du 14 messidor an 12.)* | |
| 246 | 16 thermidor | PÊCHE. | Mise en ferme du droit de pêche dans les fleuves et rivières navigables. — Il sera accordé des licences pour la pêche dans les rivières où elle ne serait point susceptible d'être affermée. — Mode des adjudications. — Registres à tenir de ce recou- vrement ; modèle des états à fournir. *(Exécution de la loi du 14 floréal an 10.)* | *Voir l'instruction n.o 1011.* |
| 247 | 20 dudit. | DÉLITS FORESTIERS. — ÉTAT DES JUGE- MENS. | Les directeurs adresseront par trimestre à l'administration forestière, suivant le modèle joint à l'instruction, l'état des jugemens, condamnations et recouvremens auxquels les délits forestiers auront donné lieu. — Ordre de presser l'apurement des articles restant à recouvrer. | |
| » | 4 fructidor. | AMENDES FORES- TIÈRES. | Les directeurs de l'enregistrement sont dispensés de la for- mation et de l'envoi de l'état général demandé par l'instruc- tion n.o 247 ci-dessus. — Les receveurs sont invités à aider les agens forestiers des états particuliers qu'ils formeront, pour connaître la situation des amendes forestières à l'expiration de chaque trimestre. | |

# BOIS et FORÊTS.

| INSTRUCTIONS GÉNÉRALES. | | OBJETS. | EXTRAIT DÉTAILLÉ DES INSTRUCTIONS. | OBSERVATIONS. |
|---|---|---|---|---|
| N.os | DATES. | | | |
| 252 | 7 fructidor an 12. | COUPES DE BOIS POUR L'AN 13. | Décret du 11 therm. an 12 qui contient de nouvelles dispositions pour les adjudications des coupes de bois nationaux de l'ordinaire de l'an 13, relativ.t aux traites à souscrire par les adjudic.es | |
| 253 | 20 dudit. | LIQUIDATION DES DROITS D'ENREGIS-TREMENT. | Le droit d'enregistrement des adjudications de coupes de bois doit être liquidé sur le prix principal et le décime, en y ajoutant les frais d'impression, publications, bougies et criées que les adjudicataires doivent payer sur le réglement qui en est fait par le fonctionnaire qui préside à l'adjudication. *(Décision du Ministre des finances, du 10 fructidor an 12.)* | |
| » | 28 vendém. an 13. | REGISTRE DES DROITS DE PÊCHE. | Les receveurs chargés de la partie des eaux et forêts auront un registre particulier pour les recettes provenant des adjudications du droit de pêche et de la taxe des licences, chacune dans une colonne particulière, et un sommier de compte ouvert avec les adjudicataires et les porteurs de licences. — Les amendes seront portées au registre des amendes de toute nature. | |
| 260 | 10 frimaire. | COMMUNES, HOS-PICES, etc. — GAGE DES GARDES. | A dater du 1.er vendémiaire an 13, l'administration de l'enregistrement est chargée de payer les gages des gardes des bois des communes, hospices et établissemens publics. — Mode de cette comptabilité. *(Arrêté du Gouvern., du 17 nivôse an 12.)* | |
| » | 6 pluviôse. | DROIT DE GARDE. | Le droit de garde sur le produit des ventes des bois communaux n'est pas dû depuis qu'il n'est plus versé dans la caisse des consignations au trésor public. *(Décisions du Ministre des finances, des 14 et 25 nivôse an 13.)* | |
| » | 8 germinal. | TERRAINS, etc. DÉPENDANT DES FORÊTS. | État à rédiger de tous les terrains, fermes, prairies, maisons des gardes, etc., dépendant des forêts nationales et aliénés depuis 1790. | |
| 281 | 7 floréal. | PROCÈS-VERBAUX D'ASSIETTE, etc. — TIMBRE. | Tous les procès-verbaux d'assiette, arpentage, balivage et martelage dressés par les agens forestiers préalablement aux adjudications de coupes de bois, pourront être rédigés sur papier non timbré ; mais ils devront être présentés au timbre et à l'enregistrement en même tems que le procès-verbal de la vente sera soumis à cette dernière formalité. — Amende encourue par les parties qui ne paieront pas dans le délai de vingt jours. *(Décision du Ministre des finances, du 19 germinal an 13.)* | |
| » | 21 dudit. | GAGES DES GARDES FORESTIERS. | Les gardes forestiers doivent se transporter dans les bureaux des domaines pour y émarger les états de paiement de leurs gages. *(Décision du Ministre des fin., du 10 floréal an 13.)* | |
| » | 27 dudit. | SITUATION DU RECOUVREMENT. | Demande d'un état de situation de recouvrement sur le prix des adjudications des coupes de bois de l'an 13, à fournir par le directeur. | |
| 291 | 24 fructidor. | COUPES DE BOIS DE L'AN 14. — CAHIER DES CHARGES. | Clauses des adjudications des coupes de bois pour l'ordinaire de l'an 14 ; terme et mode de paiement du prix. — Le recouvrement des traites sera suivi par les receveurs généraux. Modèle des états de recouvrement à fournir. | |
| » | 23 brumaire an 14. | TRAITES. — ACCEPTATION. | Les adjudicataires de coupes de bois pour l'an 14 sont dispensés de faire revêtir leurs traites de l'acceptation. *(Décision du Ministre des finances, du 20 brumaire an 14.)* | |
| » | 9 frimaire. | MOINS DE MESURE. — REMBOURSEMENT. | Les remboursemens pour moins de mesures dans les coupes de bois nationaux, n'auront lieu à l'avenir que sur l'ordonnance du ministre des finances. *(Décision du Ministre des finances, du 23 brumaire an 14.)* Un enchérisseur, devenu adjudicataire par suite de renvois successifs, doit souscrire ses traites aux échéances ordinaires de l'année à laquelle la coupe appartient. | |

# BOIS ET FORÊTS.

| INSTRUCTIONS GÉNÉRALES. | | OBJETS. | EXTRAIT DÉTAILLÉ DES INSTRUCTIONS. | OBSERVATIONS. |
|---|---|---|---|---|
| N.os | DATES. | | | |
| » | 3 janvier 1806. | Bois communaux. — Gages pour l'an 13. | L'administration des domaines est autorisée à faire payer les gages des gardes des bois communaux pour l'an 13 sur les états arrêtés par les conservateurs de chaque arrondissement, sauf aux administrateurs des forêts à faire régulariser ces paiemens par le ministre des finances. | |
| » | 28 dudit. | Adjudicataire. — Renonciation. | L'adjudicataire de coupes de bois qui a fourni caution, peut renoncer à son adjudication le lendemain du jour de la vente avant midi ; les délais, soit pour renoncer ou pour fournir caution, sont de rigueur, sans considérer si le dernier jour est ou non férié. (*Décision du Ministre des finances, du 9 nivôse an 14.*) | |
| » | 7 avril. | Moins de mesures et surmesures. — Liquidation. | Les moins de mesures des coupes de bois adjugées pendant le cours du papier monnaie, doivent être liquidés d'après la valeur du papier à l'époque des versemens faits par les adjudicataires dans les caisses publiques — Les surmesures doivent l'être sur la valeur du papier à l'époque des termes des paiemens fixés par le cahier des charges. (*Décision du Ministre des finances, du 20 mars 1806.*) | |
| » | 16 dudit. | *m*. | État à fournir des moins de mesures et surmesures constatés dans les ventes des coupes de bois nationaux et séquestrés des années 10, 11, 12 et 13. | |
| » | dudit. | Situation du recouvrement. | État à fournir de la situation du recouvrement du produit des coupes de bois de l'an 14 et de l'acquittement du décime pour franc. | |
| » | 6 juillet. | Bois communaux. — Gage des gardes. | Les états des communes pour le paiement des gages de leurs gardes-bois, ne sont pas soumis à l'approbation du ministre des finances. (*Décision du Ministre, du 1.er juillet 1806.*) | |
| 310 | 11 dudit. | Bois des communes. — Gages. — Avance. | A dater du premier janvier 1807, il ne sera fait aucune avance par les caisses de l'administration pour le paiement des gages des gardes des bois des communes ; le montant devra en être ajouté aux centimes additionnels des contributions. (*Décisions du Ministre des finances, des 6 mai et 23 juin 1806.*) | |
| » | 13 août. | Pêche. | Nouveaux états des adjudications consenties et des licences délivrées, depuis l'établissement des droits de pêche, jusqu'au premier juillet 1806. | |
| » | 22 septembre. | Coupes de 1807. | Envoi du cahier des charges pour l'adjudication des coupes de bois de l'ordinaire de 1807. | |
| » | 17 décembre. | Bois communaux. — Traites souscrites. — Versement. | Les traites souscrites par les adjudicataires des coupes extraordinaires de bois communaux doivent être versées immédiatement et sans l'intermédiaire des directeurs, chez le receveur général ou particulier chargé de les remettre à la caisse d'amortissement. | |
| » | 24 janvier 1807. | Amende du 20.e | L'amende du 20.e ne peut être exigée des adjudicataires des coupes de bois communaux en retard de se libérer. = Cette amende n'est prononcée par l'arrêté du gouvernement du 27 frimaire an 11 que contre les adjudicataires des bois nationaux. | |
| » | 20 février. | Bois des communes et hospices. — Gages des gardes. | Les états des conservateurs et les ordonnances des préfets pour les paiement des gages des gardes des bois communaux, des hospices et des établissemens publics, doivent être délivrés par trimestre et non pas pour l'année entière. — Les directeurs et inspecteurs rendus personnellement responsables des débets et des abus qui naîtraient de l'inexécution de ces ordres. | |

# BOIS et FORÊTS.

| INSTRUCTIONS GÉNÉRALES. | | OBJETS. | EXTRAIT DÉTAILLÉ DES INSTRUCTIONS. | OBSERVATIONS. |
|---|---|---|---|---|
| N.os | DATES. | | | |
| » | 16 mai 1807. | DISTINCTION DES EXERCICES. | Distinction des exercices à établir dans les adjudications et les licences des droits de pêche, en fournissant des états séparés pour les anciennes et pour les nouvelles. | |
| » | 11 août. | COUPES DE BOIS DE 1808. | Envoi du cahier des charges pour les adjudications des coupes de bois nationaux de l'an 1808 | |
| » | 7 septembre. | BOIS COMMUNAUX. — DOMMAGES INTÉRÊTS. | C'est aux percepteurs des revenus communaux à faire le recouvrement des dommages-intérêts adjugés aux communes pour délits commis dans leurs bois. (*Décision du Ministre des finances, du 25 août 1807.*) | |
| » | 17 novembre. | GARDES FORESTIERS. — SALAIRES. | Le paiement des salaires des gardes forestiers doit être fait par tous les receveurs de l'administration. — Les conservateurs s'entendront à cet égard avec les directeurs pour déterminer quels sont les bureaux qui peuvent être affectés à ce service. | |
| 376 | 12 mai 1808. | ACTES DES GARDES FORESTIERS. | Tous les actes des gardes forestiers, dans lesquels ils remplacent les huissiers, doivent être taxés comme ceux faits par les huissiers des juges de paix. (*Décret du premier avril 1808.*) Les huissiers près les tribunaux peuvent seuls procéder aux saisies et exécutions à faire en force de jugemens rendus. — Les receveurs sont tenus d'effectuer le paiement des frais de procédures en matière de délits forestiers; ils doivent en conséquence acquitter les taxes allouées aux gardes. | |
| » | 12 septembre | COUPES DE BOIS DE 1809. | Envoi du cahier des charges pour les adjudications des coupes de bois de l'ordinaire de 1809. | |
| » | 4 août 1809. | COUPES DE BOIS DE 1810. | Cahier des charges pour les adjudications des coupes de bois de l'exercice 1810; changemens sur celui de 1809. | |
| 458 | 2 janvier 1810. | GARDES ET AGENS FORESTIERS. — ACTES. — ENREGIST.' — RÉPERTOIRE. | Les gardes et agens forestiers peuvent être admis à faire revêtir leurs actes et procès-verbaux de la formalité de l'enregistrement, au bureau le plus voisin de leur résidence, lors même que ce bureau ne serait pas celui de leur arrondissement. (*Décision du Ministre des finances, du 28 nov. 1809.*) Il n'y a pas lieu d'appliquer aux gardes forestiers les dispositions de la loi du 22 frimaire an 7, relatives à la tenue et au visa du répertoire. (*Décision du Ministre des finances, du 12 décembre 1809.*) | |
| 475 | 25 mai. | BOIS COMMUNAUX. — PROCÈS-VERBAUX A ENREGISTRER EN DÉBET. | Les procès-verbaux des agens forestiers, constatant l'assiette, l'arpentage, le balivage, le réarpentage et le récolement des coupes de bois communaux doivent, comme pour ceux dressés de bois nationaux, être timbrés et enregistrés *en débet*, sauf aux habitans à payer ensuite les droits. — Mode de cette comptabilité. | |
| » | 8 septembre. | COUPES DE BOIS DE 1811. | Envoi du cahier des charges des adjudications des coupes de bois de l'État pour l'exercice 1811. | |
| 498 | 16 novembre | BOIS COMMUNAUX. — GAGES DES GARDES. — SURVEILLANCE DES INSPECTEURS. | Les inspecteurs sont tenus de vérifier la régularité et l'exactitude de la comptabilité relative au paiement des gages des gardes des bois communaux et des établissemens publics. | |
| 510 | 27 mars 1811. | AMENDES ET CONDAMNATIONS. — RECOUVREMENT. — GARDES GÉNÉRAUX. | Les gardes généraux des forêts sont chargés, à partir du 1.er mai 1811, du recouvrement des amendes et autres condamnations pécuniaires en matière de délits concernant les forêts, la chasse et la pêche. (*Décret du 2 février 1811.*) Mode de cette comptabilité. | |
| 522 | 27 mai. | PÊCHE. | La mise en ferme de la pêche dans les canaux et les produits des francs bords et des plantations qui appartiennent à l'État seront exercés par l'administration des ponts et chaussées; les fonds en provenant seront versés au trésor public par l'inter- | |

| INSTRUCTIONS GÉNÉRALES. | | OBJETS. | EXTRAIT DÉTAILLÉ DES INSTRUCTIONS. | OBSERVATIONS. |
|---|---|---|---|---|
| N.os | DATES. | | | |
| | | | médiaire des droits réunis. ( *Décret du 23 décembre 1810.* ) La perception du produit des pêches dans les rivières et fleuves, ainsi que des revenus qui en dépendent, doit continuer de rester dans les attributions de l'administration. ( *Décision du Ministre des finances, du 7 mai 1811.* ) | |
| 523 | 28 mai 1811. | DÉLITS DE CHASSE. — GRATIFICATION. | Les préfets sont autorisés à faire payer une gratification de trois francs à chacun des gardes forestiers ou champêtres par chaque condamnation rendue sur le procès-verbal pour délits de chasse et de port d'armes. Ce paiement a lieu sur mandat du préfet visé par le directeur. ( *Décret du 8 mai 1811.* ) | *V. l'instruction générale, n.º 616.* |
| » | 24 juin. | COUPES DE BOIS POUR 1812. | Adjudication des coupes de bois pour l'exercice 1812. Changemens apportés au cahier des charges. — Etat à fournir. | |
| 557 | 24 décembre | RECOUVREMENT DES AMENDES. — GARDES COLLECTEURS. — ACTES. — ENREGISTREMENT, etc. | Les gardes collecteurs sont chargés du recouvrement des amendes et autres condamnations pécuniaires concernant les forêts, la chasse et la pêche, pour des délits dont l'administration des forêts suit la répression ou à la requête du ministère public dans les intérêts de cette administration. — Les extraits de jugemens que les greffiers remettent aux agens forestiers ne sont point soumis au timbre. — Doivent être timbrés et payer les droits d'enregistrement, les significations et commandemens des gardes pour le recouvrement des condamnations. — Les frais pour avances et remboursement de papier timbré, impression de sommiers, etc. seront payés par l'administration sur des états approuvés par le directeur général et visés par le ministre des finances. — Les frais dûs aux greffiers pour extraits et expéditions de jugemens et tous autres frais pour la poursuite des délits forestiers se paieront comme le prescrit l'instruction n.º 147. ( *Décisions du Ministre des finances, des 14 brumaire an 14 et 12 décembre 1811.* ) | |
| » | 10 septembre 1812. | PORTS DE LETTRES ET PAQUETS. | Les lettres et paquets adressés par les agens forestiers aux employés de l'administration doivent être affranchis. | |
| » | 28 dudit. | COUPES DE BOIS DE 1813. | Envoi du cahier des charges pour les adjudications des coupes de bois de l'état de 1813. — Nouveau modèle des traites, etc. | |
| » | 30 dudit. | PÊCHE. — BAUX. — RECOUVREMENT. | Recouvrement du prix des baux de pêche et des licences dont la plus grande partie expire en 1812. Etat à fournir. | *V. l'instruction n.º 1011.* |
| » | 14 décembre | LIQUIDATION DE LA REMISE ACCORDÉE AUX AGENS FORESTIERS. | La remise proportionnelle accordée aux agens forestiers sur le produit des amendes, par le décret du 2 février 1812, doit être calculée sur le montant des versemens faits aux receveurs de l'administration, soit par les gardes collecteurs, soit par les condamnés directement, à la déduction seulement des sommes payées sur les frais liquidés par les jugemens et du décime pour franc. Ne doivent pas être compris dans la déduction, les frais tombés en non valeur ni la remise du receveur de l'administration. | |
| 616 | 16 dudit. | DÉLITS DE CHASSE. — GRATIFICATION. | La gratification de trois francs accordée pour délits de chasse et de port d'armes, est dûe au garde forestier ou champêtre qui a rapporté le procès-verbal, autant de fois qu'il y a de condamnés collectivement. — Dans le cas d'une seule condamnation, chacun des gardes qui a concouru à la formation du procès-verbal reçoit la gratification de trois francs. ( *Décision du Ministre des finances.* ) | |
| 640 | 4 juin 1813. | TRAITES DES ADJUDICATAIRES DES COUPES DE BOIS. | Sont exemptes de l'enregistrement en cas de protêt. | |

| INSTRUCTIONS GÉNÉRALES. | | OBJETS. | EXTRAIT DÉTAILLÉ DES INSTRUCTIONS. | OBSERVATIONS. |
|---|---|---|---|---|
| N.ᵒˢ | DATES. | | | |
| » | 19 juin 1813. | PAIEMENT DES GAGES DES GARDES-BOIS. | Le paiement des gages des gardes forestiers communaux ne sera plus acquitté par les caisses de l'administration. Ce service lui devient étranger. *( Décret du 31 janvier 1813; Décision du Ministre des finances, du 9 juin 1813.)* | |
| » | 26 août. | BOIS DE L'EXERICE 1814. — ADJUDICA-TIONS. — TRAITES. — BORDEREAUX. | Indication des additions, faites au cahier des charges, de l'exercice 1813 pour celui de 1814. — Continuation du mode de comptabilité pour les traites. Formation des mêmes états précédemment ordonnés. | |
| 658 | 22 janvier 1814. | COMMUNES ET ÉTA-BLISSEMENS PUBLICS. | Lorsqu'une coupe de bois aura été délivrée à une commune pour son affouage, et qu'en conséquence les vacations des agens forestiers auront été payées, il n'y aura pas lieu à la perception du décime par franc. Cette règle est applicable aux ventes de bois des établissemens publics. *( Décision du Ministre des finances, du 15 janvier 1814.)* | |
| » | 26 mai. | BOIS VENDUS PAR LES PUISSANCES ALLIÉES. | Toutes ventes de bois futaie ou de taillis des ordinaires de 1813, 1814 et années suivantes, faites de l'autorité des com-mandans ou intendans des puissances alliées, postérieurement au 23 avril, sont déclarées nulles et de nul effet : les acqué-reurs ne peuvent rien abattre en vertu desdites ventes à peine de dommages intérêts, amendes et restitutions. — Obligation des receveurs pour s'opposer auxdites ventes. *( Ordonnance Royale du 5 mai 1814.)* | |
| » | 4 août. | *Idem.* | D'après l'art. 12 de la convention du 28 mai, les ventes de bois faites par les agens des puissances alliées et non consom-mées par l'exploitation et l'enlèvement des bois, sont de nul effet. — Les employés doivent se faire rendre compte des mar-chés faits; de leur exécution, de la situation des acquéreurs, et s'opposer à l'enlèvement des bois et autres objets existant sur place ou dans les magasins. | |
| » | 26 dudit. | ADJUDICATIONS DES COUPES DE BOIS POUR L'EXERCICE 1815. | Même mode d'adjudication que pour 1814. — Les rétribu-tions dues aux arpenteurs sont à la charge des adjudicataires. Il en sera fait une colonne particulière au registre de recette. Formation des mêmes états précédemment ordonnés. | |
| 663 | 4 novembre. | ALIÉNATION DE 300,000 HECTARES DE BOIS DE L'ÉTAT. | La loi du 23 septembre 1814 ordonne la vente de 300,000 hectares de bois de l'état, sol et superficie. — Mode de cette vente. Sommiers à former. — Nouveau mode de vente au rabais. Envoi, par les directeurs, des soumissions, des affiches, états de dépouillement et autres états dont les modèles sont joints à l'instruction. Les envois seront timbrés. Bois de l'Etat. *( Loi du 23 septembre 1814.)* Envoi du cahier des charges y relatif. Remises allouées sur le prix des ventes. | |
| » | 14 dudit. | PAIEM.ᵗ DU SALAIRE DES ARPENTEURS POUR FRAIS DE MESURAGE DES COUPES. | Les mandats des conservateurs délivrés pour cet objet, n'ont plus besoin de l'autorisation du ministre des finances. Ces man-dats visés par les directeurs, seront payés sans autre formalité, sur l'acquit des parties prenantes. | |
| 669 | 20 janvier 1815. | VENTE DE BOIS DE L'ÉTAT; REMISES AC-CORDÉES. | Mode de comptabilité et distribution des remises. La recette sera faite par le receveur de l'arrondissement de la situation. — Il y a dans les bureaux un sommier de compte ouvert avec les acquéreurs, et un registre de recette et dépense pour les prix de ventes et la remise extraordinaire de 2 pour cent. Cette remise sera l'objet d'une comptabilité particulière. Modèle des bordereaux à rédiger pour cet objet. | |
| 673 | 15 février. | DÉCOMPTES DES ADJU-DICAT. DE BOIS DE L'ETAT | Les acquéreurs de ces bois ont la faculté de verser, à la caisse de service du trésor à Paris, tout ou partie du prix de leurs | |

| INSTRUCTIONS GÉNÉRALES. | | OBJETS. | EXTRAIT DÉTAILLÉ DES INSTRUCTIONS. | OBSERVATIONS. |
|---|---|---|---|---|
| N.os | DATES. | | | |
| | | | adjudications. Les rescriptions de cette caisse seront reçues pour comptant par les receveurs. | |
| 678 | 4 avril 1815. | VENTE DE BOIS DE L'ÉTAT. | Les adjudications consenties en vertu de la loi du 23 septembre 1814, quelle qu'en soit l'époque sont définitives : aucune disposition nouvelle n'a porté atteinte à ces ventes. | |
| 682 | 6 mai. | *Idem.* | Les opérations relatives à l'exécution de la loi du 23 septembre 1814 sur l'aliénation de 300,000 hectares de bois de l'état, ne peuvent comprendre que les bois d'une contenance au-dessous de 300 hectares. Etat à présenter à cet effet. | |
| 683 | 10 dudit. | DÉLÉGATIONS SUR LE PRODUIT DE LA VENTE DES BOIS DE L'ÉTAT. | Délégations en faveur des fabricans de draps et autres étoffes employés à l'habillement des troupes, du produit de la vente des bois de l'Etat. — Mode de ces délégations. ( *Décret du 30 avril 1815.* ) | |
| 684 | *Idem.* | OBLIGAT.s A SOUS- CRIRE PAR LES ACQ.rs DE BOIS DE L'ÉTAT. | Les acquéreurs des bois de l'Etat vendus et restant à vendre en vertu de la loi du 23 septembre 1814, souscriront des obli- gations. Mode de ces obligations et de leur paiement. | |
| 686 | 13 dudit. | DÉLÉGATIONS SUR LE PRODUIT DES VEN- TES DE BOIS. | Le décret du 8 mai 1815 autorise le ministre du trésor à dé- livrer des délégations jusqu'au montant des quatre-cinquièmes de l'évaluation des bois estimés avant le 1.er mai. — Mode de ces délégations et de leur admission en paiement. | |
| 687 | dudit. | BOIS DE L'EXERCICE 1815. — TRAITES A SOUSCRIRE PAR LES ADJUDICATAIRES. | Les traites souscrites par les adjudicataires des coupes de bois, échéant le 30 juin, 30 septembre et 31 décembre 1815, seront remises sans retard par les directeurs des domaines aux rece- veurs généraux. | |
| 689 | 18 dudit. | OBLIGATIONS A SOUSCRIRE PAR LES ACQUÉREURS DE BOIS DE L'ÉTAT. | Le nombre des formules nécessaires pour ces obligations sera envoyé à chaque directeur. Un registre d'entrée et de sortie dans chaque direction et un compte ouvert avec chaque rece- veur, en établiront la situation. | |
| 693 | 30 juin. | DÉLÉGATIONS DES 4/5 DE L'ÉVALUATION DES BOIS, etc. | Les porteurs des délégations ne peuvent, sans enchère, deve- nir acquéreurs. La formule de la délégation n'exempte pas de cette formalité. | |
| 694 | 25 juillet. | ALIÉNATION DE 300,000 HECTARES DE BOIS DE L'ÉTAT. — DISPOSITIONS DIVER- SES. | Les adjudications faites, du 20 mars au 7 juillet 1815, sont maintenues. — Les décrets des 30 avril et 8 mai sont annul- lés. — Il en est de même des obligations souscrites par les re- ceveurs. — Il en est également de même de 12,646,540f 83c de délégations délivrées par le trésor public, pour la liste civile, sur divers départemens. Les ventes de bois continueront d'après la loi du 23 septembre et l'ordonnance du 7 octobre 1814. ( *Ordonnance Royale du 16 juillet 1815.* ) | |
| » | 2 novembre. | COUPES DE L'EXER- CICE 1816. | Adjudications des coupes de 1816. — Paiement du prix en cinq termes et par traites souscrites comme précédemment. Changemens dans les états à fournir. | |
| » | 13 décembre | ALIÉNATION DE 300,000 HECTARES DE BOIS. — RÉVISION DES ESTIMATIONS. | Les opérations qui ont servi de base aux procès-verbaux d'estimation seront revisées et rectifiées, soit en augmentation, par celle du prix d'une feuille survenue ; soit en diminution, par suite des coupes faites. | |
| » | 14 dudit. | MÊME OBJET. — VENTES. | Les bois d'une contenance au-dessus de 300 hectares doivent être estimés et mis en vente lorsqu'ils auront été soumissionnés. — Commencer les ventes par les bois du prix le plus élevé. — Différer la vente de ceux qui ne produiront pas 400f l'hectare. | |
| 702 | dudit. | MODE DE PAIEMENT DES SALAIR.s DES GAR- DES DES BOIS DE L'ÉTAT | Mode de paiement de ces salaires. — Dispositions préalables à observer pour les coupes de bois adjugées. — Comptabilité à suivre. | |

# BOIS ET FORÊTS.

| INSTRUCTIONS GÉNÉRALES. | | OBJETS. | EXTRAIT DÉTAILLÉ DES INSTRUCTIONS. | OBSERVATIONS |
|---|---|---|---|---|
| N.os | DATES. | | | |
| 706 | 2 février 1816. | REMISE EXTRAORDINAIRE SUR LE PRIX DES VENTES DE BOIS DE L'ÉTAT. | La remise de 2 pour cent, attribuée, par l'ordonnance du 7 octobre 1814, sur le produit de la vente des bois de l'État, entrera en recette et dépense aux comptes de l'administration; mode à suivre pour cet objet dans les états de produits. Précis d'opération à rédiger pour justifier le travail des employés. | *V. l'instruction n.° 718.* |
| 718 | 6 mai. | CESSATION DES VENTES DES BOIS DE L'ÉTAT. | Loi du 28 avril 1816. — La loi du 23 septembre 1814 est rapportée. La vente des bois de l'état cessera d'avoir lieu. Il y a lieu d'abandonner toute opération ayant cette vente pour but. — suivre avec activité la rentrée des sommes dues sur les ventes faites. Nouveau précis à présenter sur cet objet par trimestre. | |
| 749 | 19 octobre. | COUPES DE L'EXERCICE DE 1817. | Adjudication des coupes de 1817. Mode de paiement en traites; distinguer dans les états les divers exercices. Il n'y a plus de prélèvement à faire sur les produits des coupes de bois dés communes. Les receveurs n'auront pour cet objet à s'occuper que de la recette du décime pour franc. | *V. l'instruction n.° 764.* |
| 764 | 31 janvier 1817. | COUPES EXTRAORDINAIRES DE BOIS DES COMMUNES ET AUTRES ÉTABLISSEMENS. | Les receveurs des domaines seront chargés pour les adjudications de l'exercice 1817, de percevoir le prix principal des coupes extraordinaires de bois des communes et des établissemens publics. — Traites à faire souscrire. Mention distincte dans les états de mois et bordereaux de compte. | |
| 777 et 778 | 20 et 30 mai. | ADMINISTRATION DES FORÊTS. | Suppression de l'administration des eaux et forêts. — Réunion à celle de l'enregistrement et domaines. | |
| 780 | 6 juin. | TRAITÉS DES ADJUDICATAIRES DE COUPES DE BOIS. | Les receveurs généraux feront souscrire les traites des adjudicataires de coupes de bois à compter de l'ordinaire 1818. — Les receveurs continueront d'assister aux ventes, de percevoir le décime par franc, le montant des folles enchères, des surmesures et tous les produits des bois, hors les traites. Ils n'auront de remises que sur les sommes versées en numéraire. | |
| 789 | 7 juillet. | VENTES DES COUPES DE BOIS DE L'ÉTAT POUR L'EXERC.e 1818 | Adjudication de ces coupes. — Mêmes clauses, sauf pour les bois de marine. — Nouvelles attributions des préposés et mode de paiement des traites aux receveurs généraux. | |
| 790 | 10 dudit. | GRATIFICATIONS POUR 1815. | Répartition de la gratification accordée à ces agens pour 1815. Modèle d'état à fournir. | |
| 794 | 1.er août. | CHASSES ET LOUVETERIE. | Les préposés et les gardes qui se permettraient de chasser, sans autorisation suffisante, dans les bois confiés à leur surveillance s'exposeraient à perdre leur emploi. ( *Ordonnance Royale du 15 août 1814.* ) | |
| 799 | 30 dudit. | COUPES DANS LES QUARTS DE RÉSERVE DES BOIS DES COMMUNES, etc. | Règles à suivre pour les coupes dans les quarts de réserve des bois des communes et des établissemens publics. Obligations imposées aux préposés. ( *Ordonnance Royale du 7 mars 1817.* ) | |
| 800 | 10 septembre | DÉFRICHEMENS. | Mesures ordonnées contre les défrichemens des bois. | |
| 802 | 19 dudit. | TRAITEM. DES PRÉPOSÉS ET GARDES FORESTIERS. | Mode de paiement de ce traitement à partir du 1.er juillet 1817. | |
| 808 | 1.er octobre. | BOIS DESTINÉS AU SERVICE DE LA MARINE. | Mesures prescrites pour le martelage, la conservation et l'exploitation des bois de marine. ( *Ordonnance Royale du 28 août 1816.* ) | |
| 810 | 28 dudit. | GRATIFICATIONS POUR 1816. | Mode de répartition des gratifications accordées aux agens forestiers pour 1816. ( *Ordonnance Royale du 8 octobre 1817.* ) Projet à adresser pour cet objet. | |
| 817 | 14 janvier 1818. | BOIS DE L'ÉTAT. — RECOUV.t DES SOMMES DUES. | Ordre de presser le recouvrement des sommes dues sur le prix de ces bois. | |

# BOIS et FORÊTS.

| INSTRUCTIONS GÉNÉRALES. | | OBJETS. | EXTRAIT DÉTAILLÉ DES INSTRUCTIONS. | OBSERVATIONS. |
| --- | --- | --- | --- | --- |
| N.os | DATES. | | | |
| 819 | 2 février 1818. | ALIÉNATION DE BOIS CÉDÉS A LA CAISSE D'AMORTISSEMENT. | Mode d'aliénation de ces bois. *( Ordonnance Royale du 10 décembre 1817.)* Soumissions à recevoir. — Etats à fournir. Cahier des charges. | |
| 821 | 11 dudit. | *Idem.* | Envoi à chaque directeur de l'état de ces bois situés dans son département. | |
| 828 | 15 avril. | *Idem.* | Voir l'analyse au titre Caisse d'Amortissement. | |
| 837 | 26 mai. | DÉFRICHEMENS. | Formalités pour les déclarations en défrichemens. | |
| 841 | 10 juin. | COMPTE A RENDRE PAR LES INSPECTEURS ET SOUS-INSPECTEURS DES FORÊTS. | Modèle du compte à rendre, chaque trimestre, par les inspecteurs et les sous-inspecteurs des forêts. | *Addition à l'instruction n.º 800.* |
| 846 | 30 dudit. | GARDES FORESTIERS. — DÉFENSE DE LES DÉTOURNER DE LEUR SERVICE. | Défense de détourner les gardes de leur service. — Traitement des gardes. — Frais de surveillance des bois aliénés. | |
| 848 | 22 juillet. | DÉLIVRANCE DES ARBRES NÉCESSAIRES A LA CONSTRUCTION DES SIGNAUX POUR LA LEVÉE D'UNE NOUVELLE CARTE DE FRANCE. | Les agens forestiers sont autorisés à délivrer les arbres nécessaires à la construction des signaux que les ingénieurs géographes, chargés de la confection d'une nouvelle carte de la France, auront à établir pour la formation de leurs triangles. | |
| 850 | 3 août. | BOIS CÉDÉS A LA CAISSE D'AMORTISS.t | Dispositions diverses sur l'aliénation de ces bois. | |
| 854 | 21 dudit. | COUPES DE 1819. — CAISSE D'AMORTISS.t | Dispositions ordonnées pour les coupes de bois de la caisse d'amortissement ( exercice de l'ordinaire de 1819. ) | |
| 855 | 7 septembre. | DESTRUCT. DES LOUPS. | Mesures ordonnées pour cette destruction. | |
| 858 | 14 dudit. | FRAIS D'EXPERTISE DES BOIS DE LA CAISSE D'AM.t | Voir l'analyse de cette instruction au titre Caisse d'Amortissement, etc. | |
| 871 | 26 décembre | GRATIFICATIONS POUR 1817. | Dispositions pour la répartition des gratifications accordées aux agens forestiers. Modèle des états à fournir. | |
| 874 | 14 janvier 1819. | VENTES DE BOIS DE LA CAISSE D'AMORT.t | Voir l'analyse de cette instruction au titre Caisse d'Amortissement, etc. | |
| 882 | 25 mars. | PROCÈS-VERBAUX DE VENTES DE COUPES DE BOIS. | Les procès-verbaux de vente de coupes de bois de l'Etat, des communes ou établissemens publics, doivent contenir tous les articles exposés en vente. *( Ordonnance Royale du 1.er mai 1816. ( Décision du Ministre des finances, du 26 février 1819.)* | |
| 889 | 18 mai. | RÉDUCTION DANS LE TRAITEMENT DES GARDES FORESTIERS. | Demande de l'état des réductions à opérer dans le traitement des gardes forestiers par suite des ventes faites des bois cédés à la caisse d'amortissement. — Modèle de cet état. | |
| 896 | 13 juillet. | *Idem.* | Demande d'un même état à raison des bois restitués aux anciens propriétaires, et de ceux dont les engagistes ou échangistes ont été remis en possession. | |
| 897 | 14 dudit. | COUPES DE BOIS. — ORDINAIRE 1820. | Dispositions relatives aux coupes de 1820 des bois de la caisse d'amortisement. Envoi du cahier des charges. Modification aux articles 10, 19, 35, 36, 49 et 51. Explications données à cet égard. | |
| 898 | 28 dudit. | *Idem.* BOIS DE MARINE. | Article additionnel au cahier des charges pour les bois livrés à la marine. | |
| 901 | 30 septemb. | GRATIFICATIONS POUR 1818. | Demande de l'état des préposés qui doivent participer aux gratifications. — Deux modèles de l'état. | |
| 915 | 27 décembre. | GARDES FORESTIERS. — PROCÈS-VERBAUX. | Les fonctionnaires autorisés à écrire les procès-verbaux des gardes forestiers, sont seuls autorisés à en recevoir l'affirmation. *( Arrêt de la Cour de Cassation du 2 décembre 1819.)* | |

# BOIS et FORÊTS.

| INSTRUCTIONS GÉNÉRALES. | | OBJETS | EXTRAIT DÉTAILLÉ DES INSTRUCTIONS. | OBSERVATIONS. |
|---|---|---|---|---|
| N.os | DATES. | | | |
| 924 | 18 mars 1820 | COUPES DE BOIS DE LA CAISSE D'AMORT.t — MODIFICATIONS AU CAHIER DES CHARGES. | Voir l'analyse de cette instruction au titre Caisse d'Amortissement, etc. | |
| 926 | 8 avril. | GRATIFICATIONS POUR 1819. | Répartition à faire, entre les agens forestiers, des gratifications accordées pour 1819. Etats à fournir. | |
| 931 | 25 dudit. | BOIS DES PARTICULIERS. | Réglement particulier à l'égard de ces bois. ( *Ordonnance Royale du 22 septembre 1819.* ) | |
| 945 | 31 juillet. | COUPES DE BOIS DE LA CAISSE D'AMORT.t — ORDINAIRE 1821. | Envoi du cahier des charges pour la vente de ces coupes. Dispositions particulières pour les bois de marine et ceux destinés pour l'artillerie. | |
| 949 | 24 août. | MODIFICATIONS AU CAHIER DES CHARGES. | Voir l'analyse de cette instruction au titre Caisse d'Amortissement, etc. | |
| 955 | 14 octobre. | RÉTABLISSEMENT DE L'ADMIN.n DES FORÊTS | Rétablissement d'une administration spéciale pour les forêts. | |
| » | 28 novembre | *Idem.* | Jusqu'à nouvel ordre les directeurs continuent le service. — Mode de paiement des agens forestiers pour le trimestre d'octobre 1820. | |
| 965 | 28 décembre. | *Idem.* | Remise à faire des titres et papiers concernant le service forestier. | |
| » | 3 février 1821. | CIRCONSCRIPTION DES ARRONDISSEMENS FORESTIERS. | Envoi du tableau de la circonscription des arrondissemens forestiers. — Les directeurs correspondront avec le conservateur ou l'inspecteur principal de l'arrondissement dans lequel se trouve leur département. | |
| 974 | 31 mars. | PAIEMENT DES DÉPENSES DE L'ADMINISTRATION DES FORÊTS. | Le paiement du traitement des agens forestiers de tout grade sera acquitté sur les mandats des conservateurs et inspecteurs principaux. Quant aux autres dépenses, se conformer, jusqu'à nouvel ordre, aux dispositions existantes. | |
| 977 | 12 avril. | VENTE DE BOIS DE LA CAISSE D'AMORTISSEMENT. | Les opérations relatives à la vente des bois de l'Etat délégués à la caisse d'amortissement, continueront comme par le passé. Modifications au mode de ces opérations d'après l'intervention de l'administration des forêts. | |
| 982 | 13 juin. | BOIS DE L'ÉTAT. — QUESTIONS DE PROPRIÉTÉ. — INSTANCES. | Concours de l'administration des domaines dans la suite des instances judiciaires, concernant la propriété des bois de l'Etat. Documens à fournir par les directeurs à MM. le préfets, et mémoires à rédiger. ( *Décision du Ministre des finances, du 16 mai 1821.* ) | *V. la circulaire de l'administrat., n.o 1820.* |
| 997 | 26 septembre | VENTES DE COUPES DE BOIS DE LA CAISSE D'AM.t POUR L'ORDINAIRE 1822. | Voir l'analyse de cette instruction au titre Caisse d'Amortissement, etc. | |
| 1011 | 10 décembre | RENOUVELLEMENT DES BAUX ET LICENCES POUR LA PÊCHE. | Renouvellement des baux et licences de la pêche dans les rivières navigables et flottables à partir du 1.er janvier 1822. Mode des adjudications. ( *Voir l'instruction.* ) | *V. l'instruction n.o 246, et la circulaire du 30 septembre 1812.* |
| 1022 | 23 février 1822. | CONDITIONS SPÉCIALES A STIPULER EN CAS D'ALIÉNATION DE LAIS ET RELAIS DE LA MER, D'ILES, ILOTS ET ATTERRISSEMENS DANS LES RIVIÈRES NAVIGABLES. | Suivant une décision du ministre des finances, du 7 décembre 1821, l'autorisation de mettre en vente les terrains incultes, n'est point applicable aux lais et relais de la mer aux îles et atterrissemens dans les fleuves, en ce sens, qu'on n'imposerait aux acquéreurs que les conditions générales qui règlent l'aliénation des biens de l'Etat. | *V. l'instruction n.o 1035.* |
| 1023 | 25 dudit. | PAIEMENT PAR LES ADJUDIC.res DE COUPES DE BOIS COMMUNAUX, DES RÉTRIBUTIONS DUES AUX ARPENTEURS. | Décision du ministre des finances, du 16 janvier 1822, portant, qu'à l'avenir et d'après une clause qui sera insérée dans le cahier des charges pour la vente des bois des communes et des établissemens publics, les adjudicataires feront le versement | |

# BOIS et FORÊTS.

| INSTRUCTIONS GÉNÉRALES. | | OBJETS. | EXTRAIT DÉTAILLÉ DES INSTRUCTIONS. | OBSERVATIONS. |
|---|---|---|---|---|
| N.os | DATES. | | | |
| | | | des attributions dûes aux arpenteurs, et autres frais, à la caisse du receveur des finances de l'arrondissement dans lequel l'adjudication aura été faite. — Cette dépense est étrangère aux receveurs des domaines. | |
| 1031 | 1er avril 1822 | PRIX DES COUPES DE BOIS DES COMMUNES ET DES ÉTABLISSEMENS PUBLICS. | Attributions des receveurs relativement au prix des coupes extraordinaires de bois des communes et des établissemens publics ; elles se bornent à percevoir le décime par franc qui appartient à l'Etat sur ce qui compose ce prix.<br>Il en est de même du décime par franc sur les adjudications de coupes ordinaires et sur les ventes de chablis, avec la différence que le prix principal de ces ventes ordinaires, au lieu d'être versé à la caisse du receveur général, est perçu directement par le receveur de la commune ou de l'établissement propriétaire. (*Décision du Min. des finances, du 2 mars 1822.*) | |
| 1035 | 22 dudit. | LAIS ET RELAIS DE LA MER, ILES, ILOTS ET ATTERRISSEMENS DANS LES RIVIÈRES NAVIGABLES ET FLOTTABLES. | Décision du ministre des finances, du 24 novembre 1821, portant que les directeurs devront fournir au préfet de leur département un rapport détaillé sur les anciennes concessions et sur les usurpations de lais et relais de la mer, îles, îlots et atterrissemens dans les rivières navigables et flottables. Etat à fournir au directeur-général le 1.er octobre 1822. ( Voir l'instruction pour le modèle. ) | *V. l'instruction* n.o 1022. |
| 1039 | 8 mai. | BUDGET DE L'EXERCICE 1822. — DROITS DE PÊCHE SUPPRIMÉS. | Les droits de pêche, perçus sur les étangs salés qui communiquent avec la mer et qui appartiennent au gouvernement, sont et demeurent supprimés ; néanmoins ceux de ces droits, qui sont aujourd'hui perçus sous forme de licence, continueront à l'être jusqu'au 1.er janvier 1823, et ceux qui sont encore affermés ne cesseront qu'à l'expiration des baux. — Les fermiers seront admis à résilier dès qu'ils en formeront la demande. ( *Art. 7 de la loi du 1.er mai 1822.* ) | *V.* Timbre. |
| 1055 | 14 septembre | COUPES DE BOIS DE LA CAISSE D'AMORTISSEMENT POUR L'ORDINAIRE 1823. | Les ventes des coupes de bois, appartenant à la caisse d'amortissement, seront faites pour l'ordinaire 1823 aux mêmes clauses et conditions que celles insérées au cahier des charges de l'ordinaire 1822, auquel il n'a été apporté aucun changement. | |
| 1063 | 4 janvier 1823. | AVANCES FAITES PAR LES RECEVEURS DES DOMAINES POUR LES DÉPENSES DE L'ADMINISTRATION DES FORÊTS. | D'après une instruction de MM. les administrateurs des forêts approuvée par le ministre des finances, le 24 décembre 1822, les receveurs des domaines continueront d'acquitter, à titre d'avance, les dépenses forestières ; mais ils ne pourront payer, à partir de 1823, aucune dépense de l'espèce si elle n'est ordonnancée directement par l'administration des forêts ou revêtue du visa du conservateur ou de l'inspecteur principal, qui relatera l'ordonnance de l'administration. Il n'y a d'exception à cette règle que pour les frais d'arpentage et de réarpentage des bois domaniaux, et pour les frais de poursuites et d'instances, qui seront acquittés, comme par le passé, sans ordonnancement préalable, et sur le simple visa du conservateur, de l'inspecteur ou sous-inspecteur.<br>Les receveurs adresseront chaque mois, à leur directeur, les pièces de dépense de cette nature : elles seront par lui remises immédiatement au payeur du département, qui lui délivrera en échange un récépissé à talon pour chaque receveur.<br>Le directeur enverra les récépissés aux receveurs, qui les porteront en dépense dans le mois pendant lequel ils auront été délivrés.<br>Il devra être fait mention sur les bordereaux mensuels, tant des avances faites par les receveurs que des remboursemens | |

| INSTRUCTIONS GÉNÉRALES. | | OBJETS. | EXTRAIT DÉTAILLÉ DES INSTRUCTIONS. | OBSERVATIONS. |
|---|---|---|---|---|
| N.os | DATES. | | | |
| | | | effectués par le payeur. — Toute dépense appartenant à un exercice, devra être payée dans les neuf premiers mois de l'année qui suivra l'expiration de cet exercice, si elle n'est pas acquittée avant le 1.er octobre, elle sera annullée, et ne pourra être imputée sur un nouveau budget qu'en vertu d'une ordonnance Royale. | |

| INSTRUCTIONS GÉNÉRALES. | | OBJETS. | EXTRAIT DÉTAILLÉ DES INSTRUCTIONS. | OBSERVATIONS. |
|---|---|---|---|---|
| N.os | DATES. | | | |
| » | 29 prairial an 11. | Caisse d'amortissement. – Rentes – Recouvrement. | Le recouvrement des arrérages de rentes transférées à la caisse d'amortissement, doit être suivi sur une contrainte du directeur des domaines, visée par le président du tribunal de l'arrondissement du bureau où la rente est due. | |
| 140 | 3 messidor. | Idem. Sources minérales. | Les préposés de l'administration doivent surveiller le versement dans la caisse du receveur général pour le compte de la caisse d'amortissement, de l'excédant du produit des baux des sources minérales, sur ce qu'il est nécessaire de prélever pour frais d'entretien, réparations et améliorations. (Arrêtés du Gouvernement, des 3 floréal an 8 et 6 nivôse an 11.) | |
| » | 22 fructidor. | Idem. Nég. de 10,000,000 en rescriptions. | La caisse d'amortissement est chargée de négocier, pour le compte du trésor public, dix millions en rescriptions sur capitaux de rentes nationales déclarées aliénables par la loi du 21 nivôse an 8, à imputer seulement sur les départemens qui paraissent ne plus présenter de capitaux de rentes disponibles. (Arrêté du Gouvernement, du 19 messidor an 11.) Ordre de seconder l'agent de cette caisse. | |
| 167 | 5 comp. | Légion d'honneur. | Les receveurs prendront possession sans délai des biens formant la dotation de la légion d'honneur. — Mode d'administration de ces biens. | |
| 177 | 8 brumaire an 12. | Sénat. | Prise de possession par les agens du sénat des biens affectés à sa dotation, à celle des sénatoreries, et des bâtimens désignés comme maisons d'habitation aux sénatoreries. | |
| » | 11 dudit. | Lég. d'honneur. — Tenue du reg. de recette. | Les receveurs chargés provisoirement de la recette des revenus appartenant à la légion, dresseront un registre particulier qu'ils feront coter et parapher par le maire du lieu de leur résidence, et se feront rembourser de leurs avances par le trésorier de la cohorte. | |
| » | 9 nivôse. | Caisse d'amort. t — Rentes nation. s | Les porteurs de rescriptions sur capitaux de rentes nationales, dont la négociation a été confiée à la caisse d'amortissement, conserveront pour leur admission la priorité que leur assure la date de l'enregistrement de leur rescription, seulement sur les rentes découvertes au 19 messidor an 11. — Ils ne pourront exercer cette priorité sur les rentes découvertes depuis cette époque, qu'après l'épuisement total de celles connues avant le 19 messidor an 11. (Décision du Ministre des finances, du 30 frimaire an 12.) | |
| » | 9 pluviôse. | Idem. Rentes non servies | La caisse d'amortissement est autorisée à rechercher les titres des rentes non servies dans tous les départemens non fermés. Ces rentes sont celles non servies, celles dont les préposés de l'administration n'ont pas les titres, et dont ils ignorent l'existence. (Lettre du Ministre des finances, du 28 nivôse an 12.) | |
| » | 14 dudit. | Revenus de la lég. | Ordre de faire verser sans délai entre les mains du receveur général, à la disposition du directeur gén.l de la caisse d'amortiss.t les revenus des biens affectés à la dotation de la légion d'honneur. | |
| » | 17 ventôse. | Lég. d'honneur. — Baux. | Les receveurs de l'administration doivent rendre compte des baux des biens de la légion d'honneur à renouveler, et des réparations urgentes à faire ; ils proposeront leurs vues sur la durée, les charges et les conditions du bail, et on ne procédera aux uns et aux autres sans avoir auparavant obtenu l'autorisation du grand-chancelier. | |
| » | 17 germinal. | Caisse d'amort. t — Crédit en rescription. | Crédit de 2,000,000, ouvert à la caisse d'amortissement en rescriptions admissibles en paiement tant des sommes dues sur le prix de domaines vendus antérieurement aux lois des 15 | |

| INSTRUCTIONS GÉNÉRALES. | | OBJETS. | EXTRAIT DÉTAILLÉ DES INSTRUCTIONS. | OBSERVATIONS. |
|---|---|---|---|---|
| N.os | DATES. | | | |
| | | | et 16 floréal an 10, que de celles dues pour solde définitif de décomptes. *(Arrêté du 28 ventôse an 12.)* | |
| » | 24 germinal an 12. | LÉG. D'HONNEUR. — PRIX DE COUPES DE BOIS. | Les receveurs de l'administration devront provisoirement verser, dans la caisse des receveurs d'arrondissement, les produits des coupes de bois compris dans la dotation de la légion d'honneur, comme les autres revenus des biens de sa dotation. — On percevra le décime pour franc sur le prix de ces ventes. — Lorsque les cohortes seront organisées, ce produit sera versé dans la caisse de la cohorte à laquelle ces bois sont assignés. *(Arrêté du Gouvernement, du 28 ventôse an 12, et lettre du Ministre des finances, du 16 germinal suivant.)* | |
| » | 11 floréal. | CAISSE D'AMORT.t — RESCRIPTIONS. — TRANSFERTS. | Les directeurs doivent sans délai effectuer le transfert des rescriptions, dont ils sont dépositaires, pour rentes nationales. — Le droit de priorité assuré aux porteurs de ces rescriptions par la date de l'enregistrement de leurs rescriptions sur les rentes découvertes au 19 messidor an 11, et même sur celles découvertes depuis cette époque, est limité à un mois pour ceux qui n'auraient pas présenté leurs titres, ou qui se seraient bornés à les faire enregistrer. *(Décision du Ministre des finances.)* | |
| 223 | 15 dudit. | *Idem.* RESCRIPTIONS. | Seront admis en paiement des 4 derniers termes du prix des domaines vendus en exécution des lois des 15 et 16 floréal an 10, dix millions de rescriptions que la caisse d'amortissem.t a été autorisée à négocier par arrêté du gouvernem.t, du 28 vent. an 12. | |
| » | 27 dudit. | *Idem.* | Les rescriptions délivrées par la caisse d'amortissement, sous le nom de RICHARD MONTJOYEUX, sont admissibles en paiement de domaines nationaux comme les précédentes, conformément aux dispositions des arrêtés du gouvernement, du 21 vendémiaire et 28 ventôse an 12. | |
| » | 23 thermidor. | LÉG. D'HONNEUR. — RENSEIGNEMENS. | Invitation aux receveurs de seconder, autant qu'il est en eux, les chanceliers et trésoriers des cohortes pour leur entrée en fonctions. — Les directeurs et receveurs des domaines continueront d'administrer les biens de la légion, jusqu'à sa parfaite organisation. | |
| » | 19 fructidor. | *Idem.* — LISTE DES CHANCELIERS ET TRÉSORIERS. | Envoi de la liste des chanceliers et trésoriers des cohortes de la légion avec lesquels les directeurs et receveurs auront à correspondre pour l'administration des biens. | |
| » | 6 frimaire an 13. | CAISSE D'AMORT.t — RENTES PROVENANT DE FABRIQUES. | Les rentes provenant de fabriques dont le gouvernement a disposé en faveur de la caisse d'amortissement antérieurement au 7 thermidor an 11, ne sont pas restituables à ces établissemens. *(Décision du Ministre des finances, du 26 brum. an 13.)* | |
| 270 | 17 pluviôse. | *Idem.* DÉLÉGATION. | Délégation à la caisse d'amortissement d'une somme de 26,859,751 fr. 75 c. à prendre sur ce qui était à recouvrer au 1.er vendémiaire an 13, du prix des ventes des domaines nationaux faites antérieurement à cette dernière époque d'après les lois des 15 et 16 floréal an 10, et 5 ventôse an 12. *(Décret du 3 nivôse an 13.)* | |
| » | 1.er ventôse. | *Idem.* PRIX DE VENTE D'IMMEUBLES. — RECOUVREMENT. | C'est aux receveurs des domaines et non aux agens de la caisse d'amortissement, à recouvrer des acquéreurs, le prix de vente des immeubles délégués à cette caisse par le décret du 3 nivôse an 13. | |
| » | 12 germinal. | *Idem.* RECOUVREMENT. | Les receveurs de l'administration doivent adresser directement à la caisse d'amortissement, et dans les vingt-quatre heures de la date de l'enregistrement, le relevé des reconnais- | *V. l'instruction n.o 272, au titre Enregistrement.* |

# CAISSE D'AMORTISSEMENT, DÉPÔTS ET CONSIGNATIONS.

| INSTRUCTIONS GÉNÉRALES. | | OBJETS. | EXTRAIT DÉTAILLÉ DES INSTRUCTIONS. | OBSERVATIONS. |
|---|---|---|---|---|
| N.os | DATES. | | | |
| » | 27 germinal an 13. | CAISSE D'AMORT.t DÉLÉGATION. | sances délivrées par les préposés de cette caisse, conformément à l'art. 3 de la loi du 28 nivôse an 13. ( *Décision du Ministre des finances du 18 pluviôse an 13.* )<br>Délégation de 10,000,000 fr., faite à la caisse d'amortissement sur le prix des ventes faites en vertu de la loi du 5 ventôse an 12 postérieurement au 1.er vendémiaire an 13. ( *Décret du 8 germinal an 13.* ) | |
| 284 | 27 floréal. | *Idem.* ANTICIPATION DE PAIEMENT. | Les acquéreurs des domaines nationaux aliénés pour le compte de la caisse d'amortissement sont autorisés à se libérer par anticipation, moyennant une remise qui ne pourra excéder demi pour cent par mois des sommes dont le paiement sera anticipé. ( *Décision du Ministre des finances du 21 germinal an 13.* ) | *V. la circulaire du 24 vendémiaire an 14.* |
| » | 4 vendém. an 14. | LÉG. D'HONNEUR. — RÉGIE DES BIENS. | Les employés de l'administration continueront provisoirement la régie des biens à vendre affectés à la légion-d'honneur ; ceux qui font partie de la dotation définitive seront administrés par les chanceliers de la cohorte. | |
| » | 10 dudit. | *Idem.* DOTATION. | Les receveurs de l'administration cesseront de concourir à l'administration des biens formant la dotation définitive de la légion-d'honneur dans l'ancienne France ; ils continueront à administrer provisoirement ceux qui n'y sont pas compris. | |
| » | 24 dudit. | CAISSE D'AMORT.t — PAIEM.t ANTICIPÉ | La bonification de demi pour cent par mois à faire sur le prix de ventes en vertu de la loi du 5 ventôse an 12 de biens aliénés pour le compte de la caisse d'amortissement, sera liquidée à l'avenir sur le capital et intérêts réunis du paiement anticipé. ( *Décision du Ministre des finances.* ) | *V. la circulaire du 8 décemb. 1809, qui rapporte une partie de ces dispositions.* |
| » | 3 brumaire. | *Idem.* CONSIGNATION. — DROIT DE GARDE. | Les consignations faites à la caisse d'amortissement en exécution de la loi du 28 nivôse an 13 ne sont plus soumises au droit de garde de deux pour cent qui se percevait en vertu de celle du 23 septembre 1793 ; il continuera d'être perçu jusqu'à nouvel ordre sur les revenus des biens saisis réellement, en conformité de cette dernière loi. | |
| » | 20 février 1806. | SÉNAT ET LÉGION. — VACATIONS DES AGENS FORESTIERS. | Le sénat et la légion d'honneur sont tenus, comme les communes, de payer aux receveurs des domaines les vacations des agens forestiers pour le balivage et le martelage des coupes ordinaires de bois délivrés en nature, ainsi que le décime pour franc en cas de vente de ces mêmes coupes. ( *Décision du Ministre des finances du 11 février 1806.* ) | |
| » | 12 mars. | LÉG. D'HONNEUR. — BAUX. — DÉLAI. | Le délai pour l'enregistrement des baux des biens de la légion d'honneur ne court que du jour de la notification faite au preneur de la ratification du grand-chancelier. ( *Décision du Ministre des finances du 14 janvier 1806.* ) | |
| » | 1.er avril. | SÉNAT. — ACTES. — ENREGISTREMENT | Les actes de vente d'immeubles par le sénat ne sont soumis qu'au droit du 2 pour cent ; ceux d'acquisition et d'échange doivent être enregistrés gratis comme le sont ceux concernant l'état. — Les baux sont assujettis au droit ordinaire. ( *Décision du Ministre des finances du 28 mars 1806.* ) | |
| » | 16 mai. | *Idem.* COUPES DE BOIS. | Les coupes de bois des sénatoreries sont sujettes aux vacations et au décime pour franc comme celles du sénat et de la légion d'honneur. ( *Décision du Ministre des finances du 3 mai 1806.* ) | |
| » | 14 juin. | CAISSE D'AMORT.t — RENTES IGNORÉES. | Le traité conclu par la caisse d'amortissement avec diverses compagnies pour la recherche des rentes ignorées, etc. qui lui ont été cédées, doit se borner à la seule découverte des titres des rentes ignorées ou abandonnées. — La mise en possession | |

# CAISSE D'AMORTISSEMENT, DÉPOTS ET CONSIGNATIONS.

| INSTRUCTIONS GÉNÉRALES. | | OBJETS. | EXTRAIT DÉTAILLÉ DES INSTRUCTIONS. | OBSERVATIONS. |
|---|---|---|---|---|
| N.° | DATES. | | | |
| » | 6 novembre 1806. | CAISSE D'AMORT.<sup>t</sup> — PRIX DE VENTE D'IMMEUBLES. | des rentes, le recouvrement des arrérages échus, les poursuites nécessaires pour en obtenir le paiement, appartiennent aux employés de l'administration. *( Décision du Ministre des finances du 24 avril 1806. )* — Les receveurs doivent verser pour le comte de la caisse d'amortissement, jusqu'à nouvel ordre, le produit de toutes les ventes faites et à faire, en exécution de la loi du 5 ventôse an 12. | |
| » | 25 dudit. | *Idem.* RÉPARATIONS. | Les réparations des biens cédés à la caisse d'amortissement, lorsqu'elles seront urgentes, et celles à faire par économie parce qu'elles n'excéderont pas 150 fr., seront autorisées et les mandats de paiement délivrés par les préfets. — A l'égard des réparations excédant 150 fr., elles doivent être autorisées, soit par le directeur général de cette caisse, soit par le ministre des finances. — La délivrance des mandats de paiement par les préfets sera autorisée par l'une ou l'autre de ces autorités. *( Décision du Ministre des finances du 8 novembre 1806 )* | |
| » | 29 dudit. | *Idem.* CORRESPONDANCE. | La correspondance relative à la régie et à la vente des biens cédés à la caisse d'amortissement, ne concerne plus l'administration centrale de l'enregistrement ; elle se fera à l'avenir directement par le directeur général de cette caisse, avec les préposés des départemens. | |
| » | 20 décembre. | *Idem.* ARBRES ABATTUS. | Le prix de vente des arbres abattus par les propriétaires riverains des routes doit être versé à la caisse d'amortissement. — Mode de cette comptabilité. | |
| » | 2 janvier 1807. | *Idem.* | Les receveurs sont dispensés d'adresser au directeur général de la caisse d'amortissement le double de leur bordereau de versement du prix de vente des arbres abattus sur les propriétés riveraines des routes ; il devra être joint à l'état de mois, et le directeur à la vue de ce bordereau en formera un général qu'il joindra à son état des produits du dernier mois du trimestre. | |
| » | 27 dudit. | *Idem.* DÉLÉGATION. | Nouvelle délégation à la caisse d'amortissement de dix millions en rescriptions admissibles en paiement de domaines vendus antérieurement aux lois des 15 et 16 floréal an 10. *( Déc. du 14 février 1806. )* Mode de liquidation des intérêts postérieurs au 30 frimaire an 11. | |
| » | 13 février. | *Idem.* | Jusqu'à ce que le ministre ait approuvé parmi les biens immeubles disponibles au 1.<sup>er</sup> avril 1806 le choix d'une quantité suffisante pour remplir la caisse d'amortissement des 21 millions, qui lui ont été délégués par la loi du 24 avril 1806, ces biens restent provisoirement sous la main de l'administration des domaines. — Mode de cette comptabilité. | |
| » | 30 avril. | *Idem.* EFFETS DES MILITAIRES DÉCÉDÉS DANS LES HÔPITAUX. | Le prix de vente des effets des militaires décédés dans les hôpitaux ou les prisons, ou qui s'en seraient évadés, sera versé à la caisse d'amortissement par l'intermédiaire des caisses de l'administration. — Mode de cette comptabilité. *( Décret du 23 septembre 1806. )* | *V. les instruct.* n.<sup>os</sup> 391 et 623. |
| » | 29 janvier 1808. | *Idem.* RENTES DÉCOUVERTES. | Découvertes de rentes nationales faites par les agens de la caisse d'amortissement. — Règles à suivre pour la vérification de ces découvertes, pour la mise en possession au nom de la caisse d'amortissement, et pour les poursuites à diriger contre les débiteurs. | |
| » | 9 février. | *Idem.* COMPAGNIE Dumarest. | Mesures à prendre et mode à suivre pour parvenir à la vérification et à l'apurement des comptes à rendre par la compagnie Dumarest, chargée de la découverte des rentes nationales. Traité passé avec cette compagnie. | |

| INSTRUCTIONS GÉNÉRALES. | | OBJETS. | EXTRAIT DÉTAILLÉ DES INSTRUCTIONS. | OBSERVATIONS. |
| --- | --- | --- | --- | --- |
| N.° | DATES. | | | |
| » | 15 avril 1808 | CAISSE D'AMORTISSEMENT. — DÉLÉGATION. | Délégation de 6,645,000 francs, faite à la caisse d'amortissement pour le compte de la grande armée, à prendre dans le restant dû au 1.er janvier 1808, sur les décomptes. — Les sommes, autres que celles en tiers consolidé restant dues sur les décomptes, doivent être payées en numéraire effectif. — Les dispositions de la circulaire du directeur général de cette caisse, jointe à celle du directeur général de l'administration, du 27 janvier 1807, sont sans objet. — Mode de comptabilité. | |
| » | 20 mai. | Idem. | Addition à la circulaire ci-dessus concernant la délégation de 6,645,000 francs, faite à la caisse d'amortissement. | |
| 391 | 4 août. | Idem. MILITAIRES DÉCÉDÉS DANS LES HOSPICES, etc. | La vente des effets des militaires décédés dans les hôpitaux ou les prisons, ou qui s'en sont évadés, sera exclusivement faite par les commissaires des guerres. — Le produit de ces ventes sera versé à la caisse d'amortissement par l'intermédiaire de celles de l'administration des domaines, déduction faite de la remise des receveurs. (*Instruction du Directeur Ministre de la guerre, du 2 mai 1808.*) | |
| » | 25 novembre | Idem. CESSION DES DOMAINES AU-DELA DES ALPES. | Cession à la caisse d'amortissement de tous les domaines situés dans les départemens au-delà des Alpes pour complément de la délégation qui lui a été faite de 21,000,000 francs, par la loi du 24 avril 1806, et pour remplacement du domaine de Lucedio. (*Décision du Ministre des fin., du 16 novembre 1808.*) | |
| » | dudit. | Idem. PRISE DE POSSESSION | Ordre de prendre possession, au nom de la caisse d'amortissement, de tous les biens nationaux qui lui ont été cédés au-delà des Alpes. — Modèle du procès-verbal. | |
| » | 15 mars 1809. | Idem. BIENS RURAUX DE LA LÉGION. — ÉCHANGE. | Cession à la caisse d'amortissement des biens ruraux de la légion d'honneur, en échange d'une inscription sur le grand-livre, et réunion de ses forêts au sol forestier. (*Décret du 28 février 1809.*) | |
| » | 18 septembre | Idem. DÉLÉGATION. — RÉGIE DES BIENS. | La caisse d'amortissement prendra la régie entière des biens qui lui ont été délégués, soit par dotation, soit par la loi du 24 avril 1806; cette régie devient étrangère à l'administration des domaines. (*Décision du Min. des fin., du 17 août 1809.*) | |
| » | 23 octobre. | Idem. COMPTE A RENDRE. | Compte à rendre des recettes faites pour le compte direct de la caisse d'amortissement, d'abord, jusqu'au 31 décembre 1809, et ensuite d'année en année. — Les inspecteurs chargés d'arrêter ces comptes. | |
| » | 29 novembre | Idem. RESTITUTION DES REVENUS. | Mode de restitution à faire à la caisse d'amortissement des sommes qui ont été portées mal à propos dans les comptes de l'administration. — Sont déclarées définitives les cessions provisoirement faites à cette caisse, des domaines pour la remplir de la délégation du 24 avril 1806. (*Décret du 20 septembre 1809.*) | |
| » | 8 décembre. | Idem. ESCOMPTE D'ANTICIPATION. | A dater du 1.er janvier 1810, il ne sera plus alloué d'escompte d'anticipation aux acquéreurs de domaines dont le prix a été cédé à la caisse d'amortissement. (*Décision du Ministre des finances, du 16 germinal an 13.*) | |
| » | 11 janvier 1810. | Idem. ADJUDICATION DES RENTES. | Le procès-verbal d'adjudication des rentes appartenant à la caisse d'amortissement, doit être sur papier timbré et est sujet au droit d'enregistrement d'un franc. — Mode de l'adjudication. (*Décret du 9 décembre 1809.*) | |
| » | 14 février. | Idem. VERSEMENS. | Ordre aux receveurs de ne plus verser pour le compte de la caisse d'amortissement, des recettes faites depuis le premier | |

# CAISSE D'AMORTISSEMENT ; DÉPOTS ET CONSIGNATIONS.

| INSTRUCTIONS GÉNÉRALES. | | OBJETS. | EXTRAIT DÉTAILLÉ DES INSTRUCTIONS. | OBSERVATIONS. |
|---|---|---|---|---|
| N.os | DATES. | | | |
| 467 | 9 mars 1810. | Caisse d'amortissement. — Successions vacantes. | janvier 1810, sur des revenus des biens qui n'ont pas été cédés à cette caisse. Les sommes provenant des successions vacantes doivent être consignées à la caisse d'amortissement, qui en cette partie a nommé pour ses agens les receveurs généraux et particuliers. — Mode de la remise de cette régie par les receveurs des domaines qui en étaient précédemment chargés. (*Avis du Conseil d'état, du 13 oct. 1809.*) | |
| » | 12 juin. | Idem. Délégation. | Délégation à la caisse d'amortissement de quinze millions dans les sommes à recouvrer sur le produit des décomptes des domaines nationaux. (*Décret, du 3 février 1810.*) | |
| » | 17 octobre. | Idem. Revenus. | Les revenus des biens donnés en remplacement à la caisse d'amortissement, qui n'ont pas été perçus lors de la mise en possession de cette caisse, lui appartiennent ; elle doit également payer les dépenses qui n'étaient pas acquittées à cette époque. (*Décision du Ministre des finances, du 24 août 1810.*) | |
| » | 25 mars. 1811. | Idem. Compagnie *Dumarest.* | Ordre à la compagnie Dumarest de verser dans quinze jours le montant des arrérages recouvrés sur les rentes transférées à la caisse d'amortissement et le produit des capitaux qu'elle a négociés ; défense faite à ladite compagnie de prendre le titre et la qualité d'agens de la caisse d'amortissement, etc. Il ne doit y avoir désormais aucuns rapports entre les préposés de l'administration, le sieur Mariette et la compagnie Dumarest. (*Décret du 20 fév. 1811.*) | |
| » | 15 avril. | Idem. Vente. | Les biens nouvellement attribués à la caisse d'amortissement et ceux disponibles, situés dans les départemens en deçà des alpes, seront vendus pour son compte et régis jusqu'à la vente pour le compte du trésor public. | |
| » | 29 dudit. | Idem. Délégation. | Nouvelle délégation à la caisse d'amortissement de 30,000,000 sur le produit des décomptes des ventes de domaines. (*Décret du 18 avril 1811.*) | |
| » | 8 juillet. | Idem. Déchéance. | La recette des fruits et amendes à réclamer contre les acquéreurs déchus, appartient à l'administration lorsque la vente a été faite pour le compte du trésor, et à la caisse d'amortissement lorsque la vente a été faite pour le compte de cette caisse. (*Décision du Ministre des finances, du 22 juin 1811.*) | |
| 554 | 17 décembre. | Idem. Cautionnement pour la liberté des prévenus. | Les receveurs de l'administration sont chargés de faire la recette des cautionnemens fournis pour obtenir la liberté provisoire des prévenus de délits en police correctionnelle, sauf à en faire le versement pour le compte de la caisse d'amortissement. | |
| » | 20 mars. 1812. | Idem. Biens séquestrés sur les espagnols. | Les biens séquestrés sur les espagnols en vertu du décret du 24 septembre 1808, font partie du domaine extraordinaire de la couronne à partir du premier janvier 1812, et régis au nom et d'après les ordres de M.r le ministre d'état intendant général de ce domaine. — Le produit de ces biens ne doit plus figurer dans les comptes de l'administration à dater du premier janvier 1812. (*Décret du 24 janvier 1812.*) | |
| » | 22 août. | Idem. Aliénation, | Les biens disponibles dans les départemens en deçà des alpes cesseront d'être vendus, à dater du premier octobre 1812, pour le compte de la caisse d'amortissement ; ils le seront pour le compte du trésor. (*Décision du Ministre des finances, du 8 août 1812.*) | |
| 617 | 15 janvier 1813. | Terrains des fortifications. | Les terrains des fortifications des anciennes places et postes abandonnés, sont remis à la caisse d'amortissement pour être vendus. (*Décret du 22 décembre 1812.*) | |

| INSTRUCTIONS GÉNÉRALES. | | OBJETS | EXTRAIT DÉTAILLÉ DES INSTRUCTIONS. | OBSERVATIONS. |
|---|---|---|---|---|
| N.os | DATES. | | | |
| 623 et 624 | 24 février 1813. | Vente des effets militaires et de la marine. | Voir le détail de ces instructions au mot ( *mobilier militaire.* ) | |
| 630 | 24 mars. | Biens des communes cédés a la caisse d'amortissement. | Loi du 20 mars 1813, cédant à la caisse d'amortissement les biens ruraux., maisons et usines possédés par les communes. Cette cession a lieu quant aux revenus du 1.er janvier 1813. = Mode d'inventaire des titres et des procès-verbaux de prise de possession. = Exception de divers articles de biens jouis en commun, utiles pour la salubrité ou l'agrément, et affectés à un service public, ainsi que des rentes ou redevances annuelles. = Formation des états des biens compris dans la cession. = Envoi aux directeurs des procès-verbaux de prise de possession, des inventaires, titres, baux, etc. = Formation de sommiers *ad hoc.* = Mode d'évaluation ou d'expertise pour les mises à prix. = Mode des ventes. = Formation des sommiers et registres nécessaires. = Opérations relatives aux recouvremens et poursuites. Fixation de la remise des directeurs, inspecteurs et receveurs. = Envoi de divers états de situation par le directeur tous les mois, avant le 10.<br>1.° Un état des ventes faites dans le mois précédent ;<br>2.° Un état des déchéances ;<br>Dans la 1.re quinzaine de chaque trimestre.<br>1.° Un état des recouvremens faits sur les revenus pendant le trimestre ;<br>2.° Un état des recouvremens sur le prix des ventes. | *V. l'instruction* n.° 709. |
| » | 10 avril. | Idem. | Célérité recommandée pour les procès-verbaux de prise de possession, disposition des employés supérieurs pour cet objet. = Promptes mesures à prendre pour les ventes. | |
| » | 20 dudit. | Idem. | Demande d'un état indicatif du montant du recouvrement de ces biens. | |
| » | 24 dudit. | Idem. | Interprétation de l'article 4 de la loi du 20 mars sur les termes des paiemens : ces paiemens doivent être complétés dans 27 mois à partir du jour de la vente, savoir : le 1.er 6.e dans les 20 jours, le 2.e 6.e dans les 3 mois, et les deux derniers tiers dans les deux années après ce terme. | |
| » | 25 dudit. | Idem. | Distribution de la remise de 2 p. % sur le produit des ventes entre les directeurs, les inspecteurs, les vérificateurs, les receveurs du chef-lieu ; ceux de la situation des biens, et les employés du bureau des domaines de la préfecture. | |
| » | 17 mai. | Idem. | La liquidation des intérêts du prix des ventes ne peut avoir lieu que sur le capital originaire et non sur les intérêts non soldés. ( *Décision du Ministre des finances du 14 mai 1813.* ) | |
| » | 18 dudit. | Idem. | Mode de déterminer la contribution foncière de ces biens, pour établir celle qui appartient à chaque article, de concert avec les directeurs des contributions directes, et sur le revenu brut des biens. = Formation de deux états à cet effet. | |
| » | 22 dudit. | Idem. | Les sommes restant dues par les communes pour prix de biens nationaux acquis par elles, et compris comme biens communaux dans la cession faite à la caisse d'amortissement, sont payables sur le produit de la vente de leurs biens. ( *Décision du Ministre des finances du 15 mai 1813.* ) = Mode de comptabilité et de recette à cet égard. | |
| » | 29 dudit. | Idem. | La cession faite à la caisse comprend les biens que les communes ont concédés par baux emphitéotiques ; la fixation de | *V. l'instruction* n.° 331, au titre Domaines, — *Aliénations et décomptes.* |

| INSTRUCTIONS GÉNÉRALES. | | OBJETS. | EXTRAIT DÉTAILLÉ DES INSTRUCTIONS. | OBSERVATIONS. |
|---|---|---|---|---|
| N.os | DATES. | | | |
| | | | la mise à prix pour les biens de l'espèce sera établie d'après les bases données par les lois des 27 avril 1791 et 20 mars 1813. = Mode d'expertise et de vérification de la fixation ci-dessus. ( *Décision du Ministre des finances du 24 mai 1813.* ) | |
| » | 10 juin 1813. | BIENS DES COMMUNES CÉDÉS A LA CAISSE D'AMORT.t | Mode de vente des biens indivis : on ne doit vendre que la portion appartenante aux communes. ( *Décision du Ministre des finances du 8 juin 1813.* ) | |
| » | 14 dudit. | *Idem.* | Mode d'admission et de comptabilité des bons de la caisse d'amortissement , créés en vertu du décret du 21 mars 1813. | *V. la circulair du 4 août 1813.* |
| » | 28 dudit. | *Idem.* | Demande de renseignemens relatifs à divers biens possédés par les communes. Ces renseignemens concernent sept classes de biens différens désignés dans l'instruction. Demande à cet effet d'un tableau qui les comprenne tous , et qui soit envoyé sans délai. | |
| » | 6 juillet. | *Idem.* | Nouvelle activité recommandée pour la vente des biens, le recouvrement des revenus et la rentrée des prix de vente. | |
| » | 12 dudit. | *Idem.* | La première mise à prix des biens sera réglée , déduction faite de la contribution foncière ; l'estimation des biens déjà mis en vente sans y avoir eu d'enchères, pourra être réduite d'un 5.e = Les biens dont la valeur n'excède pas 4000 fr. seront vendus devant les sous-préfets. Les affiches devront comprendre chaque article de biens séparément affermés en autant de lots. = Les directeurs doivent , autant que possible , mettre sur la même affiche , tous les biens de la même commune pour être vendus le même jour ; il n'y aura point d'adjudication préparatoire. = Envoi à l'administration des affiches lors des adjudications par les employés qui y assistèrent. = Etats à y joindre. = Le recouvrement des biens vendus dans les arrondissemens appartiendra au receveur du chef-lieu de l'arrondissement. | |
| » | 4 août. | *Idem.* | Admission en paiement du prix de ces biens , des bons de la caisse d'amortissement. = Mode de liquidation lors du paiement. = Projets de décompte à établir , à mesure du solde des adjudications. Formation d'un sommier particulier pour ces décomptes qui seront envoyés à l'administration au fur et mesure. | |
| » | 23 septembre | *Idem.* | Les remises accordées sur les recettes provenant de ces biens appartiennent exclusivement aux employés en place au moment des recettes. = Leur distribution , en cas de vacance par congé , suspension , démission , destitution ou décès. — Les portions de remises d'emplois vacans seront versées à la caisse des pensions. Etat à rédiger pour cet objet, et à joindre à l'envoi des fonds. | |
| » | 29 dudit. | *Idem.* | Admission , en paiement du prix de ces biens , des bons de la caisse d'amortissement. — Déclaration à mettre au dos de ces bons. ( *Décision du Min. des fin. du 21 septembre 1813.* ) | |
| » | 27 novembre | *Idem.* | Paiement aux communes de l'équivalent du revenu net , pour 1813 , des biens cédés en vertu de la loi du 20 mars précédent. — Fixation de cet équivalent , modèle des certificats et décomptes y relatifs. — Obligation des inspecteurs à cet égard. | |
| » | 30 dudit. | *Idem.* | Le décret du 5 septembre 1806 et l'instruction n.º 320 doivent être exécutés en ce qui concerne les réparations à faire à ces biens. Les frais de ces réparations sont payables sur les revenus ou le produit des ventes. ( *Décision du Ministre des finances du 24 novembre 1813.* ) | |

# CAISSE D'AMORTISSEMENT ; DÉPOTS ET CONSIGNATIONS.

| INSTRUCTIONS GÉNÉRALES. | | OBJETS. | EXTRAIT DÉTAILLÉ DES INSTRUCTIONS. | OBSERVATIONS. |
|---|---|---|---|---|
| N.ᵒˢ | DATES. | | | |
| » | 22 mars 1814. | Biens des communes cédés a la caisse d'amortissement. | Les acquéreurs des biens des communes situés dans les départemens envahis par l'ennemi, peuvent se libérer dans tous les autres départemens. — Mode de cette libération. Les receveurs qui seront dans le cas de recevoir, libelleront avec soin leurs enrégistremens; ils en enverront le même jour copie au directeur général. Quand les circonstances le permettront, le receveur du lieu de la vente, auquel les quittances provisoires seront représentées, les portera en recette pour mémoire, et en imputera le montant comme si le paiement eut été fait à sa caisse à la date de la quittance provisoire qu'il remplacera par une nouvelle. Quant aux rescriptions de la caisse de service, elles seront portées en recette effective et versées comme numéraire. | |
| » | 20 juin. | Idem. | Nouvelles dispositions pour assurer aux communes un revenu égal à celui de leurs biens vendus. — Les acquéreurs en retard sont relevés de la déchéance et amendes encourues en payant, dans les six semaines, les sommes échues et intérêts. — Les prises de possession et les ventes doivent continuer d'après le mode existant. Les bons de la caisse d'amortissement continueront d'être admis pour les départemens conservés. | |
| » | 2 août. | Idem. | Tous les bons de la caisse d'amortissement, sans distinction, sont admissibles en paiement de ces biens. | |
| » | 27 octobre. | Idem. | Même objet, les bons seront admis sans aucune distinction de série. | |
| » | 3 décembre. | Idem. | Il est accordé aux acquéreurs, qui anticiperont leurs paiemens, un escompte de demi p. % par mois. ( *Décision du Ministre des finances, du* 30 *novembre* 1814. ) | |
| 672 | 9 février 1815. | Idem. | Mesures ordonnées pour faire exécuter les contrats de vente de ces biens ou pour provoquer la déchéance des acquéreurs. | |
| 674 | 28 février. | Idem. | Mêmes dispositions. | |
| 678 | 4 avril. | Idem. | Les adjudications consenties sous l'empire de la loi du 20 mars 1813, quelle qu'en soit l'époque, sont définitives; aucune disposition nouvelle n'a porté atteinte à ces adjudications. | |
| 685 | 10 mai. | Idem. | Les receveurs de l'enregistrement et des domaines souscriront des obligations pour le prix de la vente des biens des communes. — Mode de ces obligations; elles seront à l'ordre du receveur général et payables à son domicile. | |
| 688 | 18 dudit. | Idem. | Mode de comptabilité des obligations que les receveurs de l'enregistrement doivent souscrire. | |
| 690 | 25 dudit. | Biens de la caisse d'amortissement. | La loi du 23 septembre 1814, ayant affecté au paiement des obligations du trésor le produit des biens que la caisse possédait, l'administration de l'enregistrement est chargée de régir les biens dont la caisse avait la propriété et d'en suivre la vente, en leur conservant le titre de propriété de la caisse d'amortissement. Les recettes faites depuis le premier janvier 1815, pour le compte de la caisse, doivent être reportées sur les registres de l'administration par un enregistrement motivé. Vérification que doivent en faire les inspecteurs lors de la prochaine tournée de recouvrement : les recettes résultant des biens de la caisse seront confondues sur les états de mois et les bordereaux de compte, avec les produits provenant des domaines de l'état; il en sera de même pour les dépenses et versemens. Les préposés continueront de faire usage des sommiers ouverts pour les biens de la caisse. | |

# CAISSE D'AMORTISSEMENT ; DÉPOTS ET CONSIGNATIONS.

| INSTRUCTIONS GÉNÉRALES. | | OBJETS. | EXTRAIT DÉTAILLÉ DES INSTRUCTIONS. | OBSERVATIONS. |
|---|---|---|---|---|
| N.ᵒˢ | DATES. | | | |
| » | 25 mai 1815. | Biens des commu-nes cédés a la caisse d'amortissement. | Tous les citoyens des départemens, où il restait à vendre, au 1.ᵉʳ mai 1815, des biens des communes, sont invités à avancer, en raison de leurs facultés, le montant des quatre cinquièmes de la valeur estimative desdits biens, sans qu'aucune offre puisse être au-dessous de 100ᶠ : ces biens sont hypothéqués au rem-boursement desdites avances. — Modèle des reconnaissances à souscrire. Mode de leur remboursement. — Mode de recette. | |
| 691 | 1.ᵉʳ juin. | Idem. Obligation a sous-crire par les rece-veurs des domaines. | Dans les départemens où le montant des obligations sous-crites sur ventes de biens des communes par les receveurs des domaines, ne suffira pas pour le paiement des ordonnances des ministres de la guerre et de l'intérieur, les receveurs des domaines souscriront, sans le moindre retard, des obligations pour la somme qui aura été fixée, d'après celle à écheoir, pendant les quatre derniers mois de cette année, sur le prix des ventes ci-dessus. | |
| 695 | 25 juillet. | Biens des commu-nes cédés a la caisse d'amortissement. | Ordonnance royale du 16 juillet 1815, concernant la vente de biens des communes.<br>Les ventes continueront d'avoir lieu conformément aux dis-positions des lois antérieures au 20 mars; toutes dispositions contraires sont abrogées. — Celles faites du 20 mars au 7 juillet sont confirmées. — Les obligations souscrites par les receveurs sont annullées. — Il en est de même des bons émis en exé-cution du décret du 9 mai 1815. | |
| 709 | 24 février 1816. | Idem. | Les recettes provenant des biens des communes sont passi-bles de remises spéciales. — Changement au mode de réparti-tion qu'avait déterminé l'instruction générale n.ᵒ 630. — Elles seront accordées aux employés à raison de l'utilité réelle de leur travail pour l'exécution de la loi du 20 mars 1813. — Précis à présenter pour cet objet. ( *Décision du Ministre des finan-ces, du 15 février 1816.* ) | *V. l'instruction n.ᵒ 718.* |
| 718 | 6 mai. | Idem. | Loi du 28 avril 1816. — Rapport de la loi du 20 mars 1813. — Les biens des communes non encore vendus seront remis à leur disposition, comme ils l'étaient avant ladite loi. Quant aux biens vendus, suivre avec activité les recouvremens. — Nouveau précis à présenter à cet égard par trimestre. | |
| 736 | 20 août. | Caisse des dépôts et consignations. | La loi du 28 avril 1817, crée une caisse spéciale des dépôts et consignations.<br>La caisse des dépôts et consignations recevra seule, toutes les consignations judiciaires. — Les deniers offerts réellement. — Les sommes offertes en remplacement de cautionnemens d'immeubles. — Les sommes saisies et arrêtées entre les mains des débiteurs. — Les revenus des biens saisis réellement. — Le prix ou portion de prix d'une adjudication d'immeubles vendus sur saisie immobilière, bénéfice d'inventaire, etc. — Les sommes provenant de successions vacantes. — Enfin, toutes consignations ordonnées par les lois.<br>Les receveurs cesseront de percevoir les fonds de cautionne-ment de personnes à représenter en justice. Ils s'abstiendront de toutes recettes sur les biens saisis réellement. Compte à rendre pour ce dernier objet. | |
| 756 | 20 décembre | Biens des commu-nes. Liquidation a faire. | Liquidation définitive à faire, à raison des biens des com-munes vendus et de ceux non vendus. — Mode de cette liqui-dation. — Etats à fournir. | |

# CAISSE D'AMORTISSEMENT, DÉPOTS ET CONSIGNATIONS.

| INSTRUCTIONS GÉNÉRALES. | | OBJETS | EXTRAIT DÉTAILLÉ DES INSTRUCTIONS. | OBSERVATIONS. |
| N.os | DATES. | | | |
|---|---|---|---|---|
| 792 | 22 juillet 1817. | VERSEMENT A FAIRE A LA CAISSE DES DÉPÔTS ET CONSIGNATIONS DES SOMMES SAISIES ET ARRÊTÉES ENTRE LES MAINS DES PRÉPOSÉS. | Le versement à la caisse des dépôts et consignations doit avoir lieu pour les sommes de toute nature, payables par les préposés de l'enregistrement et des domaines, lorsque le paiement sera susceptible d'être arrêté et qu'il aura été formé opposition. Les receveurs ne seront plus chargés d'aucun paiement à faire à des créanciers opposans. | |
| 795 | 13 août. | CAISSE DES DÉPÔTS ET CONSIGNATIONS. | Versement à faire à cette caisse des portions de traitement pour lesquelles il aura été signifié des oppositions aux directeurs de l'enregistrement, ainsi que pour les sommes de toute nature, dont le paiement est arrêté par des oppositions. Les créanciers opposans ne recevront plus les sommes saisies des mains des receveurs de l'enregistrement. — Avis à donner au Directeur général de la caisse, des actes et jugemens donnant lieu à consignation. | |
| 817 | 14 janvier 1818. | BIENS DES COMMUNES — RECOUVREM.t | Ordre de presser le recouvrement des sommes dûes sur le prix de vente des biens des communes. | |
| 819 | 2 février. | BOIS CÉDÉS A LA CAISSE D'AMORTISSEMENT. | Mode d'aliénation de ces bois. ( *Ordonnance Royale du* 10 *décembre* 1817. ) Soumissions à recevoir. — Etats à fournir. — Cahier des charges. | |
| 820 | 10 dudit. | NOTICES A FOURNIR DES DÉCÈS DES PRÉPOSÉS OU PENSIONNAIRES MEMBRES DE LA LÉGION D'HONNEUR. | Les directeurs enverront à M. le Directeur-général les notices des décès des préposés et des pensionnaires de l'enregistrement, membres de la légion d'honneur, qui seraient décédés depuis le 1.er juin 1817 jusqu'au 1.er février 1818. A l'avenir ils lui donneront connaissance, par lettre particulière, des décès qui surviendront. | |
| 828 | 15 avril. | BOIS CÉDÉS A LA CAISSE D'AMORTISSEMENT. — AFFICHES ET PROCÈS-VERBAUX D'ADJUDICATION. | Forme des affiches et des procès-verbaux d'adjudication pour les ventes de ces bois. Les projets d'affiches seront rédigés selon le modèle joint à l'instruction. — Les formules des procès-verbaux d'adjudication seront envoyées aux directeurs aussitôt qu'ils auront indiqué la quantité qui pourra leur être nécessaire pour la minute et les expéditions, d'après le nombre des articles de bois à vendre. Ces formules seront revêtues du timbre extraordinaire dans les départemens. | |
| 850 | 3 août. | *Idem.* | Changemens à faire sur le cahier des charges inséré dans les formules de procès-verbaux d'adjudication, et sur le modèle d'affiches. ( *Voir l'instruction.* ) | *Additionnelle à l'instruct. n.o 819.* |
| 853 | 19 dudit. | BIENS DES COMMUNES. — LIQUIDATION A FAIRE. | Liquidation définitive à faire à raison des biens des communes. — Mode tracé à cet égard. | |
| 858 | 14 septembre | TAXE ET MODE DE PAIEMENT DES FRAIS D'EXPERTISE DES BOIS DE LA CAISSE D'AMORTISSEMENT. | Les frais d'expertise de bois, appartenant à la caisse d'amortissement et destinés à être vendus, doivent être prélevés sur le produit d'un et demi pour cent, payables par les adjudicataires en sus du prix des ventes. — Les dispositions des articles 159, 160, 161 et 162 du décret du 16 février 1807, seront suivies pour la taxe des frais d'expertise de ces bois : cette taxe sera faite par MM. les préfets, sur l'avis des directeurs des domaines. — Ces magistrats délivreront des mandats sur les receveurs des domaines, pour le montant des sommes qu'ils auront allouées conformément au décret précité. ( *Décision du Ministre des finances,* du 4 *septembre* 1818. ) | |
| 861 | 3 novembre | BIENS DES COMMUNES. RECOUVREMENS RESTANT A FAIRE. | Situation des recouvremens restant à faire au 1.er novembre 1818, sur le prix de vente de biens des communes et des bois de l'état. — Etat à fournir pour cet objet. | |

# CAISSE D'AMORTISSEMENT , DÉPOTS ET CONSIGNATIONS.

| INSTRUCTIONS GÉNÉRALES. | | OBJETS. | EXTRAIT DÉTAILLÉ DES INSTRUCTIONS. | OBSERVATIONS. |
|---|---|---|---|---|
| N.ᵒˢ | DATES. | | | |
| 865 | 11 novembre 1818. | FRAIS DE RÉDACTION ET DE 1.ʳᵉ EXPÉDITION DES ACTES CONCERNANT LES VENTES DE BOIS APPARTENANT A LA CAISSE D'AMORTISSEMENT. | Indemnité à accorder aux employés des préfectures et à ceux des sous-préfectures, à raison de leur travail, pour la rédaction des minutes de l'adjudication, de la déclaration de command et du cautionnement : cette indemnité est fixée à 10 fr. par chaque vente. ( *Déc. du Min. des fin.*, *du 6 novembre* 1818.) | |
| 874 | 14 janvier 1819. | CONTINUATION DES VENTES DE BOIS DE LA CAISSE D'AMORTISSEMENT. | S. M. a approuvé, par décision du 8 janvier 1819, la continuation des ventes de bois appartenant à la caisse d'amortissement, sans limiter le nombre d'hectares à vendre pendant l'année 1819, sur les 150,000 hectares dont la loi, du 25 mars 1817, a autorisé l'aliénation. | |
| 892 | 19 juin. | CAUTIONNEMENT DES PROPRIÉTAIRES OU ÉDITEURS DE JOURNAUX. | Cautionnement exigé des propriétaires ou éditeurs des journaux. Mode de l'effectuer. ( *Loi du 19 juin* 1819. ) | |
| 893 | 21 dudit. | GRAND-LIVRE DE LA DETTE PUBLIQUE. LIVRES AUXILIAIRES. | Ouverture dans chaque département d'un livre auxiliaire du grand livre de la dette publique. ( *Loi du 14 avril* 1819. ) Règles pour l'exécution de cette loi. Les receveurs acquitteront les bons délivrés sur eux pour arrérages. | |
| 924 | 18 mars 1820. | MODIFICATIONS FAITES AU CAHIER DES CHARGES POUR LA VENTE DE BOIS DE LA CAISSE D'AMORTISSEMENT. | Envoi d'un nouveau cahier des charges. — Modifications qui ont été faites au premier cahier. — Une adjudication ne doit être faite que lorsque le montant de l'estimation est couvert au moins par une offre. — Les ventes qui auront lieu après la réception de cette instruction, seront faites aux clauses et conditions portées dans le nouveau cahier des charges. — Les clauses et conditions du précédent cahier continueront de régir les ventes antérieures. ( *Voir l'instruction*. ). | |
| 946 | 2 août. | LÉGION D'HONNEUR. — NOTICES DES DÉCÈS A FOURNIR. | Nouvelle recommandation d'annoncer au Directeur-général les décès survenus parmi les membres de l'ordre, qui sont préposés ou pensionnaires de l'enregistrement et des domaines. | |
| 949 | 24 dudit. | MODIFICAT.ˢ FAITES AU CAHIER DES CHARGES POUR LA VENTE DE BOIS DE LA CAISSE D'AMORTISSEMENT. | Modifications introduites dans le nouveau cahier des charges. — Les acquéreurs pourront faire exploiter ou vendre les coupes de bois désignées dans le procès-verbal de vente : ils paieront directement les salaires des gardes de leurs bois. ( *Décision du Ministre des finances, du 11 août* 1820. ) | |
| 960 | 30 novembre | CONSERVATION DES MINUTES DE VENTES FAITES DEVANT LES SOUS-PRÉFETS. | S. Exc. le ministre des finances a décidé que les minutes des ventes de bois, fonds et superficie, qui ont lieu devant les sous-préfets, seront conservées dans les sous-préfectures, et qu'il en sera de même pour les minutes des ventes de biens des communes, qui ont été faites depuis le décret du 7 juillet 1813 jusqu'à la loi du 28 avril 1816. | |
| 977 | 12 avril 1821 | VENTE DE BOIS CÉDÉS A LA CAISSE D'AMORTISSEMENT. | Les opérations relatives à la vente des bois de l'état, délégués à la caisse d'amortissement, continueront d'être faites conformément aux instructions actuellement en usage, sauf les modifications contenues dans la présente instruction. ( *Arrêté du Ministre des finances, du 9 mars* 1821. ) | |
| 997 | 26 septembre | VENTE DE COUPES DE BOIS DE LA CAISSE D'AMORTISSEMENT POUR L'ORDINAIRE 1822. | Il sera procédé, pour l'ordinaire 1822, aux ventes de coupes de bois à la diligence de l'administration forestière, sous les conditions en usage jusqu'ici, sauf les changemens faits au cahier des charges. | |
| 1055 | 14 septembre 1822. | *Idem*, POUR 1823. | Les ventes de coupes de bois, appartenant à la caisse d'amortissement, seront faites aux mêmes clauses et conditions que celles insérées dans le cahier des charges de l'ordinaire 1822, auquel il n'a été apporté aucun changement. | |
| 1066 | 18 janvier 1823. | RÉUNION AU DOMAINE DE L'ÉTAT, DES BIENS DU DOMAINE EXTRAORDINAIRE | Voir l'analyse de cette instruction aux titres Domaines-consistance et Comptabilité. | |

# CAUTIONNEMENS.

| INSTRUCTIONS GÉNÉRALES. | | OBJETS. | EXTRAIT DÉTAILLÉ DES INSTRUCTIONS. | OBSERVATIONS. |
|---|---|---|---|---|
| N.° | DATES. | | | |
| 153 | 5 fructidor an 11. | AFFECTATION DU CAUTIONNEMENT. | Le cautionnement en numéraire des employés est affecté à la sûreté de leurs recettes ordinaires et subséquemment à celle de tous dépôts ou recettes dont ils sont chargés pour le compte du gouvernement. | *V. la circulaire de l'administration n.° 1859.* |
| » | 7 germinal an 13. | NOTAIRES, GREFFIERS, etc. | Les préposés de l'administration n'auront point à s'occuper de la rédaction des états de supplément de cautionnement que doivent fournir les notaires, greffiers, avoués, etc. | |
| 277 | 19 dudit. | REMBOURSEMENT. — OPPOSITIONS. | Le remboursement des cautionnemens ne pourra plus être fait que par la caisse d'amortissement. — Formalités pour l'obtenir en cas de retraite ou de changement d'emploi. — Les directeurs feront former des oppositions sur les cautionnemens des employés de l'administration réliquataires et sur ceux des notaires, huissiers, etc. pour droits et amendes dont le paiement doit être fait aux caisses de l'administration et qui auront été prononcés par des jugemens. ( *Exécution des lois des 25 nivôse et 6 ventôse an 13.* ) | |
| » | 10 mai 1806. | SUPPLÉMENT. | Les receveurs fourniront un supplément de cautionnement en numéraire. — Le cautionnement total de chaque receveur est fixé au double du montant des remises d'une année entière, d'après les produits de l'an 13 ou d'après ceux de l'année courante pour les départemens nouvellement réunis. *(Loi du 24 avril 1806.)* | |
| 307 | 13 juin. | INSTALLATION. — REMBOURSEMENT. — OPPOSITIONS. | Mode d'exécution du titre 4 de la loi du 24 avril 1806, concernant le cautionnement des receveurs de l'administration. — A l'avenir aucun préposé ne sera installé dans l'emploi dont il aura été pourvu, qu'après avoir versé la totalité de son cautionnement et en avoir justifié. — Pour obtenir le remboursement du trop payé ou le remploi d'un précédent cautionnement, on adressera au directeur le récépissé avec un certificat du greffier du tribunal de l'arrondissement, sur papier timbré, enregistré au droit fixe d'un franc, et visé par le président du tribunal, constatant qu'il n'existe au greffe aucune opposition. — Les directeurs pour ces divers objets correspondront directement avec M. le conseiller d'état, directeur-général de la caisse d'amortissement. | |
| 312 | 26 juillet. | CHANGEMENT DANS LA COMPOSITION DES BUREAUX. — LIQUIDATION. | Toutes les fois que la composition des bureaux sera changée, leur cautionnement le sera aussi. — On liquidera la remise de chaque bureau conservé ou établi, sur le produit de ses attributions, d'après l'année précédente ou d'après l'année courante pour les départemens nouvellement réunis, jusqu'à ce que le produit d'une année entière soit connu; cette remise sera doublée et le doublement formera le cautionnement du bureau. ( *Décision du Ministre des finances, du 1.er juillet 1806.* ) | |
| 313 | 1.er août. | PRÉPOSÉS RÉLIQUATAIRES. — NOTAIRES, etc. | Mode à suivre pour faire verser dans les caisses de l'administration les cautionnemens des préposés réliquataires, des notaires, etc. en paiement des sommes qu'ils doivent au trésor public. Comptabilité relative à cet objet. | |
| » | 11 décembre | CERTIFICATS DE NON OPPOSITION. — REMBOURSEMENT. — HÉRITIERS. | Les certificats de non opposition au remboursement des cautionnemens doivent être écrits sur du papier à 25 c. et payer le droit fixe d'un franc. — Ils ne sont assujettis ni au droit de transcription ni d'expédition. ( *Décision du Ministre des finances, du 21 octobre 1806.* ) Mode de remboursement, par la caisse d'amortissement, des cautionnemens en numéraire, soit aux héritiers, soit aux ayans-droit des titulaires interdits ou décédés. ( *Décret du 18 septembre 1806.* ) | |

# CAUTIONNEMENS.

| INSTRUCTIONS GÉNÉRALES. | | OBJETS. | EXTRAIT DÉTAILLÉ DES INSTRUCTIONS. | OBSERVATIONS. |
|---|---|---|---|---|
| N.ᵒˢ | DATES. | | | |
| » | 10 mars 1807. | INSCRIPTION DÉFINI-TIVE. | Pour obtenir les certificats d'inscription définitive des cautionnemens en numéraire fournis par les employés de l'administration, les directeurs doivent envoyer avec les obligations acquitttées, les quittances du supplément et les récépissés du cautionnement primitif. — Jusqu'à la conversion générale, les receveurs passant d'un bureau dans un autre, se pourvoiront d'un certificat du directeur portant qu'ils ont payé pour le cautionnement du bureau qu'ils quittent la somme de     et si elle est insuffisante pour le nouveau cautionnement, ils ne pourront être installés qu'après avoir acquitté l'excédant. | |
| 430 | 19 mai 1809. | VERSEMENT — INTÉRÊT. | Les préposés de l'administration ont la faculté de verser le montant de leur cautionnement, soit dans la caisse des receveurs généraux dans les départemens, soit directement à *Paris* à la caisse d'amortissement. — Mode de liquidation des intérêts dûs sur ces cautionnemens dans l'un et l'autre cas ou lorsqu'ils sont versés pour le compte du trésor public. ═ Les directeurs peuvent ordonner l'installation d'un receveur sur le vu et la remise faite par lui, d'un mandat sur la caisse de service, du montant de son cautionnement, délivré par le receveur général. | |
| 698 | 7 septembre 1815. | CAUTIONNEMENS FOURNIS POUR LES EM-PLOIS DANS LES DÉ-PARTEMENS DÉTACHÉS DE LA FRANCE. | Les titulaires de cautionnemens, nés français, qui étaient employés dans les départemens détachés de la France et qui ont été replacés dans l'intérieur, continueront à être admis à exercer leurs fonctions sans fournir un nouveau cautionnement. Si celui de la nouvelle place excède l'ancien, ils verseront à la caisse le montant de la différence. — Ils ne recevront les intérêts que sur ce supplément : pour être payés de ceux du cautionnement primitif, ils présenteront une réclamation au directeur de la caisse d'amortissement, avec un extrait de naissance à l'appui pour justifier leur qualité de français. *(Décision du Ministre des finances, du 18 août 1815.)* | |
| 713 | 16 avril 1816. | SUPPLÉMENT DU CAUTIONNEMENT EN NUMÉRAIRE DES CON-SERVATEURS DES HY-POTHÈQUES. | Les conservateurs qui seront tenus de fournir un supplément de cautionnement, devront en verser le premier quart en numéraire et les trois autres quarts en obligations aussitôt que le montant de ce supplément sera connu. Envoi de l'état indicatif de ce supplément. | |
| 717 | 6 mai. | EXÉCUTION DE LA LOI DU 28 AVRIL 1816, EN CE QUI CONCERNE LES CAU-TIONNEMENS EN NU-MÉRAIRE. | L'art. 92 de la loi du 28 avril 1816, veut que les supplémens de cautionnement soient versés dans le délai d'un mois, après sa promulgation ; savoir : un quart en numéraire et le surplus en obligations, payables à la fin des mois de juillet, octobre et décembre 1816. L'art. 95 ordonne le remplacement des préposés, à défaut de versement ou de paiement aux époques fixées, et l'art. 96 porte que la prestation de serment et l'installation d'aucun préposé, ne pourront désormais avoir lieu, s'il ne justifie préalablement de la quittance de son cautionnement. — Ordre aux conservateurs des hypothèques d'envoyer, au directeur, le jour même du versement de leur cautionnement, en numéraire et en obligations, une copie certifiée du récépissé qui leur aura été délivré. | |
| 733 | 24 juillet. | CAUTIONNEMENS EN NUMÉRAIRE. | Dans le cas où un souscripteur d'obligations, pour un supplément de cautionnement, cesserait ses fonctions avant le 31 décembre 1816, les obligations par lui souscrites et qui resteront à acquitter, seront payées par son successeur, comme si celui-ci les eût souscrites lui-même ; le souscripteur sera entièrement libéré de ces obligations au moment où il quittera ses fonctions. | |

# CAUTIONNEMENS.

| INSTRUCTIONS GÉNÉRALES. | | OBJETS. | EXTRAIT DÉTAILLÉ DES INSTRUCTIONS. | OBSERVATIONS |
|---|---|---|---|---|
| N.os | DATES. | | | |
| 875 | 23 janvier 1819. | CAUTIONNEMENS DES PRÉPOSÉS, EN CAS DE MUTATION D'EMPLOI. | Les préposés, lors d'une mutation d'emploi, peuvent faire appliquer à leur nouveau cautionnement, le montant de l'ancien par une simple déclaration, au dos de l'inscription et sans procuration spéciale. — Modèle de cette déclaration. S'ils ne sont pas propriétaires du cautionnement, la déclaration mentionnée ci-dessus sera faite par leurs bailleurs de fonds au dos du certificat de privilège : dans tous les cas les signatures devront être légalisées. ( *Décision du Ministre des finances, du 26 novembre 1818.* ) | |
| 907 | 3 novembre. | CERTIFICATS DE QUITUS A DÉLIVRER AUX PRÉPOSÉS. | Tout certificat de quitus, pour obtenir le remboursement de la totalité ou de partie d'un cautionnement, sera délivré par l'administrateur de la comptabilité. — A l'égard des intérêts, le certificat de solde de compte suffira pour les recevoir. Ce certificat sera également délivré par l'administrateur de la comptabilité. — Lorsqu'il ne s'agira que du simple changement de destination d'un employé, le certificat de solde de compte, pour l'application du cautionnement au nouvel emploi, pourra être délivré par le directeur. | |
| 937 | 29 juin 1820. | CERTIFICATS DE SOLDE DE COMPTE A DÉLIVRER AUX PRÉPOSÉS. | Les directeurs ne délivreront désormais le certificat de solde de compte, qu'autant que l'employé leur aura fourni sa déclaration qu'il est propriétaire des fonds de son cautionnement, ou, si ces fonds appartiennent à des tiers, un acte authentique de leur part consentant à ce que le cautionnement soit affecté à la garantie tant des régies précédentes que de celle du nouvel emploi. Les directeurs conserveront ces pièces pour y avoir recours au besoin, et en enverront une copie à M. le directeur-général aussitôt qu'elles leur auront été remises. | |

# CAUTIONNEMENS.

| INSTRUCTIONS GÉNÉRALES. | | OBJETS. | EXTRAIT DÉTAILLÉ DES INSTRUCTIONS. | OBSERVATIONS. |
| --- | --- | --- | --- | --- |
| N.os | DATES. | | | |

# COMPTABILITÉ.

| INSTRUCTIONS GÉNÉRALES. | | OBJETS | EXTRAIT DÉTAILLÉ DES INSTRUCTIONS. | OBSERVATIONS. |
|---|---|---|---|---|
| N.ᵒˢ | DATES. | | | |
| 8 | 14 brumaire an 10. | DÉPENSES DU SÉNAT, DE LA DIRECTION DES CONTRIBUTIONS DIRECTES, etc. | Les dépenses du sénat conservateur, de la direction des contributions directes, celles des bureaux établis près les préfets pour les domaines nationaux et celles de l'administration générale de l'enregistrement ne doivent plus être acquittées par les caisses de l'administration. | |
| 32 | 6 nivôse. | VERSEMENS. | Recommandation aux receveurs de l'administration de verser sans délai, dans les caisses des receveurs de la trésorerie, les bons pour l'équipement des conscrits. | |
| 36 | 21 dudit. | DÉPENSES INDUEMENT ACQUITTÉES. | Mode de rétablissement dans les caisses de l'administration du montant des dépenses induement acquittées par ses receveurs, pendant le premier trimestre de l'an 10. | |
| » | 29 pluviôse. | ENVOI DES COMPTES. | Les directeurs enverront à l'avenir leurs comptes et les pièces à l'appui à l'administration, dans le courant de la deuxième quinzaine du deuxième mois de chaque trimestre. | |
| 50 | 28 ventôse. | VERSEMENS. | Les versemens ne devront à l'avenir se faire que dans la forme du bordereau indiquée par cette instruction et avec les distinctions de recettes y énoncées. | |
| » | 19 prairial. | MEMBRES DU CORPS LÉGISLATIF. — TRAITEMENT. | Ordre de faire payer le traitement des membres du corps législatif qui retournent dans leur département. | |
| 57 | 25 dudit. | MONNAIE FAUSSE. | Mode de comptabilité des pièces de monnaie fausses, déposées dans les greffes et conciergeries des tribunaux. | *V. la circulaire de l'administrat., n.ᵒ 1644.* |
| 60 | 3 messidor. | SUPPLÉMENT D'ÉTAPES. | Les receveurs de l'administration ne doivent plus faire d'avance pour supplément d'étapes aux troupes voyageant dans l'intérieur. ( *Arrêté du Gouvernement du 13 brumaire an 10.* ) | |
| 63 | 21 dudit. | DROITS DE PÊCHE. | Les receveurs des domaines sont chargés de recevoir les droits de pêche et de percevoir les amendes de contravention à la loi du 14 floréal an 10 qui les prononce. | |
| » | 3 thermidor. | VERSEMENS. — ÉPOQUES OU ILS DOIVENT ÊTRE FAITS. | Les versemens doivent comprendre tous les produits dont les receveurs sont comptables, et ils doivent être effectués de la part des receveurs de chef-lieu d'arrondissement tous les cinq jours, et le dernier jour de chaque mois par les autres, indépendamment des versemens intermédiaires qui continueront d'avoir lieu toutes les fois qu'il existera en caisse une somme de 5,000ᶠ. | *V. l'instruction n.ᵒ 95, et les circulaires des 5 thermidor et 6 fructidor an 13.* |
| » | 12 dudit. | CRÉANCIERS DE RENTES VIAGÈRES. | Les créanciers directs de rentes viagères sur l'état qui sont en même temps ses débiteurs, sont autorisés à se libérer avec leurs inscriptions viagères. ( *Décision du Conseil d'état du 5 prairial an 10, approuvée le 6.* ) | |
| » | 17 dudit. | OBLIGATIONS POUR ACQUISITIONS DE DOMAINES. | Les obligations acquittées avec le produit de la revente sur folle enchère d'un domaine national, doivent être remises à l'inspecteur comme pièces de dépense et non point être versées à la caisse du receveur général. | *V. la circulaire de l'administrat., n.ᵒ 2057.* |
| » | 30 fructidor. | RESTITUTION DE FRUITS ET REVENUS. | Il ne doit être fait désormais aucune restitution de fruits et revenus de biens sous le séquestre, que sur ordonnance du ministre des finances. ( *Décision du Ministre des finances.* ) | *V. les instructions n.ᵒˢ 428 et 440.* |
| 75 | 4 complém. | MATIÈRES D'OR ET D'ARGENT. | Les receveurs des domaines n'ont droit à la remise sur le montant des matières d'or et d'argent, qu'autant qu'ils en font le recouv.ᵗ ou la recette et l'envoi à l'administration des monnaies. | *V. les circulaires de l'administration n.ᵒˢ 884 et 1644.* |
| 87 | 1.ᵉʳ brumaire an 11. | DÉCIME POUR FRANC. | Le décime pour franc doit être perçu sur tous les droits recouvrés depuis la loi du 6 prairial an 7, même sur les amendes prononcées antérieur.ᵗ ( *Déc. du Min. des fin., du 20 fruct. an 10.* ) | |

# COMPTABILITÉ.

| INSTRUCTIONS GÉNÉRALES. | | OBJETS. | EXTRAIT DÉTAILLÉ DES INSTRUCTIONS. | OBSERVATIONS. |
|---|---|---|---|---|
| N.ᵒˢ | DATES. | | | |
| 95 | 15 brumaire an 11. | VERSEMENS. — RÉDACTION DES BORDEREAUX. | Distinction de recettes à faire dans les bordereaux de versement. Les receveurs de chefs-lieux devront verser tous les cinq jours ; les autres, le dernier jour du mois, indépendamment des versemens qu'ils feront quand ils auront plus de 5,000 fr. en caisse. | |
| 108 | 1.ᵉʳ nivôse. | PIÈCES ROGNÉES. | Les pièces rognées ne doivent plus être reçues dans les caisses de l'administration que comme lingots ; ordre de les verser avec un bordereau particulier. | |
| 117 | 29 dudit. | DISTINCTION D'EXERCICE. | On doit faire distinction de l'exercice dans les bordereaux de versement. — L'année dans laquelle est faite la recette, détermine l'exercice auquel appartient le versement, quelle que soit l'origine de la recette et à quelqu'année qu'elle se rapporte. | |
| » | 3 pluviôse. | RESCRIPTIONS. | Mode de rectifier la comptabilité des receveurs, lorsqu'au lieu de rescriptions du trésor public, ils auront reçu des acquéreurs des maisons et usines, des reconnaissances de dépôt de bons de deux tiers ou de quart délivrés par la caisse d'amortissement. | |
| » | 1.ᵉʳ prairial. | PIÈCES ROGNÉES. TARIF. | Envoi de deux tarifs du taux du change des espèces d'or et d'argent rognées ou altérées dont la démonétisation a été prononcée par la loi du 14 germinal an 11. | |
| 145 | 3 thermidor. | PIÈCES D'OR ET D'ARGENT ANCIENNES, FRANÇAISES ET ÉTRANGÈRES. | Les espèces d'argent de France antérieures à la refonte ordonnée en 1726, celles étrangères et autres matières d'argent ; les espèces d'or de France, antérieures à la refonte ordonnée en 1785, celles étrangères et autres matières d'or, seront payées au change conformément aux tarifs annexés à l'instruction. *(Arrêté du Gouvernement du 17 prairial an 11.)* Les pièces d'or de 24 et de 48 livres fabriquées en vertu de la décision du 30 octobre 1785, qui ont conservé leur poids, sont les seules admissibles pour leur valeur nominale. — Celles rognées ou altérées ne peuvent être reçues que pour leur poids au prix fixé par le tarif. — Les écus de 6 livres seront admis pour leur valeur nominale, lorsque la diminution du poids ne sera causée que par le frai. — Ceux rognés ne seront reçus qu'au poids et au prix fixé par le tarif. — Les pièces d'argent qui n'auront aucune empreinte légale ou qui n'auront conservé aucune trace de celles qu'elles ont pu avoir, ne seront pas reçues dans les caisses. — Il ne sera reçu aucune division d'écus en paquet, toutes les pièces seront comptées. | *V. l'instruction générale, n.º 31, et la circulaire d 11 juin 1807.* |
| 163 | 30 fructidor. | RÉCÉPISSÉS A VÉRIFIER ET A RELEVER PAR LES INSPECTEURS. | Les inspecteurs vérifieront tous les trois mois, chez les receveurs particuliers d'arrondissement, les récépissés délivrés aux préposés de l'administration ; ils en dresseront un état triple, conforme au modèle annexé à la présente. Cet état sera signé de l'inspecteur et du receveur particulier, à qui un de ces états restera ; les deux autres seront envoyés au receveur général et au directeur. — Mode de comptabilité des rescriptions délivrées aux préposés de l'administration en remboursement de l'indemnité des législateurs, ou pour supplément d'étape ou pour frais de justice des années antérieures à l'an 11. | *V. la circulai qui suit.* |
| » | 29 brumaire an 12. | RÉCÉPISSÉS. — RELEVÉS A FAIRE PAR LE RECEVEUR DU CHEF-LIEU. | Les receveurs de l'enregistrement des chefs-lieux d'arrondissemens communaux feront chaque mois, à la caisse du receveur particulier, le relevé que l'instruction n.º 163 chargeait les inspecteurs de faire tous les trois mois, des récépissés délivrés pendant le mois précédent aux préposés de l'administration ; ils adresseront, dans les cinq premiers jours du mois, copie de cet état au directeur et au receveur général. | |

# COMPTABILITÉ.

| INSTRUCTIONS GÉNÉRALES. | | OBJETS. | EXTRAIT DÉTAILLÉ DES INSTRUCTIONS. | OBSERVATIONS. |
|---|---|---|---|---|
| N.os | DATES. | | | |
| 190 | 6 nivôse. an 12. | Récépissés. — Duplicata a envoyer. | Les receveurs et les inspecteurs doivent adresser directement au directeur général, et le jour même de leur versement aux caisses du trésor, le duplicata du récépissé qui leur aura été délivré. | V. l'instruction 4.º 213. |
| 205 | 1.er ventôse. | Billets souscrits pour fermages. | Pour régulariser la comptabilité des billets souscrits pour fermages postérieurs à l'an 7, renvoyés aux receveurs généraux de département, le montant en sera déduit sur l'état des récépissés de chaque exercice fournis en exécution de la circulaire n.º 2003 ; mode de cette déduction. | |
| 213 | 24 dudit. | Distinction des recettes a faire dans les bordéreaux de versement. | A partir du 1.er germinal an 12, les employés devront distinguer dans leurs versemens aux caisses des receveurs généraux et particuliers, les recettes ordinaires de celles ayant une destination spéciale, et devront les accompagner de deux bordereaux séparés. Les rescriptions du trésor public et les autres valeurs admissibles, seront considérées comme pièces de dépense et admises avec inventaire dans les comptes de l'administration. Les duplicata des récépissés ne seront plus adressés au directeur général. | |
| 249 | 28 thermid. | Récépissés postérieurs a l'état de mois.<br><br>État supplémentaire a l'état du mois de janvier de chaque année. | Les receveurs ne comprendront point au chapitre de la dépense de leurs états de mois, des récépissés de versement portant une date postérieure à ce mois, et n'omettront jamais de porter sur ces mêmes états les versemens de traites d'adjudicataires de coupes de bois. Ces obligations sont communes aux directeurs qui doivent en outre comprendre dans leurs états généraux, les versemens faits par les inspecteurs pendant le mois que ces états et bordereaux ont pour objet. Les employés supérieurs sont chargés de surveiller le versement, aux époques prescrites, des recettes des receveurs. — Pour éviter la confusion des recettes d'une année avec celle qui la précède, les receveurs enverront, pour le mois de janvier de chaque année, deux états, l'un dans la forme du modèle joint à l'instruction pour faire le complément de la comptabilité de l'année révolue, et l'autre rédigé dans la forme ordinaire pour présenter les recettes et dépenses relatives à la nouvelle année. | V. la circulaire du 17 vendémiaire an 14. |
| » | 13 fructidor. | Monnaies anciennes | Les pièces de 3 livres, 24 sols et 12 sols ne seront désormais admises dans les paiemens qu'autant qu'elles auront conservé une empreinte suffisante pour que l'on puisse reconnaître qu'elles sont de fabrication française et de 1720 et années postérieures. ( Décret du 25 thermidor an 12 et décis. du Ministre des finances ). | |
| » | 14 dudit. | Compte du timbre du dernier trimestre de l'année. | Le compte de la débite du timbre, lors de l'arrêté des produits du dernier trimestre de l'année, ne doit comprendre que le papier distribué effectivement jusqu'au dernier jour de l'an inclusivement, et non pas jusqu'au jour de l'arrêté des produits. Les receveurs auront soin, le 31 décembre au soir, de faire un état exact des papiers restant en nature qu'ils feront certifier véritable et signer par le maire ou un adjoint de la commune ; cet état restera annexé au compte arrêté entre l'inspecteur et le receveur. | |
| 258 | 14 vendém. an 13. | Débets fictifs. | Les débets fictifs des receveurs des domaines provenant du remboursement fait par ceux-ci au receveur général du département du montant des traites des adjudicataires de coupes de bois revenues à protêt, seront éteints en rapportant des procès verbaux de carence et certificats d'insolvabilité, vérifiés et attestés par leur directeur et visés par les autorités constituées des lieux de la résidence des adjudicataires. ( Décis. du Ministre du trésor du 27 messidor an 12. ) | |

# COMPTABILITÉ.

| INSTRUCTIONS GÉNÉRALES. | | OBJETS. | EXTRAIT DÉTAILLÉ DES INSTRUCTIONS. | OBSERVATIONS. |
|---|---|---|---|---|
| N.os | DATES. | | | |
| 261 | 10 frimaire an 13. | OBLIGATIONS DES ENGAGISTES A RÉSERVER EN CAISSE. | Les receveurs des domaines réserveront en caisse les obligations qu'ils recevront des engagistes et des débiteurs de rentes, pour en faire le recouvrement à l'échéance, et en verser ensuite le montant au receveur particulier de l'arrondissement. ( *Décision du Ministre des finances.* ) | |
| 262 | 16 dudit. | RETENUES POUR CONGÉ. | Mode de la comptabilité des retenues par suite de congés. — Elles doivent être liquidées sur les portions de remises ou les frais de bureau alloués par trimestre et non par année. | |
| » | 6 nivôse. | EFFETS ET CRÉANCES A CONVERTIR EN RESCRIPTIONS. | Les effets de la dette publique, créances des ministères, etc. doivent être convertis en rescriptions du trésor public pour que leur admission dans les caisses de l'administration soit régulière. | |
| » | 13 ventôse. | NOUVELLES MESURES. | Ordre de veiller à ce que l'usage effectif et exclusif des nouvelles mesures soit généralement établi pour toutes les opérations confiées à l'administration de l'enregistrement, et suivi dans tous ses actes. | |
| 282 | 17 floréal. | PIÈCES DE DÉPENSE. - VISA DU DIRECTEUR. | Les receveurs ne pourront acquitter à l'avenir aucune ordonnance, mandats, ni exécutoires, à l'exception des frais de justice qui se payent d'urgence, sans le visa du directeur du département. — Les saisies-arrêts et oppositions aux paiemens à faire par les préposés de l'administration pour les objets susceptibles d'être ainsi arrêtés, ne seront valables qu'autant qu'elles auront été notifiées au directeur du département où le paiement devra être effectué. ( *Décret du 13 pluviôse an 13.* ) | *V. les instruct. génér.s, n.os 324, 339, 412 et 478* |
| » | 5 thermidor. | VERSEMENS. | Ordre à tous les receveurs de verser exactement les recettes de chaque mois et de ne conserver en caisse que les sommes absolument indispensables pour les dépenses urgentes ; indiquer dans les états de mois le montant par nature du restant en caisse lorsqu'il n'est pas entièrement en numéraire et qu'il provient ou de débets fictifs ou de pièces de dépenses non régularisées. | |
| » | 6 fructidor. | *Idem.* | Les versemens aux caisses du trésor public doivent comprendre la totalité des recettes, déduction faite des dépenses, et être faits aux époques prescrites ; on ne doit réserver de fonds sous aucun prétexte. Le produit de la débite du timbre doit être versé avec les autres recettes, et les receveurs ne doivent jamais en garder jusqu'à l'expiration du trimestre. | |
| » | 17 vendém. an 14. | EXERCICES. | La comptabilité de l'administration se règle par année. Les produits d'une année et qui doivent être versés avec imputation sur cette année, sont tous ceux qui, pendant toute sa durée, ont été portés en recette. Règle à suivre pour régulariser la comptabilité lors du passage d'une année à l'autre ; état supplémentaire à fournir à celui du dernier mois de l'année. | |
| 294 | 30 brumaire. | RECETTES ET DÉPENSES DES 100 PREMIERS JOURS DE L'AN 14 ET DE 1806. | Mode de la comptabilité des recettes et dépenses pour les cent premiers jours de l'an 14 et l'an 1806 à raison du rétablissement du calendrier grégorien. | |
| » | 7 nivôse. | REMISES DES RECEVEURS. | Addition à l'instruction n.° 294 ci-dessus, relative au mode d'allocation des remises des receveurs, du 1.er vendémiaire an 14 au 1.er janvier 1806. | |
| » | 28 mai 1806. | MANDATS DÉLIVRÉS PAR LES PRÉPOSÉS DU TRÉSOR. | Les receveurs ne doivent pas acquitter des mandats qui seraient tirés sur eux par des préposés du trésor public. | |
| 315 | 8 août. | DÉFENSE DE FAIRE DES AVANCES DE FONDS. | Les receveurs ne doivent faire aucune avance des fonds de leur caisse à qui que ce soit, sans l'autorisation du directeur général, à peine de rejet de la dépense dans leurs comptes. | |

# COMPTABILITÉ.

| INSTRUCTIONS GÉNÉRALES. | | OBJETS. | EXTRAIT DÉTAILLÉ DES INSTRUCTIONS. | OBSERVATIONS. |
|---|---|---|---|---|
| N.os | DATES. | | | |
| 317 | 11 septembre 1806. | MONNAIES ÉTRANGÈRES. | Les monnaies étrangères ne sont pas admissibles en paiement des sommes dues au trésor public. | V. les circulaires de l'administration n.os 1053, 1465 et 1667. |
| » | 13 octobre. | AMENDES DES DÉSERTEURS. | Les receveurs doivent distinguer dans leurs bordereaux de versement les recettes provenant des amendes des déserteurs des troupes de terre, de celles des déserteurs de la marine. | |
| » | 23 décembre | RECETTES ET VERSEMENS DE LA FIN DE 1806. | Envoi de l'arrêté du directeur-général relatif à la comptabilité des recettes et versemens de la fin d'année 1806. | |
| » | 31 janvier 1807. | COUPES DE BOIS COMMUNAUX. — VERSEMENT. — DÉDUCTION DE LA REMISE DU RECEVEUR. | Le versement du prix principal des coupes extraordinaires des bois communaux, doit toujours être fait sous la déduction de la remise des receveurs, soit que le paiement s'en fasse en numéraire ou en traites. — Mode de cette déduction dans ce dernier cas. | |
| 324 | 9 avril. | ÉTATS DES PORTS DE LETTRES DES MAGIST.ts, NON SOUMIS AU VISA DU DIR.r | Les mandats délivrés aux magistrats, pour le remboursement de leurs frais de ports de lettres et paquets, ne sont point soumis au visa du directeur. (Déc. du Grand-Juge Min. de la justice.) | |
| » | 4 juin. | PASSE DE SACS. | La retenue pour passe de sacs ne doit être faite qu'à raison de 5 cent. pour 200 fr. pour les espèces de cuivre et de billon, comme pour celles d'or et d'argent. (Lettre du M. du trésor pub.) | V. l'instruction générale, n.° 446. |
| » | 11. dudit. | MONNAIES ÉTRANGÈRES DE BILLON ET DE CUIVRE. | Les monnaies étrangères de billon et de cuivre ne sont pas admissibles dans les caisses publiques. On doit admettre pour leur valeur nominale les monnaies d'or et d'argent fabriquées dans le royaume d'Italie à l'effigie de S. M. (Décret des 24 janvier et 11 mai 1807.) | Addition à l'instruction générale, n.° 317. |
| 339 | 12 septembre | SAISIE-ARRÊT OU OPPOSITION. | Formes à suivre pour les saisies-arrêts ou oppositions entre les mains des receveurs dépositaires ou administrateurs de caisses ou de deniers publics. (Décret du 18 août 1807.) | |
| » | 7 novembre. | COUPES DE BOIS. — REMISE DES RECEVEURS. | Faire insérer dans le cahier des charges, pour l'adjudication des coupes de bois, la clause qui oblige formellement les adjudicataires à payer, sur le prix de l'adjudication, la somme en numéraire nécessaire pour couvrir le trésor du montant de la remise à allouer aux receveurs. | |
| » | 23 dudit. | GAGES DES GARDESBOIS. — REMISES. | Il n'est dû aucune remise aux receveurs des domaines, pour le paiement des gages des gardes bois des communes et établissemens publics dont ils peuvent être chargés. — Ordre de faire cesser cet abus. | |
| » | 11 mars 1808. | MONNAIE DE BILLON. | La monnaie de billon de 10 centimes, fabriquée en vertu de la loi du 15 septembre 1807, ne doit être donnée et reçue qu'à découvert et seulement pour les appoints d'un franc et au-dessous. (Décret du 21 février 1808.) | |
| » | 21 dudit. | NOUVELLE FORME DES BORDEREAUX DE VERSEMENT. | Nouvelle forme des bordereaux de versement. Coupure des récépissés à se faire délivrer par les receveurs du trésor lorsque le bordereau comprend des recettes versées sans destination, avec celles ayant une destination spéciale. | V. l'instruction générale, n.° 457. |
| » | 20 juillet. | BORDEREAU MENSUEL DES VERSEMENS. | Bordereau mensuel des versemens à envoyer au ministre du trésor public. | |
| » | 29 dudit. | COUPURES DE RÉCÉPISSÉS. | Les coupures de récépissés délivrées aux receveurs ou aux inspecteurs, doivent remplacer dans la comptabilité de 1808 les récépissés originaux, et sont seules admissibles en dépenses. | Idem. |
| 407 | 30 novembre | CONTESTATIONS SUR INTÉRÊTS DES *Débets* | Les contestations qui s'élèveront entre l'administration et ses préposés tant sur les demandes d'intérêts pour cause de débet, | |

# COMPTABILITÉ.

| INSTRUCTIONS GÉNÉRALES. | | OBJETS. | EXTRAIT DÉTAILLÉ DES INSTRUCTIONS. | OBSERVATIONS. |
|---|---|---|---|---|
| N.os | DATES. | | | |
| | | | que sur toutes autres questions relatives à leur comptabilité seront soumises à la décision du ministre des finances , sauf le recours au conseil d'état ( *Avis du Conseil d'état du 9 juillet 1808.* ) | |
| 412 | 5 janvier 1809. | FRAIS URGENS DE JUSTICE , PORTS DE LETTRES DES MAGISTRATS. — VISA. REMISES DES GREFFIERS. | Les mandats, ordonnances et exécutoires qui ont pour objet les indemnités aux jurés, taxes de témoins et autres frais de justice urgens , ainsi que le remboursement des frais de ports de lettres et paquets adressés aux magistrats de l'ordre judiciaire, sont les seuls exempts du visa du directeur des domaines. Tous les autres y sont assujettis, et notamment les mandats des présidens des tribunaux pour les remises des greffiers. | |
| » | 6 février. | COMPTE D'ORDRE DE 1808. | Compte d'ordre des recettes et dépenses faites pendant l'an 1808 ; observations sur sa formation. L'envoi à l'administration doit être fait au premier mai pour tout délai. | |
| » | 22 mars. | ENVOI DU COMPTE D'ORDRE DE 1808. | Nouveau délai prorogé jusqu'au premier octobre 1809 pour la formation et l'envoi du compte d'ordre de 1808. | |
| 428 | 17 avril. | RESTITUTIONS DE REVENUS. | Les restitutions de revenus nationaux, comme celles à faire à des créanciers d'individus dont les biens sont séquestrés , soit pour secours ou provision, etc. , ne peuvent être faites que sur l'approbation du ministre des finances ; les mandats des préfets doivent faire mention de cette autorisation. | |
| 431 | 24 mai. | RÉCÉPISSÉS PARTICULIERS A CONVERTIR CHAQUE TRIMESTRE EN UN RÉCÉPISSÉ COLLECTIF. | Les directeurs formeront, chaque trimestre, un état des récépissés délivrés aux préposés pendant les trois mois précédens , et remettront tous les récépissés au receveur général qui leur en délivrera un collectif d'une valeur égale à leur montant. Ce récépissé collectif n'est pas sujet au visa du préfet. — Il en sera fait un semblable pour les versemens étrangers à l'administration. Cet état, fait en double, sera , l'un envoyé au ministre du trésor, l'autre joint à la comptabilité. | |
| 440 | 18 juillet. | RESTITUTIONS DE REVENUS. | La décision du ministre des finances, relative aux restitutions, est applicable aux restitutions de toute nature ; il n'y a d'exceptées que celles qui ont pour objet les remboursemens de loyers et fermages aux acquéreurs qui ont soldé. ( *Décision du Ministre des finances , du 7 juillet 1809.* ) | |
| 446 | 11 août. | PASSE DE SACS. | La retenue usitée sous la dénomination de passe de sacs qui a lieu dans les paiemens , ne pourra avoir lieu que dans les paiemens en pièces d'argent de 500 fr. et au-dessus , pour lesquels le débiteur fournit le sac et la ficelle. Chaque sac devra contenir au moins 1000 fr., et sera payé sur le pied de 15 c. ( *Déc. du 1.er juillet 1809.* ) | |
| 457 | 14 décembre | RÉCÉPISSÉS DE VERSEMENT. — COUPURES SUPPRIMÉES. | Nouvelles explications pour assurer l'exécution des mesures indiquées par l'instruction n.e 431, relative aux récépissés de versement. Ordre de verser séparément les recettes appartenant à l'administration et celles qui lui sont étrangères. — On ne délivrera plus, à l'avenir, de coupures de récépissés. | *V. la circulair du 8 août 1810.* |
| 478 | 13 juin 1810. | PAIEM.t EN CAS D'OPPOSIT. OU DE SAISIE-ARRÊT. | Formes à suivre relativement aux paiemens à faire par les préposés de l'administr.n , lorsqu'il y a opposition ou saisie-arrêt. | |
| 479 | 20 dudit. | REMISES DES RECEVEURS. — NOUVELLE FIXATION. | Nouvelle fixation des remises des receveurs de l'administration, à compter du 1.er janvier 1810, laquelle, entr'autres dispositions, fait cesser la stagnation que produisait leur liquidation d'après la loi du 14 août 1793, et fixe le *minimum* à 600 francs. ( *Décret du 23 mai 1810.* ) | |
| 485 | 17 juillet. | DÉBETS EN ASSIGNATS ET MANDATS. | On continuera de se conformer, pour la réduction en numéraire des débets et des avances en assignats et mandats, aux circulaires de l'administration, numéros 1054 et 1064. | |

# COMPTABILITÉ.

| INSTRUCTIONS GÉNÉRALES. | | OBJETS. | EXTRAIT DÉTAILLÉ DES INSTRUCTIONS. | OBSERVATIONS. |
|---|---|---|---|---|
| N.os | DATES. | | | |
| » | 27 juillet 1810. | CORPORATIONS RELI-GIEUSES. — ÉTATS ROMAINS. | Paiement aux membres des corporations religieuses supprimées dans les états romains, du montant de leurs pensions jusqu'au 1.er octobre 1810. *( Décret du 6 juillet 1810. )* Mode de ce paiem.t | |
| » | 8 août. | RÉCÉPISSÉS DE VER-SEMENT. | Explications pour l'exécution de l'instruction n.° 457, relative aux récépissés de versement. | |
| » | 4 septembre. | MONNAIE DE CUIVRE. | Décret du 18 août 1810, qui ordonne au ministre du trésor de retirer de la circulation toutes les pièces de monnaie de cuivre actuellement existantes dans les caisses publiques ; la monnaie de cuivre de fabrication française ne pourra être employée que pour l'appoint de la pièce de 5 fr. ; réduction de la valeur des pièces de 6, 12 et 24 sols à 25 cent., 50 cent. et 1 fr. | |
| » | 19 dudit. | PIÈCES D'OR ET D'ARGENT. | Réduction de la valeur en francs des pièces d'or de 48 et 24 liv. tournois, et des pièces d'argent de 6 liv. et 3 liv. tournois. *( Décret du 12 septembre 1810. )* | |
| » | 12 octobre. | MONNAIES RÉDUI-TES. — VERSEMENT. | Versement à faire des espèces réduites par les décrets des 18 août et 12 septembre 1810. Mode d'admission en dépense de la différence entre la valeur de ces pièces au moment où elles ont été reçues et celles résultant de la réduction ordonnée par ces décrets. | |
| 503 | 18 janvier 1811. | COMPTES D'ORDRE DE 1809. | Mode à suivre pour la formation du compte d'ordre de 1809. | |
| » | 25 février. | DIRECTION GÉNÉ-RALE DE LA CONSCRIP-TION. | Les comptes de l'administration ne devront plus présenter de débets pour avances faites par elle pour frais de poursuites ou frais de justice à la charge de la direction générale de la conscription ; il ne sera plus alloué dans les comptes des frais d'expropriation forcée poursuivie au nom de cette direction, même lorsque les biens ont été adjugés à l'Etat. | |
| 514 | 18 avril. | TERRAINS DES FOR-TIFICATIONS. — HÔ-TEL DES INVALIDES. | Mode de comptabilité des revenus des terrains dépendans des places fortes ; affectation de ces revenus à l'hôtel des invalides. *( Décret du 25 mars 1811. )* | |
| 523 | 28 mai. | PORT D'ARMES. — DÉLITS. — GRATIFI-TION. | La gratification de 3 fr., accordée aux agens qui ont constaté des contraventions en matière de délits de chasse et de port d'armes, ne sera acquittée qu'ensuite d'une condamnation et sur mandat du préfet visé par le directeur. *( Décision du Ministre des finances, du 11 juillet 1810. )* Cette dépense sera classée sur les états de mois et bordereaux de compte avec celle des passe-ports et permis de port d'armes. | *V.* l'instruction *générale, n.°* 543, § 3, *au titre* Timbre. |
| 524 | 29 dudit. | PASSE-PORTS A L'IN-TÉRIEUR. | Voir l'instruction au titre *Timbre.* | |
| 567 | 16 mars 1812. | DISTINCTION DES FONDS GÉNÉRAUX ET SPÉCIAUX. | A dater du 1.er janvier 1812 la comptabilité est divisée en fonds généraux et fonds spéciaux. Formation de nouveaux comptes et états de mois. | |
| 571 | 6 avril. | ÉTATS DE VERSEM.t — RECEVEURS GÉNÉ-RAUX. - CERTIFICAT. | Modèle du certificat à apposer par les directeurs sur les états de versement que les receveurs généraux produisent à l'appui de leurs comptes. | |
| 586 | 26 juin. | RESCRIPTIONS POUR ASSIGNATS ET MAN-DATS. | A dater du 1.er janvier 1812 les recettes provenant de rescriptions pour assignats et mandats, sont regardées comme une simple régularisation, et ne sont plus passibles de la remise ordinaire fixée par le décret du 23 mai 1810. *( Décision du Ministre des finances, du 19 mai 1812. )* | |
| 589 | 13 juillet. | FRAIS DE JUSTICE. — PAIEMENT. — OP-POSITION. | Lorsqu'il y aura opposition au paiement d'un mandat pour frais de justice, le receveur chargé de l'acquitter versera le | |

| INSTRUCTIONS GÉNÉRALES. | | OBJETS. | EXTRAIT DÉTAILLÉ DES INSTRUCTIONS. | OBSERVATIONS. |
| --- | --- | --- | --- | --- |
| N.<sup>os</sup> | DATES. | | | |
| | | | montant de la portion saisie, entre les mains des receveurs généraux ou particuliers pour le compte de la caisse d'amortissement et à titre de dépôt, et ceux-ci en donneront quittance au pied du mandat même. Ce mandat, ainsi quittancé par la partie et par le receveur général, sera admis pour sa valeur totale dans les comptes de l'administration. *(Décision du Grand-Juge et du Ministre des finances.)* Avis à donner à la caisse d'amortissement du paiement fait à son agent. | |
| 611 | 16 novembre 1812. | PRIX DES PASSE-PORTS A L'INTÉRIEUR. — VERSEMENS. | A compter du 1.<sup>er</sup> janvier 1813, les percepteurs des contributions verseront directement à la caisse du receveur de l'enregistrement du chef-lieu de leur arrondissement, la recette du prix des passe-ports à l'intérieur qui auront été délivrés dans le mois, déduction de leur remise de 3 pour cent. Mesures prescrites pour s'assurer de l'exactitude des percepteurs ou, à défaut, pour les contraindre au versement du prix des passe-ports dont ils seraient débiteurs. *(Décision des Ministres des finances et du trésor, du 6 novembre 1812)* | |
| 612 | 18 dudit. | RÉCÉPISSÉS A CONVERTIR A LA FIN DE CHAQUE ANNÉE EN UN RÉCÉPISSÉ DÉFINITIF. | Il sera délivré dans les premiers jours de décembre de chaque année, par le receveur général du département au receveur des domaines, un récépissé spécial et définitif en échange 1.<sup>o</sup> des récépissés à talon pour versement des traites des adjudicataires des coupes de bois échéant le 31 décembre ; 2.<sup>o</sup> de numéraire en remboursement d'erreurs relevées, et 3.<sup>o</sup> en remplacement de pièces de dépenses rejetées des comptes antérieurs. *(Décisions des Ministres des finances et du trésor.)* | |
| 622 | 16 février 1813. | COMPTE D'ORDRE DE 1812. | Mode de formation du compte d'ordre de 1812 : la première expédition de ce compte, accompagnée de toutes les pièces, doit être adressée au plus tard à l'administration, le 1.<sup>er</sup> mai 1813. | |
| 643 | 9 juillet. | VERSEMENS DES BONS A VUE DÉLIVRÉS PAR LE CAISSIER DES MONNAIES POUR ENVOI DE MATIÈRES D'OR ET D'ARGENT. | Les bons à vue délivrés par le caissier de l'administration des monnaies, pour envoi de matières d'or et d'argent, faits par les receveurs de l'enregistrement, doivent être versés, d'après une décision du ministre du trésor public, du 3 juillet 1813, comme numéraire, aux receveurs d'arrondissement et de département. Les receveurs de l'enregistrement doivent faire le versement de ces bons aussitôt qu'ils les ont reçus. | |
| » | 14 mars 1814. | COMPTE D'ORDRE DE 1813. | Formation de ce compte d'ordre, dans les bureaux de l'administration, sur les élémens, bordereaux et pièces que transmettront les directeurs. | |
| » | 21 juin. | IMPRESSIONS ET COMPTABILITÉ. | Les impressions de la comptabilité sont conservées en y faisant, à la main, les changemens nécessaires et indiqués dans la circulaire. | |
| » | 28 août. | PRÉPOSÉS DES PAYS DÉTACHÉS DE LA FRANCE. | Mode des comptes qu'ils doivent rendre respectivement. — Modèle des certificats et déclarations à faire à cet effet. | |
| 670 | 26 janvier 1815. | COMPTABILITÉ. — ÉTATS DE MOIS ET BORDEREAUX DE COMPTE. | Suppression de la division des recettes en fonds généraux et fonds spéciaux. Nouvelle forme d'états de mois et bordereaux de compte. Tous les produits seront versés pour le compte de l'État. Célérité dans l'envoi de l'état de mois. | |
| 692 | 3 juin. | COMPTE D'ORDRE DE 1814. | Formation du compte d'ordre de 1814 ; ce compte sera rédigé par les directeurs, et sera adressé au plus tard le 1.<sup>er</sup> août. | |
| » | 30 novembre | VERSEMENS. — DISTINCTION DES PRODUITS. | Distinction dans les versemens des produits que le trésor royal doit mettre à la disposition des communes ou de la caisse d'amortissement. Indication de ces produits. — États à fournir. | |

# COMPTABILITÉ.

| INSTRUCTIONS GÉNÉRALES. | | OBJETS. | EXTRAIT DÉTAILLÉ DES INSTRUCTIONS. | OBSERVATIONS. |
| --- | --- | --- | --- | --- |
| N.os | DATES. | | | |
| 704 | 27 janvier 1816. | COMPTABILITÉ GÉNÉRALE. — VÉRIFICATION DES CAISSES PAR LES INSPECTEURS DES FINANCES. | Explication de la lettre adressée, le 30 novembre 1815, par le directeur de la comptabilité générale des finances aux directeurs des domaines. — Envoi à cette comptabilité d'un état des recettes et dépenses de chaque mois. — Vérification des caisses des préposés de l'administration par les inspecteurs des finances. — Indication dans les états de produits des fractions de francs, soit en recette, soit en dépense. | |
| 710 | 5 mars. | RECETTES FAITES POUR DIVERS ÉTABLISSEMENS. | Les receveurs ne doivent être chargés d'aucun service à quelque titre que ce soit, que sous la surveillance directe et immédiate de l'administration : ils ne peuvent se dispenser de comprendre, dans leurs comptes, les recettes et dépenses faites par eux, quel que soit l'établissement pour lequel ils agissent. — Ils compteront, en conséquence, à l'administration de leurs recettes pour l'hôtel des invalides, la légion d'honneur et les autres établissemens. — Ces recettes seront portées sur les états de mois et versées cumulativement avec les autres produits. — Récépissés définitifs à fournir. ( *Décision du Ministre des finances, du 1.er janvier 1816.* ) | *V. l'instruction n.° 724.* |
| 711 | 6 dudit. | RETENUES SUR LES TRAITEMENS ET REMISES. | La retenue sur les traitemens, remises et salaires, pour le gouvernement, aura lieu à partir du 1.er janvier 1816. — Base de la retenue calculée progressivement au montant du traitement. ═ Mode de comptabilité à cet égard. ( *Ordonnance Royale du 24 janvier 1816.* ) | |
| 724 | 31 mai. | RECETTES FAITES POUR DIVERS ÉTABLISSEMENS. | Envoi ordonné à l'administration d'un bordereau qui fera connaître le montant de ces recettes et des dépenses pour chaque établissement, et d'un état des versemens faits pour le même objet. | |
| 737 | 26 août. | ÉTATS DE PRODUITS. — BORDEREAUX DE COMPTE. | Nouvelle formation des états de produits, des remises des recettes et dépenses, et des bordereaux de compte. ═ Règles particulières à observer. ═ Indication de quelques parties de recette et de dépense qui nécessitaient des explications. ═ L'état du dernier mois de chaque trimestre ne doit présenter aucun restant en caisse. | |
| 738 | 31 dudit. | COMPTE D'ORDRE DE 1815. | Formation de ce compte. Il sera adressé le 15 octobre pour la première expédition. Les deux autres le seront le 1.er janvier. | |
| 761 | 6 janvier 1817. | COMPTABILITÉ COURANTE ET JOURNALIÈRE. | Nouveau mode de comptabilité courante et journalière de l'administration ; elle doit être tenue en partie double. ═ Nouvelle forme d'états de produits et bordereaux de compte. | *V. l'instruction n.° 814.* |
| 772 | 14 avril. | MODE DE CONTRÔLE DES VERSEMENS DANS LES CAISSES DES RECEVEURS GÉNÉRAUX. | Mode à suivre pour mettre le trésor royal à portée d'établir le contrôle des versemens faits par les employés dans les caisses des receveurs généraux. ═ États à rédiger. | |
| 784 | 19 juin. | COMPTABILITÉ DE 1814 ET 1815. — PIÈCES A RÉGULARISER. | Remise au receveur général du département, avant le 1.er juillet, de toutes les pièces de dépense non régulières existant dans les caisses des receveurs des domaines et relatives aux dépenses auxquelles ont pu donner lieu l'occupation du territoire par les troupes étrangères et la marche des armées en 1814 et 815. | |
| 797 | 28 août. | COMPTE D'ORDRE DE 1816. | Formation de ce compte. ═ La première expédition sera envoyée le 15 octobre. Les deux autres le 1.er janvier. ═ Instruction pour les modifications qu'il doit subir. | |
| 814 | 6 décembre. | COMPTABILITÉ COURANTE ET JOURNALIÈRE. | Rédaction de l'état de produits du mois de décembre 1817. État supplémentaire à fournir avec l'état de janvier suivant. | |

# COMPTABILITÉ.

| INSTRUCTIONS GÉNÉRALES. | | OBJETS. | EXTRAIT DÉTAILLÉ DES INSTRUCTIONS. | OBSERVATIONS |
|---|---|---|---|---|
| N.os | DATES. | | | |
| | | | Les comptes du trimestre d'octobre doivent être remis à la direction le 5 février 1818. | |
| 822 | 12 février 1818. | MODE DE PAIEMENT DU TRAITEMENT DES PRÉPOSÉS. | Les sommes à payer à tous les préposés de la direction générale, qui jouissent d'un traitement fixe, seront ordonnancées par le directeur général. — Modèle de l'état à fournir chaque trimestre par le directeur. = Mode de comptabilité. | V. l'instruction n.º 958. |
| 831 | 1.er mai. | COMPTE D'ORDRE DE 1817. | Formation de ce compte. Il doit présenter une balance exacte entre la recette et la dépense de toute nature. = Reprise à faire relativement aux papiers timbrés de 1816. Envoi des trois expéditions le 15 juillet 1817. | |
| 833 | 12 dudit. | DISTINCTION, PAR EXERCICE, DES DÉPENSES ACQUITTÉES PAR LES PRÉPOSÉS DES DOMAINES. | Distinction par exercice des dépenses acquittées par les préposés de l'administration de l'enregistrement et des domaines. = Formation d'un état à fournir chaque mois à cet effet. Les directeurs doivent énoncer, dans leur visa sur les pièces de dépense, l'exercice auquel elles appartiennent. | |
| 839 | 29 dudit. | DÉBETS RÉSULTANT DE VÉRIFICATIONS DE RÉGIE. | Réglement à cet égard. = Cas où les intérêts sont dûs. = Mode de leur liquidation. = États à rédiger. | |
| 843 | 30 juin. | REMISES SUR LE PRODUIT DES BIENS DU DOMAINE EXTRAORDINAIRE, RÉUNI AU DOMAINE DE L'ÉTAT. | Les receveurs jouiront, sur les recettes provenant du domaine extraordinaire, de remises graduées ainsi qu'il suit : pour les revenus, jusqu'à 50,000f, 2 pour cent; sur ce qui excédera cette somme, 1 pour cent : pour les prix de vente et les capitaux recouvrés, jusqu'à 100,000f, 1 pour cent; sur la recette au-dessus de 100,000f, jusqu'à 200,000f inclusivement, un demi pour cent, et sur ce qui excédera cette dernière somme, un quart pour cent. | |
| 891 | 5 juin 1819. | COMPTE D'ORDRE DE 1818. | Formation de ce compte. — Le droit d'un centime et demi par feuille sur les journaux imprimés à Paris, et d'un demi centime sur ceux des départemens, y sera porté après le produit des passe-ports. — Compte spécial à rédiger pour le domaine extraordinaire. — Les sommes affectées au fonds de retraite figureront aux comptes. | |
| 899 | 4 août. | BUDGET DE 1819. — DÉCOMPTES. — RETENUES. | La remise extraordinaire sur le produit des décomptes est supprimée à partir du premier janvier 1819. Restitution à faire par les receveurs qui en auraient touché. Les retenues sur les traitemens, remises et salaires sont réduits à moitié. (Loi du 14 juillet 1819.) | |
| 907 | 3 novembre. | CERTIFICATS DE QUITUS ET DE SOLDE DE COMPTE À DÉLIVRER AUX PRÉPOSÉS. | Les préposés qui cessent leurs fonctions ont besoin d'un certificat de quitus pour obtenir le remboursement de leur cautionnement en numéraire. Ce certificat sera délivré par M. l'administrateur chargé de la comptabilité. A l'égard des intérêts du cautionnement, à partir de la cessation des fonctions jusqu'au remboursement du capital, le ministre des finances a décidé que tout ancien préposé dont les régies ne sont pas vérifiées, mais qui n'est pas en débet, et contre lequel il n'existe aucune présomption d'infidélité, peut obtenir un certificat de solde de compte et le paiement des intérêts de son cautionnement. Ce certificat, comme celui de quitus, sera délivré par le même administrateur.<br>Lorsqu'il ne s'agira que du simple changement de destination d'un préposé, le directeur pourra, après que les comptes auront été rendus et soldés, délivrer un certificat de solde de compte pour faire opérer, sans remboursement effectif, l'application du cautionnement au nouvel emploi. | |

# COMPTABILITÉ.

| INSTRUCTIONS GÉNÉRALES. | | OBJETS. | EXTRAIT DÉTAILLÉ DES INSTRUCTIONS. | OBSERVATIONS. |
|---|---|---|---|---|
| N.ᵒˢ | DATES. | | | |
| 914 | 27 décembre 1819. | REMISES DES RECE-VEURS ET DES CONSER-VATEURS DES HYPO-THÈQUES. | A partir de 1820, les conservateurs des hypothèques ne joui-ront plus du *minimum* de 600 fr. ; la remise de ceux dont les recettes annuelles ne s'élèvent pas à 7500 fr., sera liquidée à raison de 8 pour cent. Le *minimum* des remises des receveurs de l'enregistrement est porté à 800 fr., à partir de la même époque. (*Ordonnance royale, du 8 décembre 1819.*) | |
| 919 | 20 janvier 1820. | PAIEMENT DES DÉ-PENSES CONCERNANT L'ADMINISTRATION. | Les dépenses de l'administration doivent, pour chaque exer-cice, être liquidées et soldées avant l'expiration des 4 premiers mois de l'année suivante. Cette disposition s'applique à l'exer-cice 1819. — Mesures ordonnées sur diverses natures de dépenses. | |
| 929 | 20 avril. | COMPTE D'ORDRE DE 1819. | Formation de compte. — Indication de quelques changemens à y faire. État à joindre à l'appui des retenues au profit du trésor, exercées sur chaque employé. | |
| 939 | 8 juillet. | RETENUES AU PRO-FIT DU TRÉSOR. — ÉTAT A FOURNIR. | Formation de l'état des retenues pour le compte du tré-sor, exercées en 1817. — Cet état doit être remis à la cour des comptes. | |
| 944 | 26 dudit. | LOI DES FINANCES, DU 23 JUILLET 1820. | Les retenues sur les traitemens, remises et salaires, conti-nueront d'avoir lieu jusqu'au premier avril 1821, sur le pied des six derniers mois de 1819. | |
| 947 | 4 août. | PAIEMENT DES DÉ-PENSES RESTANT AC-QUITTER SUR L'EXER-CICE 1819. | La totalité des dépenses de l'exercice 1819 doit être acquittée dans le plus bref délai : les parties doivent se présenter sur-le-champ avec les pièces justificatives pour en être payées : tableau à fournir à ce sujet. | |
| 954 | 4 octobre. | FORME ET VISA DES RÉCÉPISSÉS DE VERSE-MENT. | Rappel des dispositions du décret du 4 janvier 1808, re-latif à la forme et au visa des récépissés de versement. Lettre à cet égard du ministre des finances, du 21 septembre 1820 : nouveaux ordres donnés aux employés. | |
| 958 | 20 novembre | MODE DE PAIEMENT DU TRAITEMENT DES PRÉPOSÉS. | Désormais, et à compter du trimestre d'octobre 1820, le traitement des employés à traitement fixe, sera payé selon le mode suivi antérieurement à l'instruction générale, n.ᵒ 822. | *Dérogé à l'ins-truction n.ᵒ 822.* |
| 961 | 5 décembre. | DÉPENSES DES EXER-CICES 1817 ET ANTÉ-RIEURS. | Les dépenses faites sur les exercices 1817 et antérieurs, jus-qu'au premier juillet 1820, conserveront, dans les comptes, l'imputation des exercices qu'elles concernent. Celles acquittées depuis le premier juillet 1820, appartiendront à l'exercice sur les fonds duquel elles ont été payées. Néanmoins les règles établies pour le paiement en valeurs de l'arriéré des dépenses antérieures à 1816, sont maintenues. (*Ordonnance royale, du premier novembre 1820.*) | |
| 962 | 16 dudit. | VALEURS EN CAISSE AU 31 DÉCEMB. 1820 A CONSTATER. | Arrêté du ministre des finances, du 9 novembre 1820, por-tant que le montant des fonds, existant en caisse le 31 dé-cembre 1820 au soir, sera constaté par les inspecteurs et les vérificateurs dans les lieux où les directeurs pourront envoyer ces préposés, et, dans les autres bureaux, par les maires, leurs adjoints ou les juges de paix. | |
| 967 | 10 janvier 1821. | COMPTE D'ORDRE DE 1820. | Formation de ce compte : indication des changemens à y opérer. Ce compte doit être rédigé au plus tard le 1.ᵉʳ avril 1821. | |
| 971 | 12 février. | COMPTES A RENDRE PAR LES ADMINISTRA-TIONS DES FINANCES. | Dispositions ordonnées pour le nouveau mode de comptabilité prescrit à l'administration des domaines. (*Ordonnance Royale du 8 novembre 1820.*) Les receveurs tiendront, par mois, un sommier de dépouillement. Ils joindront les pièces de dépense à leur état de mois ; ces pièces de dépenses seront vérifiées de suite par les directeurs et adressées à l'administration. — Ac- | *V. les instructions n.ᵒˢ 984 et 1053.* |

# COMPTABILITÉ.

| INSTRUCTIONS GÉNÉRALES. | | OBJETS. | EXTRAIT DÉTAILLÉ DES INSTRUCTIONS. | OBSERVATIONS. |
|---|---|---|---|---|
| N.os | DATES. | | | |
| | | | cusés de crédit qui doivent tenir lieu de leur montant. — Les inspecteurs prennent le titre d'inspecteurs-contrôleurs des recettes : ils ne reçoivent plus de solde pour compte. | |
| 973 | 5 mars 1821. | COMPTES A RENDRE PAR LES ADMINISTRAT.s DES FINANCES POUR LES ANNÉES 1820 ET ANTÉR.rs | Dispositions relatives à la reddition des comptes des années 1820 et antérieures. — Formation de deux états pour les débets. Ceux irrécouvrables et ceux d'une réalisation assurée. | |
| 974 | 31 dudit. | PAIEMENT DES DÉPENSES DE L'ADMINISTRATION DES FORÊTS. | Voir l'analyse de cette instruction au titre Bois et Forêts. | |
| 984 | 20 juin. | DÉPENSES DE D'ADMINISTRAT.on ET LEUR IMPUTATION PAR EXERCICE. | La liquidation et le paiement des dépenses qui doivent avoir lieu avant le 1.er juillet de l'année qui suit l'exercice auquel elles appartiennent, auront lieu, à l'avenir, avant le 30 septembre. (*Décision du Ministre des finances, du 8 juin 1821.*) | |
| 985 | 30 dudit. | COMPTE DE CLERC-A-MAÎTRE A RENDRE PAR LES RECEVEURS A LEURS SUCCESSEURS. | Dispositions relatives à la reddition des comptes de clerc à maître par les receveurs à leurs successeurs, dans le cas de changement d'emploi dans le cours d'une année. Le compte que le receveur sortant, dans le courant de l'année, devra rendre à son successeur, sera rédigé d'après le modèle des comptes annuels. (*Décision du Ministre des finances, du 30 mai 1821.*) | |
| 990 | 4 août. | LOI DES FINANCES DU 31 JUILLET 1821. | Il n'est rien dérogé à la loi du 31 juillet 1821 sur les finances, qu'en ce qui concerne les retenues au profit du trésor sur les traitemens et remises qui ont dû cesser d'être perçues à partir du 1.er juillet 1821. Suivant l'art. 13 de ladite loi, les droits d'enregistrement et autres, maintenus par la loi des finances, continueront d'être perçus jusqu'au 1.er avril 1822. | *Voir* Administration. |
| 992 | 29 dudit. | EXEMPTION DU TIMBRE ET DE L'ENREGISTREMENT POUR LES PROCÈS-VERBAUX DE VÉRIFIC.on DE RÉGIES. | Les procès-verbaux de vérification de régies, n'étant que des relevés d'erreurs de calculs, d'omissions ou de doubles emplois, etc. qui ne tendent qu'à la rectification de la comptabilité, le ministre des finances a décidé, le 22 août 1821, qu'ils étaient exempts du timbre et de l'enregistrement, lors même qu'ils devraient être signifiés aux comptables. | *Voir* Enregistrement. |
| 999 | 6 octobre. | DÉBETS CONSTATÉS DANS LES COMPTES DES RECEVEURS. | Les rapports contenant des demandes en allocation et non-valeur de sommes non recouvrables sur les débets des comptables des administrations des finances, indiqueront l'origine et les causes de ces débets, les mesures qui ont été prises au moment où le débet a été reconnu, tant pour la conservation des droits du trésor que pour s'assurer des biens et de la personne du comptable. = Sommier à tenir, tant dans les bureaux qu'à la direction, des débets antérieurs au 31 décembre 1820, et de ceux qui ont été constatés depuis le 1.er janvier 1821, ou qui le seront à l'avenir. (*Arrêté du Ministre des finances, du 29 janvier 1821.*) | |
| 1000 | 13 dudit. | TENUE DES CAISSES DES RECEVEURS. | Les receveurs doivent constamment tenir réunis, dans une seule caisse, tous les fonds qui leur sont versés à quelque titre que ce soit, sinon dans le même coffre, du moins dans une même pièce où ils puissent, à chaque instant, être complètement représentés aux vérificateurs. (*Lettre du Ministre des finances, du 4 octobre 1821, adressée au Directeur-général.*) | |
| » | 14 novembre | VÉRIFICATION A FAIRE PAR LES DIRECTEURS, DES BUREAUX DU CHEF-LIEU DU DÉPARTEMENT. | Les directeurs sont tenus de vérifier, au moins deux fois par an, les bureaux de chef-lieu, et de rendre compte de leur opération, tant sous le rapport de la comptabilité que sous celui de la manutention. | |

# COMPTABILITÉ.

| INSTRUCTIONS GÉNÉRALES. | | OBJETS. | EXTRAIT DÉTAILLÉ DES INSTRUCTIONS. | OBSERVATIONS. |
|---|---|---|---|---|
| N.° | DATES. | | | |
| 1009 | 5 décembre 1821. | VALEURS EN CAISSE LE 31 DÉCEMBRE DE CHAQUE ANNÉE A CONSTATER. | Les valeurs en caisse ou en portefeuille devront être constatées par un procès-verbal dressé, soit par un employé supérieur, soit par le maire ou le juge de paix de l'endroit, le 31 décembre au soir. | |
| 1013 | 19 dudit. | COMPTES A RENDRE PAR LES PRÉPOSÉS, ET BORDEREAU RÉCAPITULATIF A RÉDIGER PAR LES DIRECTEURS POUR L'ANNÉE 1821. | Les préposés n'étant comptables que de leur gestion personnelle, on indiquera en tête du compte à rendre pour 1821, le nom de chacun des receveurs, employés supérieurs, ou surnuméraires, par lesquels le bureau aura été successivement régi pendant l'année, et la durée de chacune des gestions.<br>Les comptes de clerc-à-maître, rendus par les préposés qui auront cessé leurs fonctions pendant l'année, devront, conformément à l'instruction n.° 985, être rapportés à l'appui du compte de 1821 ; on y joindra les bordereaux de la débite du timbre, des passe-ports et permis de port d'armes, ainsi que les inventaires des pièces de dépenses, rédigés à la fin des gestions partielles.<br>Le directeur rédigera un bordereau récapitulatif des recettes et des dépenses portées dans les comptes des receveurs, et l'adressera, avec les pièces qui doivent y être jointes, le 15 mars 1822.<br>Etat des retenues à fournir pour les premiers six mois de 1821, au profit du trésor, sur les traitemens et remises. | *V. l'instruction n.° 971.* |
| 1016 | 19 janvier 1822. | FONDS DE PENSIONS DE RETRAITE.<br>1.° PRÉLÈVEMENT SUR LES DROITS EN SUS ET AMENDES.<br><br>2.° PORTIONS DE TRAITEMENS ET REMISES PENDANT LES VACANCES D'EMPLOIS.<br><br>3.° PRÉLÈVEMENT DE TRAITEMENS OU REMISES EN CAS D'ABSENCE PAR CONGÉ, ET LORS DE L'ENTRÉE EN FONCTIONS OU DE L'AVANC.¹ DES PRÉPOSÉS. | A partir du 1.er janvier 1822, les receveurs ne porteront plus en dépense, pour le compte du trésor, ni en recette, pour le fonds de retraite, le montant de l'attribution accordée à la caisse des pensions sur les droits en sus et amendes de l'enregistrement. A compter de la même époque, cette recette et cette dépense seront faites, pour tous les départemens, par le caissier central, payeur des dépenses de l'administration à Paris.<br>Suivant une décision du ministre des finances, du 7 décembre 1821, les fonds provenant de vacances d'emplois, ne feront plus partie des fonds de retraite : ils appartiendront aux fonds généraux du trésor.<br>En conséquence, les préposés ne feront plus figurer en dépense pour le compte du trésor, ni en recette pour celui de la caisse des pensions, les fonds de cette nature.<br>La caisse des pensions doit, en exécution des ordonnances du Roi, des 4 novembre 1814, 15 avril 1820 et 14 mars 1821, continuer de jouir du produit des prélèvemens dont il s'agit. *( Décision du Ministre des finances, du 7 janvier 1822.)*<br>Les prélèvemens seront faits à l'avenir, pour ce qui concerne les receveurs et conservateurs, sur les remises de l'année précédente. *( Même décision. )* | *V. les instructions n.ᵒˢ 932 et 976. au titre Administration.* |
| 1017 | 23 dudit. | RECTIFICATION DES ERREURS DE CALCUL.<br><br>LIQUIDATION DES REMISES. | Le ministre des finances a décidé que les erreurs de calcul seront désormais redressées par les préposés, à la date où ils en auront connaissance et à l'aide d'annotations explicatives, qui n'altèrent point les écritures précédemment constatées sur les registres.<br>Il ne sera plus, à l'avenir, fourni qu'une seule quittance de remise pour l'année entière, et les receveurs liquideront leurs remises, chaque mois, sans fournir de quittance. Ils porteront en dépense, chaque mois, le douzième des remises allouées l'année précédente.<br>La retenue, au profit de la caisse des pensions, sera, au surplus, exercée chaque mois, d'après le montant de la remise qui aura été portée en dépense. | |

# COMPTABILITÉ.

| INSTRUCTIONS GÉNÉRALES. | | OBJETS. | EXTRAIT DÉTAILLÉ DES INSTRUCTIONS. | OBSERVATIONS. |
| --- | --- | --- | --- | --- |
| N.os | DATES. | | | |
| | | Dépenses pour taxes a témoins. | Les receveurs devront, à la fin de chaque mois, constater, sur leur journal de dépense, les dépenses de cette nature, et les faire régulariser à la même époque. | |
| | | Accusés de réception et de crédit. | Les directeurs conserveront, à partir du 1.er janvier 1822, un double des accusés de réception et de crédit qu'ils délivrent aux receveurs. | |
| 1053 | 28 août. 1822. | Fonds de subvention remis par les recev.rs des finances aux receveurs de l'enregistrement. | Décision du ministre des finances, du 10 août 1822, qui fixe le mode à suivre par les receveurs des domaines, à partir du 1.er octobre 1822, pour les fonds de subvention qui leur sont remis par les receveurs des finances. Modèle du récépissé à fournir. | V. l'instruction n.° 971. |
| 1060 | 7 décembre. | Formation des comptes a rendre par les préposés, et du bordereau récapitulatif a rédiger par les directeurs, pour l'année 1822. | Les règles prescrites par l'instruction n.° 1013, pour la formation du compte de 1821, seront suivies pour la rédaction de celui de 1822, dont le modèle ne présente d'autres changemens qu'en ce qui concerne 1.° les retenues qui s'exerçaient sur les traitemens au profit du trésor, et qui ont été supprimées; 2.° Le prélèvement pour la caisse des pensions, sur les droits en sus et les amendes de l'enregistrement, dont le montant, d'après l'instruction 1016, ne doit plus figurer ni en recette ni en dépense, dans le compte des receveurs, attendu qu'à partir du 1.er janvier 1822, le caissier de l'administration centrale à Paris est seul chargé de la comptabilité du produit de ce prélèvement. ( Voir l'instruction pour le tableau des créances que les receveurs doivent fournir à la fin de l'année, autres que celles pour frais de justice criminelle et frais de régie de l'administration des forêts, qui restaient à recouvrer au 31 décembre 1822. ) | |
| 1062 | 15 dudit. | Mode de remboursement des avances faites par les receveurs, pour frais de just.e militaire. | Le ministre de la guerre a pris une décision, le 16 novembre 1822, qui établit qu'à partir du 1.er janvier 1823, les receveurs de l'enregistrement dresseront, à l'expiration de chaque mois, un bordereau détaillé, pour chaque conseil de guerre, des frais de justice militaire qu'ils auront acquittés, soit pour désertion, soit pour tout autre délit militaire indistinctement. Ils remettront ce bordereau, qui sera fait en double expédition, avec les pièces justificatives à l'appui, aux président et rapporteur du conseil de guerre, pour être par eux arrêté et rendu exécutoire sur chacune des deux expéditions. Les receveurs enverront ensuite ce bordereau, ainsi arrêté et accompagné des taxes, à l'intendant ou sous-intendant militaire, qui leur délivrera, dans les 15 jours au plus tard qui suivront la remise des pièces, un mandat de paiement. ( Voir l'instruction pour les modèles du bordereau et du mandat. ) | V. Frais de Justice. |
| 1063 | 4 janvier 1823. | Avances faites par les receveurs des domaines pour les dép.es de l'administ.on des forêts. | Voir l'analyse de cette instruction au titre Bois et Forêts. | |
| 1065 | 8 dudit. | Liquidation, ordonnancement et paiement des dépenses de l'administration des domaines. | Nouvelles dispositions concernant les dépenses de l'administration de l'enregistrement et des domaines, à partir de l'année 1823. — Toutes les dépenses d'un exercice devront être liquidées et ordonnancées dans les neuf premiers mois qui suivront l'expiration de cet exercice; s'il s'en trouvait qui n'eussent pu être liquidées, ordonnancées, ni payées avant le 1.er octobre, elles ne pourraient être acquittées qu'au moyen d'une ordon- | V. les instruct. génér.s, n.os 833 919 |

# COMPTABILITÉ.

| INSTRUCTIONS GÉNÉRALES. | | OBJETS | EXTRAIT DÉTAILLÉ DES INSTRUCTIONS. | OBSERVATIONS. |
|---|---|---|---|---|
| N.os | DATES. | | | |
| 1066 | 18 janvier 1823. | RÉUNION AU DO-MAINE DE L'ÉTAT DES BIENS DU DOMAINE EXTRAORDINAIRE. | | |

nance Royale qui en autoriserait l'imputation sur le budget de l'exercice courant. — Les ordonnances de paiement, mandats ou autres pièces qui en tiennent lieu, devront indiquer l'exercice et le chapitre du budget auxquels ils s'appliquent : ces indications seront placées en tête de la pièce de dépense ainsi qu'il suit :

EXERCICE 182

CHAPITRE         ARTICLE         DU BUDGET.

( *Ordonnance Royale du 14 septembre 1822.* )

Il avait été prescrit par l'instruction n.° 835 de porter distinctement, dans les bordereaux et les comptes, les dépenses relatives au domaine extraordinaire; et d'après une décision ministérielle, transcrite dans l'instruction n.° 845, les recettes provenant de ce domaine n'étaient pas comprises dans les produits soumis à la remise ordinaire, et donnaient lieu à une remise spéciale dont la même décision avait réglé la quotité.

Il a été reconnu que les dépenses, pour la régie et la vente des biens du domaine extraordinaire, devaient désormais être acquittées sur le crédit ouvert par la loi des finances pour les dépenses générales de l'administration. En conséquence, le ministre des finances a décidé, le 27 décembre 1822, 1.° qu'à partir du 1.er janvier 1823, les dépenses relatives aux biens du domaine extraordinaire, seront portées dans les comptes, confusément, avec les dépenses de même nature concernant les autres domaines de l'état; 2.° qu'à compter de la même époque, les recettes provenant des biens dudit domaine extraordinaire, ne seront sujettes qu'à la remise ordinaire, selon les quotités fixées par le décret du 23 mai 1810.

D'après cette décision, les recettes et les dépenses cesseront de figurer au chapitre des services particuliers, et seront portées distinctement dans la partie des bordereaux ou des comptes destinée au service du trésor.

Ces mêmes recettes seront réunies, sur la quittance des remises, aux autres produits, et la remise ordinaire sera liquidée sur le tout, selon les régles établies.

Aux termes d'une autre décision du ministre des finances, du 10 janvier 1823, les produits du domaine extraordinaire seront versés par les receveurs cumulativement avec les autres recettes de leur bureau. Le versement de ces produits à la caisse des dépôts et consignations sera désormais fait par le trésor royal, à Paris.

# COMPTABILITÉ.

| INSTRUCTIONS GÉNÉRALES. | | OBJETS. | EXTRAIT DÉTAILLÉ DES INSTRUCTIONS. | OBSERVATIONS. |
|---|---|---|---|---|
| N.ᵒˢ | DATES. | | | |

| INSTRUCTIONS GÉNÉRALES. | | OBJETS. | EXTRAIT DÉTAILLÉ DES INSTRUCTIONS. | OBSERVATIONS. |
|---|---|---|---|---|
| N.os | DATES. | | | |
| 22 | 21 frimaire an 10. | BONS POUR L'HABILLEMENT ET L'ARMEMENT DES CONSCRITS. | Les bons pour l'habillement et l'armement des conscrits ne seront plus admis immédiatement en paiement de domaines nationaux. ( *Arrêté du Gouvernement du 5 frimaire an 10.* ) | |
| 29 | 29 dudit. | DÉPOSSESSION. | Ordre de surseoir à la dépossession des acquéreurs de maisons et usines qui n'ont pas soldé leur acquisition. ( *Lettre du Ministre des finances du 27 frimaire an 10.* ) | |
| » | 9 ventôse. | RESCRIPTIONS EN TIERS PROVISOIRE. | Les rescriptions du trésor public en tiers provisoire, continueront d'être admissibles en paiement de domaines nationaux aliénés en vertu des lois qui autorisaient les acquéreurs à se libérer avec ces valeurs avant la loi du 11 frimaire an 8. | *V. la circulaire de l'administration n.º 1716.* |
| 45 | 18 dudit. | DÉCHÉANCE. | Les acquéreurs de maisons et usines nationales payables en bons *deux tiers* qui n'ont pas acquitté le premier sixième du prix de leur acquisition, sont définitivement déchus. — Ceux qui ont payé ce sixième et qui sont redevables du surplus du prix, sont autorisés à en verser la valeur en numéraire au cours du mois de leur adjudication. — A défaut de paiement, l'administration de l'enregistrement prendra de suite possession de tous les biens compris dans les dernières adjudications, en conformité de la loi du 30 ventôse an 9. ( *Arrêté du Gouv.t du 3 vent. an 10.* ) | |
| » | 23 dudit. | DÉCOMPTE. — DÉCRÉANCE. | Le mode du décompte à faire avec les acquéreurs de maisons et usines qui ont encouru la déchéance, pour les paiemens à compte qu'ils auront pu faire sur leur adjudication, sera déterminé d'après les dispositions de la loi du 11 frimaire an 8. | |
| 54 | 18 floréal. | CÉDULES DES ACQUÉREURS DE DOMAINES. | L'administration de l'enregistrement est chargée de recouvrer le montant des cédules non acquittées des acquéreurs de domaines nationaux. — Mode de ce recouvrement et de la comptabilité de ces effets. | |
| 59 | 2 messidor. | RESCRIPTIONS ET BILLETS DU SYNDICAT. | Les rescriptions de la trésorerie pour titres de délégations et pour billets du syndicat, seront reçues indistinctement par les receveurs des domaines en paiement du prix des domaines ruraux aliénés en exécution de la loi du 26 vend. an 7 et des ventes plus anciennes, lorsque l'adjudicataire devra se libérer en numéraire et qu'il n'aura pas souscrit de cédules. ( *Arrêté du Gouv.t du 13 pluviôse an 10.* ) — Ces dispositions ne s'appliquent pas aux ventes faites en exécution de la loi du 27 brumaire an 7. | *V. les circulaires de l'administration n.os 1746 et 1808.* |
| » | 5 dudit. | RESCRIPTIONS. | La date de la rescription de la trésorerie pour titre de délégation et pour billets du syndicat, doit être considérée comme la véritable époque du paiement et de la libération de l'acquéreur. ( *Décision du Ministre des finances.* ) | |
| 61 | 6 dudit. | LOIS DES 15 ET 16 FLORÉAL AN 10. | Envoi des lois des 15 et 16 floréal an 10 sur la vente des domaines nationaux. — Instruction pour son exécution. | |
| » | 11 dudit. | SOMMIERS DES VENTES | Sommiers ou comptes ouverts pour les domaines vendus en exécution des lois des 15 et 16 floréal an 10, à tenir dans chaque division de correspondance de l'administration centrale. — Errata à corriger dans l'instruction n.º 61. | |
| 64 | 27 dudit. | PAIEMENS EN ASSIGNATS OU MANDATS. | Les paiemens faits en assignats ou mandats par des acquéreurs de domaines, pour des ventes antérieures à la loi du 28 ventôse an 4, valeur nominale, tant que ces papiers ont été en circulation, sont déclarés valables. ( *Arrêté du Gouvernement du 22 prairial an 10.* ) | |
| » | 17 thermid. | OBLIGATIONS D'ACQUÉREURS. | Les obligations acquittées avec le produit de la revente sur folle enchère doivent être remises comme pièces de dépense à l'inspecteur et non point être versées à la caisse du receveur général. | *V. la circulaire de l'administrat., n.º 2057.* |

| INSTRUCTIONS GÉNÉRALES. | | OBJETS. | EXTRAIT DÉTAILLÉ DES INSTRUCTIONS, | OBSERVATIONS. |
|---|---|---|---|---|
| N.os | DATES. | | | |
| » | 17 thermidor an 10. | DÉCHÉANCE. | Les acquéreurs de domaines en exécution des lois des 26 vendémiaire an 7 et 11 frimaire an 8, qui n'auront pas acquitté, avant le premier frimaire an 11, les termes échus de leur adjudication soit en numéraire, soit en valeurs représentatives, sont définitivement déchus. | |
| » | 17 fructidor. | ACQUÉREURS DE MAISONS ET USINES. | Les acquéreurs de maisons et usines payables en bons *deux tiers* en exécution de la loi du 27 brumaire an 7, ont pu se libérer du prix de leur acquisition en versant des rescriptions pour bons *deux tiers* d'une date antérieure à l'arrêté du Gouvernement du 3 ventôse an 10. | |
| » | 28 dudit. | MANDATS ET ASSIGNATS. | L'époque à laquelle les mandats et assignats ont été retirés de la circulation a été fixée au premier germinal an 5; en conséquence, les acquéreurs de domaines, antérieurs à la loi du 28 ventôse an 4, ont pu valablement se libérer jusqu'à cette époque en valeur nominale. ( *Décision du Ministre des finances du 23 fructidor an 10.* ) | |
| 79 | 20 vendém. an 11. | ACQUÉREURS DE MAISONS ET USINES. | Les receveurs des domaines ne recevront plus des acquéreurs des maisons et usines autorisés à se libérer en bons *deux tiers*, des reconnaissances de dépôt de ces effets, mais seulement des rescriptions du trésor public ou du numéraire. — Ordre de regarder comme non avenus les ordres contenus dans la circulaire de l'administration n.º 2026. | |
| 80 | dudit. | OBLIGATIONS NON ACQUITTÉES. — INTÉRÊTS. | Les acquéreurs de domaines qui n'ont pas acquitté à leur échéance les obligations par eux souscrites, doivent des intérêts jusqu'au jour du paiement, soit que ces obligations aient été ou non protestées. ( *Déc. du Min. des fin., du 9 vend. an 11.* ) | |
| 84 | 27 dudit. | PRIX D'ADJUDICATION. — INTÉRÊTS. | Les acquéreurs de domaines nationaux qui n'ont pas acquitté les termes du prix de leur adjudication à l'échéance, doivent payer les intérêts des intérêts, sans distinction entre les aliénations. ( *Déc. du Min. des fin., du 16 vend. an 11.* ) | |
| 86 | 29 dudit. | ACQUÉREURS DE MAISONS ET USINES. — INTÉRÊTS. | Les acquéreurs de maisons et usines nationales, en exécution de la loi du 27 brumaire an 7, doivent les intérêts des sommes qu'ils n'ont pas acquittées à l'échéance; le montant n'en peut être payé à la caisse du receveur des domaines qu'en rescriptions du trésor public. ( *Décision du Ministre des finances, du 7 vendémiaire an 11.* ) | |
| » | 7 frimaire. | DÉCHÉANCE. | Les acquéreurs de domaines vendus avant le 15 floréal an 10 qui ne se seraient point libérés, soit en numéraire, soit en rescriptions expédiées en leur nom, antérieurement au premier frimaire an 11, sont définitivement déchus. — Ordre de reprendre possession des biens. | |
| 109 | 5 nivôse. | *Idem.* | Ordre de prendre de suite possession des maisons et usines dont les acquéreurs ont encouru la déchéance depuis le premier vendémiaire an 11. ( *Lettre du Ministre des finances, du 26 frimaire an 11.* ) | |
| » | 17 ventôse. | LIQUIDATION. | L'administration continue depuis la suppression du bureau de liquidation établi près d'elle, d'arrêter les décomptes des acquéreurs de domaines. | |
| » | 23 dudit. | RESCRIPTIONS *Montjoyeux.* | Les receveurs admettront en paiement des domaines vendus en exécution des lois des 26 vendémiaire an 7 et 11 frimaire an 8, des rescriptions signées *Richard Montjoyeux*, pour lesquelles ils n'exigeront point d'intérêts au-delà du 30 frimaire an 11. ( *Lettre du Ministre des finances, du 21 nivôse an 11.* ) | |

| INSTRUCTIONS GÉNÉRALES. | | OBJETS. | EXTRAIT DÉTAILLÉ DES INSTRUCTIONS. | OBSERVATIONS. |
|---|---|---|---|---|
| N.ᵒˢ | DATES. | | | |
| » | 22 pluviôse an 11. | REVENTES A FOLLE-ENCHÈRE. | Les reventes à la folle enchère des acquéreurs déchus ne peuvent avoir lieu que pour les domaines à raison desquels il a été souscrit des cédules ; les reventes doivent être faites purement et simplement dans le cas contraire, ou lorsque les cédules ne sont pas sorties des mains des receveurs des domaines ou de celles des receveurs généraux. ( *Décision du Ministre des finances.* ) | |
| » | 8 floréal. | DISTINCTION DES VALEURS. | Les décomptes des acquéreurs de domaines nationaux et les bordereaux de restitution doivent distinguer dans la portion payable en numéraire, celle qui aura été payée en valeurs admises comme numéraire. | |
| » | 26 dudit. | REVENTES A FOLLE-ENCHÈRE. | Les reventes doivent être faites à la folle enchère lorsque les cédules ont été retirées des caisses de la trésorerie à *Paris* et recouvrées par les receveurs de l'administration pour son compte direct. | |
| 133 | dudit. | EFFETS A RECOUVRER POUR LE COMPTE DU TRÉSOR PUBLIC. | État à adresser par les directeurs, chaque mois, des rentrées effectuées par les receveurs de l'administration sur le montant des effets qu'ils auront été chargés de recouvrer pour le compte du trésor public. — Distinction à faire sur les bordereaux de compte et de versement des intérêts courus sur ces effets. — Mode de leur comptabilité. | |
| » | 16 prairial. | ARRÉRAGES D'INS-CRIPTIONS. | Le montant des retenues d'arrérages d'inscriptions données en paiement de domaines nationaux doit, dans les décomptes, être imputé sur les intérêts à la charge des adjudicataires. | |
| » | 22 messidor. | BIENS NON SUSCEP-TIBLES D'ÊTRE VEN-DUS. | Biens nationaux non susceptibles d'être vendus à raison de leur nature ou de leur affectation. Ordre de suivre avec activité la vente des domaines en exécution des lois des 15 et 16 flor. an 10. | |
| 161 | 23 fructidor. | ACQUÉREURS DE BÂ-TIMENS ET USINES. | Les acquéreurs de bâtimens et usines qui n'avaient pas soldé le prix de leur acquisition le premier vendémiaire an 11, sont en déchéance. — Tous les anciens acquéreurs en vertu des lois des 26 vendémiaire an 7 et 11 frimaire an 8, qui n'ont pas soldé le prix de leur acquisition le premier frimaire an 11, sont également déchus. Ordre de provoquer l'arrêté de déchéance et la reprise de possession. | |
| » | 30 dudit. | ACQUÉREURS EN DÉCHÉANCE. | Les acquéreurs en déchéance pourront être admis à s'acquitter soit en numéraire, soit en rescriptions *Richard Montjoyeux*, pourvu qu'ils soldent la totalité des sommes exigibles en principal, intérêts et frais, avant que leurs biens aient été compris dans l'affiche approuvée par le préfet pour parvenir à la revente. ( *Décision du Ministre des finances.* ) | |
| » | 8 frimaire an 12. | *Idem.* | Les acquéreurs de domaines en retard, admis à s'acquitter en vertu de la décision portée par la circulaire du 30 fructidor an 11, ne le pourront qu'en justifiant par certificat des préfets, que les biens par eux acquis ne sont ni affectés à un service public ni compris dans une affiche approuvée par le préfet pour parvenir à la revente. | |
| » | 14 dudit. | *Idem.* | Les receveurs des domaines ne devront admettre les rescriptions présentées par les acquéreurs en retard, qu'autant qu'au jour de la présentation à leur caisse, les biens dont elles doivent acquitter le prix, ne feront partie d'aucune affiche de vente ni d'aucun état de réserve. ( *Lettre du Ministre des finances, du 10 frimaire an 12.* ) | |
| 183 | 24 dudit. | DÉCOMPTES. — RE-MISES. | Les décomptes des acquéreurs de domaines seront arrêtés définitivement par les directeurs de l'enregistrement. Compte à rendre de leurs opérations. — Remise accordée aux direc- | |

| INSTRUCTIONS GÉNÉRALES. | | OBJETS | EXTRAIT DÉTAILLÉ DES INSTRUCTIONS. | OBSERVATIONS. |
|---|---|---|---|---|
| N.os | DATES. | | | |
| | | | teurs et aux receveurs sur les rentrées qu'ils feront effectuer. ( Arrêté du Gouvernement du 4 thermidor an 11. ) | |
| » | 24 pluviôse an 12. | ÉMIGRÉS RAYÉS OU ÉLIMINÉS. — RESTITUTION. | Ne peuvent être restitués aux émigrés, rayés, éliminés ou amnistiés, les biens vendus sur eux et rentrés sous le séquestre par déchéance ; les acquéreurs des portions indivises de biens d'émigrés auxquels on a restitué les sommes payées sur le prix de la vente qui leur en a été passée, sont admis à suivre l'effet de leur contrat, s'ils en ont consigné le montant en capital et intérêts, et si les biens n'ont pas été compris, depuis la déchéance, dans les affiches de reventes ou dans les états de réserve. ( Décision du Ministre des finances, du 20 pluviôse an 12. ) | |
| » | 6 ventôse. | RESTITUTIONS. | Il n'y a pas lieu de rembourser les sommes payées par les acquéreurs de domaines nationaux antérieurement à l'arrêté du 22 prairial an 10, au-delà de celles prétendues par eux seulement exigibles d'après ses dispositions ; les cédules souscrites avant cet arrêté doivent être acquittées. ( Arrêté du Gouvernement du 21 pluviôse an 12. ) | |
| 210 | 17 dudit. | ACQUÉREURS. — CRÉANCES SUR ÉMIGRÉS. | Les employés de l'administration n'exerceront désormais de poursuites contre les acquéreurs de domaines qui ont donné en paiement provisoire des créances sur des individus frappés de confiscation, que dans le cas où à défaut de justifier de leur liquidation définitive, ils ne pourraient représenter un certificat du préfet, constatant le dépôt de leurs titres, etc. ( Décision du Ministre des finances, du 27 pluviôse an 12. ) | |
| 212 | 19 dudit. | ACQUÉREURS EN RETARD. — INTÉRÊTS DES INTÉRÊTS. | Les acquéreurs de domaines nationaux en retard de payer les termes échus du prix de leur adjudication, doivent les intérêts des intérêts, lorsque la dernière échéance de paiement est arrivée. ( Décision du Min. des fin., du 11 ventôse an 12. ) | |
| 215 | 28 dudit. | VENTE DES DOMAINES DANS LES DÉPARTEMENS DU PIÉMONT. | Loi du 5 ventôse an 12 sur la vente des domaines nationaux dans les départemens de la Doire, de la Sésia, du Pô, de la Stura, et du Tanaro, jusqu'à concurrence de 40,000,000f. Mode de cette vente. Modification apportée par cette loi sur la mise à prix des autres domaines nationaux à vendre. | |
| » | 22 germinal. | ACQUÉREURS D'ÉGLISES. | Les acquéreurs d'églises ne doivent pas jouir de la prime accordée par la loi du 13 thermidor an 4 aux acquéreurs de maisons d'habitation. ( Décision du Ministre des finances, du 9 germinal an 12. ) | *V.* la circulaire *du 13 messidor an 12.* |
| 222 | 8 floréal. | POURSUITES. — SURSIS. | Le sursis aux poursuites autorisé en faveur des acquéreurs de domaines nationaux vendus antérieurement au 28 ventôse an 4, par la décision du ministre des finances du 27 pluviôse an 12 ( instruction générale n.° 210 ), s'applique aux acquéreurs en vertu des lois des 9 vendémiaire et 24 frimaire an 6. ( Lettre du Ministre des finances, du 23 germinal an 12. ) | *V.* les circulaires *de l'administrat.,* n.os 1129, 1178 et 1229. |
| 223 | 15 dudit. | RESCRIPTIONS. — CAISSE D'AMORTISSEMENT. | Seront admis en paiement des quatre derniers termes du prix des domaines vendus en exécution des lois des 15 et 16 floréal an 10, dix millions de rescriptions que la caisse d'amortissement a été autorisée à négocier par arrêté du gouvernement du 28 ventôse an 12. | |
| 226 | 9 prairial. | PAIEMENT ANTICIPÉ. — PRIME. | Il y a lieu d'allouer la prime de 18 pour cent, accordée par la loi du 13 thermidor an 4, à tout acquéreur qui, en exécution de cette loi, a soldé, dans le mois de sa publication, le paiement total de son acquisition, et sur les paiemens faits dans cet intervalle, lors même que l'acquisition ne serait pas | |

| INSTRUCTIONS GÉNÉRALES. | | OBJETS. | EXTRAIT DÉTAILLÉ DES INSTRUCTIONS. | OBSERVATIONS. |
|---|---|---|---|---|
| N.° | DATES. | | | |
| | | | soldée, pourvu qu'il justifie par une quittance du receveur qu'il en a eu l'intention. Elle sera aussi allouée sur les sommes provenant du règlement du décompte, en justifiant qu'on leur a restitué un excédant ou qu'il a été induit en erreur par le mode vicieux suivi par le receveur pour la formation des décomptes. *(Décision du Ministre des finances, du 28 floréal an 12.)* | |
| 235 | 11 messidor an 12. | Acquéreurs déchus. — Amende du 10.ᵉ du prix. | Les acquéreurs de domaines nationaux, d'après les lois des 15 et 16 floréal an 10, en retard de paiement, ne peuvent être relevés de la déchéance qu'en acquittant l'amende du dixième du prix de l'adjudication et les intérêts sur les termes échus. *(Lettre du Ministre des finances, du 24 prairial an 12.)* | |
| » | 13 dudit. | Acquéreurs d'églises. | Les acquéreurs d'églises ne jouissent pas de la prime accordée par la loi du 13 thermidor an 4 aux acquéreurs de maisons d'habitation. *(Décret du 11 prairial an 12, confirmatif de la décision du Ministre, du 9 germinal an 12.)* | |
| 242 | 6 thermid. | Acquéreurs déchus. — Restitution des a-comptes. | Les acquéreurs, d'après les lois des 15 et 16 floréal an 10, qui sont déchus, ont droit au remboursement des sommes payées à compte, lorsqu'ils ont acquitté l'amende et rapporté les fruits perçus ; mais ce remboursement ne peut être fait qu'en vertu d'une décision du ministre des finances. — Les acquéreurs déchus ne peuvent être admis à de nouvelles enchères, qu'en justifiant du paiem.ᵗ de l'amende et du rapport des fruits, et qu'en fournissant bonne et suffisante caution. *(D. du Min. des fin., du 24 mess. an 12.)* | |
| 250 | 30 dudit. | Acquéreurs antérieurs à la loi du 28 septembre 1791. | Les acquéreurs de domaines vendus antérieurement à la loi du 28 septembre 1791, qui ont soldé le prix de leur acquisition et obtenu leur quittance définitive, sont bien libérés, quoiqu'ils n'aient point retiré les annuités qu'ils avaient souscrites. *(Décision du Ministre des finances, du 15 thermidor an 12.)* | |
| » | 7 fructidor. | Acquéreurs en exécution de la loi du 28 ventôse an 4. — Réintégration. | Les acquéreurs en exécution de la loi du 28 ventôse an 4, qui, après avoir retiré leurs consignations par suite de quelque opposition ou les avoir imputées sur d'autres adjudications, les auront réintégrées postérieurement à la loi du 20 fructidor an 4, doivent être maintenus dans leur acquisition, et il y a lieu d'en régler le décompte. La même mesure devra être suivie pour tous les acquéreurs qui se trouveront dans le même cas. *(Décision du Ministre des finances, du 22 thermidor an 12.)* | |
| » | 11 brumaire an 13. | Liquidation. | Les décomptes d'adjudications comprenant, avec des bois, moulins et usines payables en deux ans et dix mois, d'autres biens nationaux payables dans un plus long espace de tems, seront réglés d'après la lettre même des contrats, sans égard aux différens délais relativement à la nature des biens. *(Décision du Ministre des finances, du 4 brumaire an 13.)* | |
| » | 8 nivôse. | Prix de vente. — Intérêts. | Les intérêts des quatre derniers termes du prix des ventes faites en exécution de la loi du 5 ventôse an 12, ne sont dûs qu'à partir de l'échéance du premier. *(Décision du Ministre des finances, du premier nivôse an 13.)* | |
| 270 | 17 pluviôse. | Caisse d'amortissement. — Délégation. | Délégation à la caisse d'amortissement, d'une somme de 26,859,751ᶠ 75ᶜ à prendre sur ce qui était à recouvrer au premier vendémiaire an 13 du prix des ventes des domaines nationaux faites antérieurement à cette dernière époque, d'après les lois des 15 et 16 floréal an 10, et 5 ventôse an 12. *(Décret du 3 nivôse an 12.)* | |
| » | 29 ventôse. | Imputation. — Mandats. — Assignats. | Il n'y a pas lieu à imputation dans les décomptes, sur le prix d'une seconde vente, d'un excédant de solde résultant de | |

| INSTRUCTIONS GÉNÉRALES. | | OBJETS. | EXTRAIT DÉTAILLÉ DES INSTRUCTIONS. | OBSERVATIONS. |
|---|---|---|---|---|
| N.o⋅ | DATES. | | | |
| » | 23 germinal an 13. | PRYTANÉE. | l'arrêté du 22 prairial an 10, attendu que l'imputation serait un mode indirect de restitution, défendu par celui du 21 pluviôse an 12. — Les mandats donnés en paiement du prix d'une vente payable en assignats, ne peuvent être reçus que pour leur valeur nominale. ( *Décision du Ministre des finances.* ) La vente des domaines formant aujourd'hui la dotation du prytanée français établi à S.t-Cyr, sera faite dans la forme prescrite pour l'aliénation des domaines nationaux et aux conditions portées dans la loi du 5 ventôse an 12. ( *Loi du 8 pluviôse an 13.* ) | |
| 279 | 25 dudit. | COMPENSATION. — CAPITAL. | Les débiteurs de l'état, autres que ceux dont la dette a pour cause une recette de deniers publics, et qui sont en même tems ses créanciers, sont admis à la compensation pour l'intégralité de leurs créances dans les proportions et valeurs déterminées par l'art. 83 de la loi du 24 frimaire an 6, pourvu que la dette et la créance soient antérieures à la loi du 24 août 1793. ( *Avis du Conseil d'état, du 28 frimaire an 12.* ) | |
| 289 | 24 messidor. | MODÈLES DES DÉCOMPTES. | Instruction sur le mode de décompte des acquéreurs de domaines nationaux en exécution des diverses lois qui ont ordonné leur aliénation. | |
| » | 24 vendém. an 14. | CAISSE D'AMORTISSEMENT. — PRIME. | La bonification de demi pour cent par mois à faire sur le prix de vente d'immeubles aliénés pour le compte de la caisse d'amortissement, en vertu de la loi du 5 ventôse an 12, se liquidera, à l'avenir, sur le capital et les intérêts réunis, dont le paiement sera anticipé. ( *Décision du Min. des fin.* ) | |
| » | 29 dudit. | INTÉRÊTS. — COMPENSATION. | Les intérêts des créances admises en compensation d'une dette sur l'état, doivent, comme le capital, entrer dans la compensation, pourvu que la créance et la dette soient antérieures à la loi du 24 août 1793. ( *Décision du Ministre des finances, du 8 vendémiaire an 14.* ) | |
| » | 26 frimaire | PRYTANÉE. | La mise à prix des biens provenant de la dotation du prytanée dont l'aliénation a été ordonnée par la loi du 8 pluviôse an 13, sera établie par experts sans égard au montant des baux. ( *Décision du Ministre des finances, du 15 frimaire an 14.* ) | |
| » | 19 mai 1806. | ÉTAT DES RECETTES SUR LES DÉCOMPTES. | État à fournir chaque mois et chaque trimestre de la recette faite sur les décomptes d'acquéreurs de domaines nationaux. | |
| 309 | 5 juillet. | RESTITUTION DE TROP PAYÉ. | Les restitutions de trop payé en écus par des acquéreurs de domaines nationaux sur le prix de leur adjudication, seront faites par les caisses de l'administration des domaines sur ordonnances du ministre des finances. Les bordereaux et décomptes continueront d'être visés par l'administrateur de la division. Pièce à joindre aux ordres de restitution. Le montant devra en être déduit des produits susceptibles de remise. | |
| » | 14 août. | ACQUÉREURS AU DÉPARTEMENT DE LA HAUTE-VIENNE. | Les paiemens faits par des acquéreurs de domaines au département de la Haute-Vienne, pour le prix de cheptels et autres mobiliers, sont déclarés bons et valables. ( *Décret du 18 juillet 1806.* ) | |
| » | 9 septembre. | COMPÉTENCE. — DIFFICULTÉS. | Les préfets sont seuls compétens pour connaître des difficultés qui s'élèvent sur le résultat des décomptes, sauf le recours au ministre des finances. ( *Arrêté du Gouvernement, du 4 thermidor an 11.* ) | |
| » | 8 novembre | ARRÊTÉS DES PRÉFETS, EXÉCUTOIRES PAR PROVISION. | Les arrêtés des préfets relatifs aux décomptes des acquéreurs de domaines nationaux, doivent être exécutés par pro- | |

| INSTRUCTIONS GÉNÉRALES. | | OBJETS. | EXTRAIT DÉTAILLÉ DES INSTRUCTIONS. | OBSERVATIONS. |
|---|---|---|---|---|
| N.ᵒˢ | DATES. | | | |
| » | 23 décembre 1806. | DÉCOMPTES. — RECETTES. | vision, sauf aux acquéreurs à se pourvoir à l'autorité supérieure. *(Décision du Ministre des finances, du 3 octobre 1806.)* Demande d'un état des recettes faites sur les décomptes pendant les cent jours de l'an 14. | |
| » | 16 janvier 1807. | COMPENSATION. | Il n'y a pas lieu d'admettre en compensation les sommes payées de trop avant l'an 9 sur le prix de vente des domaines nationaux. Elles doivent être remboursées aux acquéreurs, d'après la liquidation en rentes, conformément à la loi du 30 ventôse an 9. *(Décision du Ministre des finances, du 2 janvier 1807.)* | |
| » | 21 dudit. | COMPENSATION. — EMIGRÉS. | Les émigrés rayés ou éliminés et débiteurs envers l'état de tout ou partie du prix de domaines nationaux acquis, ne peuvent pas compenser cette dette avec le montant des créances qu'ils ont sur l'état. *(Décision du Ministre des finances, du 16 janvier 1807.)* | |
| » | 7 février. | MAISONS CANONIALES. | Les titulaires de maisons canoniales ou leurs héritiers possesseurs de ces maisons doivent, pour en acquérir la propriété incommutable, payer le sixième de leur valeur, conformément à la loi du 24 juillet 1790. | |
| » | 17 mars. | ADJUDICATION SUR FOLLE-ENCHÈRE. — ANTICIPATION. — PRIME. | L'adjudicataire sur folle-enchère, dans le cas d'anticipation de portions du prix non échu de la vente qui lui a été consentie, a droit à la prime au même titre qu'un acquéreur primitif. *(Décision du Ministre des finances.)* Régler, en conformité de cette décision, les décomptes auxquels elle s'applique. | |
| ? | 21 dudit. | DÉCOMPTES. — REMISES. | Il est accordé 3 pour cent aux directeurs, et 1 pour cent aux receveurs, à titre de remise particulière sur les recettes effectuées dans les caisses du trésor public provenant des décomptes; cette remise leur sera payée en entier au fur et à mesure des rentrées. *(Déc. du Min. des fin., du 25 janvier 1807.)* | |
| 329 | 23 mai. | SOUSCRIPTEURS DE CÉDULES. | Les souscripteurs de cédules pour acquisition de domaines peuvent être relevés de la déchéance et conserver les domaines par eux acquis, même après l'insertion dans les affiches de revente et avant qu'elle ne soit consommée, en payant toutefois le principal, les intérêts et les frais. *(Décision du Ministre des finances, du premier mai 1807.)* | |
| » | 10 juillet. | PAIEMENS EN MANDATS. | Le prix de vente de domaines sur lesquels il a été fait des paiemens en mandats dans l'intervalle de la publication de la loi du 15 germinal an 4, à celle de la loi du 29 messidor suivant, et qui étaient payables en assignats, ne sont pas susceptibles de réduction dans la formation des décomptes. *(Décision du Ministre des finances, du 20 juin 1806.)* | |
| 331 | 13 dudit. | BIENS CONCÉDÉS PAR L'ANCIEN GOUVERNEMENT. | Il y a lieu de mettre en vente les biens concédés par l'ancien gouvernement, à vie ou par baux emphitéotiques, d'après le principe consacré par la loi du 18 messidor an 7, et suivant les formes réglées par celle du 5 ventôse an 12, en exceptant ceux desdits biens qui font partie de la liste civile ou affectés à un service public. *(Avis du Conseil d'état, du 7 juin 1806.)* | |
| 332 | 14 dudit. | TIMBRE DES DÉCOMPTES. | Les décomptes du prix d'acquisition de domaines, délivrés par les directeurs de l'administration, doivent être sur papier timbré. *(Décision du Ministre des finances, du 23 juin 1807.)* | |
| » | 8 septembre | CAISSE D'AMORTISSEMENT. — TRÉSOR PUBLIC. | Les directeurs doivent faire concourir, dans une proportion égale, les ventes des biens appartenant à la caisse d'amortissement, avec celles du restant des domaines disponibles. | |

| INSTRUCTIONS GÉNÉRALES. | | OBJETS. | EXTRAIT DÉTAILLÉ DES INSTRUCTIONS. | OBSERVATIONS. |
|---|---|---|---|---|
| N.os | DATES. | | | |
| » | 13 novembre 1807. | CONTRAINTE A SIGNIFIER. | Ordre de faire exactement signifier aux acquéreurs de domaines en retard de payer aux termes fixés par la loi, la contrainte qui doit précéder la déclaration de déchéance. | |
| » | 5 avril 1808. | DÉLÉGATION. | Délégation à la caisse d'amortissement de 6,645,000f à prendre dans le restant à recouvrer au 1.er janvier 1808 sur les décomptes des acquéreurs de domaines. ( *Décret du 4 mars 1808.* ) | |
| 379 | 20 mai. | ALIÉNATIONS POUR UTILITÉ PUBLIQUE. | Les biens et domaines nationaux sont, comme les propriétés particulières, susceptibles d'être aliénés pour utilité publique au prix d'estimation par expert. Les estimations pour être définitives doivent être approuvées par le ministre des finances. | |
| » | 25 juin. | REMISE. — RETENUE. — DÉCOMPTES. | La remise extraordinaire sur le produit des décomptes n'est point passible de la retenue pour la caisse des pensions. ( *Décision du Ministre des finances, du 7 juin 1808.* ) | |
| » | 5 octobre. | MAISONS CANONIALES | Le sixième de l'estimation des maisons canoniales dans le cas de l'art. 27 de la loi du 24 juillet 1790 n'est dû qu'au décès du chanoine titulaire ou lors de l'aliénation par lui de la maison. ( *Décision du comité ecclésiastique de l'assemblée constituante du 8 février 1791.* ) | |
| 404 | 4 novembre | DÉCRET DU 22 OCTOBRE 1808. | Décret du 22 octobre 1808 relatif aux décomptes des acquéreurs de domaines nationaux. | |
| » | Idem. | REMISES. — DÉCOMPTES. | Augmentation de remise sur les décomptes, accordée par une décision de S. M. du 22 octobre 1808 aux directeurs et receveurs de l'administration | |
| 418 | 4 mars 1809. | INSCRIPTIONS HYPOTHÉCAIRES. | Il n'y a pas lieu de renouveler ou de prendre des inscriptions hypothécaires pour assurer le paiement des biens de l'état vendus, ou des cédules souscrites par suite de ventes, excepté dans le cas où il s'agirait d'inscriptions relatives à des immeubles affectés aux cautionnemens ou à d'autres biens des acquéreurs par suite des clauses des adjudications ou à raison de dégradations. ( *Déc. du Min. des fin., du 17 février 1809.* ) | |
| 422 | 17 dudit. | ADJUDICATIONS DE DOMAINES. — ABUS A PRÉVENIR. | Pour réprimer les abus commis par les adjudicataires de domaines nationaux, on insérera dans le cahier des charges pour les adjudications, 1.º que la faculté d'élire des amis ou commands ne pourra être exercée qu'au profit d'un seul individu ; 2.º que l'art. 22 de la loi du 16 brumaire an 5 qui défend aux acquéreurs de maisons, usines, etc. de faire aucune coupe ou démolition avant d'avoir soldé le prix entier de la vente, est applicable aux acquéreurs de biens où se trouvent des tourbes et charbons de terre ; 3.º que dans le cas de déchéance, l'administration ne sera pas tenue de maintenir les baux consentis par les acquéreurs à un prix inférieur à celui des baux précédens. ( *Avis du Conseil d'état du 24 décembre 1808.* ) | |
| 439 | 10 juillet. | POURSUITES. | Les poursuites contre les acquéreurs de domaines nationaux et leurs cessionnaires, doivent être dirigées administrativement. Faute par eux de solder ce dont ils sont redevables, d'après les décomptes dressés conformément au décret du 22 octobre 1808, l'administration provoquera leur dépossession. ( *Décret du 17 mai 1809.* ) | |
| 441 | 19 dudit. | PAIEMENS ANTICIPÉS. | Les paiemens par anticipation sur le prix de vente des domaines nationaux seront faits à l'avenir dans les caisses des receveurs des contributions directes. Il sera délivré à ces acquéreurs des récépissés qu'ils remettront aux receveurs de l'administration. Ordre de restituer dans les caisses du trésor | |

| INSTRUCTIONS GÉNÉRALES. | | OBJETS. | EXTRAIT DÉTAILLÉ DES INSTRUCTIONS. | OBSERVATIONS. |
|---|---|---|---|---|
| N.ᵒˢ | DATES. | | | |
| » | 8 décembre 1809. | ESCOMPTES D'ANTI-CIPATION. | public les sommes que les préposés de l'administration pourraient avoir reçues sur cet objet, depuis la publication de l'avis du conseil d'état du 25 avril 1809. Il n'y a pas lieu d'allouer l'escompte d'anticipation aux acquéreurs de domaines nationaux dont le prix doit être versé au compte du trésor public, pour les ventes faites dans l'intervalle du 1.ᵉʳ juin 1808 à la réception de la décision du 16 novembre suivant et postérieurement à la décision du 17 août 1809, et pour celles qui auront lieu à l'avenir, même avant le 1.ᵉʳ janvier 1810. ( *Décision du Ministre des finances, du 7 septembre 1809.* ) | |
| » | 12 juin 1810. | DÉLÉGATIONS. | Délégation à la caisse d'amortissement de 15,000,000ᶠ sur les sommes à recouvrer du produit des décomptes d'acquéreurs de domaines nationaux. ( *Décret du 3 février 1810.* ) | |
| 483 | 13 juillet. | TERRAINS CONTIGUS AUX FORÊTS DE L'ÉTAT | Les terrains contigus aux forêts de l'état ou compris dans leur enclave, ne pourront à l'avenir être aliénés qu'en suite d'un rapport fait par le directeur des domaines et après que les agens forestiers auront été entendus. — Les terrains rendus au sol forestier et ceux donnés à temps pour être ensemencés en bois, seront exempts de la contribution. ( *Décision du Ministre des finances, du 2 juillet 1810.* ) | |
| 489 | 18 septemb. | SEMENCES, FOINS, PAILLES, etc. | A moins d'une réserve expresse dans les adjudications et ventes de domaines nationaux, il ne doit être fait aucune réclamation contre les acquéreurs pour raison de semences, foins, pailles, fumiers, etc. destinés à l'exploitation de ces biens lorsqu'ils y existaient à l'époque des aliénations. ( *Décision du Ministre des finances du 27 juillet 1810.* ) | |
| » | 5 décembre. | BIENS APPARTENANT A DES ANGLAIS. | Les biens situés en France, appartenant à des anglais, seront sans délai mis en vente. — État à en fournir. | |
| » | 8 juillet 1811. | FRUITS ET AMENDES. | La recette des fruits et amendes à réclamer contre les acquéreurs déchus appartient à l'administration, lorsque la vente a été faite pour le compte du trésor, et à la caisse d'amortissement lorsque la vente a été faite pour le compte de cette caisse. ( *Décision du Ministre des finances du 22 juin 1811.* ) | |
| 593 | 8 août 1812. | BIENS DES COMMUNES. | Les biens des communes réunis au domaine de l'état et dont il est actuellement en possession, sont aliénables comme les autres domaines nationaux, à l'exception des édifices consacrés à un service public ou qui ont été cédés par les décrets des 23 avril 1810, 9 avril 1811, etc. ( *Décret du 28 mai 1812.* ) | |
| » | 22 dudit. | BIENS DISPONIBLES. | Les biens disponibles dans les départemens de l'ancienne France seront vendus pour le compte du trésor à dater du 1.ᵉʳ octobre 1812. ( *Décision du Ministre des fin., du 8 août 1812.* ) | |
| 615 | 15 décembre. | RECOUVREMENT DE RELIQUATS. — POURSUITES. | Le recouvrement de réliquats résultant de décomptes ne peut être poursuivi que par la contrainte et la déchéance, conformément à l'arrêté du gouvernement du 4 thermidor an 11. On ne peut employer la voie de la saisie arrêt ou exécution, quelque faible que soit le débet. ( *Décision du Ministre des finances.* ) Les frais de poursuites, autres que ceux de la contrainte et de la signification du décompte qui ont pu être faits contre des acquéreurs en retard de se libérer, seront alloués en dépense comme frais tombés en non valeur. ( *Décision du Ministre des finances, du 25 novembre 1812.* ) | |
| 636 | 20 mai 1813. | DÉCOMPTES D'ACQUÉREURS DE DOMAINES NATIONAUX. | Analyse des décisions qui ont été rendues sur l'application des principes d'après lesquels s'opère le réglement des décomptes. | *Addition aux inst. n.ᵒˢ 289 et 404.* |

| INSTRUCTIONS GÉNÉRALES. | | OBJETS. | EXTRAIT DÉTAILLÉ DES INSTRUCTIONS. | OBSERVATIONS. |
|---|---|---|---|---|
| N.ᵒˢ | DATES. | | | |
| 673 | 15 février 1815. | BOIS DE L'ÉTAT VEN-DUS. — DÉCOMPTES. | Dès qu'un acquéreur aura effectué le paiement final de son adjudication, le receveur adressera au directeur la copie des enregistremens de recette. Celui-ci procédera desuite à la rédaction du projet de décompte et l'enverra à l'administration pour y être examiné. | |
| 674 | 28 dudit. | DÉCHÉANCES DES ACQUÉREURS DE DO-MAINES DE L'ÉTAT. | Les mesures prescrites par l'instruction générale n.ᵉ 672. ( Voir caisse d'amortissement ), pour faire exécuter les contrats de vente d'immeubles passés au nom de l'état, ou pour provoquer la déchéance des acquéreurs, s'appliquent à toutes les dispositions des adjudications de biens au nom de l'état. | |
| D | 10 novembre | DÉCOMPTES. - BIENS DE LA CAISSE D'AMOR-TISSEMENT. | Mode de ces décomptes pour les biens appartenans à la caisse et dont la régie et la vente a été confiée à l'administration de l'enregistrement par une ordonnance royale. (Instruction générale n.ᵉ 690.) modifications apportées à cet égard dans le mode adopté par la caisse d'amortissement. Tout décompte dont le restant dû n'excédera pas 50ᶜ sera considéré soldé. Déchéance à provoquer ou poursuites à exercer. — Alternative laissée à l'administration. Les décomptes indiqueront toujours les biens sous le titre de biens de la caisse d'amortissement. Attention à avoir dans la correspondance à ce sujet. | |
| 757 | 21 décembre 1816. | DÉCOMPTES D'AC-QUÉREURS DE DOMAI-NES DE L'ÉTAT. | Il y a lieu d'exécuter les ordres donnés par l'administration pour le renvoi des décomptes aux directeurs, avec l'autorisation de délivrer le quittus aux acquéreurs dont les quittances étaient pour solde et sans réserves. Les réserves quelconques insérées dans les quittances pour solde ou dernier terme, par les agens du domaine, n'ont pu interrompre la prescription fixée par les articles 5 et 6 du décret du 22 octobre 1806. | |
| 791 | 14 juillet 1817. | DÉCHÉANCES DES AC-QUÉREURS DE DOMAI-NES NATIONAUX. | L'action pour le recouvrement du prix des biens vendus au nom de l'état et l'application de la déchéance contre les acquéreurs à défaut de paiement, auront lieu, la première, par voie de contrainte et de déchéance; la seconde, par arrêtés des préfets rendus sur la demande des employés de l'administration, et approuvés par le ministre des finances. — La reprise de possession n'aura lieu qu'un mois après la notification de l'arrêté. Pendant ce mois, l'acquéreur ou ses ayant droits seront admis à solder. ( Ordonnance royale, du 11 juin 1817. ) | |
| 867 | 21 novembre 1818. | AMENDES. — DÉ-CHÉANCES. | Les amendes prononcées en cas de déchéance des acquéreurs des domaines de l'état, ne seront dues, qu'autant que la déchéance aura été prononcée et consommée par la reprise de possession des biens. ( Avis du comité des finances, du 3 octobre 1818. ) | |
| 899 | 4 août 1819. | BUDGET DE 1819. | La remise extraordinaire sur le produit des décomptes est supprimée à partir du 1.ᵉʳ janvier 1819. | |
| 925 | 3 avril 1820. | LIBÉRATION DES DI-VERSES CLASSES D'AC-QUÉREURS DE DOMAI-NES DE L'ÉTAT. | Loi du 12 mars 1820. Dispositions diverses sur la libération des acquéreurs de domaines nationaux. Tous les décomptes doivent être signifiés avant le 1.ᵉʳ janvier 1822. Etats à fournir. Modèle de ces états. | *V. l'instruction générale, n.º 1043* |
| 948 | 10 août. | FRAIS DE POURSUITE POUR RELIQUATS DE DÉCOMPTE DE 20 FR. ET AU-DESSOUS. | Les frais de poursuite faits antérieurement à la loi du 12 mars 1820, sur des décomptes dont le reliquat n'excède pas 20 f.ʳ en principal, doivent être remboursés aux receveurs. Mode de ce remboursement. ( Décision du Ministre des finances, du 2 août 1820. ) | |

| INSTRUCTIONS GÉNÉRALES. | | OBJETS. | EXTRAIT DÉTAILLÉ DES INSTRUCTIONS. | OBSERVATIONS. |
| --- | --- | --- | --- | --- |
| N.ᵒˢ | DATES. | | | |
| 979 | 21 avril 1821 | ACQUÉREURS DE DO-MAINES NATIONAUX QUI ONT FAIT DES PAIEMENS EN MAN-DATS POUR CONVER-SION D'ASSIGNATS. | Il ne sera formé ni suivi aucune demande contre des acqué-reurs pour résultat de décomptes, lorsque les paiemens en man-dats pour assignats, auront été effectués avant la publication de la loi du 29 messidor an 4, d'après le tableau de déprécia-tion inséré dans celle du 15 germinal; en faisant l'emploi des paiemens en mandats, conformément à ce tableau, la libéra-tion des acquéreurs se trouvera complette : les articles seront annullés sur les sommiers.<br>Toutefois, il y aura lieu de suivre l'effet des arrêtés des pré-fets et des décisions des ministres. qui auraient acquis par le délai écoulé depuis la signification ou par l'acquiescement des parties, l'autorité de la chose jugée. ( *Ordonnance royale du 2 février 1821.* ) | |
| » | 27 février 1822. | ALIÉNATION DES MAISONS DOMANIALES | Voir l'analyse de cette circulaire au titre domaines consis-tance. | |
| 1043 | 28 mai. | AFFAIRES CONTEN-TIEUSES EN MATIÈRE DE DÉCOMPTES. | D'après une circulaire du Min. des finances, du 3 mai 1822, dont l'objet est de faire statuer avant le 1.ᵉʳ janvier 1823, sur toutes les réclamations concernant les décomptes, les rece-veurs des domaines fourniront, avec exactitude et sans retard, les divers renseignemens qui leur seront demandés par le direc-teur, afin que celui-ci puisse remettre en temps utile à M. le préfet, les documens qui peuvent éclairer sa décision.<br>De leur côté, les directeurs prieront MM. les préfets de ne pas se borner à prendre des arrêtés, en forme d'avis, sur les difficultés élevées en matière de décomptes; mais de statuer sur ces sortes d'affaires par des arrêtés définitifs, sauf le recours au Ministre des finances : ils adresseront à l'administration copie des arrêtés qui seront intervenus, et feront signifier aux parties ceux de ces arrêtés rendus au profit du domaine. | *V. l'instruction n.ᵒ 925.* |

| INSTRUCTIONS GÉNÉRALES. | | OBJETS. | EXTRAIT DÉTAILLÉ DES INSTRUCTIONS. | OBSERVATIONS. |
|---|---|---|---|---|
| N.os | DATES. | | | |

| INSTRUCTIONS GÉNÉRALES. | | OBJETS. | EXTRAIT DÉTAILLÉ DES INSTRUCTIONS. | OBSERVATIONS. |
|---|---|---|---|---|
| N.os | DATES. | | | |
| » | 21 messidor an 10. | ÉTAT DES DOMAINES AU 1.er THERMIDOR AN 10. | Demande des états *au vrai* de consistance des domaines dont le gouvernement est en possession, le 1.er thermidor an 10. — Modèle de ces états. | |
| » | 3 thermidor. | CASERNEMENS, etc. AFFECTATION DE BATIMENS. | Les préposés de l'administration doivent être consultés sur la désignation des édifices et établissemens propres aux casernemens, magasins, etc. nécessaires au service de la guerre. (*Arrêté du 13 messidor an 10.*) A dater de la publication de cet arrêté, nul édifice national ne pourra, même sous prétexte d'urgence, être mis à la disposition d'aucun ministre, qu'en exécution d'un arrêté du gouvernement. (*Art. 5.*) | |
| » | 17 frimaire an 11. | ÉGLISES ET PRESBYTÈRES. | Les églises et les presbytères qui ne seront pas employés dans la circonscription des paroisses et des succursales, ne peuvent être mis en vente que d'après l'autorisation du ministre des finances. (*Délibération du Gouvern.t du 28 brumaire an 11.*) | |
| » | 28 pluviôse. | LOGEMENT DES OFFICIERS SUPÉRIEURS MILITAIRES. | Bâtimens nationaux affectés au logement des officiers supérieurs, commandant les divisions militaires, les départemens et les places de guerre. (*Arrêté du Gouvern.t du 6 nivôse an 11.*) | |
| » | 28 ventôse. | *Idem.* | Demande des observations des directeurs sur l'affectation des bâtimens nationaux au logement des généraux et officiers commandant les divisions, les départemens et les places de guerre. | |
| » | 6 floréal. | ÉGLISES ET PRESBYTÈRES. | Les églises et presbytères non employés dans la circonscription des paroisses et succursales, et qui ne sont pas susceptibles de location, seront mis en vente. (*Décision du Ministre des finances, du 15 germinal an 11.*) | |
| » | 3 messidor. | *Idem.* | Les églises et presbytères qui n'auront point été affectés à un service public ni à la dotation de quelques institutions nationales, et qui ne sont susceptibles ni d'une location avantageuse, ni d'un rétablissement peu couteux, devront être aliénés. (*Lettre du Ministre des finances, du 28 prairial an 11.*) | |
| 144 | 30 dudit. | DOTATION DES COLLÉGES ANGLAIS, IRLANDAIS ET ÉCOSSAIS. | Rentrée des colléges anglais, irlandais et écossais en possession des biens invendus, composant leur dotation. (*Arrêté du Gouvernement du 3 messidor an 11.*) | |
| » | 18 floréal an 12. | ÉTATS A FOURNIR. | Nouveaux états de consistance de domaines à fournir. Modèle de ces états, recommandation d'apporter dans leur formation la plus grande exactitude. | |
| » | 11 fructidor. | TEMPOREL DES CURES | Les acquéreurs du temporel des cures, sous la réserve d'un demi arpent de terrain pour l'enclos ou le jardin des curés établis par la constitution civile du clergé, et qui sont restés en jouissance de ces terrains, doivent la restitution des fruits induement perçus depuis leur entrée en jouissance, jusqu'à l'époque de l'installation des curés actuels. (*Décision du Ministre des finances, du 29 thermidor an 12.*) | |
| » | 15 ventôse an 13. | ÉGLISES ET PRESBYTÈRES. | Les églises et presbytères abandonnés aux communes, en exécution de la loi du 18 germinal an 10, doivent être considérés comme propriétés communales. (*Avis du Conseil d'état du 2 pluviôse an 13, approuvé le 6.*) | |
| » | 17 dudit. | MAISONS CANONIALES | L'exception contenue dans la loi du 24 août 1790, concernant les maisons canoniales, n'est point applicable aux vignes canoniales. (*Avis du Conseil d'état du 23 pluv. an 13, app. le 25.*) | |
| » | 7 floréal. | DOMAINES AU 1.er PRAIRIAL AN 13. | État de consistance à fournir des domaines de toute nature, existant au 1.er prairial an 13, qui peuvent être aliénés pour le compte du trésor public. | |

# DOMAINES. — CONSISTANCE.

| INSTRUCTIONS GÉNÉRALES. | | OBJETS. | EXTRAIT DÉTAILLÉ DES INSTRUCTIONS. | OBSERVATIONS. |
|---|---|---|---|---|
| N.os | DATES. | | | |
| » | 11 floréal an 13. | FRÈRES ET SŒURS DES ÉCOLES CHRÉTIENNES. | Les maisons qui ont servi à l'institution des frères et sœurs des écoles chrétiennes, sont exceptées de celles à aliéner, attendu le rétablissement de cette institution. ( *Décision du Gouvernement du 30 ventôse an 13.* ) | |
| » | 11 prairial. | JARDIN DES CURÉS. | Les curés seront remis en possession du demi arpent de terre réservé pour leur jardin par décret du 18 octobre 1790, et dont les acquéreurs des biens curiaux se seraient emparés. Répétition contre ces acquéreurs, des fruits dont ils ont indûment joui. — Aliénation des biens des cures et succursales supprimées. ( *Décision du Ministre des finances.* ) | |
| » | 19 dudit. | LOGEMENT DES CURÉS DANS LES COUVENS SUPPRIMÉS. | Les curés doivent jouir, dans les couvens supprimés non aliénés et auxquels leur cure était réunie, d'une partie de bâtiment et de terrain destiné à former leur presbytère et leur jardin. | |
| » | 25 fructidor. | AFFECTATION DE BATIMÉNS POUR PRESBYTÈRE. | Il n'y a pas lieu d'autoriser par une décision générale la distraction d'un corps de logis, ni d'un demi arpent de jardin pour service de presbytère dans les couvens, etc. non aliénés. Il sera statué sur des affectations de ce genre, par des rapports et des arrêtés particuliers. ( *Avis du Conseil d'état du 15 thermidor an 13, approuvé le 25 dudit.* ) | |
| » | 30 avril 1806. | DOMAINES AU 1.er AVRIL 1806. | État de consistence à former des domaines nationaux disponibles au 1.er avril 1806. — Modèle de ces états. | |
| 308 | 25 juin. | HALLES DES COMMUNES. | Les halles dont la régie des domaines est en possession, seront abandonnées aux communes, d'après estimation contradictoire de leur valeur par deux experts. Les communes paieront la rente à 5 pour cent, sans retenue, du montant de l'estimation, jusqu'à ce qu'elles aient soldé le capital. ( *Décret du 26 mars 1806.* ) | *V. la circulaire du 18 nov. 1806, et l'instruction n.º 1007.* |
| » | 28 dudit. | ARCHIVES DOMANIALES. | Renseignemens à donner pour faire connaître dans quel état sont les archives du département en ce qui est relatif à la partie domaniale. | |
| » | 8 août. | DOMAINES AU 1.er AVRIL 1806. | Nouveaux états à adresser à l'administration, de ce qui reste au vrai de disponible de domaines au 1.er avril 1806, ou certificats à délivrer par les directeurs que ceux adressés en exécution de la lettre du directeur-général du 30 avril contiennent tout ce qui existait de domaines au 1.er dudit mois. | |
| » | 14 dudit. | ILES, ILOTS, etc. | État à fournir des îles, îlots dans les fleuves, les rivières navigables et flottables. | |
| » | 26 septembre | BIENS VACANS PAR SUITE D'OPÉRATIONS DU CADASTRE. | Les biens restés vacans et sans propriétaire connu, par suite des opérations du cadastre, seront régis par l'administration des domaines, sauf, si en définitif ils ne sont pas réclamés, à être réunis au domaine de l'état comme biens vacans et sans maître, conformément à l'art. 539 du code civil. ( *Lettre du Ministre des finances, du 18 septembre 1806.* ) | *V. l'instruction n.º 447.* |
| 320 | 6 novembre. | RÉPARATIONS. | Il ne sera fait à l'avenir aucune réparation qu'elle n'ait été auparavant autorisée. Celles que les devis porteront à la somme de 300 fr. et au-dessous, seront autorisées par l'administration. Celles au-dessus le seront par le ministre des finances. Les ordres de paiement seront également délivrés ou par l'administration ou par le ministre ; dans l'un ou l'autre cas ci-dessus, les réparations de 150 fr. pourront être faites sans adjudication. Celles au-dessus seront mises en adjudication. En cas d'une extrême urgence constatée, on pourra faire faire les réparations sans autorisation, mais le paiement n'en sera effectué que de la manière prescrite ci-dessus. ( *Décret du 5 septembre 1806.* ) | |

| N.ᵒˢ | DATES. | OBJETS. | EXTRAIT DÉTAILLÉ DES INSTRUCTIONS. | OBSERVATIONS. |
|---|---|---|---|---|
| » | 18 novembre 1806. | HALLES DANS LES COMMUNES. | L'estimation des halles à abandonner aux communes, doit être faite d'après la valeur réelle des halles à l'époque de l'opération des experts, et non pas sur un capital au denier 12, comme il est prescrit pour les domaines nationaux. (*Décision du Ministre des finances, du 27 octobre 1806.*) | |
| » | 12 décembre | JOURNÉE DES OUVRIERS. | La journée des ouvriers de bâtimens est fixée de 5 heures du matin à sept heures du soir en été, et de 6 heures du matin à 5 heures du soir en hyver. (*Arrêté du Ministre de l'intérieur, du 9 août 1806.*) *Nota.* Cette disposition doit être consultée lorsqu'il s'agit de travaux à faire pour le compte du gouvernement. | |
| « | 29 dudit. | RÉPARATIONS. | Les réparations autorisées par les préfets antérieurement au décret du 5 novembre 1806, seront payées d'après l'autorisation spéciale et isolée qu'ils en demanderont. (*Décision du Ministre des finances, du 24 décembre 1806.*) | |
| » | 26 février 1807. | BATIMENS AFFECTÉS A LA TAXE D'ENTRETIEN DES ROUTES. | Les bâtimens nationaux qui ont été momentanément affectés à la taxe d'entretien des routes, doivent rentrer sous la main de l'administration, depuis la suppression de cette taxe. (*Lettre du Ministre des finances, du 13 février 1807.*) | |
| » | 27 dudit. | BATIMENS AFFECTÉS A DES SERVICES PUBLICS. | État de consistance des maisons et bâtimens nationaux employés à des services publics. | |
| » | 9 avril. | ILES, ILOTS, etc. | Il n'y a pas lieu de procéder, dans ce moment, à la vente des îles, îlots, terrains, vagues, etc. (*Déc. du Min. des fin.*) | |
| 343 | 24 septemb. | BIENS CONTESTÉS. — COMPÉTENCE. | Les préfets sont seuls compétens pour intenter les actions relatives à la propriété des biens meubles et immeubles contestés à l'état. (*Décision du Grand-Juge ministre de la justice.*) | *V. l'instruction* n.ᵒ 1057. |
| » | 27 octobre. | PALAIS DE JUSTICE, PRISONS, etc. | Les anciens palais de justice, ainsi que les prisons tant à Paris que dans les départemens qui continuent d'être employés au service auquel ils sont destinés, cesseront d'être régis par l'administration. (*Décision du Ministre des finances du 19 octobre 1807.*) | |
| « | 22 mars 1808. | ÉTATS DE CONSISTANCE. — VÉRIFICATIONS A FAIRE PAR LES INSPECTEURS. | Les inspecteurs doivent se faire représenter dans leur prochaine tournée, les états de consistance des domaines, en vérifier l'exactitude sur les sommiers, relever les erreurs, omissions, etc. et en adresser directement le résultat au directeur général. | |
| » | 11 janvier 1809. | UNIVERSITÉ ROYALE. | Donation à l'université royale des biens ayant appartenus aux universités, académies et collèges qui ne sont pas aliénés ou affectés à un service public par un décret spécial. (*Décret du 11 décembre 1808.*) | |
| » | 23 dudit. | *Idem.* PRYTANÉE. | Les biens du prytanée ne sont pas compris dans la cession faite à l'université Royale par le décret du 11 décembre 1808. = Se conformer pour la prise de possession de ces biens, à ce qui est prescrit par l'instruction n.ᵒ 334. = Titres à réunir de toutes ces propriétés, pour en faire la remise et en retirer une décharge. (*Lettre du Ministre des finances du 18 janvier 1809.*) | |
| 447 | 14 août. | BIENS VACANS ET SANS MAÎTRE. | Les préposés de l'administration doivent régir les biens vacans et sans maître dont la découverte provient de la confection du cadastre; précautions à prendre pour qu'il ne soit régi que des biens qui appartiennent à l'état, ou qui sont sans maître. = Les contrôleurs des contributions doivent veiller | |

| INSTRUCTIONS GÉNÉRALES. | | OBJETS | EXTRAIT DÉTAILLÉ DES INSTRUCTIONS. | OBSERVATIONS. |
|---|---|---|---|---|
| N.os | DATES. | | | |
| | | | à ce que ces biens ne soient pas surtaxés dans la répartition des contributions, et qu'ils soient classés au cadastre de manière à ce qu'ils jouissent, comme tous les autres contribuables, de l'égalité proportionnelle. ( *Lettre du Ministre des finances, du 16 juin 1809.* ) | |
| 492 | 25 septembre 1810. | ÉTABLISSEMENS ÉTRANGERS. | Réunion au domaine de l'Etat, des biens situés en France, provenant des établissemens religieux étrangers, du moment de la suppression de ces établissemens. ( *Décret du 14 septembre 1810.* ) Etat de consistance à fournir de ces biens. | |
| « | 22 octobre. | BIENS DISPONIBLES AU 1.er NOV.re 1810. | Demande de deux états de tous les domaines nationaux disponibles au 1.er novembre 1810. | |
| » | 5 décembre. | BIENS DES ANGLAIS. | Les biens situés en France, appartenant à des sujets de l'Angleterre, seront mis en vente sans délai. = Etat à fournir. | |
| 519 | 13 mai 1811. | CONCESSION AUX DÉPARTEMENS, ARRONDISSEM.s ET COMMUNES. | Concession gratuite aux départemens, arrondissemens et communes, de la pleine propriété des édifices et bâtimens nationaux actuellement occupés pour le service de l'administration, des cours et tribunaux et de l'instruction publique. = Défense aux autorités de disposer à l'avenir des édifices nationaux en faveur d'un établissement public, qu'en vertu d'un décret. ( *Décret du 9 avril 1811.* ) Etat à adresser à l'administration. | *V. la circulaire du 30 juin 1812.* |
| » | 9 août. | MINES, MINIÈRES ET CARRIÈRES. | Etat à fournir des mines, minières et carrières. | |
| 569 | 30 mars 1812. | AFFECTATION D'ÉDIFICES NATIONAUX. | Il ne peut être fait d'affectations d'édifices nationaux en faveur d'établissemens publics, sans qu'elles aient été autorisées par des décrets. = Représentation à adresser à MM les préfets dans le cas où de nouvelles affectations seraient faites contre les dispositions du décret du 9 avril 1811. ( *Lettre du Ministre des finances aux préfets, du 12 mars 1812.* ) = Informer l'administration du résultat des démarches faites. | |
| » | 30 juin. | LOGEMENT DES SOUS-PRÉFETS. | Il n'y a pas lieu de réclamer des sous-préfets, le loyer des édifices qu'ils occupaient dans des bâtimens nationaux dont la concession gratuite a été faite aux départemens et arrondissemens par le décret du 9 avril 1811. ( *Décision du Min. des finances, du 28 mai 1812.* ) | |
| » | 22 août. | CRÉANCES HYPOTHÉQUÉES SUR BIENS ADJUGÉS A L'ÉTAT. — DIRECTION GÉNÉRALE DE LA CONSCRIPTION. | Les créances hypothéquées sur les biens adjugés à l'état d'après les poursuites de la direction générale de la conscription, sont payables par l'administration, en vertu d'un jugement d'ordre: c'est à l'administration à provoquer la revente des biens si elle est avantageuse à l'état, et le prix en provenant doit être versé, comme le produit des ventes des autres biens de l'Etat, pour le compte du trésor royal. | |
| 614 | 12 décembre | ENTRETIEN DES FOSSÉS DES GRANDES ROUTES. | Les travaux d'entretien des fossés des grandes routes correspondant à des propriétés qui sont aux mains de l'administration de l'enregistrement, seront exécutés à la diligence et par les soins des employés de l'administration, conformément aux articles 109 et 110 du décret du 16 décembre 1811. L'exécution de ces articles ne concerne l'administration que relativement aux propriétés dont ses préposés font la régie en son nom, et dont le produit est porté sur ses registres, soit que ces propriétés appartiennent irrévocablement à l'Etat ou qu'il ne les possède que provisoirement ou qu'il n'en jouisse qu'à titre de séquestre. | |

| INSTRUCTIONS GÉNÉRALES. | | OBJETS. | EXTRAIT DÉTAILLÉ DES INSTRUCTIONS. | OBSERVATIONS. |
|---|---|---|---|---|
| N.ᵒˢ | DATES. | | | |
| » | 20 mai 1814. | CONSERVATION DES PROPRIÉTÉS DE LA COURONNE ET DE L'É-TAT. | Les propriétés de la couronne et de l'état, compromises par les réquisitions des commandans ou intendans des puissances alliées, faites postérieurement aux conventions du 23 avril, sont mises sous la sauvegarde de l'autorité royale. Les employés de l'administration doivent concourir, en ce qui les concerne, à cette disposition. ( *Ordonnance Royale du 5 mai 1814.* ) | |
| » | 28 dudit. | DOMAINE. — CONSISTANCE. | Demande de l'état général, divisé en neuf modèles, de tout ce qui se trouve encore aux mains de l'administration, à quelque titre que ce soit, en biens fonds, rentes, arrérages, créances exigibles, capitaux et leur origine. Cet état doit être adressé sans retard. | |
| 666 | 12 décembre. | REMISE DES BIENS NON VENDUS DES ÉMI-GRÉS. | Tous les biens immeubles séquestrés ou confisqués ou ad-venus à l'état pour cause d'émigration, non vendus et qui font partie du domaine de l'état, seront rendus, en nature, à leurs anciens propriétaires, héritiers ou ayans cause. Cette disposi-tion s'applique aux biens cédés à la caisse d'amortissement, et dont elle est encore en possession. Il n'y aura lieu à aucune remise de fruits perçus. ( *Loi du 5 décembre 1814*). Mesures ordonnées pour l'exécution de cette loi. | *Dérogé par l'ins-truction n.° 675. V. l'instr. n.° 720, au titre* Emigrés *et* Déportés. |
| 675 | 21 mars 1815. | SÉQUESTRE A APPO-SER SUR LES BIENS DES BOURBONS ET DES ÉMI-GRÉS. | Le séquestre sera apposé sur tous les biens formant l'appanage des Bourbons et sur ceux qu'ils possèdent à quelque titre que ce soit. ⹀ Tous les biens des émigrés qui appartenaient à la légion d'honneur, aux hospices, aux communes, à la caisse d'amortissement, ou qui faisaient partie du domaine, sous quelque dénomination que ce soit, et qui auraient été rendus depuis le 1.ᵉʳ avril, au détriment de l'intérêt national, seront, sur-le-champ, mis sous le séquestre.<br>Le séquestre sera mis sur tous les biens meubles et immeu-bles des émigrés qui n'ont pas été rayés, amnistiés ou éliminés avant le gouvernement des Bourbons et qui sont rentrés en France depuis le 1.ᵉʳ janvier 1814. ( *Décrets des 13 mars 1815.*) | |
| 676 | 28 dudit. | SÉQUESTRE DES BIENS DES ÉMIGRÉS. | Les biens rendus aux émigrés par le dernier gouvernement, depuis le 1.ᵉʳ avril 1814, et qu'ils auraient aliéné en forme légale, avant le 13 mars 1815, sont exceptés du séquestre. Mode de vérifier ces aliénations et de constater la fraude ou la simulation de celles qui auraient ce caractère. Les ventes faites postérieurement au 13 mars sont nulles. Les biens acquis par les émigrés depuis le 1.ᵉʳ avril 1814, sont exempts du séquestre. ( *Décret du 26 mars 1815.)* | |
| 677 | 31 dudit. | BIENS RESTITUÉS AUX ÉMIGRÉS, etc. | Voir l'analyse de cette instruction au titre Emigrés et Dé-portés. | |
| 690 | 25 mai. | BIENS DE LA CAISSE D'AMORTISSEMENT. | Les domaines dont la caisse d'amortissement avait précé-damment acquis la propriété, ne faisant plus partie de sa do-tation, l'administration de l'enregistrement est chargée de les régir et d'en suivre la vente, en leur conservant néanmoins le titre de propriétés de la caisse d'amortissement. Mode des recettes. | *V. aux mots* Do-maines, Aliéna-tions et Décomp-tes, *la circulaire du 10 nov. 1815.* |
| 696 | 16 août. | CONSERVATION DES DROITS DU DOMAINE EXTRAORDINAIRE SUR LES BIENS AFFECTÉS AUX MAJORATS. | Toute aliénation de biens immobiliers, tout transfert de rentes ou d'actions quelconques, des dotations et toute dispo-sition contraire aux titres constitutifs, qui auraient pu avoir lieu en vertu de prétendus décrets des 13 et 21 juin derniers et de l'arrêté de la commission de gouvernement du 28 du même mois, sont annullés. ( *Ordonnance Royale du 7 août 1815.)* | |

| INSTRUCTIONS GÉNÉRALES. | | OBJETS. | EXTRAIT DÉTAILLÉ DES INSTRUCTIONS. | OBSERVATIONS. |
| --- | --- | --- | --- | --- |
| N.ᵒˢ | DATES. | | | |
| 708 | 21 février 1816. | BIENS DES FAMILLES BONAPARTE. | Aux termes de l'article 4 de la loi du 12 janvier 1816, les ascendans et descendans de Napoléon Buonaparte, ses oncles, tantes, neveux et nièces, ses frères, leurs femmes et leurs descendans, ses sœurs et leurs maris, ne peuvent posséder, dans le royaume, aucun bien, titre, pension, à eux accordés à titre gratuit. Il en est de même des régicides qui ont voté pour l'acte additionnel ou accepté des fonctions ou emplois de l'usurpateur. Rechercher les biens qu'ils pourraient posséder, à ce titre, et qui proviendraient soit du domaine privé, soit du domaine extraordinaire. Ces biens doivent être réunis au domaine de l'état. Deux états à fournir pour cet objet. | *V. l'instruction n.° 727.* |
| 727 | 15 juin. | *Idem.* | Les biens concédés à titre gratuit aux individus de la famille Buonaparte, et qui ne peuvent plus être possédés par eux, sont affectés aux secours à distribuer aux militaires. Ces biens sont remis au domaine extraordinaire. Leur régie ne concerne plus les préposés de l'administration. ( *Ordonnance Royale du 22 mai 1816.* ) | |
| 740 | 3 septembre. | BIENS ET RENTES APPARTENANT AU DOMAINE DE L'ÉTAT, QUI ONT ÉTÉ SOUSTRAITS AUX RECHERCHES DE L'ADMINISTRATION. | L'administration continuera ses diligences pour découvrir les biens et rentes provenant du domaine ou des anciens établissemens ecclésiastiques qui seraient possédés par des tiers sans titres de propriété. Les détenteurs de ces biens et rentes ont trois mois pour en faire la déclaration. Au moyen de cette déclaration ils jouiront de la totalité des intérêts, fruits et fermages qu'ils ont pu percevoir, et seront à l'abri de toute demande ou indemnité. Révélation dans les six mois après le délai ci-dessus des biens usurpés. — Gratification accordée dans ce cas. ( *Ordonnance Royale du 21 août 1816.* ) | |
| 788 | 7 juillet 1817. | TERRAINS INCULTES APPARTENANT A L'ÉTAT. | Demande d'un état des terrains vagues, landes, marais et terres incultes de toute nature, possédés par le domaine. Modèle de cet état. | |
| 806 | 26 septembre | BIENS ET RENTES RÉUNIS AU DOMAINE DE L'ÉTAT. — ÉTAT A FOURNIR. | Formation d'un tableau des biens et rentes réunis au domaine de l'état, en exécution de l'ordonnance du roi, du 21 août 1816, concernant les biens découverts, déclarés ou révélés. | *Supplément à l'instruct. n.° 740.* |
| 835 | 20 mai 1818. | RÉUNION AU DOMAINE DE L'ÉTAT, DES BIENS DU DOMAINE EXTRAORDINAIRE. | Le domaine extraordinaire fait partie du domaine de l'état, ainsi que les dotations et majorats, réversibles au domaine extraordinaire. — Prise de possession de l'actif de ce domaine par la régie de l'enregistrement. Mode de cette prise de possession. États à fournir ( *Loi du 15 mai 1818.* ) | |
| 884 | 19 avril 1819 | PROROGATION DU DÉLAI POUR LA DÉCLARAT.ⁿ OU RÉVÉLATION DES BIENS ET RENTES INCONNUS AU DOM.ⁿᵉ | Prorogation, pendant le cours de 1819, pour la déclaration, de la part des détenteurs et débiteurs, des biens et rentes appartenant à l'état, inconnus au domaine, et jusqu'au 1.ᵉʳ janvier 1821, pour les restitutions par toutes personnes indistinctement. ( *Ordonnance royale, du 31 mars 1819.* ) | |
| 886 | 10 mai. | TERRAINS INCULTES APPARTENANT A L'ÉTAT. | Demande, à la date du premier juillet 1819, d'un tableau complet des terrains vagues, landes, marais et terres incultes de toute nature. | |
| 1007 | 24 novembre 1821. | RENTES DUES PAR LES COMMUNES POUR LE PRIX DE LA CESSION DES HALLES. | Voir l'analyse de cette instruction au titre Domaines. — Rentes et créances. | |
| » | 27 février 1822. | ALIÉNATION DES MAISONS DOMANIALES | Le ministre des finances a statué, le 13 février 1822, que l'administration des domaines prendra immédiatement les mesures nécessaires pour faire mettre en vente, dans l'état où | |

| INSTRUCTIONS GÉNÉRALES. | | OBJETS. | EXTRAIT DÉTAILLÉ DES INSTRUCTIONS. | OBSERVATIONS |
|---|---|---|---|---|
| N.ᵒˢ | DATES. | | | |
| | | | elles se trouvent, toutes les maisons domaniales qui ne sont pas affectées à un service public, et dont la propriété est irrévocablement acquise au domaine. | |
| 1057 | 9 octobre 1822. | FORMALITÉ A REMPLIR AVANT D'INTRODUIRE EN JUSTICE LES QUESTIONS DE PROPRIÉTÉ QUI INTÉRESSENT LE DOMAINE DE L'ÉTAT. | Il n'est rien innové dans la disposition de la loi qui oblige les particuliers, à peine de nullité, à s'adresser à l'autorité administrative avant d'intenter une action judiciaire contre le domaine. Cette nullité pourra donc continuer d'être invoquée devant les tribunaux. | *Cette instruction rappelle les dispositions des art. 13, 14 et 15 de la loi du 5 nov. 1790.* *V. l'instruction n.ᵒ 343.* |
| 1066 | 18 janvier 1823. | RÉUNION AU DOMAINE DE L'ÉTAT, DES BIENS DU DOMAINE EXTRAORDINAIRE. | La division du domaine extraordinaire, formée en exécution de l'arrêté du 27 juillet 1819, est supprimée à partir du 1.ᵉʳ janvier 1823. Les attributions sont réparties entre le directeur de la dette inscrite et l'administration des domaines. | *V. cette instruction au tit. Comptabilité.* |

Le travail relatif au complément des liquidations des pensions à accorder en exécution de la loi du 26 juillet 1821, est réservé au directeur de la dette inscrite.

La collection originale des feuilles de travail, décrets, décisions, arrêtés et ordonnances concernant le domaine extraordinaire, est réunie aux archives du ministère des finances.

Le surplus des archives du domaine extraordinaire, ainsi que celles des anciennes sociétés de donataires des 4.ᵉ, 5.ᵉ et 6.ᵉ classes, est remis à l'administration des domaines, qui demeure chargée, 1.ᵒ, de fournir aux donataires tous les renseignemens dont ils pourront avoir besoin pour faire valoir leurs réclamations auprès des gouvernemens étrangers, etc.; 2.ᵒ de proposer à S. Exc. le ministre des finances les autorisations nécessaires pour faire payer aux donataires les indemnités et les décomptes qui leur restent dus, etc.; 3.ᵒ de tenir le compte de l'emploi en rentes du montant brut des recettes du domaine extraordinaire, etc.; 4.ᵒ de proposer les mesures qu'exige la tutelle officieuse des enfans d'Austerlitz, que le chef du dernier gouvernement avait adoptés; 5.ᵒ de procéder à la reconnaissance des droits des appelés à recueillir directement ou indirectement les dotations en vertu des lois, décrets ou ordonnances, etc.; 6.ᵒ de proposer les décisions à prendre sur toutes les réclamations de cette nature (n.ᵒ 5); 7.ᵒ de remplacer enfin, dans toutes les attributions déterminées par l'arrêté du 27 juillet 1819, sauf celles données à la direction de la dette publique, la division du domaine extraordinaire.

Les directeurs des domaines doivent concourir, en ce qui les concerne, à ce que chacun des objets, ainsi attribués, soit suivi avec exactitude et célérité : à cet effet ils fourniront à l'administration tous les renseignemens nécessaires, notamment sur ce qui est relatif, soit aux mesures que peut exiger la tutelle officieuse des enfans de militaires adoptés, soit à la reconnaissance des droits des appelés à recueillir les dotations, en vertu des lois, décrets ou ordonnances qui en assurent la transmission aux héritiers directs des donataires. ( *Arrêté du Ministre des finances, du 31 décembre 1822.* )

| INSTRUCTIONS GÉNÉRALES. | | OBJETS. | EXTRAIT DÉTAILLÉ DES INSTRUCTIONS. | OBSERVATIONS. |
|---|---|---|---|---|
| N.os | DATES. | | | |
| | | | | |

| INSTRUCTIONS GÉNÉRALES. | | OBJETS. | EXTRAIT DÉTAILLÉ DES INSTRUCTIONS. | OBSERVATIONS. |
| N.os | DATES. | | | |
|---|---|---|---|---|
| 10 | 22 brumaire an 10. | BOIS NATIONAUX. | Suspension de tout paiement sur les contributions des bois nationaux. | *V. la circulaire de l'administration n.° 1937.* |
| 37 | 25 nivôse. | *Idem.* | Mode de paiement de la contribution foncière des bois nationaux, prélèvement fait dés dégrèvemens qui auraient pu ou pourraient être accordés par les conseils de préfecture. | |
| 85 | 26 vendém. an 11. | BACS SUR LES RIVIÈRES. | Les bacs sur les fleuves et rivières sont soumis à la contribution foncière, et les receveurs des domaines chargés de l'acquitter, conformément à la circulaire de l'administration num. 1874. | *V. la circulaire de l'administration n.° 1874.* |
| » | 5 brumaire an 12. | DÉGRÈVEMENT. | Les employés de l'administration ne doivent pas perdre un moment pour examiner les cotes nationales et se pourvoir en dégrèvement contre celles excessives. | |
| » | 27 nivôse. | MODE DE PAIEMENT. | Les contributions des domaines nationaux ne doivent pas être acquittées en masse, afin que l'état ne soit pas exposé à supporter celles des biens qui seraient aliénés ou restitués. — Elles doivent être payées à raison d'un douzième par mois. — Les fermiers ou locataires doivent en faire l'avance quoiqu'ils n'en soient pas chargés par leur bail, sauf au receveur à acquitter celles des biens taxés sous une seule cote, lorsqu'ils sont affermés à plusieurs fermiers ou locataires. — Dans le cas de vente ou de main-levée de séquestre, il y a lieu d'exercer contre les nouveaux acquéreurs ou les propriétaires réintégrés, le recours en remboursement du prorata à leur charge. = Ordre d'émarger à cet effet le sommier des contributions. — Aucun motif ne peut autoriser les receveurs à acquitter chaque mois au-delà du douzième échu des cotes des biens de leur arrondissement. | *Voir les circulaires de l'administration, n.os 1874, 1999 et 2016.* |
| « | 3 pluviôse. | CERTIFICATS DE POSSESSION. | Les certificats de possession remis par les receveurs des domaines aux percepteurs, en paiement des contributions des années 5, 6, 7 et 8, ne seront pas versés au trésor public par les receveurs de département; il en sera formé des bordereaux qui seront soumis à la vérification des directeurs et qui seront déposés par eux à la préfecture. ( *Arrêté du Gouvernement du 17 nivôse an 12.* ) | |
| » | 18 dudit. | *Idem.* | Par la vérification prescrite aux directeurs, des bordereaux et certificats de possession, ils doivent surtout s'assurer que ces derniers sont revêtus de toutes les formalités prescrites, qu'ils ne comprennent que le principal des contributions, et que les certificats délivrés pour à-compte sont réunis à ceux délivrés pour solde. | *Addition à la précédente.* |
| 387 | 7 juillet 1808. | RÉPARATION OU RECONSTRUCTION DE DIGUES, CURAGE DE CANAUX, etc. | Les rôles de répartition des sommes nécessaires au paiement des réparations ou reconstructions des ouvrages propres à contenir les eaux des fleuves dans leurs limites, ou concernant le curage des canaux et rivières et l'entretien des digues, seront dressés sous la surveillance du préfet, rendus exécutoires par lui, et le recouvrement s'en opérera de la même manière que celui des contributions publiques. ( *Loi du 14 floréal an 11. Décret du 4 prairial an 13.* ) | |
| 421 | 16 mars 1809. | BAUX EMPHYTÉOTIQUES. | Les contributions imposées sur les propriétés tenues à bail emphytéotique doivent être à la charge de l'emphytéote, lors même qu'il n'a point été astreint à ce paiement par l'acte de bail. — L'emphytéote est autorisé à la retenue du cinquième sur le montant de sa redevance, pour représenter la contribu- | |

| INSTRUCTIONS GÉNÉRALES. | | OBJETS | EXTRAIT DÉTAILLÉ DES INSTRUCTIONS. | OBSERVATIONS. |
|---|---|---|---|---|
| N.os | DATES. | | | |
| » | 24 novembre 1809. | CERTIFICATS DE POSSESSION. | tion due par le bailleur, à moins que le contraire n'ait été expressément stipulé. (*Avis du Cons. d'état du 21 janvier 1809*) Il n'y a pas lieu d'excepter les receveurs de l'enregistrement de la poursuite à exercer pour le recouvrement du montant des remises indûment reçues par les percepteurs, pour les cotes nationales payées en certificats de possession pour les années antérieures à l'an 7. (*Avis du Conseil d'état, du 25 juillet 1809.*) | |
| 456 | 5 décembre. | DESSÉCHEMENT DE MARAIS. | Les sommes dues à l'état en exécution de la loi sur le desséchement des marais, du 16 septembre 1807, seront recouvrées par l'administration des domaines et versées comme fonds généraux aux caisses des receveurs généraux. = Les directeurs devront se faire remettre des extraits des rôles rendus exécutoires, portant fixation des sommes dues en exécution de la loi précitée. = Transcription à faire au bureau des hypothèques pour assurer à l'état son privilège sur la plus value des biens. (*Décisions des Ministres des finances et du trésor, des 12 septembre et 14 novembre 1809.*) | |
| 703 | 2 janvier 1816. | PAIEMENT DES CONTRIBUTIONS DE 1816. | Ordre aux préposés d'acquitter les quatre premiers douzièmes de la contribution foncière de 1816, pour les domaines dont ils perçoivent les revenus. (*Loi du 23 décembre 1815.*) | |
| 760 | 30 décembre. | *Idem*, DE 1817. | Ordre aux préposés d'acquitter les quatre premiers douzièmes de la contribution foncière de 1817, pour les domaines dont ils perçoivent les revenus. (*Loi du 20 décembre 1816.*) | |
| 816 | 30 décembre 1817. | *Idem*, DE 1818. | Ordre aux préposés d'acquitter, à leur échéance respective, les six premiers douzièmes de la contribution foncière de 1818, pour les domaines dont ils perçoivent les revenus. (*Loi du 27 décembre 1817.*) | |
| 873 | 2 janvier 1819. | *Idem*, DE 1819. | Ordre aux employés d'acquitter, à leur échéance respective, les six premiers douzièmes de la contribution foncière de 1819, pour les domaines dont ils perçoivent les revenus. (*Loi du 31 décembre 1818.*) | |
| 916 | 3 janvier 1820. | *Idem*, DE 1820. | Ordre aux employés d'acquitter, à leur échéance respective, les six premiers douzièmes de la contribution foncière de 1820, pour les domaines dont ils perçoivent les revenus. (*Loi du 29 décembre 1819.*) | |
| 968 | 22 janvier 1821. | *Idem*, DE 1821. | Ordre aux employés d'acquitter, à leur échéance respective, les six premiers douzièmes de la contribution foncière de 1821, pour les domaines dont ils perçoivent les revenus. (*Loi du 13 janvier 1821.*) | |
| 1015 | 5 janvier 1822. | *Idem*, DE 1822. | Ordre aux employés d'acquitter, à leur échéance, d'après les rôles de l'année précédente, les trois premiers douzièmes de la contribution foncière de 1822, pour les domaines dont ils perçoivent les revenus. (*Loi du 29 décembre 1821.*) | |
| 1032 | 2 avril. | *Idem.* | Jusqu'à la confection des nouveaux rôles, les receveurs acquitteront, sur ceux de 1821, les termes échus de la contribution foncière de 1822, pour les domaines dont ils perçoivent les revenus. (*Lois des 1.er avril et 1.er mai 1822.*) | |
| 1039 | 8 mai. | | | |

| INSTRUCTIONS GÉNÉRALES. | | OBJETS. | EXTRAIT DÉTAILLÉ DES INSTRUCTIONS. | OBSERVATIONS. |
|---|---|---|---|---|
| N.os | DATES. | | | |

| INSTRUCTIONS GÉNÉRALES. | | OBJETS. | EXTRAIT DÉTAILLÉ DES INSTRUCTIONS. | OBSERVATIONS. |
| --- | --- | --- | --- | --- |
| N.os | DATES. | | | |
| | | | | |

| INSTRUCTIONS GÉNÉRALES. | | OBJETS. | EXTRAIT DÉTAILLÉ DES INSTRUCTIONS. | OBSERVATIONS. |
|---|---|---|---|---|
| N.° | DATES. | | | |
| 43 | 4 ventôse an 10. | ENGAGISTES DÉPOSSÉDÉS. — SURSIS. — VENTE. | Les engagistes qui n'auront pas payé le quart et réalisé leurs soumissions dans le délai déterminé par la loi du 14 ventôse an 7, doivent être assimilés aux engagistes qui n'ont fait ni déclaration ni soumission, et comme tels dans le cas d'être dépossédés. *( Décision du Ministre des finances, du 29 frimaire an 10. )* Le sursis à la vente des domaines nationaux ordonnée par l'arrêté du gouvernement du 9 floréal an 9, n'est pas applicable aux domaines engagés. *( Décision du Ministre des finances, du 5 frimaire an 10. )* | |
| 85 | 28 vendém. an 11. | BIENS ENGAGÉS POUR UN TEMS LIMITÉ. | Les biens engagés par l'ancien gouvernement pour un temps limité, ne peuvent être mis en vente quant à présent : il faut attendre la nouvelle loi qui doit fixer le sort des engagemens de cette nature. | |
| 112 | 8 nivôse. | EXÉCUTION DE LA LOI DU 14 VENTÔSE AN 7. — ÉTAT A FOURNIR. | Demande d'un état indiquant la situation au 1.er nivôse an 11 de l'exécution de la loi du 14 ventôse an 7, sur les domaines engagés, et ordre de le fournir, par la suite, à l'expiration de chaque trimestre. | |
| 221 | 28 germinal an 12. | CONCESSIONS DE BOIS ET FORÊTS RÉVOQUÉES. — DÉPÔT DE TITRES. | Les engagistes, échangistes ou autres concessionnaires à quel titre que ce soit, des bois et forêts dont les concessions sont révoquées par les lois des 3 septembre 1792 et 14 ventôse an 7, seront tenus de déposer dans les trois mois de la publication de la loi du 11 pluviôse an 12, au secrétariat de la préfecture du département de la situation des bois et forêts, leurs titres de concession, etc. — Mode d'exécution de la loi du 11 pluviôse an 12 sur cet objet. | |
| 224 | 18 floréal. | CONCESSIONNAIRES DE BOIS ET FORÊTS DÉPOSSÉDÉS. | Les engagistes, etc. des bois et forêts, qui n'auront pas déposé leurs titres dans les trois mois accordés par la loi du 11 pluviôse an 12, seront dépossédés à l'expiration de ce délai ; ceux qui auront satisfait à la loi dans ce délai, ne pourront l'être qu'après avoir reçu l'avis de la liquidation de leur indemnité, etc. Les frais d'expertise seront supportés par moitié par les détenteurs et l'administration. — L'échangiste sera remis en possession des biens qu'il aurait pu donner en contre-échange dans le cas ou le gouvernement les aurait aliénés. La valeur en entrera alors en liquidation au profit de l'échangiste. Ce dernier pourra demander un domaine national en remplacement. Précautions à prendre pour que les intérêts de l'état ne soient point lésés. | |
| 259 | 30 brumaire an 13. | EXÉCUTION DE LA LOI DU 11 PLUVIÔSE AN 12. | Compte à rendre par les directeurs, de l'exécution de la loi du 11 pluviôse an 12 sur les engagemens et échanges de bois nationaux. Etat à fournir. | |
| » | 19 messidor. | EXPERTISE DES BOIS AUDESSUS DE 150 HECTARES. | L'expertise des bois au-dessus de 150 hectares, dont les engagistes sont autorisés par la loi du 11 pluviôse an 12, à se faire déclarer propriétaires, doit indiquer le prix, 1.° du quart de la valeur du taillis ; 2.° de la totalité de la futaie. *( Avis du Conseil d'état du 3 floréal an 13. )* | |
| » | 7 brumaire an 14. | DÉTENTEURS A CHARGE D'UNE RENTE. | Les détenteurs de domaines engagés à la charge d'une rente, en payant le quart de la valeur de ces biens, ne sont plus tenus au paiement de cette rente. *( Décision du Conseil d'état du 22 fructidor an 13. )* | |
| » | 29 frimaire. | CESSIONNAIRE D'UNE RENTE D'ENGAGEMENT | Le cessionnaire d'une rente d'engagement dont il ne peut jouir d'après l'avis du conseil d'état du 22 fructidor an 13, est autorisé à se pourvoir pour obtenir une autre rente en rem- | |

| INSTRUCTIONS GÉNÉRALES. | | OBJETS. | EXTRAIT DÉTAILLÉ DES INSTRUCTIONS. | OBSERVATIONS. |
|---|---|---|---|---|
| N.° | DATES. | | | |
| | | | placement, et dans le cas où ce remplacement ne pourrait avoir lieu, il sera remboursé suivant le cours du jour du dépôt de la rescription. *( Décision du Ministre des finances, du 17 vendémiaire an 14. )* | |
| 304 | 28 mai 1806. | PRIX D'ADJUDICATION. — ÉPOQUE DE SON VERSEMENT. | Les acquéreurs de domaines engagés, vendus en exécution de la loi du 14 ventôse an 7, sont tenus de verser, dans le mois de la publication du décret ci-dessous cité, la partie du prix de leur adjudication dont ils peuvent être débiteurs, à peine d'encourir la déchéance. *( Décret du 23 janvier 1806. )* | |
| » | 11 juillet. | ARRÉRAGES. — RESTITUTION. | Il n'y a pas lieu à la restitution d'arrérages de rente d'engagemens, payés antérieurement à l'avis du conseil d'état du 22 fructidor an 13. *( Décret du 23 juin 1806. )* | |
| » | 13 février 1808. | EXÉCUTION DES LOIS DES 14 VENTÔSE AN 7 ET 11 PLUVIÔSE AN 12 | Compte à rendre de la situation, au 1.er janvier 1808, de l'exécution des lois des 14 ventôse an 7 et 11 pluviôse an 12, concernant les domaines engagés et les bois nationaux provenant d'engagemens ou d'échanges. | |
| 465 | 15 février 1810. | RESTITUTION PAR LES DÉTENTEURS. — MISE A PRIX DES BIENS A VENDRE. | Les receveurs des domaines de la situation des biens, sont chargés du recouvrement des revenus à restituer par les détenteurs de domaines engagés. — La première mise à prix pour la vente de ces biens doit être faite ainsi qu'il est prescrit par l'art. 105 de la loi du 5 ventôse an 12. *( Décision du Ministre des finances, du 25 janvier 1810. )* | |
| 720 | 15 mai 1816. | DOMAINES ENGAGÉS. — BIENS A RESTITUER AUX ÉMIGRÉS. | Voir l'analyse de cette instruction au titre Émigrés et Déportés. | |
| 735 | 5 août | RENTES D'ENGAGEMENS. | Les arrérages de rentes mêlées de cens et emportant lots et ventes, pour concession de biens, dépendant de l'ancien domaine de la couronne, aliénés à titre d'engagement, ne sont point exigibles. *( Avis des comités des finances, de législation et du contentieux du Conseil d'état, et décision du Ministre des finances, du 26 juin 1816. )* | |
| 753 | 25 novembre | MODE D'ESTIMATION DES BOIS ENGAGÉS. | La valeur des bois engagés doit être réglée, conformément à la loi du 14 ventôse an 7, par trois experts nommés, l'un par l'engagiste, le second par le directeur des domaines et le troisième par le préfet du département. — Le concours des agens forestiers dans l'estimation de ces bois ayant paru nécessaire, le ministre des finances, par sa lettre du 13 novembre 1816, a autorisé M. le directeur-général de l'administration forestière à faire désigner par le conservateur trois préposés de son administration entre lesquels le directeur des domaines sera tenu de choisir l'expert qui est à sa nomination. En conséquence, les directeurs devront se concerter avec les conservateurs des forêts, pour le choix de l'expert, dans les estimations dont il est question. | |
| 838 | 28 mai 1818. | ÉCHANGISTES DE BOIS DE L'ÉTAT. | D'après la loi du 15 mai 1818, les concessionnaires de bois au-dessus de 150 hectares, dont les échanges n'étaient pas consommés avant 1789, devront, pour être confirmés dans leur possession, payer le quart de la valeur, à moins qu'ils ne justifient d'évaluations faites conformément à l'édit de 1711, et de l'aliénation, au nom de l'État, des biens par eux cédés en contre-échange : dans ce cas, le montant de la soulte stipulée serait seule exigible. | |

# DOMAINES. — ENGAGÉS.

| INSTRUCTIONS GÉNÉRALES. | | OBJETS. | EXTRAIT DÉTAILLÉ DES INSTRUCTIONS. | OBSERVATIONS |
|---|---|---|---|---|
| N.ᵒˢ | DATES. | | | |
| 925 | 3 avril 1820. | LIBÉRATION DES DIVERSES CLASSES D'ACQUÉREURS DU DOMAINE DE L'ÉTAT. — ENGAGISTES ET ÉCHANGISTES. | Loi du 12 mars 1820. Signification à faire aux détenteurs des biens engagés ou échangés à l'expiration de 30 années à compter de la publication de la loi du 14 ventôse an 7. Ces biens, sur lesquels il n'aura pas été fait les significations convenables, seront, sans aucune distinction, déclarés propriétés incommutables entre les mains des possesseurs et détenteurs. (Voir l'instruction pour les obligations à remplir par les préposés des domaines.) | |
| 950 | 31 août. | ÉTAT A FOURNIR DES DOMAINES ENGAGÉS OU ÉCHANGÉS. | Demande de l'état des domaines et des bois engagés ou échangés, pour lesquels les détenteurs n'ont pas payé le quart de la valeur, en exécution des lois des 14 ventôse an 7, 28 avril 1816 et 15 mai 1818. Modèle de cet état, qui doit être remis aux Chambres. | |

| INSTRUCTIONS GÉNÉRALES | | OBJETS. | EXTRAIT DÉTAILLÉ DES INSTRUCTIONS. | OBSERVATIONS. |
|---|---|---|---|---|
| N.os | DATES. | | | |

| INSTRUCTIONS GÉNÉRALES. | | OBJETS. | EXTRAIT DÉTAILLÉ DES INSTRUCTIONS. | OBSERVATIONS. |
|---|---|---|---|---|
| N.° | DATES. | | | |
| 219 | 24 germinal an 12. | DISTINCTION DES SUCCESSIONS VACANTES ET DE CELLES EN DESHÉRENCE. | Distinction à faire entre les successions tombées en deshérence, d'avec les successions vacantes. Mode d'administration des unes et des autres conformément aux articles 767, 768, etc. du code civil. Compte ouvert à tenir des recettes et dépenses de ces successions. Obligations imposées aux curateurs des successions vacantes. | |
| 267 | 6 pluviôse an 13. | SUCCESSIONS VACANTES. — PRIX D'IMMEUBLES ALIÉNÉS. | Il ne doit être versé dans la caisse du receveur des domaines, sur le prix de ventes d'immeubles provenant des successions vacantes et aliénés par suite d'expropriation forcée, que l'excédant restant entre les mains de l'adjudicataire, après l'acquittement des bordereaux de collocation. ( Décisions des Min. de la justice et des finances, des 10 et 15 nivôse an 13. ) | |
| 273 | 23 dudit. | SUCCESSIONS VACANTES. — FRAIS D'APPOSITION ET LEVÉE DE SCELLÉS, etc. | Le receveur des domaines établi près le tribunal de première instance, dans le ressort duquel une succession devenue vacante est ouverte, est autorisé à acquitter les frais d'apposition et levée de scellés, de nomination de curateur et de ceux d'inventaire et vente du mobilier, jusqu'à due concurrence du produit effectif de chaque succession, sur simples mémoires quittancés par les parties prenantes, certifiés par le curateur à la succession et ordonnancés par le juge de paix du canton, sauf à faire régulariser son avance par une ordonnance générale du tribunal de première instance. | |
| 300 | 5 mars 1806. | SUCCESSIONS EN DESHÉRENCE, DIVERSES DES SUCCESSIONS VACANTES. — ADMINISTRATION. | Distinction des successions en deshérence et des successions vacantes. Mode d'administration de celles ouvertes depuis le code civil, et de rectification des erreurs dans l'administration des successions en deshérence, régies mal à propos comme successions vacantes. Les successions vacantes, ouvertes avant le code civil, doivent aussi être administrées conformément à ces dispositions. | |
| 467 | 9 mars 1810. | SUCCESSIONS VACANTES. — CAISSE D'AMORTISSEMENT. | Les objets confiés aux entrepreneurs de roulage ou de messageries, lorsqu'ils n'auront pas été réclamés dans le délai de six mois, seront vendus par voie d'enchère publique à la diligence de la régie de l'enregistrement. ( Décret du 13 août 1810. ) | |
| 493 | 29 septembre | OBJETS CONFIÉS AUX ENTREPRENEURS DE MESSAGERIES. | Les sommes provenant des successions vacantes doivent être consignées à la caisse d'amortissement qui a nommé en cette partie pour ses agens les receveurs généraux et particuliers. Mode de la remise à faire de cette régie, par les receveurs des domaines qui en étaient chargés. | |
| » | 25 janvier 1811. | DROITS D'AUBAINE. — SUJETS DE L'AUTRICHE. | Le droit d'aubaine ne sera exercé ni sur la succession du sieur Vay-de-Vaya gentilhomme hongrois, ni sur celle d'aucun sujet de l'Autriche, mort en France pendant la guerre. (Décret du 20 décembre 1810. ) | |
| 517 | 6 mai. | SUCCESSIONS EN DESHÉRENCE. — ADMINISTRATION. | Mode d'administration des successions en deshérence. — Les dépenses et les dettes de ces successions, lorsque l'envoi en possession a été prononcé, sont payables sur mandats des préfets, visés par les directeurs. — Les ventes des biens en provenant, doivent être faites devant les tribunaux. ( Décision du Ministre des finances et du Grand-Juge, du 7 février 1811. ) | |
| » | 10 dudit. | OBJETS CONFIÉS AUX MESSAGERIES. | Les entrepreneurs des messageries, rue N.-D. des Victoires à Paris, sont autorisés à retenir dans cette ville les effets non réclamés dont le transport leur a été confié, pour y être vendus conformément au décret du 13 août 1810. ( Décision du Min. des finances, du 16 avril 1811. ) | |

| INSTRUCTIONS GÉNÉRALES. | | OBJETS | EXTRAIT DÉTAILLÉ DES INSTRUCTIONS. | OBSERVATIONS. |
|---|---|---|---|---|
| N.ᵒˢ | DATES. | | | |
| 541 | 3 septembre 1811. | DROIT D'AUBAINE. — SUJETS DU ROYAUME D'ITALIE ET DES PRINCIPAUTÉS DE LUCQUES ET PIOMBINO. | Les sujets du royaume de France sont affranchis, dans le royaume d'Italie, du droit d'aubaine, et réciproquement ceux du royaume d'Italie, en France. Les sujets des principautés de Lucques et de Piombino jouissent, dans les deux états, des mêmes avantages. (*Décrets des 19 février 1806 et 6 août 1811.*) Les préposés de l'administration s'abstiendront en conséquence de toute démarche pour obtenir la mise en possession de biens situés en France, transmis par décès à des sujets du royaume d'Italie ou des principautés de Lucques et de Piombino. | |
| 552 | 3 décembre. | SUCCESSIONS EN DESHÉRENCE. — ALIÉNATION DES IMMEUBLES. | Les ventes de biens provenant des successions en deshérence ne peuvent être faites que devant les tribunaux et d'après les formes prescrites par le code civil, et elles ne peuvent être poursuivies par l'administration que dans le cas où le dépérissement des immeubles rend cette mesure indispensable. (*Déc. des Ministres de la justice et des finances du 16 novembre 1811.*) | |
| 556 | 23 dudit. | DROIT D'AUBAINE. — SUJETS PRUSSIENS. | Le droit d'aubaine ne sera point exercé en France à l'égard des sujets de S. M. prussienne; il ne sera perçu aucun droit de détraction sur les héritages et legs échus et à échoir dans l'empire à des sujets prussiens. (*Décret du 2 décembre 1811.*) | |
| 584 | 22 juin 1812. | *Idem.* — SUJETS DU GRAND-DUC DE FRANCFORT. | Le droit d'aubaine ne sera point exercé en France à l'égard des sujets de S. A. R. le grand-duc de Francfort. (*Décret du 25 avril 1812.*) | |
| 771 | 4 avril 1817. | EXEMPTION DES DROITS D'AUBAINE ET DE DÉTRACTION A L'ÉGARD DES SUJETS DU DANNEMARCK. | L'art. 40 du traité de commerce de 1742 entre la France et le Dannemarck, et portant abolition réciproque des droits d'aubaine et de détraction, continuera à avoir son plein effet. Il y a lieu d'exiger les droits d'enregistrement de succession, comme si les mutations avaient eu lieu en faveur de français. (*Ordonnance Royale du 24 mars 1817.*) | |
| 824 | 26 février 1818. | DROITS DE DÉTRACTION A EXIGER SUR LES SUCCESSIONS DES SUJETS BADOIS. | Les préposés devront exiger le droit de détraction des sujets badois, toutes les fois qu'il s'ouvrira en France une succession à leur profit. Ce droit doit être perçu à raison de 8 pour cent, de la valeur des biens recueillis, indépendamment du droit de succession. | |
| 842 | 15 juin. | EXEMPTION DES DROITS D'AUBAINE ET DE DÉTRACTION A L'ÉGARD DES SUJETS DU ROYAUME DES DEUX-SICILES. | Les mutations par décès, de biens situés en France, opérées en faveur des sujets des Deux-Siciles, sont affranchies de tout droit d'aubaine et de détraction; elles ne doivent que les droits d'enregistrement, comme si les successions étaient échues à des français. (*Convention du 1.ᵉʳ juin 1818.*) | |
| 877 | 15 février 1819. | ABOLITION DU DROIT D'AUBAINE A L'ÉGARD DES SUJETS DE LA SUÈDE. | Les droits d'aubaine et de détraction, ainsi que la gabelle d'émigration, étant abolis dans le royaume de Suède, depuis le 7 décembre 1814, en faveur des français, le ministre des affaires étrangères a fait connaître qu'attendu le principe de réciprocité, l'abolition portée par la déclaration de 1754, pour les objets mobiliers seulement, doit s'étendre aux successions immobilières, et qu'il y a lieu de faire jouir les suédois, en France, des avantages que le gouvernement de leur pays garantit aux français en Suède. Ainsi les biens meubles et immeubles situés en France, échus à des suédois, ne donnent lieu qu'aux droits qui seraient dûs si les successions étaient dévolues à des français. | |
| 900 | 13 août. | ABOLITION DU DROIT D'AUBAINE ET DE DÉTRACTION. | Tous droits d'aubaine et de détraction sont abolis. Les articles 726 et 912 du code civil sont abrogés: les étrangers auront le droit de succéder, de disposer et de recevoir, dans toute l'étendue du royaume, comme les français. (*Loi du 14 juillet 1819.*) | |

| INSTRUCTIONS GÉNÉRALES. | | OBJETS. | EXTRAIT DÉTAILLÉ DES INSTRUCTIONS. | OBSERVATIONS. |
|---|---|---|---|---|
| N.os | DATES. | | | |
| | | | | |

| INSTRUCTIONS GÉNÉRALES. | | OBJETS. | EXTRAIT DÉTAILLÉ DES INSTRUCTIONS. | OBSERVATIONS. |
|---|---|---|---|---|
| N.os | DATES. | | | |

| INSTRUCTIONS GÉNÉRALES. | | OBJETS. | EXTRAIT DÉTAILLÉ DES INSTRUCTIONS. | OBSERVATIONS. |
|---|---|---|---|---|
| N.os | DATES. | | | |
| » | 7 prairial an 11. | IMMEUBLES NON ALIÉNÉS. | La vente des immeubles provenant des fabriques et qui ne seraient point encore aliénés, est suspendue. ( *Arrêté du Gouvernement du 8 pluviôse an 11.* ) | |
| 155 | 15 fructidor. | BIENS RENDUS A LEUR DESTINATION. | Les biens des fabriques non aliénés, ainsi que les rentes dont elles jouissaient et dont le transfert n'a pas été fait, sont rendus à leur destination. ( *Arrêté du Gouvernement du 7 thermidor an 11.* ) | |
| 167 | 5 complém. | BIENS NON RESTITUABLES. | Les biens des fabriques compris dans les états de ceux réservés en l'an 9, ne sont pas dans le cas d'être restitués. ( *Décision du Ministre des finances, du 30 fructidor an 11.* ) | |
| 181 | 24 brumaire an 12. | BIENS A RESTITUER. | Doivent être rendus aux fabriques, en exécution de l'arrêté du gouvernement du 7 thermidor an 11, 1.° les biens non aliénés; 2.° ceux vendus qui se trouveraient actuellement dans les mains de l'état par suite de la déchéance des acquéreurs, pourvu qu'il n'ait pas été souscrit de cédules; 3.° les rentes dont elles jouissaient, pourvu que le transfert n'en ait pas été fait. ( *Décisions du Ministre des finances, des 14 et 25 vendémiaire an 12.* ) En leur rendant leurs biens disponibles, il n'y a pas lieu d'excepter les arrérages dûs, non plus que les capitaux exigibles et non recouvrés. | |
| 189 | 2 nivôse. | REVENU. — ÉTAT. | Demande d'un état détaillé du revenu tant en rentes qu'en propriétés foncières, des fabriques et églises de l'arrondissement de chaque bureau. | |
| 200 | 6 pluviôse. | BIENS CHARGÉS DE MESSES ET FONDATIONS | Les différens biens, rentes et fondations chargés de messes anniversaires et services religieux, faisant partie des revenus des églises, et qui n'ont point été aliénés ni transférés, sont rendus à leur première destination, aux termes des dispositions de l'arrêté du 7 thermidor an 11. ( *Arrêté du Gouvernement du 28 frimaire an 12.* ) | |
| » | 20 dudit. | ARRÉRAGES DE RENTES ET FERMAGES. | Les arrérages de rentes et fermages non recouvrés à l'époque du 7 thermidor an 11, date du décret qui a rendu aux fabriques leurs biens non aliénés, doivent leur être restitués, soit que ces arrérages proviennent de biens aliénés ou non aliénés. ( *Décision du Ministre des finances, du 17 pluviôse an 12.* ) | |
| 217 | 9 germinal. | FONDATIONS AUX CURÉS, etc. | La décision du gouvernement du 28 frimaire an 12, qui rend aux fabriques les différens biens, rentes et fondations, chargés de messes et services religieux. s'applique également aux fondations faites aux curés, vicaires, chapelains, etc. ( *Décision du Ministre des finances, du 30 ventôse an 12.* ) | |
| » | 6 frimaire an 13. | RENTES. — CAISSE D'AMORTISSEMENT. | Les rentes provenant de fabriques et dont le gouvernement a disposé en faveur de la caisse d'amortissement avant l'arrêté du 7 thermidor an 11, ne sont plus restituables à ces établissemens. ( *Décis du Min. des finan., du 26 brumaire an 13.* ) | |
| 278 | 25 germinal. | MÉTROPOLES ET CATHÉDRALES. | Les biens et rentes non aliénés, provenant des fabriques des métropoles et cathédrales des ci-devant chapitres métropolitains et diocésains et des collégiales, sont rendus à leur destination primitive. ( *Décret du 15 ventôse an 13.* ) | |
| » | 7 floréal. | MÉTROPOLES, CATHÉDRALES ET COLLÉGIALES. | Etat à fournir des biens et rentes non aliénés, provenant des fabriques des métropoles, cathédrales et collégiales, rendus à leur destination par décret du 15 ventôse an 13. | |
| » | 5 vendém. an 14. | CONFRÉRIES. — ÉGLISES PAROISSIALES | Les biens non aliénés et les rentes non transférées qui proviennent des confréries établies précédemment dans les églises paroissiales, appartiendront aux fabriques. ( *Déc. du 28 messid. an 13.* ) | |

| INSTRUCTIONS GÉNÉRALES. | | OBJETS. | EXTRAIT DÉTAILLÉ DES INSTRUCTIONS. | OBSERVATIONS. |
|---|---|---|---|---|
| N.° | DATES. | | | |
| 334 | 22 juillet 1807. | MISE EN POSSESSION. — ARRÊTÉS DES PRÉFETS. — SOLUTIONS DIVERSES. | Les fabriques, les curés ou desservans autorisés à posséder des immeubles, ne doivent se mettre en possession d'aucun objet qu'en vertu d'arrêtés spéciaux des préfets. État à fournir. ( *Avis du Conseil d'état du 23 décembre 1806.* ) Cette instruction contient les paragraphes suivans : 1.° rentes dues aux fabriques par des établissemens supprimés, par des émigrés ou par des fabriques; 2.° biens des fabriques vendus, mais dont les acquéreurs ont été déchus; 3.° églises et presbytères supprimés par suite de l'organisation ecclésiastique; 4.° les biens de fabriques des églises supprimées appartiennent aux fabriques des églises auxquelles elles sont réunies; 5.° biens et rentes des fabriques découverts par les hospices. | |
| » | 5 janvier 1808. | BIENS DE TOUTE NATURE. — ÉTAT A FOURNIR. | Ordre de fournir de nouveaux états des immeubles, rentes et créances appartenant aux fabriques. = Se concerter avec les préfets pour le modèle des états à adresser par les marguilliers, pour en assurer l'uniformité. | |
| » | 27 juillet. | RENTRÉE EN POSSESSION. | Si les fabriques sont rentrées en possession, avant le 6 juin 1806, des biens aliénés, mais dont les acquéreurs ont encouru la déchéance, il n'y a pas à revenir sur ces rentrées en possession : il n'y a qu'une exception pour le cas où les acquéreurs auraient réclamé en temps utile. | |
| » | 16 septembre | CAPITAUX RENDUS PAR LA CAISSE D'AMORTISSEMENT. | Les capitaux de rentes provenant de fabriques et qui sont rendus au domaine par la caisse d'amortissement, sont restituables aux fabriques. | |
| 504 | 19 janvier 1811. | REGISTRES. — TIMBRE. — ENREGISTREMENT. | Les registres des fabriques seront sur papier non timbré. Les dons et legs qui leur seraient faits, ne supporteront que le droit fixe d'enregistrement d'un franc. ( *Décret du 30 décembre 1809.* ) | *V. l'instruction* n.° 941. |
| 864 | 10 novembre 1818. | BIENS DES FABRIQUES RENTRÉS SOUS LA MAIN DE L'ÉTAT PAR LA DÉCHÉANCE DES ACQUÉREURS, A RESTITUER A CES ÉTABLISSEMENS. | Le ministre des finances a statué, le 26 septembre 1818, que les biens des fabriques aliénés, réunis au domaine de l'État par suite de la déchéance des acquéreurs et encore disponibles, seront restitués à ces établissemens, nonobstant toutes décisions contraires, qui demeureront comme non avenues; à la charge expresse, par les fabriques, de verser dans la caisse du domaine, pour être remis à l'acquéreur déchu, les à-comptes qu'il aurait payés.<br>Aux termes de cette décision, les fabriques ne peuvent être mises en possession de ceux de leurs biens rentrés sous la main de l'État, qu'après avoir versé, entre les mains des receveurs des domaines, les fonds nécessaires pour les remboursemens à effectuer aux acquéreurs déchus. Les directeurs prépareront la liquidation des sommes à rembourser à ces acquéreurs, pour mettre M. le Directeur-général à portée de faire régler définitivement cette liquidation. | |
| 941 | 15 juillet 1820. | REGISTRE DES FABRIQUES, EN CE QUI CONCERNE LE TIMBRE. | Le décret du 30 décembre 1809, transmis par l'instruction n.° 504, ayant dispensé du timbre les registres des fabriques, le ministre des finances a fait connaître qu'il y a lieu de rembourser, aux trésoriers des fabriques, les droits qu'ils auraient payés pour le timbre de leurs registres. | |

| INSTRUCTIONS GÉNÉRALES. | | OBJETS. | EXTRAIT DÉTAILLÉ DES INSTRUCTIONS. | OBSERVATIONS. |
|---|---|---|---|---|
| N.ᵒˢ | DATES. | | | |

| INSTRUCTIONS GÉNÉRALES. | | OBJETS. | EXTRAIT DÉTAILLÉ DES INSTRUCTIONS. | OBSERVATIONS. |
|---|---|---|---|---|
| N.os | DATES. | | | |
| | | | | |

# DOMAINES. — FERMAGES ET LOYERS.

| INSTRUCTIONS GÉNÉRALES. | | OBJETS. | EXTRAIT DÉTAILLÉ DES INSTRUCTIONS. | OBSERVATIONS. |
|---|---|---|---|---|
| N.os | DATES. | | | |
| » | 19 nivôse an 10. | FERMAGES EXIGI-BLES EN L'AN 10. | Demande d'un état du montant des fermages et locations exigibles en l'an 10. | |
| » | 26 dudit. | ÉTAT DES FERMAGES ET LOCATIONS. | Changement à faire dans le modèle d'état, du montant des fermages et locations, fourni en exécution de la circulaire du 2 frimaire an 9, n.° 1919. | |
| 65 | 5 thermidor. | FERMAGES ARRIÉRÉS. | Les fermages arriérés des biens nationaux, dûs par les fermiers qui n'ont pas profité du bénéfice des lois qui les autorisaient à demander la réduction de leurs baux, seront liquidés conformément aux dispositions de l'art. 10 de la loi du 6 messidor an 6. ( *Arrêté du Gouvernement du 6 messidor an 10.* ) | |
| 74 | 4 comp. | FERMAGES DE BIENS VENDUS. | Les fermages de biens vendus, seront partagés entre l'état et les acquéreurs, à compter du jour de l'entrée en jouissance du fermier, et ils seront acquis aux adjudicataires proportionnellement et à compter du jour de l'adjudication. ( *Arrêtés du Gouvernement des 16 thermidor an 8 et 15 vendémiaire an 10.* ) | |
| 118 | 5 pluviôse an 11. | BAUX A COMPLANT OU A PORTION DE FRUITS. | Les bailleurs des baux à complant ou à portion de fruits, sont maintenus dans la propriété des biens concédés sous ce titre, ainsi que dans le droit d'exiger la portion de fruits réservée par l'acte, sans que les preneurs puissent forcer les bailleurs à en recevoir le rachat. ( *Avis du Conseil d'état du 21 ventôse an 10.* ) | |
| » | 20 thermid. | OBLIGATIONS POUR FERMAGES. | Les directeurs se concerteront avec les receveurs-généraux, pour retirer de leurs mains les obligations pour fermages postérieurs à l'an 7. | |
| » | 24 floréal an 12. | PRESCRIPTION. | Les fermages se prescrivent par cinq ans dans le ressort du ci-devant parlement de Paris, comme dans celui des autres parlemens où l'ordonnance de 1629 avait été promulguée et enregistrée. ( *Cour de cassation ; 13 germinal an 12.* ) art. 2277 du code civil. | |
| » | 7 nivôse an 14. | ÉTAT DES FERMAGES ET LOCATIONS. | Les états joints à la circulaire n.° 1919 doivent comprendre, savoir ; le 1.er, les fermages de toutes les années antérieures à celle dans laquelle on se trouve ; le 2.e, les fermages de l'année courante. | |
| » | 17 mars 1806. | RESTITUTION DE REVENUS. | Les restitutions de revenus de biens nationaux recouvrés par les caisses des domaines depuis le 1.er vendémiaire an 5, jusques et compris le dernier jour de l'an 8, ne pourront être faites qu'en rentes sur l'état, à 5 pour cent. | |
| 314 | 2 août. | INTÉRÊTS DES INTÉRÊTS. | L'administration a le droit d'invoquer les dispositions du code civil, concernant les intérêts ou intérêts d'intérêts, pour les créances et revenus nationaux ; elle ne peut poursuivre par voie de contrainte, le paiement de ces intérêts que lorsqu'ils sont stipulés par une convention ou exigibles de plein droit ; dans le cas contraire, elle doit obtenir un jugement, mais il ne doit être formé de demande judiciaire que dans le cas d'opposition à la contrainte de la part du redevable ou lorsque, s'agissant d'actions considérables, le ministre des finances y aura autorisé l'administration. Une réclamation ne suspend point le cours des intérêts, ni leur demande en justice ; s'il y a lieu de la former, le sursis accordé par l'autorité supérieure suspend la demande judiciaire ; si elle est formée, c'est aux tribunaux à y avoir égard. Le sursis n'arrête pas le cours des intérêts stipulés par convention ou exigibles de plein droit. ( *Décision du Ministre des finances du 5 mai 1806.* ) | |

| INSTRUCTIONS GÉNÉRALES. | | OBJETS. | EXTRAIT DÉTAILLÉ DES INSTRUCTIONS. | OBSERVATIONS |
|---|---|---|---|---|
| N.os | DATES. | | | |
| » | 20 octobre 1806. | CORPS ADMINISTRATIFS ET JUDICIAIRES. — LOYERS. | Il n'y a lieu de réclamer auprès des corps administratifs et judiciaires que les loyers échus pour l'an 5 et années postérieures des bâtimens nationaux qu'ils occupent. (*Décision du Ministre des finances du 9 octobre 1806.*) | *V. la circulaire du 25 juin 1812* |
| » | 14 septembre 1807. | LIQUIDATION DE FERMAGES. | Ordre aux receveurs de reviser toutes les liquidations par eux faites du prorata de fermages appartenant à l'état sur les biens vendus, et aux employés supérieurs d'en faire la vérification la plus exacte. | |
| 343 | 24 dudit. | ACTIONS A INTENTER. — COMPÉTENCE. | Compétence des tribunaux ou des conseils de préfecture en matière de fermages de biens nationaux ; celle des préfets pour intenter les actions relatives à la propriété des biens meubles et immeubles contestés à l'état. | |
| « | 25 juin 1812. | CORPS ADMINISTRATIFS ET JUDICIAIRES. — LOYERS. | Les départemens, arrondissemens et communes n'ont rien à payer pour loyers non perçus des édifices et bâtimens qui leur ont été concédés gratuitement. (*Décision du Ministre des finances du 3 mai 1811.*) | |

| INSTRUCTIONS GÉNÉRALES. | | OBJETS. | EXTRAIT DÉTAILLÉ DES INSTRUCTIONS. | OBSERVATIONS. |
| --- | --- | --- | --- | --- |
| N.os | DATES. | | | |

| INSTRUCTIONS GÉNÉRALES. | | OBJETS. | EXTRAIT DÉTAILLÉ DES INSTRUCTIONS. | OBSERVATIONS. |
|---|---|---|---|---|
| N.os | DATES. | | | |

| INSTRUCTIONS GÉNÉRALES. | | OBJETS. | EXTRAIT DÉTAILLÉ DES INSTRUCTIONS. | OBSERVATIONS. |
|---|---|---|---|---|
| N.os | DATES. | | | |
| » | 30 brumaire an 11. | RENTES DISPONIBLES. | Demande d'un état exact des capitaux des rentes disponibles, et recommandation de le dresser de manière à ce qu'on ne soit pas obligé de réassigner les rescriptions délivrées aux créanciers du gouvernement : modèle d'état y joint. Cet état ne dispensera pas le directeur de fournir ceux prescrits par la circulaire n.º 1925. | |
| 110 | 8 nivôse. | OBLIGATIONS POUR RACHAT DE RENTES. | Le recouvrement des obligations souscrites pour rachat de rentes nationales, sera poursuivi pour le compte du trésor public par les receveurs des domaines aux bureaux desquels les rentes se percevaient. Mode de poursuites, de recouvrement et de comptabilité de ces effets. | |
| » | 24 ventôse. | PRESTATION FÉODALE SUPPRIMÉE. | Toute prestation de quelque nature qu'elle puisse être, établie par des titres constitutifs de redevances seigneuriales et droit féodaux, a été supprimée. (*Avis du Conseil d'état du 30 pluviôse an 11.*) | |
| » | 4 floréal. | OBLIGATIONS POUR RACHAT DE RENTES. | Les souscripteurs d'obligations pour rachat de rentes nationales non acquittées à leur échéance, ne doivent d'intérêts qu'à compter du jour où ils ont été mis en demeure. | |
| » | 8 dudit. | JOUISSANCE DES CESSIONNAIRES. | La jouissance des cessionnaires de rentes nationales doit commencer du jour de l'enregistrement du dépôt des rescriptions. (*Décision du Ministre des finances, du 29 germinal an 11.*) | |
| » | 14 prairial. | REMBOURSEMENS EN ASSIGNATS ET MANDATS. | Les remboursemens de rentes et capitaux, faits à l'état en assignats postérieurement à la loi du 25 messidor an 3 et en mandats, après celle du 29 messidor an 4, sont valides jusqu'au 1.er germinal an 5. — Les remboursemens de l'espèce sont valides, soit que la liquidation ait été approuvée avant ou après le paiement par les corps administratifs, attendu que par le seul fait du paiement le débiteur s'est libéré. (*Décision du Ministre des finances, du 7 prairial an 11.*) | |
| » | 22 vendém. an 12. | RENTES MÉLANGÉES DE CENS. — RESTITUTION. | Il n'y a pas lieu à la restitution soit des capitaux, soit d'arrérages de rentes mélangées de cens dont le paiement aurait été fait dans les caisses de l'administration antérieurement à la publication de l'avis du Conseil d'état du 30 pluviôse an 11. (*Avis du Conseil d'état, du 21 fructidor an 11.*) | |
| 187 | 28 frimaire. | OBLIGATIONS POUR RACHAT DE RENTES. | Les souscripteurs d'obligations pour rachats de rentes nationales, qui ont payé des intérêts avant le protêt ou la sommation de payer, sont fondés à en demander la restitution. Mode de cette restitution. | |
| » | 24 prairial. | RESCRIPTIONS. — TRANSFERT. | Demande d'un état détaillé des rescriptions payables en transferts de rentes nationales. | |
| 243 | 3 thermidor. | *Idem.* | Lorsque les rescriptions données en paiement de transferts de rentes nationales auront pour objet des rentes transférées dans plusieurs bureaux, les directeurs retiendront les rescriptions, pour être jointes à leur compte, et fourniront à chaque receveur un bon motivé de la somme dont il devra être fait recette et dépense. | |
| » | 19 brumaire an 13. | SOLIDARITÉ ABOLIE. | La solidarité pour le paiement des arrérages et le remboursement des rentes foncières et constituées dues au trésor public d'une origine antérieure à la publication de la loi du 20 août 1792, est abolie ; les effets de la solidarité, attachés à celle d'une création postérieure, doivent se déduire des dispositions des lois générales ou des statuts locaux en vigueur au moment de la création des rentes. (*Avis du Conseil d'état du 24 fructidor an 12, approuvé le 2 complémentaire suivant.*) | |

| INSTRUCTIONS GÉNÉRALES. | | OBJETS | EXTRAIT DÉTAILLÉ DES INSTRUCTIONS. | OBSERVATIONS. |
|---|---|---|---|---|
| N.os | DATES. | | | |
| » | 15 pluviôse an 13. | JOUISSANCE DES CESSIONNAIRES. | La décision du ministre des finances du 29 germinal an 11, portant que la jouissance des cessionnaires de rentes nationales doit commencer du jour du dépôt et enregistrement des rescriptions, s'applique à la caisse d'amortissement; les arrérages perçus par les receveurs des domaines postérieurement au dépôt, doivent leur être restitués. (*Lettre du Ministre des finances, du 9 pluviôse an 13.*) | |
| » | 25 germinal. | CAPITAUX DES 4 DÉPARTEMENS DE LA RIVE GAUCHE DU RHIN | Les créances de la France, connues sous le nom de *capitaux-exigibles* dans les quatre départemens de la rive gauche du Rhin, seront rachetables en rescriptions de la caisse d'amortissement, pendant le délai d'une année, à compter du 15 germinal prochain. (*Décret du 5 germinal an 13.*) | |
| » | 7 nivôse an 14. | ÉTATS. | Les états de rentes joints à la circulaire n.° 1915, doivent comprendre, le 1.er, les rentes de toutes les années antérieures à celle dans laquelle on se trouve; le 2.e, les rentes de l'année courante. | |
| » | 19 février 1806. | CRÉANCES NON DÉCLARÉES. — INDEMNITÉS. | Les ex-religieux qui mettront, dans le délai d'un an, l'administration des domaines à portée de recouvrer les dépôts de sommes ou effets nationaux faits par les couvens au moment de leur suppression, recevront à titre d'indemnité le quart des sommes ou effets déposés. (*Décret du 23 janvier 1806.*) | *V.* la circulaire *du* 19 *sept.* 1806. |
| » | 22 mars. | CRÉANCES EXIGIBLES. — ÉTAT. | État à fournir de toutes les créances nationales exigibles, échues et non payées, et de celles à échoir. | |
| 314 | 2 août | INTÉRÊTS DES INTÉRÊTS. | Intérêts des intérêts des créances et revenus. | *V. l'instruction au titre* Fermage. |
| » | 19 septembre | CRÉANCES DÉCOUVERTES. | Il n'y a pas lieu d'étendre par un décret spécial en faveur de tous particuliers non ex-religieux, les dispositions de celui du 23 janvier 1806 qui leur accorde le quart des sommes et effets dont ils auront facilité la découverte. — Cette récompense accordée aux ex-religieux peut servir de règle pour celles à accorder aux autres particuliers dont les déclarations procureront un avantage réel à l'état. (*Avis du conseil d'état du 7 juin 1806.*) | |
| » | 26 décembre | RENTES FONCIÈRES DANS LES 4 DÉPARTEMENS DE LA RIVE GAUCHE DU RHIN. | Les anciens percepteurs locaux des rentes foncières dans les départemens de la Sarre, du Rhin et Moselle, de la Roer et du Montonnerre, sont rétablis. = Réglement qui détermine leurs attributions, leurs obligations; le mode de leur manutention et de leur comptabilité. (*Réglement du 14 novembre 1806, arrêté par le Ministre des finances.*) | |
| » | 9 janvier 1807. | CRÉANCES NATIONALES. — TITRES. | Les titres qui constatent les créances nationales peuvent être remis aux préposés de l'administration, et dans le cas où l'expédition ou l'extrait suffit, ils doivent leur être délivrés sans frais par le préposé aux archives. (*Lettre du Ministre des finances, du 5 janvier 1807.*) | |
| » | 22 avril. | CRÉANCES SOUSTRAITES. — DÉCLARATION. — DÉLAI. | Prorogation jusqu'au 1.er janvier 1808, du délai accordé par le décret du 23 janvier 1806, pour les déclarations à faire au domaine, des sommes et effets nationaux soustraits lors du séquestre des biens des corporations supprimées. (*Décret du 2 mars 1807.*) | |
| 353 | 21 octobre. | INTÉRÊT LÉGAL ET CONVENTIONNEL. | L'intérêt légal et l'intérêt conventionnel sont fixés à 5 pour cent, sans retenue. = Les articles de recouvrement auxquels cette loi s'applique, sont les capitaux placés sans stipulation d'intérêts, et non acquittés à l'échéance. = Ceux d'une date antérieure conservent l'intérêt tel qu'il se trouve fixé par les contrats ou obligations. (*Loi du 5 septembre 1807.*) Les rece- | |

| INSTRUCTIONS GÉNÉRALES. | | OBJETS. | EXTRAIT DÉTAILLÉ DES INSTRUCTIONS. | OBSERVATIONS. |
|---|---|---|---|---|
| N.os | DATES. | | | |
| » | 31 octobre 1807. | HALLES. — RENTES. | veurs doivent arrêter, chaque jour, leurs registres de recette des revenus et créances, etc. Les rentes provenant de l'abandon des halles aux communes, ne sont pas dans le cas d'être aliénées par la voie du transfert. *(Décision du Ministre des finances, du* 19 *octobre* 1807.) | |
| » | 28 mars 1808. | RESCRIPTIONS. — TRANSFERT. | Réassignations de rescriptions et remplacemens de transferts de rentes nationales, en faveur des porteurs de rescriptions et de la caisse d'amortissement. *(Décisions du Ministre des finances, des* 26 *novembre* 1807 *et* 8 *février* 1808.) | |
| 380 | 21 mai. | FÉODALITÉ. | Toute contestation sur la féodalité ou la non-féodalité des rentes nationales, soit qu'elles aient été aliénées par voie de transfert ou qu'elles soient encore entre les mains de l'état, est de la compétence des tribunaux ordinaires. *(Avis du Conseil d'état du* 8 *mars* 1808.) | |
| » | 7 décembre 1810. | CRÉANCES. — ENGAGISTES. — LIQUIDATION. | Etablissement d'un bureau pour la liquidation des créances données en paiement de domaines nationaux et des remboursemens réclamés par les engagistes, etc. | |
| 869 | 12 décembre 1818. | RESCRIPTIONS POUR TRANSFERTS DE RENTES DUES A L'ÉTAT. | Les rescriptions délivrées par le trésor sont valables pour obtenir, dans quelque département que ce soit, le transfert des rentes disponibles; le trésor n'interviendra plus pour les réassignations des rescriptions qui n'auront pas été employées, en tout ou en partie, dans un département; mais le porteur s'adressera à M. le Directeur-général pour faire autoriser l'admission des rescriptions sur les rentes susceptibles d'être transférées dans un autre département. Pour l'exécution de cette mesure, les directeurs remettront au porteur de la rescription, qui n'aura pas été employé entièrement, un certificat, visé par le préfet, constatant la date et le numéro de l'enregistrement primitif : ils y énonceront en outre la somme absorbée par les transferts déjà effectués, et celle qui reste à acquitter en mêmes valeurs sur le montant de la rescription. Semblable mention sera faite sur la rescription qu'ils rendront au porteur. *( Etats à adresser à M. le Directeur-général. )* | |
| 993 | 31 août 1821. | REMPLACEMENT DE RENTES TRANSFÉRÉES ET REMISES DES RECEVEURS SUR LES NOUVEAUX TRANSFERTS. | Il résulte d'une décision du ministre des finances, transmise par la circulaire du 28 mars 1808, que s'il y a lieu à un nouveau transfert pour remplacement de rentes précédemment cédées par un transfert qui n'aura plus d'effet, le receveur des domaines, au bureau d'où dépendent les rentes données en remplacement, doit se charger en recette du capital de ces rentes, mais pour mémoire seulement, et que la remise à lui due sur cette recette, réelle pour lui, mais fictive pour la comptabilité, lui sera restituée par le receveur du bureau où le premier transfert a été porté en recette, et sur la remise que celui-ci avait touchée à raison du capital des rentes distraites de l'ancien transfert. *(Décision du Ministre des finances, du* 18 *juillet* 1821.) | *V. l'instruction* n.° 1007. |
| 1007 | 24 novembre | RENTES DUES PAR LES COMMUNES POUR LE PRIX DE LA CESSION DES HALLES. | Le ministre des finances a décidé, le 27 octobre 1821, que les rentes dues par les communes, pour le prix de la cession des halles, peuvent à l'avenir être transférées comme toutes autres rentes foncières, en calculant le capital à raison de quinze fois le revenu; mais que l'administration des domaines ne doit user de cette faculté que lorsqu'il s'agit de remplacement de rentes précédemment aliénées et maintenant non ser- | *V. l'instruction* n.° 308, à Domaines-Consistance. |

| INSTRUCTIONS GÉNÉRALES. | | OBJETS. | EXTRAIT DÉTAILLÉ DES INSTRUCTIONS. | OBSERVATIONS. |
|---|---|---|---|---|
| N.ᵒˢ | DATES. | | | |
| | | | vies, ou de remboursement d'arrérages non perçus desdites rentes.<br>Les directeurs feront emploi dans les transferts, à titre de remplacement seulement, des capitaux de rentes provenant de la cession des halles.<br>( Etat à adresser à M. le Directeur-général. ) | *Pour le modèle de l'état, voir l'instruction n.ᵒ 869.* |

# DOMAINES. — SÉQUESTRÉS ET CONFISQUÉS.

| INSTRUCTIONS GÉNÉRALES. | | OBJETS. | EXTRAIT DÉTAILLÉ DES INSTRUCTIONS. | OBSERVATIONS. |
|---|---|---|---|---|
| N.ᵒˢ | DATES. | | | |
| » | 12 messidor an 10. | LEVÉE DE SÉQUESTRE. — BOIS. — RESTITUTION. | Arrêté du Gouvernement du 20 prairial an 10 qui ordonne la levée du séquestre sur les bois des individus dénommés dans l'état y joint, ainsi que la restitution du produit des coupes de l'an 10. | |
| » | 30 fructidor. | RESTITUTION DE FRUITS ET REVENUS. | Il ne doit être fait désormais aucune restitution de fruits et revenus de biens sous le séquestre, que sur ordonnance du ministre des finances. ( *Décision du Ministre des finances.* ) | |
| » | 13 vendém. an 11. | LEVÉE DE SÉQUESTRE. | Aucune levée de séquestre sur les biens des étrangers ne doit avoir lieu qu'après l'approbation du gouvernement, si ce n'est celle qui est la suite d'un arrêté portant radiation, élimination ou certificat d'amnistie. ( *Lettres du Ministre des finances, des 30 fructidor an 10 et 9 brumaire an 11.* ) | |
| III | 8 nivôse. | PRIX DE COUPES DE BOIS SÉQUESTRÉS. — SURSIS. — TRAITES. | En cas de demande d'un sursis, par un étranger, sur le paiement du prix des coupes de bois séquestrés, les traites seront mises en réserve jusqu'à la décision du ministre des finances que le préfet devra consulter. ( *Décision du Ministre des finances, du 21 brumaire an 11.* ) | |
| « | 26 ventôse. | BOIS RÉSERVÉS. — LEUR CONTENANCE. | Les bois séquestrés doivent être de la contenance de 15,000 ares, pour être dans la classe des bois réservés, et n'être pas séparés et éloignés de plus d'un kilomètre des autres bois et forêts de l'Etat. $=$ Cette distance d'un kilomètre des autres bois et forêts de l'Etat se calcule à vol d'oiseau. ( *Décision du Ministre des finances, du 15 pluviôse an 11.* ) | |
| » | 17 mars 1806. | REVENUS SÉQUESTRÉS. — RESTITUTIONS. — RENTES. | Les restitutions des revenus de biens séquestrés recouvrés par les caisses de l'administration depuis le 1.ᵉʳ vendémiaire an 5, jusques et compris le dernier jour de l'an 8, ne pourront être faites qu'en rentes sur l'Etat à 3 pour cent. ( *Lettre du Ministre des finances aux Préfets, du 9 vendémiaire an 11.* ) | |
| » | 5 septembre. | BIENS SÉQUESTRÉS. ÉTAT A EN FOURNIR. | Etat à fournir des biens actuellement sous le séquestre, avec les motifs qui les ont fait séquestrer. $=$ Faire connaître la nature ainsi que la valeur de ces biens. | |
| » | *Idem.* 1807. | CONTUMAX - FAILLIS | Les biens des contumax doivent continuer d'être régis d'après les art. 464 et 475 du code des délits et des peines jusqu'à ce qu'il ait été statué sur le véritable sens des art. 27 et 28 du code civil. $=$ Ceux des faillis ne doivent pas être séquestrés : ils sont le gage des créanciers. | |
| 356 | 26 octobre. | COMPTABLES DIRECTS DU TRÉSOR. | L'administration des domaines doit rester étrangère tant au séquestre des biens des comptables directs du trésor public constitués en débet, qu'au recouvrement des revenus et du prix de vente des immeubles; c'est à l'agent du trésor public seul à diriger et suivre toutes les opérations y relatives par l'intermédiaire des préfets et des receveurs généraux ; elle n'est chargée du séquestre et de la régie des biens que pour défaut de présentation de compte. ( *Décision du Ministre des finances, du 15 septembre 1807.* ) | |
| » | 27 septembre 1808. | ESPAGNOLS. | Ordre de mettre sous le séquestre les biens des espagnols qui se trouvent en France. ( *Décret du 24 septembre 1808.* ) | |
| » | 16 juin 1809. | PRINCES ET PRINCESSES DE LA MAISON D'AUTRICHE. | Tous les biens et domaines appartenant à des princes et princesses de la maison d'Autriche, dans les départemens, et notamment dans ceux formés des états de Toscane, seront mis sans délai sous le séquestre. ( *Décret du 7 juin 1809.* ) | |

# DOMAINES. — SÉQUESTRÉS ET CONFISQUÉS.

| INSTRUCTIONS GÉNÉRALES. | | OBJETS | EXTRAIT DÉTAILLÉ DES INSTRUCTIONS. | OBSERVATIONS. |
|---|---|---|---|---|
| N.ᵒˢ | DATES. | | | |
| » | 3 juillet 1809. | BATIMENS ALGÉRIENS, etc. | Séquestre de tous les bâtimens algériens, de tous les effets et marchandises appartenant au dey d'Alger ou à des sujets algériens. *(Décret du 17 février 1808.)* | |
| » | 25 dudit. | DEY D'ALGER. — LEVÉE DU SÉQUESTRE. | Main levée du séquestre des biens situés en France, appartenant au dey d'Alger et aux sujets algériens. *(Décret transmis par lettre du Ministre des finances, du 25 juillet 1809.)* | |
| » | 28 dudit. | ESPAGNOLS. | Les biens des espagnols, situés en France, doivent tous être séquestrés, quel que soit le domicile des propriétaires. *(Décision du Ministre des finances, du 22 juillet 1809.)* | |
| » | 28 septembre | BIENS DU DUC DE L'INFANTADO, etc. — CONFISCATION. | Confiscation des biens situés en France, appartenant au duc de l'Infantado et à neuf autres espagnols. = Versement à faire du produit net de ces biens, pour le compte de la caisse d'amortissement. *(Décrets des 12 novembre 1808 et 5 août 1809.)* | |
| » | 9 décembre. | ESPAGNOLS. — CAISSE D'AMORTISSEMENT. | Le produit net du revenu des biens séquestrés sur les espagnols doit être versé, dès l'origine, pour le compte de la caisse d'amortissement et à titre de dépôt. — Ne pas confondre les recettes provenant du séquestre des biens des espagnols, avec celles provenant de la confiscation des biens des dix espagnols. | |
| 462 | 16 janvier 1810. | CONTUMAX. — RÉGIE DES BIENS. | On doit suivre pour la régie des biens des contumax dont le jugement est antérieur au code civil, soit la loi du 16 septembre 1791, soit le code pénal du 3 brumaire an 4. = Pour les condamnations postérieures, l'administration est tenue de faire mettre le séquestre sur tous les biens et droits des contumax pour les gérer et administrer au profit de l'Etat, jusqu'à l'envoi en possession en faveur des héritiers. *(Avis du Conseil d'état du 19 août 1809.)* | |
| » | 28 février. | ESPAGNOLS. | Les biens confisqués sur les dix espagnols compris dans le décret du 12 novembre 1808, et existant dans les départemens en-deçà des Alpes, seront mis en vente à partir du 1.ᵉʳ avril 1810, et le produit en sera versé à la caisse d'amortissement. *(Décret du 7 février 1810.)* | |
| » | 30 juin. | BIENS SOUS LE SÉQUESTRE AU 1.ᵉʳ JUILLET 1810. | Etat à fournir des biens existant sous le séquestre au premier juillet 1810. | |
| » | 2 juillet. | BIENS CONFISQUÉS SUR LES ESPAGNOLS. — DOMAINE EXTRAORDINAIRE. | Le produit net des recettes provenant des revenus et du prix de la vente des biens confisqués sur les dix espagnols dénommés dans le décret du 12 novembre 1808, doit être versé pour le compte du domaine extraordinaire. — Etat et bordereaux à envoyer à M. l'intendant-général de ce domaine. | |
| » | 16 août. | ANGLAIS ET FRANÇAIS RÉSIDANT EN ANGLETERRE. | Le séquestre ordonné par le décret du 21 novembre 1806, s'applique aux revenus des immeubles, comme aux objets mobiliers appartenant à des anglais ou à des français qui résident dans les possessions britanniques. *(Lettre du Ministre des finances, du 27 juillet 1810.)* | |
| 490 | 20 septembre | FRANÇAIS QUI ONT PORTÉ LES ARMES CONTRE LA FRANCE. | Ordre de mettre le séquestre sur les biens des français qui ont porté les armes contre la France, et de ceux qui, rappelés de l'étranger, ne sont pas rentrés en France, en conformité du décret du 6 avril 1809. — Régie et vente des biens confisqués. = Mode de comptabilité de ces produits. Etats de consistance des biens à fournir le 15 novembre 1810; en suite, de mois en mois. | *V. les instruct n.ᵒˢ 544 et 563.* |
| » | 5 décembre. | ANGLAIS. — VENTE DE LEURS BIENS. | Les biens situés en France, appartenant à des sujets de l'Angleterre, seront sans délai mis en vente. *(Lettre du Ministre des finances, du 24 novembre 1810.)* = Etats de consistance et de ventes à fournir. | |

| INSTRUCTIONS GÉNÉRALES. | | OBJETS. | EXTRAIT DÉTAILLÉ DES INSTRUCTIONS. | OBSERVATIONS. |
| N.os | DATES. | | | |
|---|---|---|---|---|
| » | 6 décembre 1810. | DEY D'ALGER. — ALGÉRIENS. — SÉQUESTRE. | Séquestre des propriétés, des marchandises et effets appartenant au dey d'Alger ou à des sujets algériens. ( *Décision du Ministre des finances, du 1.er décembre* 1810. ) | |
| 5o8 | 20 février 1811. | ANCIENNES SAISIES RÉELLES. — POURSUITES A REPRENDRE. | Reprise des poursuites des anciennes saisies réelles, et délai pour faire procéder à l'adjudication définitive des biens saisis. = Vente à faire par l'administration des domaines des biens saisis, après le délai de six mois. ( *Décret du* 11 *janvier* 1811. ) | |
| » | 25 dudit. | DÉSERTEURS DES TROUPES DE TERRE ET DE LA MARINE. | L'administration doit cesser de régir, comme biens de contumax, ceux des déserteurs des troupes de terre et de la marine, condamnés par contumace, à moins que les jugemens ne l'ordonnent. | |
| » | 26 juin. | BIENS CONFISQUÉS SUR LES ESPAGNOLS. — DOMAINE EXTRAORDINAIRE. | La régie des biens confisqués sur les espagnols dénommés dans le décret du 12 novembre 18o8, sera faite au nom et d'après les ordres de M. le ministre d'état, intendant général du domaine extraordinaire. = Les produits de ces biens ne doivent plus figurer dans les comptes de l'administration, à dater du 1.er janvier 1811. ( *Lettre du Min. des fin., du* 18 *juin* 1811. ) | |
| » | 19 août. | FRANÇAIS QUI ONT PORTÉ LES ARMES CONTRE LA FRANCE. — DÉLAI. — AMNISTIE. | Prorogation jusqu'au 1.er septembre 1811, du délai accordé aux français qui ont porté les armes contre la France, pour jouir de l'amnistie prononcée par le décret du 24 avril 1810. ( *Décret du* 15 *juillet* 1811. ) | |
| » | 9 septembre. | ALGÉRIENS. — LEVÉE DE SÉQUESTRE. | Main-levée du séquestre apposé en France sur les biens appartenant à des algériens et aux sujets de la régence d'Alger. ( *Décret du* 16 *juillet* 1811. ) | |
| » | 28 dudit. | FRANÇAIS QUI ONT PORTÉ LES ARMES CONTRE LA FRANCE. | Prorogation au 1.er janvier 1812, du délai donné aux français qui ont porté les armes contre la France, pour jouir de l'amnistie accordée par le décret du 24 avril 1810. ( *Décret du* 16 *août* 1811. ) | |
| 544 | 3o dudit. | FRANÇAIS NATURALISÉS OU SERVANT A L'ÉTRANGER. | Les biens des français qui seront naturalisés en pays étranger ou qui entreront au service d'une puissance étrangère sans autorisation de S. M., seront confisqués au profit de l'État et régis par les préposés de l'administration. ( *Décret du* 26 *août* 1811. ) | |
| 545 | 1.er octobre. | BELGES. — SÉQUESTRE. | Séquestre à apposer sur les biens des belges qui, ayant fait leur déclaration de rester sujets à l'Autriche, n'en ont pas effectué la vente dans le délai qui leur était accordé. ( *Décret du* 28 *août* 1811. ) | |
| » | 21 janvier 1812. | BIENS SÉQUESTRÉS SUR LES ESPAGNOLS. | Le décret du 24 septembre 1808, qui ordonne le séquestre des biens des espagnols, est applicable aux espagnols domiciliés ou non domiciliés en France; en sont exceptés les espagnols attachés au service des princes de la famille du roi Charles, tant qu'ils resteront à leur service et les marchandises et créances provenant de relations commerciales, dont les envois sont postérieurs à la publication dudit décret. — Les marchandises et créances appartenant auxdits princes, seront, comme leurs biens, assujetties au séquestre et vendues par l'administration des domaines qui en recouvrera le prix. ( *Décret du* 23 *novembre* 1811. ) | |
| 563 | 20 février. | FRANÇAIS NATURALISÉS OU SERVANT A L'ÉTRANGER. | Avis du conseil d'état du 14 janvier 1812 sur l'application des dispositions des décrets des 6 avril 1809 et 26 août 1811, concernant les français naturalisés étrangers ou servant en pays étranger. ( *Instruction faisant suite à celles n.os* 490 *et* 544. ) | |

| INSTRUCTIONS GÉNÉRALES. | | OBJETS. | EXTRAIT DÉTAILLÉ DES INSTRUCTIONS. | OBSERVATIONS. |
|---|---|---|---|---|
| N.º | DATES. | | | |
| » | 20 mars 1812. | BIENS SÉQUESTRÉS SUR LES ESPAGNOLS. —DOMAINE EXTRA-ORDINAIRE. | Les biens séquestrés sur les espagnols en vertu du décret du 24 septembre 1808, font partie du domaine extraordinaire de la couronne, à partir du 1.er janvier 1812. A dater de cette époque, le produit de ces biens ne doit plus figurer dans les comptes de l'administration. *(Décret du 24 janvier 1812.)* | |
| 568 | 24 dudit. | COMMISSAIRES AUX SAISIES RÉELLES. | Les anciens commissaires aux saisies réelles, supprimés par la loi du 23 septembre 1793 et qui ne se sont pas conformés à celle du 16 germinal an 2, sont tenus, dans le délai de trois mois, à dater de la publication du décret du 12 février 1812, de remettre au greffe du tribunal de leur domicile les comptes qu'ils ont à rendre, etc. *(Décret du 12 février 1812.)* | |
| » | 30 janvier 1813. | ÉTATS A FOURNIR DES BIENS EXISTANT AU 1.er JANVIER 1813, SOUS LE SÉQUESTRE NATIONAL. | Demande des états nominatifs, au 1.er janvier 1813, de tous les biens existans sous le séquestre national. Ces états doivent être fournis pour le 30 mars. Les employés doivent faire connaître les changemens qui surviendront postérieurement. | |
| » | 9 avril. | SÉQUESTRE DES BIENS DES FRANÇAIS RÉSIDANT DANS ILES BRITANNIQUES. | Leurs biens, situés en France, continueront d'être séquestrés ; mais ils ne pourront être vendus que dans le cas où la confiscation en aurait été prononcée, en vertu des décrets des 6 avril 1809 et 26 août 1811. *(Décision du Ministre des finances, du 24 mars 1813.)* | |
| » | 7 septembre. | FRANÇAIS NATURALISÉS OU SERVANT A L'ÉTRANGER. | Les français naturalisés en pays étranger ou au service d'une puissance étrangère peuvent, jusqu'au 1.er janvier 1814, demander et obtenir la permission de S. M. Les femmes ne sont point comprises dans ces dispositions. | |
| 675 et 676 | 21 et 28 mars 1815. | SÉQUESTRE A APPOSER SUR LES BIENS DES BOURBONS ET DES ÉMIGRÉS. | Voir l'analyse de ces instructions au titre Domaines-consistance. | |
| 729 | 3 juillet 1816. | CONFISCATIONS GÉNÉRALES ANNULLÉES. | Toute poursuite, tout séquestre opérés à la diligence de l'administration, en exécution d'arrêts ou de jugemens prononçant des confiscations générales, pour quelque cause que ce soit, cesseront d'avoir leur effet. Les biens immeubles confisqués, qui sont encore possédés en nature par l'Etat, seront restitués aux propriétaires ou leurs ayans-droit, sous le prélèvement des frais de procédure et de régie. *(Ordonnance Royale du 19 juin 1816.)* | |

| INSTRUCTIONS GÉNÉRALES. | | OBJETS. | EXTRAIT DÉTAILLÉ DES INSTRUCTIONS. | OBSERVATIONS. |
|---|---|---|---|---|
| N.os | DATES. | | | |
| » | 22 vendém. an 12. | HERBES DES REMPARTS ET FORTIFICATIONS. | ÉTAT à fournir du produit de la location des herbes des remparts et fortifications dans les différentes places de guerre. | |
| » | 15 février 1811. | ÉTAT DE CONSISTANCE A FOURNIR. | État de consistance, article par article, des terrains et bâtimens dépendant des fortifications, à fournir à l'administration. Modèles de ces états. | |
| 514 | 18 avril. | DOTATION DE L'HÔTEL DES INVALIDES. | Les terrains des fortifications et de toutes les places fortes, sont affectés à la dotation de l'hôtel des invalides. ( Décret du 25 mars 1811. ) Mode de la comptabilité de ces produits. | |
| 536 | 10 août. | COMPTABILITÉ. | Mode de la comptabilité des produits des terrains des fortifications, et remises à allouer sur ces produits. | |
| 553 | 7 décembre. | BAUX A PASSER. | Les baux des terrains dépendant des fortifications actuellement affectés à la dotation de l'hôtel des invalides, seront passés à la diligence des agens militaires, chargés par le ministre de la guerre de prescrire les conditions relatives à la conservation des fortifications. Les receveurs des domaines doivent se borner à intervenir par leur présence dans les opérations relatives aux baux, et à faire le recouvrement de leur produit. Sont compris dans cette dotation les loyers des corps-de-garde, prisons, bâtimens en ruine, provenant d'établissemens militaires. | |
| 617 | 15 janvier 1813. | RÉGIME DE L'ADMINISTRATION DES TERRAINS DES FORTIFICATIONS, FAISANT PARTIE DE L'HÔTEL DES MILITAIRES INVALIDES. | La dotation est composée de tous les produits quelconques des terrains des fortifications, soit de places et postes de guerre existantes, soit de celles abandonnées et mises hors de service. Quant aux terrains des places et postes existant, les baux continueront d'être passés par l'autorité militaire : la perception des revenus est directement confiée aux receveurs sous la surveillance des directeurs et inspecteurs. Les receveurs et directeurs sont solidairement garans des non valeurs qui proviendraient de leur négligence à défaut de paiement de la part des fermiers. ( Décret du 21 décembre 1812.) Mode des premiers comptes semestriels à adresser. | |
| 710 | 5 mars 1816. | RECETTES FAITES POUR LE COMPTE DE L'HÔTEL ROYAL DES INVALIDES. | A partir du 1.er janvier 1816, les préposés de l'enregistrement et des domaines, compteront à l'administration de leur recette pour l'hôtel royal des invalides. Ces recettes doivent être portées sur les états de mois, et versées cumulativement avec les autres produits. Les remises spéciales, auxquelles ont droit les receveurs, leur sont allouées sur des quittances séparées. ( Décision du Ministre des finances , du 1.er janvier 1816. ) | *V. l'instruction n.° 1017 , au titre* Comptabilité. |
| 724 | 31 mai. | *Idem.* | Bordereau à former des recouvremens faits par les préposés de l'administration de l'enregistrement et des domaines, pour le compte de l'hôtel royal des invalides pendant l'année 1815, et des versemens effectués pendant le trimestre de janvier 1815, sur des recettes faites en 1814. | |
| 998 | 3 octobre 1821. | FORTIFICATIONS. — ACTES CONCERNANT LES SERVITUDES IMPOSÉES A LA PROPRIÉTÉ POUR LA DÉFENSE DE L'ÉTAT. | Une ordonnance royale du 1.er août 1821 , règle le mode d'exécution de la loi du 19 juillet 1819, sur les servitudes imposées à la propriété pour la défense des places de guerre. Aux termes de l'art. 10, les soumissions que les parties intéressées sont tenus de souscrire, avant de commencer les constructions autorisées, doivent être écrites sur papier timbré et enregistrées au droit fixe d'un franc. Cette disposition s'applique aux soumissions fournies par les administrations ou les communes, comme à celles souscrites par les particuliers. | |

| INSTRUCTIONS GÉNÉRALES. | | OBJETS. | EXTRAIT DÉTAILLÉ DES INSTRUCTIONS. | OBSERVATIONS |
|---|---|---|---|---|
| N.ᵒˢ | DATES. | | | |
| | | | Les notifications faites par les gardes du génie de l'extrait de plan et de l'état descriptif des terrains soumis aux servitudes, doivent, selon l'art. 21, être enregistrées pour avoir date certaine. L'enregistrement aura lieu *gratis*. Les receveurs viseront pour timbre en débet le papier destiné aux procès-verbaux que les gardes du génie auront à dresser pour contraventions à cette ordonnance. | |

| INSTRUCTIONS GÉNÉRALES. | | OBJETS. | EXTRAIT DÉTAILLÉ DES INSTRUCTIONS. | OBSERVATIONS. |
|---|---|---|---|---|
| N.º | DATES. | | | |
| | | | | |

| INSTRUCTIONS GÉNÉRALES. | | OBJETS. | EXTRAIT DÉTAILLÉ DES INSTRUCTIONS. | OBSERVATIONS. |
|---|---|---|---|---|
| N.ᵒˢ | DATES. | | | |

| INSTRUCTIONS GÉNÉRALES. | | OBJETS. | EXTRAIT DÉTAILLÉ DES INSTRUCTIONS. | OBSERVATIONS. |
|---|---|---|---|---|
| N.os | DATES. | | | |
| 28 | 26 frimaire an 10. | PRÉVENUS D'ÉMI-GRATION. | Arrêté du gouvernement, du 13 frimaire an 10, en faveur des prévenus d'émigration, par suite d'une inscription dans les départemens ou par le séquestre de leurs biens. | *Voir les circulaires de l'administration, n.os 1851, 1866, 2019, 2028 et 2036.* |
| 67 | 12 thermidor | ASCENDANS D'ÉMI-GRÉS. | Les ascendans d'émigrés, ainsi que les prévenus d'émigration n'ont droit à leurs revenus qu'à partir du jour de la radiation de leurs descendans, lorsqu'ils n'auront pas provoqué le partage ; dans le cas contraire, les ascendans jouissent de tous leurs revenus, prélèvement fait de la portion héréditaire du fils prévenu d'émigration. ( *Déc. du Min. des fin.* ) | |
| » | 14 fructidor. | CERTIFICAT D'AM-NISTIE. | Le certificat d'amnistie délivré aux amnistiés en exécution du sénatus-consulte du 6 floréal an 10, date du jour de l'envoi qu'en fait le ministre de la justice au préfet, et c'est de cette époque qu'ils doivent entrer en possession et jouissance des biens dont la restitution est ordonnée par l'art. 17 dudit sénatus-consulte. ( *Décision du Min. des finances du 9 fructidor an 10.* ) | |
| 71 | 21 dudit. | BIENS PROVENANT DE PARTAGES. | Les biens obvenus à l'Etat par suite du partage de présuccession, fait entre lui et les ascendans d'émigrés, lui demeurent irrévocablement acquis, conformément à la loi du 9 floréal an 3. ( *Avis du Conseil d'état du 5 germinal an 10.* ) Sont exceptés les biens dont la restitution a été ordonnée aux ascendans d'émigrés avant le 5 germinal an 10. | |
| 82 | 24 vendém. an 11. | PRIX DE COUPES DE BOIS DE L'AN 10. | Les receveurs ne doivent faire la restitution du produit des coupes de bois de l'an 10 aux individus rayés ou éliminés, que sur mandats du préfet et sous la déduction des objets indiqués par cette instruction. | |
| 98 | 20 brumaire | BIENS PROVENANT DE PARTAGES. | Les biens échus à l'Etat par des partages de successions non encore vendus, ne doivent pas plus être rendus aux individus rayés, éliminés ou amnistiés, que ceux qui lui sont échus par des partages de présuccessions. ( *Arrêté du Gouvernement.* ) | |
| » | 16 prairial. | BIENS OBVENUS PAR SUCCESSIONS ÉCHUES. | Les biens provenant de successions échues pendant la mort civile des prévenus d'émigration, et qui auraient été rendus avant le 5 brumaire an 11, doivent demeurer aux héritiers rayés, éliminés ou amnistiés. | |
| » | 28 dudit. | BIENS CÉDÉS AUX HOSPICES. | Les biens d'émigrés, désignés pour remplacer les biens aliénés des hospices, doivent être considérés comme affectés à un service public, et ne sont pas dans le cas d'être rendus aux émigrés rayés, éliminés ou amnistiés, quoiqu'ils ne soient pas vendus et que leur affectation ne soit pas définitive. ( *Avis du Conseil d'état du premier floréal an 11.* ) | |
| 146 | 8 thermidor. | BIENS ÉCHUS PAR REPRÉSENTATION. | Mode d'exécution de l'arrêté du gouvernement du 3 flor. an 11, concernant les biens échus à l'Etat par représentation d'émigrés, à titre de succession et en vertu de partages de présuccession. | |
| » | 22 dudit. | DOTS ET DOUAIRES DES FEMMES D'ÉMI-GRÉS. | Les arrêtés des administrations centrales, portant abandon de biens immeubles à des femmes d'émigrés, en paiement de leur dot et de leur douaire, ne peuvent être annullés qu'autant qu'ils n'ont pas été suivis d'exécution. ( *Lettre du Ministre des finances, du 3 thermidor an 11.* ) | |
| » | 14 vendém. an 12. | SUCCESSIONS NON PARTAGÉES. | Les successions ouvertes pendant la mort civile des émigrés, sont, quoique non partagées, irrévocablement acquises à l'Etat. ( *Arrêté du Gouvernement du 24 frimaire an 11.* ) | |
| » | 15 dudit. | FRAIS DE VENTE DES BIENS AFFECTÉS AUX CRÉANCIERS. | Les frais de ventes de biens échus à l'Etat par représentation d'émigré, et affectés aux créanciers des successions, doi- | |

| INSTRUCTIONS GÉNÉRALES. | | OBJETS. | EXTRAIT DÉTAILLÉ DES INSTRUCTIONS. | OBSERVATIONS. |
|---|---|---|---|---|
| N.os | DATES. | | | |
| | | | vent être prélevés sur le prix des ventes et être portés sur le compte ouvert de chaque émigré rayé ou éliminé. | |
| » | 22 frimaire an 12. | JOUISSANCE D'USU-FRUIT. — SA CESSA-TION. | La jouissance des usufruits reposant sur la tête des émigrés, cesse à compter du premier messidor an 11 au profit de l'État, lorsque le décès de l'usufruitier est légalement prouvé. ( Décision du Conseil d'état du 9 fructidor an 11. ) | V. la circulaire du 15 juillet 1807. |
| » | 24 pluviôse. | BIENS VENDUS ET RENTRÉS SOUS LE SÉ-QUESTRE PAR DÉCHÉ-ANCE. | Ne peuvent être restitués aux émigrés rayés, éliminés ou amnistiés, les biens vendus sur eux et rentrés sous le séques-tre par déchéance. — Les acquéreurs de portions indivises de biens d'émigrés auxquels on a restitué les sommes payées sur le prix de la vente, sont admis à suivre l'effet de leur con-trat, s'ils en ont consigné le montant en capital et intérêts, et si les biens n'ont pas été compris, depuis la déchéance, dans les affiches de revente ou dans des états de réserve. ( Décision du Ministre des finances, du 20 pluviôse an 12. ) | |
| » | 5 ventôse. | REVENU PERÇU PEN-DANT LE SÉQUESTRE, NON RESTITUABLE. — Celui perçu par les RAYÉS, etc. | Le gouvernement ne restitue pas ce qu'il a touché pendant le séquestre des biens des émigrés; ce qui a été échu et non payé, appartient à l'État s'il y a eu séquestre; ce qui a été perçu par les rayés, éliminés ou amnistiés ou héritiers, pen-dant leur jouissance provisoire ou lorsqu'il n'y avait pas eu de séquestre, doit leur rester, quelque soit le tems pendant lequel cette jouissance a eu lieu. | |
| » | 14 germinal. | FRAIS DE VENTE. — REMISES. | Dans les frais de vente à prélever sur le prix recouvré des biens provenant des successions d'émigrés et de partage de présuccession, doivent être comprises les remises des receveurs. ( Décision du Ministre des finances, du 9 germinal an 12. ) | |
| 234 | 11 messidor. | PRÊTRES DÉPORTÉS. | Les restitutions faites aux héritiers des prêtres déportés, des biens dont les acquéreurs ont encouru la déchéance, sont valides, lorsqu'elles ont été faites avant l'arrêté du 29 messi-dor an 8. — Elles n'ont pu avoir lieu postérieurement à cet arrêté, lorsque les prêtres déportés se sont trouvés inscrits sur la liste des émigrés. — S'ils n'y sont point inscrits, on ne peut leur opposer l'arrêté du 29 messidor an 8 puisqu'il ne concerne que les restitutions à faire aux propriétaires dont les noms exis-taient sur cette liste. ( Décision du Ministre des finances, du 26 prairial an 12. ) | |
| » | 6 nivôse an 13. | SUCCESSIONS PAR REPRÉSENTATION. — ÉTAT. | Compte à rendre par les directeurs, de l'exécution de la loi du 16 thermidor an 7, concernant les successions échues à la république par représentation d'émigrés, pendant leur mort civile, postérieurement au 9 floréal an 3. | |
| 297 | 11 janvier 1806. | ACTIF. — CERTIFI-CAT. | Il ne sera délivré qu'un certificat de l'actif d'un émigré, quel-que soit le nombre de ses créanciers. Ordre d'envoyer l'état des restitutions faites aux émigrés rayés, éliminés ou amnistiés. | |
| 299 | 1.er mars. | ÉMIGRÉS ENVOYÉS EN POSSESSION. | Les émigrés rayés, éliminés ou amnistiés qui, postérieure-ment à l'arrêté du 29 messidor an 8, ont été envoyés en posses-sion des biens dont les acquéreurs sont tombés en déchéance, ne pourront les conserver qu'à la charge par eux de payer en capital et intérêts ce que les acquéreurs déchus auraient dû eux-mêmes acquitter s'ils avaient été relevés de la dé-chéance; 2.° ceux qui ont été envoyés en possession anté-rieurement à l'arrêté du gouvernement conservent leurs biens; 3.° ceux qui, avant ou postérieurement à l'arrêté précité se sont arrangés avec les acquéreurs déchus, sans le concours de l'autorité locale, doivent être dépossédés, s'ils ne se libèrent | |

| INSTRUCTIONS GÉNÉRALES. | | OBJETS. | EXTRAIT DÉTAILLÉ DES INSTRUCTIONS. | OBSERVATIONS. |
|---|---|---|---|---|
| N.° | DATES. | | | |
| » | 22 octobre 1806. | ASCENDANS D'ÉMIGRÉS RAYÉS. | eu capital et intérêts comme aurait dû faire l'acquéreur s'il eut été relevé de la déchéance. ( *Décision du Ministre des finances, du 7 février* 1806. )<br><br>Les ascendans d'émigrés qui ont obtenu leur radiation définitive, conservent, comme les émigrés, les fruits qu'ils ont perçus pendant leur jouissance provisoire, ou lorsqu'il n'y a pas eu de séquestre, quelque soit le tems pendant lequel cette jouissance a eu lieu. ( *Décret du* 31 *août* 1806. ) | |
| » | 6 décembre. | LIQUIDATION DES DETTES. | Les états de liquidation des dettes des anciennes corporations et des émigrés, seront envoyés par les préfets au directeur général de la liquidation. L'exécution de la loi du 16 thermidor an 7 sur les dettes des successions des parens des émigrés, ouvertes depuis le 9 floréal an 3, demeure dans les attributions du département des domaines qui continuera de faire au conseil ses rapports sur les conflits entre les autorités administratives et judiciaires. ( *Décret du* 12 *août* 1806. ) | |
| » | 15 juillet 1807. | JOUISSANCE DU GOUVERNEMENT. — ÉPOQUE OU ELLE DOIT CESSER. | La jouissance du gouvernement, relativement aux usufruits reposant sur la tête des émigrés, doit cesser à partir du jour de leur décès légalement constaté ou lorsqu'ils sont rayés ou amnistiés. ( *Décret du* 16 *mars* 1807. ) | |
| 337 | 3 sestembre. | PARTAGES DE PRÉSUCCESSIONS. — ERREURS A RECTIFIER. | Les partages de présuccession, faits entre l'Etat et les ascendans d'émigrés, dans lesquels il aurait été commis des erreurs, peuvent être réformés jusqu'à la radiation, l'amnistie ou l'élimination des émigrés. | *V. l'instruction* n.° 507. |
| » | 15 dudit. | BIENS SOUMISSIONNÉS EN VERTU DE LA LOI DU 28 VENTÔSE AN 4. | Il n'y a pas lieu de restituer aux émigrés les biens qui ont été soumissionnés ou vendus en vertu de la loi du 28 ventôse an 4, et qui sont rentrés dans les mains de l'Etat par suite de déchéance des soumissionnaires; mais il sera statué sur les réclamations par le ministre des finances, d'après les circonstances particulières. ( *Décision du Ministre des finances.* ) | |
| 365 | 20 février 1808. | BIENS A RESTITUER. | On doit restituer aux émigrés rayés, éliminés ou amnistiés, les biens qui n'ont point été séquestrés de fait, par suite d'arrêté des corps administratifs. — Formalités qui doivent précéder les avis des directeurs sur les demandes de cette nature. | |
| 507 | 2 février 1811. | USUFRUIT EN FAVEUR DE L'ÉTAT. | Dans aucun cas la présomption de la durée de la vie des émigrés pendant cinquante années, établie en faveur de l'Etat, ne pourra plus être opposée à ceux qui rapporteront la preuve de leur décès. ( *Décret du* 29 *décembre* 1810. ) | |
| 666 | 12 décembre 1814. | REMISE DES BIENS NON VENDUS DES ÉMIGRÉS. | Tous les biens immeubles séquestrés ou confisqués ou advenus à l'Etat pour cause d'émigration, non vendus et qui font partie du domaine de l'Etat, seront rendus en nature à leurs anciens propriétaires, héritiers ou ayans-cause. Cette disposition s'applique aux biens cédés à la caisse d'amortissement, et dont elle est encore en possession. Il n'y aura lieu à aucune remise de fruits perçus. ( *Loi du* 5 *décembre* 1814. ) Mesures ordonnées pour l'exécution de cette loi. | |
| 667 | 31 mars 1815. | BIENS RESTITUÉS AUX ÉMIGRÉS. | Demande d'un état de toutes les restitutions faites, en vertu d'ordonnances et d'arrêtés, des biens des émigrés qui étaient régis par l'administration des domaines au 1.er avril 1814. | |
| 720 | 15 mai 1816. | BIENS DES ÉMIGRÉS. — EXÉCUTION DE LA LOI DU 28 AVRIL 1816, EN CE QUI CONCERNE LA RESTITUTION DE BIENS CÉDÉS A LA CAISSE D'AMORTISS.t | Aux termes de l'art. 116 de la loi du 28 avril 1816, les biens d'émigrés, affectés à la dotation de la caisse d'amortissement, doivent leur être restitués. Il faut suivre, relativement à cette restitution, la marche qui a été tracée par l'instruction n.° 666, et dans le cas où les biens à restituer consisteraient en | |

| INSTRUCTIONS GÉNÉRALES. | | OBJETS. | EXTRAIT DÉTAILLÉ DES INSTRUCTIONS. | OBSERVATIONS. |
|---|---|---|---|---|
| N.os | DATES. | | | |
| 791 | 14 juillet 1817. | DÉCHÉANCES DES ACQUÉREURS DE DO-MAINES NATIONAUX. — EMIGRÉS. | domaines engagés, l'art. 116 précité déclare les possesseurs réin-tégrés, assujettis à l'exécution des dispositions de la loi du 14 ventôse an 7, à la seule exception de celle du § 2 de l'art. 15. En conséquence, ils sont admis à devenir propriétaires incom-mutables, en payant le quart de la valeur des biens.<br>Lorsqu'un bien provenant d'émigré sera rentré dans les mains du domaine par suite de déchéance, à quelle époque qu'elle ait eu lieu, l'ancien propriétaire, ses héritiers ou ayans-cause pourront en obtenir la remise, conformément à la loi du 5 décembre 1814. (*Ordonnance du Roi du 11 juin 1817.*) | |

| INSTRUCTIONS GÉNÉRALES. | | OBJETS. | EXTRAIT DÉTAILLÉ DES INSTRUCTIONS. | OBSERVATIONS. |
|---|---|---|---|---|
| N.os | DATES. | | | |
| 1450 | 23 frimaire an 7. | LOI DU 22 FRIM. AN 7. | Envoi de la loi du 22 frimaire an 7, relative à une nouvelle perception des droits d'enregistrement. Elle sera exécutée du jour de sa publication au chef-lieu du département. | |
| 1500 | 3 ventôse. | COMMISSIONS DES EMPLOYÉS. — PRESTATIONS DE SERMENT. | Les commissions délivrées aux employés des administrations ne sont point assujetties à l'enregistrement. Les prestations de serment y sont soumises sur la minute; le droit de 15 fr. est dû lorsqu'un employé qui a déjà prêté serment, le prête de nouveau, pour exercer ses fonctions dans un autre département. Les employés de l'administration peuvent faire cette prestation devant le juge de paix, lorsqu'ils ne résident pas dans la commune où est établi le tribunal, à la charge par eux d'envoyer expédition de l'acte au greffe du tribunal, et d'en faire faire le dépôt et acquitter le droit de 2 fr. et les droits de greffe. | *V. l'instruction n.° 269, au titre Administration.* |
| 1546 | 1.er floréal. | MARCHÉS. — GUERRE ET MARINE. | Les marchés faits pour le service des départemens de la guerre et de la marine pour l'an 7, doivent être enregistrés moyennant le droit fixe d'un fr. ( *Déc. du Min. des fin., du 9 niv. an 7.)* | |
| 1554 | 9 dudit. | ACTES S. S. P. — INVENTAIRES. | Les actes s. s. p. peuvent être énoncés dans les inventaires, sans qu'on soit tenu de les faire enregistrer auparavant. ( *Arrêté du Gouvernement, du 22 vent. an 7.)* | |
| 1555 | 11 dudit. | CÉDULES DE CITATION, | Les cédules pour appeler les parties au bureau de conciliation, sont seules exemptes de l'enregistrement ; celles tendant à citer en justice, sont sujettes au droit fixe d'enregistrement d'un franc. ( *Décision du Ministre des finances, du 22 germinal an 7.)* | |
| 1604 | 11 messidor. | CERTIFICATS DE VIE. | Les certificats de vie pour recevoir des rentes ou pensions sur l'Etat, sont exempts de l'enregistrement, mais soumis au timbre de 25 centimes. ( *Loi du 22 floréal an 7.)* | |
| 1607 | 14 dudit. | NATIONALITÉ DES NAVIRES NEUTRALISÉS — CAUTIONNEMENS. | Les cautionnemens fournis pour garantir la nationalité des navires neutralisés, passés devant notaire ou autres officiers publics, sont sujets, pour le timbre et l'enregistrement, aux règles établies par les lois des 13 brumaire et 22 frimaire an 7; ceux passés sous s. p. doivent être sur papier timbré, mais ils ne sont pas soumis à l'enregistrement. ( *Décision du Ministre des finances, du 22 prairial an 7.)* | |
| 1609 | 16 dudit. | BAUX EMPHYTÉOTIQUES. | Le droit d'enregistrement des baux emphytéotiques temporaires doit être perçu comme pour les baux ordinaires dont la durée est limitée. | |
| 1617 | 28 dudit. | RÉPERTOIRE. — VISA. — DÉPÔT. | Les officiers publics tenus d'avoir un répertoire, doivent le faire viser chaque trimestre par le receveur de l'enregistrement. — Les notaires doivent en déposer un double chaque année, au greffe du tribunal civil. ( *Lois des 29 sept. 1791 et 16 floréal an 4.)* | |
| 1639 | 27 thermidor. | CÉDULES DES JUGES DE PAIX. | Les cédules de citation des juges de paix sont généralement exemptes de la formalité de l'enregistrement. ( *Loi du 18 thermidor an 7)*, sauf le droit sur la signification. | |
| 1655 | 28 fructidor. | PROCÈS-VERBAUX, GARNISAIRES, EXPLOITS A ENREGISTRER *gratis.* | Les procès-verbaux d'établiss. de garnissaires n'opèrent qu'un seul droit d'enregist.t, mais il est dû deux droits pour les procès-verbaux de saisie-exécution. ( *Décis. du Ministre des fin., du 2 fruct. an 7.)* Les exploits pour le recouvrement de sommes non excédant 25 fr., dues à l'Etat, doivent être enregistrés *gratis.* | |
| 1663 | 3 vendém. an 8. | JOUISSANCE PAR BAIL. | Toute jouissance transmise à titre de bail, est assujettie au droit d'enregistrement, de même que les transmissions de propriété ou d'usufruit à vie. Si cette jouissance est prouvée de la manière indiquée par l'art. 13 de la loi du 22 frimaire, | |

# ENREGISTREMENT.

| INSTRUCTIONS GÉNÉRALES. | | OBJETS. | EXTRAIT DÉTAILLÉ DES INSTRUCTIONS. | OBSERVATION |
|---|---|---|---|---|
| N.os | DATES. | | | |
| | | | on peut demander la représentation du bail, ou, à défaut, la déclaration du prix, à l'effet de régler le droit auquel elle donne lieu. La demande des droits ne doit avoir lieu que pour les transmissions postérieures à la loi du 22 frimaire an 7; à l'égard de celles antérieures, les fermiers par bail s. s. p. ne sont tenus de le faire enregistrer qu'avant d'en faire usage, soit par acte public, soit en justice, etc. | |
| 1672 | 19 vendém. an 8. | ENGAGISTES. — ARRÊTÉS DES PRÉFETS. | Les arrêtés des préfets qui déclarent propriétaires incommutables les engagistes de domaines nationaux, soumissionnaires en vertu de la loi du 14 ventôse an 7, sont passibles du droit d'enregistrement de 2 pour 100. Ce droit se liquide sur le montant du quart de l'estimation. | |
| 1678 | 3 brumaire. | ACTIONS SUR LES NAVIRES. | Les cessions d'actions sur les navires armés en course, celles pour intérêt dans des usines et manufactures et qui n'ont pour objet que le remboursement du capital des intérêts et bénéfices attachés à ces actions, ne sont assujetties qu'au droit de 50 cent. pour cent, conformément au n.° 6, § 2, art. 69 de la loi du 22 frim. an 7. Cependant, si des actions sur les navires et autres effets de cette nature, étaient transmis par succession ou par donation entre vifs, le droit serait exigible comme il l'est pour les donations et mutations par décès des autres meubles; comme aussi si des actions donnaient aux actionnaires un droit de propriété dans les immeubles de ces établissemens, leur cession produirait alors un droit de 4 pour cent, à moins que l'acte ne contînt un prix particulier pour les objets mobiliers, et qu'ils ne fussent désignés article par article. | |
| 1682 | 9 dudit. | DETTE PUBLIQUE. | Les actes s. s. p. pour parvenir à la liquidation de la dette publique, sont assujettis au timbre et à l'enregistrement. (Lettre du Ministre des finances, du 26 vend. an 8.) | V. la circulaire n.° 1734. |
| 1689 | 23 dudit. | RETOUR LÉGAL ET CONVENTIONNEL. | Le retour légal est passible des droits d'enregistrement dus pour les mutations par décès. Le retour conventionnel opéré en faveur du donateur, en vertu de la réserve expresse insérée dans un acte de donation, ne donne lieu à aucun droit d'enregistrement. | |
| 1692 | 28 dudit. | PROMESSE DE MARIAGE. — PROCÈS-VERBAL. — DIVORCE. | Le procès-verbal d'affiche de la promesse de mariage rédigé par l'officier de l'état civil, et l'extrait qui en est affiché, sont, ainsi que l'acte de célébration du mariage, exempts du droit d'enregistrement. — Il est dû, d'après le n.° 8, § 2, art. 68 de la loi du 22 frim. an 7, un droit fixe de 2 fr. pour l'expédition du procès-verbal ou de l'ordonnance de l'officier public qui indique ou proroge l'assemblée de famille préliminaire au mariage, ou qui indique ou proroge la tenue de l'assemblée des parens et amis, préliminaire au divorce. L'expédition de l'acte de divorce est passible du droit fixe de 15 francs. | |
| 1703 | 9 frimaire. | NOTICES DES DÉCÈS. | Les notices des actes de décès doivent être remises tous les trois mois par les maires ou secrétaires des mairies aux receveurs de leur domicile. Ces derniers inscriront au registre de recette de l'enregistrement, les noms des secrétaires qui auront satisfait à l'art. 55 de la loi du 22 frim., et de ceux qui y auront contrevenu. | |
| 1704 | dudit. | DÉCLARATION ET SIGNIFICATION D'APPEL. | La déclaration et signification d'appel par un seul et même exploit, est passible du droit fixe d'enregistrement de 5 francs ou de 10 francs, suivant le degré de juridiction. Il est dû autant de droits qu'il y a d'appelans et d'intimés ayant des intérêts différens. — Si la déclaration d'appel se fait au greffe ou par un acte séparé de l'exploit, indépendamment du droit qui se perçoit comme ci-dessus à raison du nombre des appelans, | |

# ENREGISTREMENT.

| INSTRUCTIONS GÉNÉRALES. | | OBJETS. | EXTRAIT DÉTAILLÉ DES INSTRUCTIONS. | OBSERVATIONS. |
|---|---|---|---|---|
| N.os | DATES. | | | |
| | | | il est dû pour l'exploit de signification un droit fixe particulier d'un franc pour chaque appelant et intimé, d'après la distinction admise par le n.° 3o, § 1, art. 68 de la loi du 22 frimaire an 7. — La déclaration d'appel des jugemens rendus par un tribunal correctionnel est soumise au droit fixe d'un franc à raison d'un droit pour chaque appelant. — Celle du procureur du roi doit être enregistrée en débet, et la notification qui en est faite est exempte de la formalité. — La perception du droit de 15 francs sur le premier acte de recours en cassation, se fait par le receveur de l'enregistrement près le tribunal de cassation, sur la requête ou mémoire, et avant son dépôt dans ce greffe. Exception à cette régle. | |
| 1707 | 11 frimaire an 8. | GARDES-CHAMPÊT. — NOMINATIONS. | Les délibérations des administrations municipales qui contiennent la nomination de gardes-champêtres, sont exemptes d'enregistrement. | |
| 1709 | 12 dudit. | QUITTANCE DE DROITS LÉGITIMAIRES. | La quittance d'une somme en numéraire, donnée par des légitimaires, en paiement de ce qui leur est dû dans la succession de leurs père et mère, n'opère pas la cession tacite d'un droit immobilier, et n'est soumise qu'au droit proportionnel de 5o c. p. %. | |
| 1721 | 2 nivôse. | CONTRATS DE MARIAGE. | Les contrats de mariage, soit qu'on les passe avant ou après la célébration, sont soumis au droit fixe de 3 fr. A l'égard des donations que contiennent les contrats passés après le mariage, en faveur des époux, on ne peut les regarder comme faites en considération du mariage ni pour le déterminer, et elles ne peuvent conséquemment jouir du bénéfice de l'exception portée par les §§ 4, 6 et 8 de l'art. 69 de la loi du 22 frimaire, dont les dispositions ne s'appliquent qu'aux donations faites par contrats antérieurs à la célébration. | |
| 1723 | 3 dudit. | ADJUDICATION DE COUPES DE BOIS. | Lorsque sur une adjudication de coupes de bois il a été perçu le droit proportionnel, il ne sera dû que le droit fixe d'un fr., dans le cas où il y aurait, à raison de la folle-enchère, renvoi du dernier adjudicataire au précédent, et ainsi de suite, attendu qu'on ne peut voir dans ce renvoi qu'une seule et même adjudication dont le prix est payé par deux ou plusieurs enchérisseurs. | |
| 1734 | 12 dudit. | DETTE PUBLIQUE. | Les actes s. s. p. tendant uniquement à la liquidation de la dette publique, et ceux des administrations et commissaires liquidateurs relativement à cette liquidation, sont dispensés de la formalité du timbre et de l'enregistrement. (*Loi du 26 frim. an 8.*) | |
| 1737 | 14 dudit. | INVENTAIRES. — VACATIONS. — RÉPERTOIRES. | Chaque vacation aux inventaires doit, à commencer par la première, être soumise à l'enregistrement dans le délai de 10 ou 15 jours, à compter de sa date, si l'inventaire est fait par un notaire; et dans celui de 20 jours, s'il est fait judiciairement. — Les greffiers et notaires ne feront qu'une seule inscription sur leur répertoire des inventaires contenant plusieurs vacations. | *Voir l'instruction n.° 296 sous ce titre, et celle n. 596 au tit. Répertoire.* |
| 1740 | 17 dudit. | EXOINE. | L'exoine ou certificat produit par des témoins ou jurés constatant qu'ils n'ont pu se rendre ou comparaître, est exempt de l'enregistrement. (*Décis. du Ministre des fin., du 7 niv. an 8.*) | |
| 1749 | 5 pluviôse. | DOMMAGES-INTÉRÊTS | Les jugemens portant condamnation de dommages-intérêts en matière criminelle, correctionnelle et de police, sont seuls passibles du droit de 2 pour cent; les condamnations en dommages-intérêts en matière civile ne doivent que 5o c. pour cent. | *Voir l'art. 11 de la loi du 27 vent. an 9, inséré dans la circul. n. 1992.* |
| 1765 | 22 dudit. | DROITS DE SUCCESSION. | Moyens prescrits pour accélérer la découverte des droits résultant des successions et autres mutations par décès, et pour en assurer le recouvrement. | |

# ENREGISTREMENT.

| INSTRUCTIONS GÉNÉRALES. | | OBJETS. | EXTRAIT DÉTAILLÉ DES INSTRUCTIONS. | OBSERVATIONS. |
|---|---|---|---|---|
| N.<sup>os</sup> | DATES. | | | |
| 1771 | 28 pluviôse an 8. | AFFIRMATIONS DE VOYAGE. | Les actes d'affirmation de voyage doivent être rédigés individuellement ; ils sont assujettis à l'enregistrement sur la minute dans les vingt jours de leur date. Si un acte de l'espèce contenait l'affirmation de plusieurs individus , les receveurs exigeraient autant de droits fixes d'enregistrement et de droits de rédaction qu'il y aurait d'individus. *(Déc. du Min. des fin., du 18 niv, an 8.)* | |
| 1798 | 14 germinal. | PRESTATIONS DE SERMENT. | Les prestations de serment des fonctionnaires publics et employés , sont des actes individuels, pour chacun desquels il est dû un droit d'enregistrement particulier, soit qu'elles soient admises par un seul acte ou par autant d'actes qu'il y a d'individus. | |
| 1801 | 22 dudit. | ÉPAVES MARITIMES. | Les ventes des épaves maritimes , faites par les adminsistrateurs de la marine, ne sont pas soumises au timbre lorsque le produit est au-dessous de 10 fr., ni à l'enregistrement lorsqu'il n'excède pas 25 francs. Celles faites en mer ou dans les pays étrangers, seront, dans le cas ci-dessus, timbrées à l'extraordinaire ou visées pour timbre et soumises à l'enregistrement dans les 20 jours qui suivent la rentrée du bâtiment dans les ports de France ; elles ne seront assujetties à aucune de ces formalités si le produit est au-dessous de 10 et de 25 francs | |
| 1807 | 24 dudit. | ACTES DES JUGES DE PAIX , COMMISSAIRES, PROCUREURS DU ROI ET MAIRES. BUREAUX OU ILS DOIVENT ÊTRE ENREGISTRÉS. | Les actes qui émanent des justices de paix doivent toujours être enregistrés au bureau dans l'arrondissement duquel se trouve le chef-lieu de leur territoire ; cependant lorsqu'un commissaire, procureur du roi ou maire rédige loin du bureau auquel le chef-lieu du canton est arroudi , des procès-verbaux et rapports pour fait de police judiciaire ou administrative, il peut les faire enregistrer, soit au bureau de sa résidence , soit au bureau dans l'arrondissement duquel les actes auront été faits. *( Déc. du Min. des fin. , du 3 pluv. an 8.)* | |
| 1810 | 3 floréal. | VENTE D'EFFETS MILITAIRES. | Le procès-verbal d'une adjudication d'effets militaires, faite par un commissaire des guerres, est assujetti au timbre et à l'enregistrement. *( Déc. du Min. des fin., du 8 floréal an 8.)* | |
| 1832 | 15 prairial. | CÉDULES DES ACQUÉREURS DE BIENS NATIONAUX. | Les cédules des acquéreurs de biens nationaux ne sont soumises qu'au droit d'enregistrement d'un franc, lorsque la formalité en est requise. | |
| 1849 | 23 messidor. | RENTES SUR L'ÉTAT. — ALIÉNATION. | Les contrats d'aliénation de rentes appartenant à l'État, sont assujettis au droit d'enregistrement de deux pour cent. Ce droit pour les rentes nationales doit être assis sur le prix de l'aliénation , et non sur le capital aliéné. — L'amortissement ou le rachat que les débiteurs peuvent faire de ces rentes, n'est passible que du droit de 50 centimes pour cent seulement, sur le prix du rachat. | |
| 1901 | 1.<sup>er</sup> brumaire an 9. | OBJETS MOBILIERS INHÉRENS AUX MAISONS NATIONALES. | Les ventes des glaces et des objets mobiliers inhérens aux maisons nationales et qui seront faites aux acquéreurs des immeubles sur estimation rigoureuse, ou, à leur refus, aux enchères, seront soumises aux droits d'enregist.<sup>t</sup> de 2 p. °/₀ et de timbre. | |
| 1912 | 19 dudit. | RESCRIPTIONS DE LA TRÉSORERIE. | Les cessions de rescriptions de la trésorerie, admissibles en paiement de rentes nationales, sont exemptes de la formalité et du droit d'enregistr.<sup>t</sup> *( Déc. du Min. des fin., du 28 vend. an 9.)* | |
| 1913 | dudit. | PERCEPTION DES COETRIBUTIONS DIRECTES. — PROCÈS-VERBAUX. — CAUTIONNEMENT. | Les procès-verbaux d'adjudications de la perception des contributions directes et des cautionnemens qui sont fournis en conséquence , sont soumis au timbre et à l'enregistrement. L'acte de réception de caution n'est passible que du droit fixe d'un franc. — Les nominations des percepteurs, faites d'office, sont exemptes du droit et de la formalité. | |

# ENREGISTREMENT.

| INSTRUCTIONS GÉNÉRALES. | | OBJETS. | EXTRAIT DÉTAILLÉ DES INSTRUCTIONS. | OBSERVATIONS. |
|---|---|---|---|---|
| N.os | DATES. | | | |
| 1941 | 14 frimaire an 9. | MUTATION D'IMMEUBLES. — SUPPLÉMENT DE DROIT. | Le receveur de l'enregistrement de la situation des biens, est chargé de recouvrer le supplément du droit d'enregistrement, résultant des actes translatifs d'immeubles à titre onéreux, lorsque l'insuffisance du prix est constatée par un rapport d'experts. | |
| 1942 | 17 dudit. | DOUAIRE. — DÉCLARATION. | Il n'y a pas lieu d'exiger de l'époux survivant, dont le mariage est postérieur à la publication de la loi du 17 nivôse an 2, la déclaration du douaire légal ou coutumier. | |
| 1954 | 11 nivôse. | ARRÊTÉS DE COMPTE. | Les arrêtés de compte entre particuliers, ne doivent que le droit fixe d'un franc, lorsque la dépense balance la recette par des actes en forme et authentiques ou par des quittances enregistrées; ils sont soumis au droit de 50 cent. pour % quand les paiemens énoncés dans le compte sont établis par des actes non enregistrés, et par le solde du reliquat; ce droit se perçoit sur les quittances produites à l'appui de la dépense et sur le solde. Si dans l'arrêté de compte, l'une des parties s'oblige de payer une somme pour reliquat ou pour avance, il est dû sur cette disposition un franc pour cent. Si l'on créait une rente pour ce reliquat ou cette avance, le droit serait de deux pour cent; il serait de deux francs ou de quatre pour cent, s'il y avait abandon de meubles ou immeubles en paiement de la somme due. | |
| 1963 | 25 dudit. | PRIX DES COUPES DE BOIS DE L'AN 8. — TRANSFERTS. | Les cessions et subrogations de transferts des quatre derniers cinquièmes du prix des coupes de bois de l'an 8, sont assujetties au droit fixe d'un franc, lorsque les porteurs veulent en faire usage en justice; il n'est dû qu'un seul droit, lorsque les transferts sont endossés de plusieurs cessions ou subrogations. | |
| 1974 | 14 ventôse. | ENQUÊTES ET INTERROGATOIRES. | Les enquêtes et interrogatoires doivent être enregistrés sur les minutes. Dans les tribunaux civils et de commerce, les citations sont indispensables; tous les actes préparatoires doivent être successivement rédigés et enregistrés, soit sur les minutes, soit sur les expéditions. | |
| 1981 | 7 germinal. | VENTE DE MEUBLES AU COMPTANT. | Les droits d'enregistrement des ventes de meubles au comptant, doivent être perçus cumulativement; ils sont perçus distinctement et par article sur les adjudications de coupes de bois en détail, ainsi que sur le cautionnement. *(Décision du Ministre des finances, du 28 nivôse an 9.)* | |
| 1987 | 14 dudit. | VENTE AVEC FACULTÉ DE RÉMÉRÉ. — BANQUE TERRITORIALE. | Les droits d'enregistrement des contrats de vente d'immeubles, avec faculté de réméré, passés au profit de la banque territoriale par ceux à qui elle prête son crédit, sont fixés à 4 p. %, comme pour les ventes ordinaires d'immeubles, mais seulement sur le prix stipulé en faveur des vendeurs. *(Décis. du Ministre des fin., des 22 vend. an 8, et 8 pluv. an 9.)* | |
| 1992 | 17 dudit. | LOI DU 27 VENTÔSE AN 9. | Loi du 27 ventôse an 9, et instructions pour son exécution. | |
| 2012 | 12 prairial. | DOTS DES EX-RELIGIEUSES. — AFFRANCHISSEMENT. | Les actes passés en exécution de l'arrêté du 27 nivôse an 9, qui accorde aux débiteurs des dots des ex-religieuses, la faculté de s'affranchir de leur paiement, ne sont soumis qu'au droit fixe d'un franc, quoique la renonciation et la soumission soient renfermées dans le même acte; il serait dû deux droits fixes si elles étaient faites par acte séparé. | |
| 2013 | 21 dudit. | PRESCRIPTION. — TESTAMENT. | La demande du droit d'enregistrement d'un testament non soumis à la formalité, et de tous autres actes reçus par les officiers publics, ne se prescrit que par trente années. *(Décision du Ministre des finances, du 8 prairial an 9.)* | |

# ENREGISTREMENT.

| INSTRUCTIONS GÉNÉRALES. | | OBJETS. | EXTRAIT DÉTAILLÉ DES INSTRUCTIONS. | OBSERVATIONS. |
|---|---|---|---|---|
| N.º | DATES. | | | |
| 2018 | 9 messidor an 9. | SIGNIFICATIONS D'AVOUÉ A AVOUÉ. | Les significations d'avoué à avoué, doivent autant de droits qu'il y a d'avoués demandeurs ou défendeurs. Si ces significations exprimaient des conclusions, interventions, demandes incidentes, preuves ou exceptions ; si elles agitaient le fond de la question contentieuse, elles entreraient, quoique signifiées entre avoués, dans la classe des exploits ordinaires, tant pour la quotité que pour la pluralité des droits. | |
| 2030 | 18 thermid. | MAIN-LEVÉE D'INSCRIPTIONS. — DÉBITEURS DE L'ÉTAT. | Le droit d'enregistrement et de timbre des actes de main-levée des inscriptions sur les débiteurs de créances de l'Etat, est à la charge de celui, au profit duquel elle fait titre. | |
| 2045 | 2 vendém. an 10. | NOTICES DE DÉCÈS. | Envoi d'un modèle de feuilles destinées aux relevés des notices de décès que les maires doivent remettre chaque trimestre aux receveurs de l'enregistrement. | |
| 2050 | 16 dudit. | CONSTITUTION D'AVOUÉ. — EXPLOIT | Les exploits d'assignation contenant constitution d'avoué, ne donnent pas lieu à la perception d'aucun droit particulier. Ceux de citations devant les juges de paix ou dans les tribunaux de police où il n'y a pas d'avoué en titre, donnent lieu à la perception de deux droits, lorsqu'ils contiennent nomination d'un défenseur officieux. | |

## INSTRUCTIONS GÉNÉRALES.

| INSTRUCTIONS GÉNÉRALES. | | OBJETS. | EXTRAIT DÉTAILLÉ DES INSTRUCTIONS. | OBSERVATIONS. |
|---|---|---|---|---|
| N.º | DATES. | | | |
| 3 | 8 brumaire. | MOBILIER MILITAIRE | Les procès-verbaux de vente de mobilier militaire sont exempts de la formalité de l'enregistrement. (*Décision du Ministre des finances, du 25 floréal an 9.*) | |
| 27 | 25 frimaire. | NOUVELLES MESURES | Les notaires et autres officiers publics doivent exprimer dans leurs actes les nouvelles mesures, sous peine d'amende ; les employés de l'administration sont tenus de les exprimer dans leurs enregistremens, actes, procès-verbaux et écritures. | |
| 34 | 14 nivôse. | ACTES JUDICIAIRES | Instruction sur la perception des droits d'enregistrement des actes judiciaires contenant différentes dispositions. | |
| 44 | 5 ventôse. | PROCÈS-VERBAUX DES GARD. DES FORÊTS. | Les procès-verbaux des gardes des forêts nationales doivent être enregistrés en débet. | |
| 66 | 12 thermid. | VENTE D'EFFETS D'APPROVISIONNEM. DE LA MARINE. | Les procès-verbaux de vente d'effets et approvisonnement de la marine, soit qu'elle soit passée devant l'administration de la marine ou par le receveur des domaines, sont soumis à l'enregistrement dans le délai fixé par la loi du 22 frimaire an 7. | *Voir l'instruction n.º 166.* |
| » | 30 dudit. | DROITS DE PASSAGE AUX ÉCLUSES ET PONTS MOBILES. | Les baux des droits de passage aux écluses et ponts mobiles, ainsi que les marchés des entrepreneurs des travaux à y faire, ne doivent que le droit fixe d'un franc d'enregistrement, conformément à la loi du 7 germ. an 8. Les cautionnemens de ces actes ne sont également assujettis qu'au seul droit fixe d'un franc. | |
| 70 | 10 fructidor. | ÉTATS DES DÉCÈS | Les receveurs de l'administration ne constateront plus par des procès-verbaux les retards que les maires apportent à la remise des états des décès, comme le leur prescrivait la circulaire du 18 floréal an 8, n.º 1804, *à l'égard des maires qui n'ont pas de secrétaires :* il suffira qu'ils en instruisent leur directeur, et que celui-ci invite le préfet à stimuler les maires en retard. | |
| 115 | 15 nivôse an 11. | POURSUITES. | Les actes de poursuites et autres ayant pour objet le recouvrement des droits confiés à l'administration de l'enregistrement seront enregistrés *en débet.* | |

# ENREGISTREMENT.

| INSTRUCTIONS GÉNÉRALES. | | OBJETS. | EXTRAIT DÉTAILLÉ DES INSTRUCTIONS. | OBSERVATIONS. |
|---|---|---|---|---|
| N.os | DATES. | | | |
| » | 20 pluviôse an 11. | SUCCESSIONS DES CONDAMNÉS. | Les héritiers des condamnés sont autorisés à acquitter les droits des successions auxquelles ils sont appelés, en bons de restitutions, en tiers conservé et en deux tiers remboursés. ( *Arrêté du 24 flor. an 8.* ) Ordre de suspendre toutes poursuites jusqu'à ce qu'il ait été décidé si ce sont les bons ou les rescriptions du trésor qui peuvent être donnés en paiement. On se bornera à la signification des actes nécessaires pour prévenir la prescription. | *V. l'instruction n.º 131.* |
| 124 | 13 ventôse. | ACTE DE RECOURS EN CASSATION. | Tout premier acte de recours en cassation, quelqu'en soit l'objet, excepté en matière criminelle, doit le droit fixe de 15 francs. ( *Arrêté du Gouvernement du 21 pluviôse an 11.* ) | |
| 131 | 23 germinal. | SUCCESSIONS DES DÉPORTÉS ET CONDAMNÉS. | Les receveurs admettront en paiement des droits d'enregistrement des successions des déportés et des condamnés, les rescriptions du trésor public délivrées nominativement à leurs héritiers en échange du tiers conservé et des deux tiers remboursables. | |
| 132 | 7 floréal. | JUGEMENS SUR CONVENTIONS VERBALES. | Les jugemens rendus sur des conventions verbales ou non justifiées par titres écrits, doivent être enregistrés sur la minute et payer le droit que comportent leurs dispositions, indépendamment du droit auquel donnent lieu les conventions sur lesquelles ils sont établis. | |
| 141 | 5 messidor. | SENTENCES ARBITRALES. | La minute des sentences arbitrales, après avoir été enregistrée doit être déposée au greffe du tribunal d'arrondissement. ( *Art. 7 de la loi du 23 vent. an 2.* ) Les expéditions ne sont authentiques que lorsqu'elles sont délivrées par le greffier du tribunal. — C'est sur les expéditions que doivent être mis les exécutoires du président du tribunal. Les expéditions sont sujettes au droit de greffe d'un franc 25 centimes le rôle. ( *Décis. du G. Juge du 30 germ. an 11, art. 6 du tit. I.er de la loi du 24 août 1790.* ) | |
| » | 5 fructidor. | ACTES PASSÉS DANS L'ANCIENNE FRANCE. | On ne peut enregistrer dans les départemens de la 27.e division des actes s. s. p. passés dans l'intérieur de la France, ni y passer des actes étrangers au Piémont par leur objet et par le domicile des parties. | |
| 158 | 21 dudit. | DÉCLARATIONS EN MATIÈRE DE FAILLITE | Les déclarations faites aux greffes des tribunaux de commerce par les créanciers des individus qui ont fait faillite ou suspendu leurs paiemens, sont sujettes à l'enregistrement dans le délai de vingt jours et au droit fixe de deux francs ; il ne peut être exigé de droit proportionnel à raison des titres présentés ou énoncés dans ces déclarations. | |
| 160 | dudit. | ACTES POUR LE SERVICE DU DÉPARTEM.t DE LA GUERRE. | Les marchés et adjudications pour les différens services du département de la guerre faits et à faire, ne seront soumis qu'au droit fixe d'un franc. — Les actes de cautionnement relatifs auxdits marchés et adjudications seront soumis au droit proportionnel de 50 centimes par cent francs. ( *Arrêté du Gouvernement du 6 fructidor an 11.* ) | |
| 166 | 5 complém. | VENTE D'EFFETS ET APPROVISIONNEM.t DE LA MARINE. | Les procès-verbaux de vente d'effets mobiliers et objets d'approvisionnement de la marine sont exempts d'enregistrement. ( *Décision du Ministre des finances du 12 fructidor an 11.* ) | |
| 169 | 22 vendém. an 12. | ACTES DES COMMISSAIRES DU GOUVERNEMENT. | Les actes faits à la requête des commissaires du gouvernement près les tribunaux soit en matière civile ou criminelle, doivent être enregistrés sans exiger le paiement des droits qui resteront en suspens. ( *Décisions du Ministre des finances des 7 frimaire an 8 et 5 fructidor an 11.* ) | |
| 172 | 28 dudit. | SOUMISSIONS ET CAUTIONNEMENS DES ARMATEURS DE BÂT.s | Le droit d'enregistrement des actes de soumission et de cautionnement fournis par les armateurs de bâtimens armés en course, est fixé à un franc fixe. | |

# ENREGISTREMENT.

| INSTRUCTIONS GÉNÉRALES. | | OBJETS. | EXTRAIT DÉTAILLÉ DES INSTRUCTIONS. | OBSERVATIONS. |
|---|---|---|---|---|
| N.ᵒˢ | DATES. | | | |
| 173 | 28 vendém. an 12. | ACTES DES COURTIERS. | Les traités de vente de marchandises et navires par l'entremise de courtiers, sont sujets aux droits proportionnels d'enregistrement dans le délai de dix jours comme les actes des notaires. — Il en est de même des actes de vente de bâtimens de mer. *(Décision du Ministre des fin., du 4 vendémiaire an 12.)* | |
| 176 | 3 brumaire. | ARRÊTÉS DES PRÉFETS PORTANT RADIATION D'INSCRIPTIONS. | Les minutes des arrêtés des préfets portant autorisation de radier les inscriptions aux hypothèques, doivent être enregistrées dans les 20 jours de leur date, et payer le droit fixe d'un fr. — S'il s'agissait de radier des inscriptions mal à propos requises, elles seraient enregistrées *gratis. (Décision du Ministre des finances, du 11 vendémiaire an 12.)* | |
| 178 | 16 dudit. | RENTES FONCIÈRES COMPRISES DANS UNE VENTE. | Les rentes foncières dont peuvent être grevés des immeubles, doivent être, pour leur capital, ajoutées au capital de la vente pour la liquidation du droit d'enregistrement, attendu qu'elles sont une charge de la vente. — Sous ce rapport, elle ne peuvent être distraites du prix des baux des propriétés immobilières dont la mutation s'opère par décès. | |
| 185 | 25 frimaire. | DONATIONS EN FAVEUR DES HOSPICES. | Les donations entre-vifs et testamentaires en faveur des hospices ne sont assujetties au droit d'enregistrement qu'à raison d'un franc fixe. — Elles n'auront leur plein effet qu'après que leur exécution aura été autorisée par le Gouvernement. *(Arrêté du Gouvernement, du 15 brumaire an 12.)* | |
| 186 | Idem. | SERVICE DE LA MARINE ET DE L'INTÉR. | Les marchés et adjudications pour le service du département de la marine, et ceux de même nature pour le département de l'intérieur, et relatifs aux ponts et chaussées, écluses, desséchemens, etc., lorsque le prix sera payé des deniers du trésor public, ne sont assujettis qu'au droit fixe d'un franc. *(Arrêté du Gouvernement, du 15 brumaire an 12.)* Les actes de cautionnement continueront à être soumis au droit proportionnel de 50 centimes pour cent. — L'exemption du droit proportionnel ne peut être étendue aux sous-traités ni aux actes de cession, subrogation, faits par les adjudicataires qui auraient traité directement avec le Gouvernement ou ses agens. | *Voir l'instruction n.ᵒ 286, sur droit d'enregistr. des actes de cautionnement.* |
| 196 | 26 nivôse. | DONATIONS ENTRE VIFS. — FORMALITÉ DE L'INSINUATION ABOLIE. | La formalité de l'insinuation des donations entre-vifs est totalement abolie et remplacée par la transcription des actes de donation aux bureaux des hypothèques dans l'arrondissement desquels les biens sont situés. | |
| 201 | 9 pluviôse. | HOSPICES, RENTES. | Les actes faits par les commissaires du Gouvernement, tendant à la rentrée des rentes nationales et domaines usurpés, attribués aux hospices par la loi du 4 ventôse an 9, doivent, comme ceux où ils représentent une partie civile, être enregistrés moyennant le paiement du droit et non *en débet. (Avis du Conseil d'état, du 5 nivôse an 12.)* | |
| 203 | 27 dudit. | PRÉSENTATIONS, DÉFAUTS, etc. | Les minutes des présentations, des défauts et congés, sont soumises à l'enregistrement, soit qu'elles soient délivrées et passées aux greffes des cours d'appel, des tribunaux de première instance ou de commerce. *(Lettres du Ministre des finances, des 7 frimaire et 14 pluviôse an 12.)* | |
| 204 | 28 dudit. | PRESTATION DE SERMENT DES NOTAIRES. — DÉPÔT DE TITRES. — MÉDECINS, CHIRURGIENS, etc. | Les anciens notaires, comme ceux admis à en remplir les fonctions, en exécution de la loi du 25 ventôse an 11, doivent prêter serment. L'acte qui en est dressé est soumis sur la minute au droit de 15 francs, quoiqu'il ait été perçu pour une précédente prestation, indépendamment des droits de timbre et de greffe auxquels donnent lieu les expéditions | |

# ENREGISTREMENT.

| INSTRUCTIONS GÉNÉRALES. | | OBJETS. | EXTRAIT DÉTAILLÉ DES INSTRUCTIONS. | OBSERVATIONS. |
|---|---|---|---|---|
| N.os | DATES. | | | |
| | | RECONNAISSANCES DU DÉPÔT DES TITRES DE MÉDECINS, etc. | qui en sont délivrées. — Les récépissés ou reconnaisances données aux notaires du dépôt de leurs titres et pièces de réception au greffe du tribunal de première instance sont soumis au droit fixe de 2 fr. d'enregistr.t et aux droits de timbre et de greffe ; les reconnaissances qui sont délivrées par les greffiers des tribunaux de première instance aux médecins, chirurgiens, officiers de santé et sages-femmes du dépôt de leurs lettres de réception et de maîtrises, sont soumises aux mêmes droits ; il en serait de même, s'il était délivré pour tenir lieu de récépissé, une expédition de la minute. ( *Déc. du Ministre des fin. du 14 pluviôse an 12.* ) | |
| 206 | 5 ventôse. an 12. | MUTATION D'IMMEUBLES PAR DÉCÈS. | Les droits de mutation d'immeubles par décès sont dûs non seulement par l'héritier, mais encore par le tiers acquéreur des biens de la succession, malgré la transcription de son contrat, | *V. l'instruction* n.° 495. |
| | | DROITS DUS PAR LES HÉRITIERS ET PAR LES TIERS ACQUÉREURS | attendu que les revenus n'appartiennent au nouvel acquéreur qu'après l'acquittement du droit dont la charge lui a été transmise avec la propriété de l'héritage. L'inscription hypothécaire n'est pas nécessaire pour assurer le recouvrement de ces droits qui sont un prélévement en faveur de l'état sur les revenus, plutôt qu'une créance ordinaire. ( *Décision du Grand-Juge du 23 nivôse an 12.* ) | |
| 207 | *Idem.* | ACTES DE REMPLACEMENT DE CONSCRITS | Les actes de remplacement de conscrits lorsqu'ils sont purs et simples sont considérés comme enrôlement militaire, et comme tels exempts du timbre et de l'enregistrement ; mais si ces actes contiennent les conditions pécuniaires du remplacement, ils rentrent dans la classe des conventions civiles, et comme marchés particuliers sont soumis au timbre et à l'enregistrement. ( *Décision du Ministre des finances du 24 pluviôse an 12.* ) | |
| 208 | 11 ventôse. | PRESCRIPTION. | La prescription des droits d'enregistrement n'est point arrêtée par des réclamations portées devant le ministre ou l'administration. Pour la prévenir les receveurs doivent avant l'expiration du délai, faire signifier la demande de ces droits ou la faire renouveler par le ministère d'huissier. | *V. l'instruction* n.° 414, et celle n.° 509. |
| 211 | 17 dudit. | RECONNAISSANCES DE LETTRES DE CHANGE. | L'exemption d'enregistrement accordée aux lettres de change par l'art. 70 de la loi du 22 frimaire an 7, et la disposition de l'art. 69 de cette loi qui a fixé à demi pour cent le droit des billets à ordre et autres effets négociables, ne peuvent dispenser d'un nouveau droit proportionnel à raison d'un pour cent les reconnaissances qui seraient passées en forme authentique desdites lettres de change ou billets à ordre, non plus que les actes attributifs ou transmissifs de privilège ou d'hypothèque. ( *Décisions du Min. des fin. des 7 flor. an 10 et 8 vent. an 12.* ) | |
| 216 | 3 germinal. | VENTE D'IMMEUBLES SITUÉS A L'ÉTRANGER | Les actes passés en forme authentique en pays étranger, portant vente d'immeubles situés hors du territoire de la France, doivent être enregistrés avant d'en faire usage en justice, et sont sujets au droit proportionnel. ( *D. du M. des fin. du 22 vent. an 12.* ) | *Voir la circulaire du 4 nivôse an 14.* |
| » | 5 dudit. | FORME DE PROCÉDER. | Les seuls départemens où les ordonnances de 1667 et de 1695 n'ont jamais été en vigueur et les départemens réunis, doivent conserver, jusqu'à la promulgation des lois sur la procédure, les usages qui étaient établis dans les tribunaux sur la formalité des présentations, défauts et congés ; on doit s'assurer que ces usages sont constans et réguliers, et qu'ils n'ont pas été introduits par abus. | |
| » | 8 dudit. | JUGEMENS RENDUS SUR CONVENTIONS VERBALES. | Les jugemens contenant condamnation de sommes modiques pour prêt ou vente de comestibles, salaires d'ouvriers ou domestiques, mois de nourrice, etc., réclamés en vertu de conventions verbales, doivent, indépendamment du droit sur le jugement, | *V. l'instruction* n.° 452. |

# ENREGISTREMENT.

| INSTRUCTIONS GÉNÉRALES. | | OBJETS. | EXTRAIT DÉTAILLÉ DES INSTRUCTIONS. | OBSERVATIONS. |
| --- | --- | --- | --- | --- |
| N.° | DATES. | | | |
| | | | celui auquel l'objet de la demande aurait donné lieu s'il avait été convenu par acte public, et être enregistrés sur la minute. *(Déc. du Min. des fin.. du 6 fruct. an 10 et 29 vent. an 12.)* | |
| » | 30 floréal an 12. | ACTES PASSÉS DANS LES COLONIES. | Les actes authentiques passés dans les colonies françaises, sans distinction d'époque, comme ceux s. s. p., ne pourront servir à un usage public en France, avant d'y avoir été soumis à l'enreg.t *(Lettre du Min. des fin., du 11 flor. an 12.)* Un acte authentique des colonies portant transmission de biens situés en France, serait soumis à la peine du double droit, s'il n'avait été revêtu de la formalité, dans le délai fixé par l'art. 22 de la loi du 22 frim. an 7. | |
| 228 | 24 prairial. | PRÉSENTATIONS ET DÉFAUTS. | Les greffiers des tribunaux de commerce jouiront de la faculté qu'on ne peut leur contester de faire enregistrer les présentations et les défauts levés à l'instant de l'audience, après que le jugement a été prononcé, pourvu que l'enregistrement ait lieu dans le jour de la prononciation, en sorte que si le jugement doit être mis sur-le-champ à exécution, l'expédition puisse être présentée à la formalité avec la présentation et le défaut. *(Décision du Ministre des finances, du 18 floréal an 12.)* | *V. la circulai du 11 therm. an 1* |
| 229 | 27 dudit. | JUGEMENS DÉLIVRÉS POUR LE RECOUVREMENT DES AMENDES. | Les receveurs doivent timbrer et enregistrer *en débet* les jugemens que les greffiers délivrent aux employés de l'administration, pour suivre le recouvrement des amendes, sauf à en suivre le paiement contre la partie en même tems qu'ils feront la demande du principal et des frais. | |
| » | 17 messidor. | RETRAIT. | Le retrait exercé par des cohéritiers avant partage en vertu de l'art. 841 du code civil, de la cession faite par l'un d'eux, au profit d'un non successible, de son droit dans un objet distinct dépendant d'une succession indivise, n'est assujetti qu'au droit d'enregistrement de 50 centimes pour cent. *(Décision du Ministre des finances, du 11 floréal an 12.)* | |
| 237 | 24 dudit. | INSCRIPTION AU GRAND-LIVRE. | Les déclarations des rentiers de l'état, tendant à obtenir un nouvel extrait d'inscription au grand-livre, ne sont assujetties qu'au droit fixe d'un franc. *(Décret du 3 messidor an 12.)* | |
| 239 | 29 dudit. | ENFANS NATURELS. — HÉRITIERS LÉGITIMES. — SOLIDARITÉ. | Les enfans naturels doivent fournir déclaration de la portion de biens que la loi leur accorde, et payer le droit de mutation par décès en ligne directe. — Les héritiers légitimes ne doivent passer déclaration que de la portion de biens qui leur sont échus. *(Décis. du Min. des fin., du 7 messidor an 12.)* Il n'y a point de solidarité entre les enfans naturels et les héritiers légitimes. | |
| 240 | 30 dudit. | ACTES PASSÉS DANS LES ÎLES ET COLONIES. | On ne peut faire aucun usage public en France des actes en forme authentique, passés dans les îles et colonies françaises où l'enregistrement n'est pas établi, à moins qu'ils n'aient été préalablement enregistrés, quelle que soit la date de ces actes. — L'exemption n'est applicable qu'aux actes de l'espèce, passés dans les îles ou colonies, dans lesquelles ces lois ont leur exécution, pourvu qu'ils ne contiennent aucune transmission de propriété ou d'usufruit de biens immeubles situés en France. *(Décision du Ministre des finances, du 23 prairial an 12.)* | |
| 245 | 9 thermid. | RETRAITS ET RÉSOLUTIONS DE VENTES. | Application des dispositions du code civil, concernant les retraits et la résolution des ventes d'immeubles, à la perception des droits d'enregistrement. | |
| » | 11 dudit. | PRÉSENTATIONS, DÉFAUTS, etc. | Ordre de suspendre la perception de tout droit de présentation, défaut et congé, dans les tribunaux de commerce. *(Avis du Conseil d'état, du 18 messidor an 12, approuvé le 24 dudit.)* | |

# ENREGISTREMENT.

| INSTRUCTIONS GÉNÉRALES. | | OBJETS. | EXTRAIT DÉTAILLÉ DES INSTRUCTIONS. | OBSERVATIONS. |
|---|---|---|---|---|
| N.os | DATES. | | | |
| 248 | 23 thermidor an 12. | PRESTATION DE SERMENT DES EMPLOYÉS DES DIVERSES ADMINISTRATIONS. | Les actes de prestation de serment des employés des contributions directes et des droits réunis, et généralement de toutes les administrations et régies, doivent être enregistrés dans le délai de 20 jours, sur la minute, pour le droit de 3 ou 15 fr., suivant le grade ou l'emploi, soit que cette prestation ait lieu devant le préfet, le tribunal de première instance, ou devant un juge de paix. ( *Décision du Ministre des finances du 12 therm. an 12.* ) Ordre de vérifier dans les greffes et aux secrétariats des préfectures, si les actes de l'espèce ont été enregistrés, et de constater par procès-verbaux les contraventions qui seront reconnues. | |
| » | 5 fructidor. | PRESTATION DE SERMENT. — DROITS RÉUNIS. | La prestation de serment des commis temporaires de la régie des droits réunis ne doit point être enregistrée. — Celle des simples commis ne payera que le droit fixe de 3 francs. | |
| 253 | 20 dudit. | ADJUDICATIONS DE COUPES DE BOIS. | Le droit d'enregistrement des adjudications de coupes de bois nationaux doit être liquidé sur le prix principal et le décime, en y ajoutant le montant des frais d'impression, de publication, bougies, criées, etc. que les adjudicataires doivent payer, sur le réglement qui en est fait par le fonctionnaire qui préside à l'adjudication. ( *Décision du Ministre des finances du 10 fruct. an 12.* ) | |
| » | 3 comp. | PRESTATION DE SERMENT. — DROITS RÉUNIS. | La prestation de serment des buralistes de la régie des droits réunis, dont le traitement annuel ne s'élévera pas à plus de 500 francs, ne sera assujettie qu'au droit fixe de 3 francs. ( *Décision du Ministre des finances du 1.er complém. an 12.* ) | |
| 263 | 21 frimaire an 13. | ORGANISATION DU NOTARIAT. | Disposition de la loi du 25 ventôse an 11 sur l'organisation du notariat, dont l'exécution doit être surveillée par les employés de l'administration de l'enregistrement, surtout en ce qui concerne les amendes et autres peines pécuniaires que les notaires peuvent encourir pour contravention à leurs fonctions. | |
| 266 | 6 pluviôse. | DÉPÔT DE CONTRATS AU GREFFE, POUR PURGER DES HYPOT. | Le dépôt des contrats au greffe du tribunal pour purger les hypothèques sur les biens des maris et tuteurs, doit être fait par un acte sujet à l'enreg.t sur la minute, dans les 20 jours de sa date. | |
| 271 | 20 dudit. | DÉCISIONS EN MATIÈRE DE POLICE. | Les décisions rendues en police ordinaire, entre les ouvriers et apprentifs, les manufacturiers fabricans et artisans, par les maires et adjoints, les préfets et commissaires de police, sont soumises aux mêmes droits de timbre et d'enregistrement que les jugemens rendus contre les contrevenans aux réglemens en matière de police ordinaire. ( *Art. 19 de la loi du 22 germinal an 11.* ) | |
| 272 | 22 dudit. | CAISSE D'AMORTISSEMENT. — RECONNAISSANCES. | Les reconnaissances délivrées par les préposés de la caisse d'amortissement des sommes consignées entre leurs mains en exécution de la loi du 28 nivôse an 13 ne sont soumises qu'au droit fixe d'un franc, et doivent être enregistrées dans le délai de cinq jours. ( *Art. 3 de ladite loi* ) | *V. au tit. Caisse d'amortissement, la circulaire du 12 germinal an 13.* |
| » | 25 ventôse. | PRESTATION DE SERMENT DES PRÉPOSÉS DES CONT. DIRECTES. — DÉLAI. | Il est accordé un nouveau délai d'un mois aux percepteurs et autres préposés des contributions directes pour faire enregistrer leur prestation de serment *sans droit en sus.* ( *Décision du Ministre des finances du 7 ventôse an 13.* ) | *Addition à l'instruction n.º 248.* |
| 286 | 16 prairial. | CAUTIONNEMENT. — PONTS ET CHAUSSÉES. | Les actes de cautionnement relatifs aux adjudications et marchés pour le service des ponts et chaussées, de la navigation et des ports maritimes et de commerce, ne sont assujettis qu'au droit fixe d'enregist.t d'un franc. ( *Décret du 25 germ. an 13.* ) | |
| 290 | 3 fructidor. | SOLUTIONS DIVERSES. | Rappel aux receveurs, des obligations que leur imposent les lois et les ordres de régie relativement à la forme de l'enregist.t des actes qui sont présentés à la formalité ; injonction aux employés supérieurs de s'assurer de l'exactitude des receveurs sur cet | |

# ENREGISTREMENT.

| INSTRUCTIONS GÉNÉRALES. | | OBJETS. | EXTRAIT DÉTAILLÉ DES INSTRUCTIONS. | OBSERVATIONS. |
|---|---|---|---|---|
| N.º | DATES. | | | |
| | | | objet. Décisions du ministre des finances, et solutions de l'admin. sur l'application des lois concernant l'enreg.ᵗ des actes ci-après : | |
| | | | 1.º Actes contenant plusieurs dispositions. | |
| | | | 2.º Actes produits en justice. | |
| | | | 3.º Actes judiciaires à enregistrer et timbrer en débet, etc. | |
| | | | 4.º Actes judiciaires. | |
| | | | 5.º Actes des maires ou adjoints, sujets à l'approb. des préfets. | |
| | | | 6.º Actes s. s. p. produits à la liquidation de la dette publique. | |
| | | | 7.º Actes des huissiers ou gendarmes en matière criminelle, correctionnelle et de police. | |
| | | | 8.º Actes de poursuites pour le recouvrement des contributions. | |
| | | | 9.º Actes de société. | |
| | | | 10.º Adjudications et cautionnemens pour fournitures dans les maisons de détention. | |
| | | | 11.º Affectation d'hyp.ᵉ pour billets à ordre ou lettres de change. | |
| | | | 12.º Cautionnement fourni en remplacement d'un premier caut.ᵗ | |
| | | | 13.º Cautionn.ᵗ pour sureté du prix de vente des dom. nationaux. | |
| | | | 14.º Cautionn.ˢ fournis par les préposés aux recettes municipales. | |
| | | | 15.º Cessions de portion d'intér. dans une société en commandite. | |
| | | | 16.º Contrat de mariage contenant stipulation de communauté. | |
| | | | 17º Déclaration de command sur adjudications judiciaires. | |
| | | | 18º Déclaration de dettes contenues dans les inventaires. | |
| | | | 19.º Délai pour l'enregistrement des actes et déclarations. | |
| | | | 20.º Délai pour l'enregistrement des procès-verbaux d'adjudication de coupes de bois, lorsqu'il y a désistement. | |
| | | | 21.º Délégations et transport de créances. | |
| | | | 22.º Délibérations des communautés d'habitans qui fixent ou augmentent le traitement des curés, vicaires, etc. | |
| | | | 23.º Délibération de famille. | |
| | | | 24.º Dépôt au greffe, des signatures et paraphes des notaires. | |
| | | | 25.º Devis pour parvenir aux adjudicat.ˢ des travaux des routes. | |
| | | | 26.º Distinction des meubles et des immeubles. | |
| | | | 27.º Donations faites entre époux pendant le mariage. | |
| | | | 28.º Donations en faveur des fabriques, séminaires et autres étab.ˢ | V. l'instructi[on] n.º 504, au tit[re] Domaines - Fabri[ques]. |
| | | | 29.º Donations non acceptées. | |
| | | | 30.º Donation contenant partage ou licitation. | |
| | | | 31.º Evaluation du revenu des biens-fonds affermés en nature. | |
| | | | 32.º Inventaires rapportés par des notaires hors de leur résidence. | |
| | | | 33º Jugemens portant condamnation de dépens au profit des avoués contre leurs cliens. | |
| | | | 34.º Mutations de biens par décès pendant le cours de la faculté de réméré | |
| | | | 35.º Mutation ( les droits de ) ne sont dûs par l'héritier contractuel qu'au décès de l'instituant. | |
| | | | 36.º Mutations par décès de rentes et créances. | |
| | | | 37.º Mutations par décès de biens meubles ou immeubles situés en France, en faveur d'étrangers. | |
| | | | 38.º Mutations de rentes sur l'Etat. | |
| | | | 39.º Notices des décès à remettre aux receveurs par les maires. | |
| | | | 40.º Obligations des receveurs-généraux. | |
| | | | 41.º Obligations des directeurs des droits réunis. | |
| | | | 42.º Prestations de serment | |
| | | | 43.º *Idem* des juges et procureurs du Roi. | |
| | | | 44.º *Idem* des greffiers des tribunaux d'appel. | |
| | | | 45.º *Idem* des arpenteurs des forêts nationales. | |
| | | | 46.º *Idem* des inspecteurs et sous-inspecteurs des chasses. | |

# ENREGISTREMENT.

| INSTRUCTIONS GÉNÉRALES. | | OBJETS. | EXTRAIT DÉTAILLÉ DES INSTRUCTIONS. | OBSERVATIONS. |
|---|---|---|---|---|
| N.ᵒˢ | DATES. | | | |
| | | | 47.º Prestations de serment des lieutenans ou sous-lieutenans des douanes. | |
| | | | 48.º *Idem* des interprètes de langues étrangères. | |
| | | | 49.º *Idem* des notaires. | |
| | | | 50.º *Idem* des emp. des contrib. directes et des droits réunis. | |
| | | | 51.º *Idem* des commis et contrôl. temporaires des droits réunis. | |
| | | | 52.º *Idem* des commis et buralistes des droits réunis qui n'ont pas 500 fr. | |
| | | | 53.º *Idem* des préposés des contributions directes. | |
| | | | 54.º *Idem* des directeurs, inspecteurs et contrôleurs des contributions directes. | |
| | | | 55.º *Idem* des porteurs de contraintes. | |
| | | | 56 · Distinction entre le serment sujet au droit et celui qui en est exempt. | |
| | | | 57.º Prestation de serment des avoués. | |
| | | | 58.º *Idem* des commissaires de police. | |
| | | | 59.º *Idem* des ingénieurs. | |
| | | | 60.º *Idem* des conducteurs de travaux. | |
| | | | 61.º Procès-verbaux sur les contrav. en matière de grande voirie. | |
| | | | 62.º Quittances du quart de la valeur des domaines engagés. | |
| | | | 63.º Résolution de contrat pour cause de lésion ultramédiaire. | |
| | | | 64.º Reventes des domaines nationaux, vendus primitivement aux municipalités. | |
| | | | 65.º Reventes de rentes ci-devant nationales. | |
| | | | 66.º Significations d'avoué à avoué. | |
| | | | 67.º *Idem* des oppositions aux jugemens rendus par défaut. | |
| | | | 68.º *Idem* faites par les secrétaires des mairies. | |
| | | | 69.º Successions : baux d'après lesquels doit être établie la valeur foncière des biens déclarés. | |
| | | | 70.º Successions vacantes. | |
| | | | 71.º Successions des condamnés révolutionnairement, et en même temps inscrits sur la liste des émigrés. | |
| | | | 72.º Successions des absens. | |
| | | | 73.º Suscriptions des testamens mystiques. | |
| | | | 74.º Traité entre les conscrits et leurs remplaçans. | |
| | | | 75.º Vélites : actes de soumission de cautionnement, fournis par eux ou en leur faveur. | |
| | | | 76.º Ventes : liquidation provisoire des droits sur le prix exprimé. | |
| | | | 77.º Ventes de navires français. | |
| 293 | 13 vendém. an 14. | DROITS DUS PAR LES COMMUNES ET ÉTABLISSEMENS PUBLICS. | Les registres et minutes d'actes de tous établissemens publics doivent être communiqués sans déplacement aux préposés de l'enregistrement. Il est accordé un délai de six mois aux communes et établissemens publics pour acquitter sans amende les droits de timbre et d'enregistrement auxquels leurs registres et actes étaient assujettis. Ils doivent tenir un registre en papier timbré pour les actes qui pourraient être soumis à l'enregistrement. Les actes de l'espèce sont considérés comme s. s. p.; ceux translatifs de propriété, d'usufruit ou de jouissance de biens immeubles, doivent être enregistrés dans les trois mois de leur date ; les autres, lorsqu'on voudra en faire un usage public. *( Décret du 4 messidor an 13. )* | *V. l'instruction n.º 395.* |
| » | 3 brumaire. | PRESTATION DE SERMENT DES SECRÉT. DES MAIRIES ET DES GARDES CHAMPÊTRES. | Les prestations de serment des secrétaires des mairies et des gardes champêtres, faisant fonctions de préposés de l'octroi dans des communes rurales, ne sont soumises qu'au droit fixe de 3 fr. *( Décis. du Ministre des finances du 16 vend. an 14. )* | |

# ENREGISTREMENT.

| INSTRUCTIONS GÉNÉRALES. | | OBJETS. | EXTRAIT DÉTAILLÉ DES INSTRUCTIONS. | OBSERVATIONS. |
|---|---|---|---|---|
| N.os | DATES. | | | |
| 296 | 30 frimaire an 14. | INVENTAIRES, etc. | Le procès-verbal de chaque vacation des inventaires, apposition et levée de scellés et de tous actes, dont la confection exige plusieurs séances, est soumis à l'enregistrement dans le délai fixé par la loi, à partir de la date de chaque vacation. *( Décret du 10 brumaire an 14. )* | *V. l'instruction n.° 406, relative la durée des vacations.* |
| » | 4 nivôse. | IMMEUBLES SITUÉS EN PAYS ÉTRANGER. | Les actes qui transfèrent la propriété, ou l'usufruit d'immeubles situés en pays étranger, ou dans les colonies françaises, où l'enregistrement n'est pas établi et qui ont été passés en pays étranger ou dans les colonies, lorsqu'ils sont produits en France ne sont pas soumis au droit proportionnel. *( Avis du Conseil d'état du 6 vendémiaire an 14, approuvé le 10 brumaire suivant. )* | *V. l'instruction du 11 mars 1806 et celle du 28 janvier 1807.* |
| » | 3 janvier 1806. | VENTES VOLONTAIRES DE MARCHANDISES. | État à fournir du produit des droits d'enregistrement perçus pendant les années 10, 11, 12 et 13 sur les ventes volontaires faites publiquement et aux enchères, de marchandises soit coloniales ou étrangères, soit de l'intérieur de la France. | |
| » | 11 mars. | IMMEUBLES SITUÉS EN PAYS ÉTRANGER. | L'avis du conseil d'état du 6 vendémiaire an 14 qui a déclaré exempts du droit proportionnel les actes de mutation d'immeubles situés en pays étranger et dans les colonies où l'enregistrement n'est pas établi, s'applique aux actes passés en pays étranger comme à ceux passés en France : dans l'un et l'autre cas ils ne sont soumis qu'au droit fixe d'un franc. Il en est de même des actes de procédure et jugemens rendus par des tribunaux des colonies relativement à des ventes d'immeubles. *( Décisions du Min. des finances des 4 février et 4 mars 1806. )* | *V. l'instruction du 4 nivôse an 11 et celle du 28 janvier 1807.* |
| » | 12 dudit. | LÉGION D'HONNEUR. — BAUX. | Le délai pour l'enregistrement des baux des biens de la légion d'honneur, ne court que du jour de la notification faite au preneur, de la ratification du Grand Chancelier. *( Décision du Ministre des finances du 14 janvier 1806. )* | |
| » | 1.er avril. | SÉNAT. — VENTE DE DOMAINES. | Les actes de ventes de domaines, faites par le sénat, ne sont soumis qu'au droit de deux pour cent. Les échanges et acquisitions doivent être enregistrés *gratis* et les baux assujettis au droit ordinaire. *( Décis. du Min. des finances du 28 mars 1806. )* | |
| 311 | 16 juillet. | PRESTATION DE SERMENT. — AVOCATS, AVOUÉS. | Les prestations de serment des avocats ne doivent que le droit d'un franc ; celles des avoués sont soumises au droit de 15 fr. *( Décis. du Min. de la justice des 20 mai, et 8 juillet 1806. )* | *V. l'inst. n.° 33 celle n.° 555, et circ. du 7 novembre 1808.* |
| » | 10 novembre | VENTE DE NAVIRES PRUSSIENS. | Veiller à ce que les ventes des navires prussiens déclarés de bonne prise acquittent les droits d'enregistrement conformément à l'article 7 de la loi du 27 ventôse an 9. | *V. l'instruction n.° 173.* |
| » | 24 dudit. | TUTELLE OFFICIEUSE | 1.° Les actes de tutelle officieuse sont assujettis au droit fixe de 2 francs. — 2.° La disposition par laquelle le tuteur règle le secours à payer après son décès à son pupille, doit celui de 3 francs, sous la réserve du droit proportionnel d'un franc 25.e à l'ouverture de la succession ; 3.° Les actes volontaires, ou judiciaires, par lesquels les droits des pupilles sont réglés après le décès des tuteurs officieux, à défaut par ceux-ci d'avoir fait ce réglement, doivent 25 centimes pour cent par analogie avec les baux à nourriture des mineurs. *( Décision du Ministre des finances du 23 septembre 1806. )* | |
| » | 26 décembre. | REGISTRE D'ADMINISTRAT. DES MAIRES. | Il est accordé aux maires pour soumettre au timbre et à l'enregistrement, sans amende, les registres et actes de leur administration qui s'y trouvent assujettis, un nouveau délai jusqu'au 1.er mars 1807. *( Décision du Ministre des finances du 16 décembre 1806. )* | *V. l'instruction n.° 293.* |

| INSTRUCTIONS GÉNÉRALES. | | OBJETS. | EXTRAIT DÉTAILLÉ DES INSTRUCTIONS. | OBSERVATIONS. |
| N.os | DATES. | | | |
| --- | --- | --- | --- | --- |
| » | 28 janvier 1807. | IMMEUBLES SITUÉS EN PAYS ÉTRANGER. | Les actes passés en France devant notaires et autres officiers publics, portant vente d'immeubles situés en pays étranger ou aux colonies, ne sont pas sujets au droit proportionnel : il en est de même des actes passés en forme authentique seulement, dans les pays étrangers et les colonies contenant obligation ou mutation d'objets mobiliers, lorsque les prêts et placemens auront été faits et les livraisons promises et effectuées en objets de ces pays, et stipulées payables dans les mêmes pays et dans les monnaies qui y ont cours. (*Avis du Cons. d'état du 15 nov. 1806.*) | |
| 328 | 16 mai. | DÉCLARATIONS DES PÈRES DE FAMILLE. — LYCÉE. *Id.* DES DÉTENTEURS DE BIENS COMMUNAUX | Les déclarations des pères de famille pour l'admission d'un de leurs enfans dans le lycée, en vertu de la loi du 29 vent. an 13 ; celles des détenteurs de biens communaux, en vertu de la loi du 9 vent. an 12, sont soumises au timbre de 25 centim. et au droit fixe d'enregist. d'un fr. (*Déc. du Min. des fin., du 5 mai 1807.*) | |
| » | 6 juin. | CAISSE D'AMORTISSEMENT. — MANUFACTURES. | Les ventes des marchandises, faites en exécution du décret du 11 mai 1807, qui autorise la caisse d'amortissement à prêter jusqu'à concurrence de 6,000,000 aux manufactures en souffrance, sur consignation, ne sont soumises ni au timbre ni à l'enregistrement. (*Décret du 11 mai 1807.*) | |
| 330 | 3 juillet. | PRESTATION DE SERMENT. — AVOUÉS ET DÉFENSEURS OFFICIEUX. | Les prestations de serment des avocats, avoués et défenseurs officieux seront à l'avenir soumises au droit de quinze francs conformément à l'art. 68 de la loi du 22 frimaire an 7. (*Décret du 31 mai 1807.*) | *V. l'instruction n.° 555.* |
| 336 | 13 août. | DROITS DE PATURAGE. — COMMUNES. | Les arrêtés des conseils de préfecture qui confirment des communes ou habitans dans la jouissance des droits de pâturage, pacage, etc., sont passibles du droit fixe d'enregistrement d'un franc, dans les vingt jours qui suivent l'approbation du Ministre des finances. (*Déc. du Ministre des fin., du 28 juillet 1807.*) | |
| » | 9 septembre. | LOGEMENT DE LA GENDARMERIE. — SOUMISSION. | La soumission faite par un particulier pour fournir des logemens à la gendarmerie, doit être sur papier timbré. S'il en est fait usage avant l'approbation du ministre de la guerre, elle doit préalablement être enregistrée au droit fixe d'un franc, sauf la perception du droit proportionnel réglé pour les baux dans les vingt jours de la réception de l'acceptation du ministre, s'il n'est pas passé de baux en forme. Et dans le cas où il en serait passé, l'enregistrement doit être fait dans les vingt jours de leur date, et le droit acquitté par le secrétaire-général de la préfecture, à peine du double droit. (*Déc. du Ministre des finances.*) | |
| 338 | 10 dudit. | DÉCLARATIONS DE SUCCESSION. — RECTIFICATION. | L'héritier, ou donataire qui rectifie sa déclaration dans le délai de six mois à compter du décès, ne peut être passible d'aucune peine ; mais dès que l'omission ou l'insuffisance existe, les déclarans ne peuvent plus, après l'expiration du délai, être dispensés du droit en sus, même lorsqu'ils offrent volontairement de rectifier leur déclaration. (*Déc. du Ministre des finances.*) | |
| » | 11 dudit. | LÉGION D'HONNEUR. — ÉCHANGES. | Les actes d'échange des domaines affectés à la légion d'honneur doivent être enregistrés *gratis*. (*Déc. du Min. des fin.*) | |
| 340 | 17 dudit. | ACTES NOTARIÉS ANCIENS. | Les actes notariés qui n'ont été contrôlés, ni enregistrés dans le délai, seront enregistrés d'après les lois actuelles. — S'ils ont été passés sous l'empire de la déclaration du 22 sept. 1722, il ne sera demandé aucune amende ; il en sera de même des contraventions commises par les notaires avant la publication de la loi du 19 décemb. 1790. — Toutes celles commises depuis cette loi, jusqu'à celle du 22 frim., donneront lieu au paiement du double droit, etc. (*Déc. du Gr.-Juge et du Min. des fin., du 1.er sept. 1807.*) | |

# ENREGISTREMENT.

| INSTRUCTIONS GÉNÉRALES. | | OBJETS. | EXTRAIT DÉTAILLÉ DES INSTRUCTIONS. | OBSERVATIONS |
|---|---|---|---|---|
| N.ᵒˢ | DATES. | | | |
| 342 | 22 septembre 1807. | PARTAGE. — DROIT SUR LES SOULTES. | Les droit d'enregistrem.ᵗ sur les soultes de partage, lorsqu'elles portent indistinctement sur des créances, des meubles et des immeubles, doit d'abord être assis sur l'espèce dé biens exempts de tous droits, puis sur celle qui donne ouverture à la fixation la plus faible, et ainsi de suite, jusqu'à la plus élevée. (*Décision des Ministres de la justice et des finances.*) | |
| « | 23 septembre | PRISES MARITIMES. — LIQUIDATION DES DROITS. | Le montant des droits de douanes et d'octrois ne doit pas être ajouté pour la liquidation des droits d'enregist.ᵗ au prix de vente des prises maritimes. (*Déc. du Min. des fin.*, du 15 sept. 1807.) | |
| 346 | 4 octobre. | QUITTANCES DES FOURNISSEURS, etc. | Les quittances des fournisseurs, ouvriers, maîtres de pensions et autres de même nature, produites comme pièces justificatives de comptes, soit que les comptes soient rendus judiciairement ou à l'amiable, ou devant notaire, sont dispensées de l'enregist.ᵗ (*Décision du Ministre des finances*, du 22 septembre 1807.) | |
| 349 | 8 dudit. | EFFETS DES MILIT.ˢ DÉCÉDÉS DANS LES HÔPITAUX. — CHEVAUX PROVENANT DES HARAS. | Les ventes d'effets des militaires décédés dans les hôpitaux ou les prisons, ou qui s'en sont évadés, ainsi que celles de chevaux provenant des haras, sont soumises au droit proportionnel d'enregistrément. (*Décision du Ministre des finances.*) | |
| 351 | 19 dudit. | DONATIONS — ÉTAT DU MOBILIER. | Les états estimatifs d'effets mobiliers annexés aux actes de donation en exécution de l'art. 948 du code civil, sont soumis à l'enregistrement fixe d'un franc. (*Déc. du Min. des fin.*) | |
| 357 | 27 dudit. | DÉCLARATION DE COMMAND. | On peut présenter en même tems à la formalité l'acte de vente et la déclaration de command, lorsqu'en vertu de cette réserve dans l'acte, elle est faite dans le délai de la loi. — La déclaration de command faite par l'avoué dernier enchérisseur conformément à l'art 709 du code de procédure, et notifiée dans les trois jours de l'adjudication, ne doit que le droit fixe d'un fr. Si le command accepte l'adjudication, il doit en acquitter le droit proportionnel. Dans le cas contraire, l'avoué ne peut y être tenu ; le receveur de l'enreg.ᵗ doit, à l'expiration des vingt jours, poursuivre le paiement des droits et doubles droits contre les commands. (*Déc. du Min. des fin.*, des 22 sept. et 6 octob. 1807.) | *Voir l'instructi n.ᵒ 539.* |
| 359 | 24 novembre | TESTAMENS. — DÉPÔT CHEZ LES NOTAIRES. | Les notaires peuvent recevoir en dépôt, sans enregistr.ᵗ préalable, les testamens et pièces qui s'y trouvent renfermées, lorsque la remise leur en est faite en vertu d'ordre du juge. Ils doivent, dans les dix jours qui suivent l'expiration du délai de trois mois, à compter du décès des testateurs, fournir au receveur de l'enregistrem.ᵗ, des extraits certifiés des testamens dont les droits ne leur ont pas été remis par les héritiers ou légataires. (*Décision du Ministre des finances*, du 29 septembre 1807.) | |
| 360 | 22 décembre. | ACTE DE SOCIÉTÉ. | L'acte de société n'opère que le droit fixe d'enregistrement lorsqu'un associé met en commun des meubles et des immeubles ; il en est de même de l'acte de dissolution, lorsque chaque associé ne reprend que ce qu'il a apporté : autrement le droit se liquide suivant les effets de l'acte. Règles à suivre en cas de décès de l'un des associés. (*Décision des Ministres des finances et de la justice*, du 8 décembre 1807.) | |
| 363 | 18 février 1808. | PORTEURS DE CONTRAINTES. | Les actes des porteurs de contraintes, relatifs à leur séjour chez les percepteurs et redevables, sont dispensés du timbre et de l'enregistrement ; sont soumis à ces droits les commandemens, les saisies et ventes, les recensemens, les poursuites contre les gardiens infidèles, et tous les actes de même nature. (*Décision du Ministre des finances*, du 13 novembre 1807.) | |

# ENREGISTREMENT.

| INSTRUCTIONS GÉNÉRALES. | | OBJETS. | EXTRAIT DÉTAILLÉ DES INSTRUCTIONS. | OBSERVATIONS. |
|---|---|---|---|---|
| N.os | DATES. | | | |
| 366 | 22 février 1808. | SOLUTIONS DIVERSES. | Solutions sur différentes questions, concernant la perception des droits d'enregistr.t auxquels sont soumis les actes ci-après : <br> 1. Acquisitions et échanges pour Sa Majesté. <br> 2. Actes s. s. p. antérieurs à la loi du 22 frimaire an 7. <br> 3. Actes des huissiers dans les affaires portées au conseil d'état. <br> 4. Arrêté de comptes. <br> 5. Bureau où les adjudications doivent être enregistrées. <br> 6. Bois nationaux. — Procès-verbaux d'arpentage des bois destinés aux usagers. <br> 7. Cession de marché relatif au service des ponts et chaussées. <br> 8. Contrats de mariage. <br> 9. Déclarations à faire par les héritiers, légataires universels et particuliers. <br> 10. Délai pour l'enregistrement des actes et procès-verbaux des préposés des droits-réunis. <br> 11. Délai pour l'enregistrement des adjudications faites devant notaires, par autorité de justice. <br> 12. Distinction des meubles et immeubles. <br> 13. Droits en sus à payer par les tiers-acquéreurs. <br> 14. Hospices. Aliénations d'immeubles affectés aux établissemens de bienfaisance. <br> 15. Hospices. Actes de cession de biens au profit des maisons de charité. <br> 16. Prestation de serment des concierges des maisons d'arrêt et prisons. <br> 17. Prestation de serment des préposés de la régie des douanes. <br> 18. Rentrée en possession de biens précédemment donnés. | *Addition à l'instruction n.o 290.* <br><br><br><br><br><br><br><br><br><br><br><br><br><br> *Voir l'instruction n.o 495.* |
| » | 19 mars. | NOTAIRE INSOLVABLE. — DROITS A DEMANDER AUX PARTIES. | En cas d'insolvabilité d'un notaire, les préposés se borneront à inviter, par un avertissement, les parties à payer les droits, ou à justifier de leur acquit par une quittance ou par une expédition en forme. Mesures à prendre avant d'intenter une action. | *Addition à l'instruction n.o 340.* |
| 384 | 21 juin. | NOTARIAT. — CONTRAVENTIONS ANTÉRIEURES A LA LOI DU 25 VENTÔSE AN 11. | Il y a lieu de regarder comme éteinte toute action relative aux contraventions, autres que celles concernant le contrôle et l'enregisr.t, antérieures à la loi du 25 ventôse an 11 sur le notariat, et de ne diriger des poursuites qu'à raison des irrégularités postérieures à cette époque. *(Déc. du Min. des fin., du 7 juin 1808.)* <br> Les préposés de l'administration se borneront à dénoncer aux procureurs du roi les contraventions contre l'ordre social commises par les notaires ; ils doivent requérir les condamnat.s pour contravent.s qui concernent les droits perçus par l'administration. *(Déc. des Min. de la just. et des fin.; des 15 mars et 25 av. 1808.)* | *V. les instruct.s n.os 263 et 340.* |
| 386 | 29 dudit. | SOLUTIONS DIVERSES. | Solutions sur l'application de la loi du 22 frimaire an 7 aux actes ci-après : <br><br> 1. Actes judiciaires. — Minimum des droits à percevoir. <br> 2. Actes judiciaires. — Paiement des droits. <br> 3. Actes et jugemens en matière criminelle. <br> 4. Actes s. s. p. — Faculté laissée aux officiers publics de les écrire pour autrui. <br> 5. Baux des bacs et passages de rivières. <br> 6. Baux des biens des hospices. <br> 7. Baux de pâturages. <br> 8. Billets au porteur. <br> 9. Cautionn.s relatifs aux marchés pour le service de la guerre. <br> 10. Cession d'étude d'avoués. <br> 11. Cession de rang et priorité d'hypothèques. <br> 12. Dots accordées par les communes. | *Addition à l'instruction n.o 366.* |

| INSTRUCTIONS GÉNÉRALES. | | OBJETS. | EXTRAIT DÉTAILLÉ DES INSTRUCTIONS. | OBSERVATIONS. |
|---|---|---|---|---|
| N.ᵒˢ | DATES. | | | |
| | | | 13. Déclaration de command s. s. p. | |
| | | | 14. *Idem*, contenant d'autres conventions que celles mentionnées dans l'acte de vente. | |
| | | | 15. *Idem*, de command, contenant quittance de prix de vente. | |
| | | | 16. *Idem*, sur adjudications de domaines nationaux. | |
| | | | 17. *Id.*, de command par des avoués sur ventes devant notaires. | |
| | | | 18. Dépôt de titres par des débiteurs insolvables. | |
| | | | 19. États des dettes, annexés aux actes de donation. | |
| | | | 20. Évaluation des biens-fonds affermés en nature. | |
| | | | 21. Expertise des immeubles vendus à rente viagère. | |
| | | | 22. Jugemens. — Extraits délivrés par les greffiers. | |
| | | | 23. Mutations de propriétés résultant de desséchemens de marais, ou autres travaux publics. | |
| | | | 24. Partage des biens communaux. | |
| | | | 25. Prescription. | |
| | | | 26. Procès-verbaux de saisie par les préposés des douanes. | |
| | | | 27. Renonciations par les légataires. | |
| | | | 28. Restitutions de droits à faire aux parties, et demandes en supplément à former contr'elles. | |
| | | | 29. Restitutions de droits perçus sur les contrats de mariage résiliés par les parties. | |
| | | | 30. Restitutions de droits de mutation par décès. | |
| | | | 31. Signification d'avoué à avoué. | |
| | | | 32. Successions des absens. | |
| | | | 33. Successions vacantes. | |
| | | | 34. Obligations imposées aux tuteurs et curateurs pour le paiement des droits de succession sur les biens à déclarer. | |
| | | | 35. Successions ayant pour objet des immeubles saisis. | |
| | | | 36. Successions. — Poursuites contre les cohéritiers pour le droit d'enregistrement des mutations par décès. | |
| | | | 37. Successions en cas d'indignité de l'héritier présomptif. | |
| | | | 38. Successions. — Droits à payer par les héritiers de la nue propriété. | |
| | | | 39. Successions. — Droits sur les biens grevés d'usufruit. | |
| | | | 40. Ventes à titre de réméré. | |
| 390 | 28 juillet. 1808. | SOLUTIONS DIVERSES. | Instruction faisant suite à celle ci-dessus : | *Addition à l'intruction précéden* |
| | | | 1. Actes judiciaires à enregistrer en débet. | |
| | | | 2. Cautionnemens fournis par des commands à la suite de ventes de domaines nationaux. | |
| | | | 3. Cessions de créances au profit de l'état. | |
| | | | 4. Déclarations de command et cautionnemens résultant d'adjudication de domaines nationaux. | |
| | | | 5. Déclarations de grossesse. | |
| | | | 6. Invent.ˢ et récolement d'invent.ˢ de cargaisons naufragées. | |
| | | | 7. Jugement pour secours aux ascendans, ou à l'époux qui a obtenu le divorce. | |
| | | | 8. Main-levées contenues dans les quittances. | |
| | | | 9. Mention de non comparution au bureau de paix. | |
| | | | 10. Procès-verbaux des préposés des droits-réunis. | |
| | | | 11. Quittances de capitaux sans réserve d'intérêts. | |
| | | | 12. Répertoires. — Actes à dresser de leur dépôt au greffe. | |
| | | | 13. Saisie immobilière : procès-verbal de chaque vacation à enregistrer dans les quatre jours de sa date. | |
| | | | 14. Success.ˢ des prêtres déportés. — Déclar.ˢ par leurs héritiers. | |
| | | | 15. Successions des émigrés. — Déclaration de leurs héritiers. | |
| | | | 16. Testam.ˢ devant notaires faisant mention d'actes non enreg.ˢ | |
| | | | 17. Vérification et affirmation de créances sur un failli. | |

# ENREGISTREMENT.

| INSTRUCTIONS GÉNÉRALES. | | OBJETS. | EXTRAIT DÉTAILLÉ DES INSTRUCTIONS. | OBSERVATIONS. |
|---|---|---|---|---|
| N.os | DATES. | | | |
| 391 | 4 août 1808. | VENTE D'EFFETS DES MILITAIRES DÉCÉDÉS DANS LES HÔPIT. | Les procès-verbaux de vente d'effets des militaires décédés dans les hôpitaux ou qui s'en sont évadés, sont soumis au droit proportionnel d'enregistrement de deux pour cent et au timbre. | *Addition à l'instruction n.º 349 et à la circulaire du 30 avril 1807.* |
| 392 | 17 dudit. | DÉCLARATIONS ET ACCEPTATIONS DE REMPLOIS. | Décision du ministre des finances du 28 juin 1808, sur la perception à faire pour l'enregistr.t des actes et mutations par décès, relativement aux déclarations et acceptations de remplois. | |
| 395 | 30 dudit. | COMMUNES ET ÉTABLISSEMENS PUBLICS. — DROITS D'ENREG.t A LEUR CHARGE. | Le ministre des finances est autorisé à accorder aux communes et établissemens publics pour lesquels il le jugera nécessaire, la facilité de se libérer, par à-comptes, des droits arriérés de timbre et d'enregistrement qu'ils doivent aux termes du décret du 4 messidor an 13. Il pourra même autoriser l'exemption totale. A l'avenir les communes et établissemens publics ne pourront faire aucun usage d'un acte soumis au timbre et à l'enreg.t, sans qu'au préalable il n'ait reçu les deux formalités. *(Déc. du 17 juill. 1808.)* | *V. l'instruction n.º 293.* |
| 400 | 30 septembre | SOLUTIONS DIVERSES. | Solution concernant l'application des lois sur l'enregistrement, aux actes ci-après : <br> 1. Actes passés en double minute. <br> 2. Actes et jugemens en matière criminelle. <br> 3. Baux de bois taillis ou de futaie. <br> 4. Cahier des charges pour adjudications judiciaires et dépôt qui en est fait au greffe. <br> 5. Exploits. — Pluralité des droits. <br> 6. Mutations par décès de portions des domaines concédés aux vétérans. <br> 7. Prestations de serment des gendarmes et agens dss ponts et chaussées. <br> 8. Prestations de serment des préposés des droits-réunis. <br> 9. Procès-verbaux des préposés des droits-réunis. — Assignations. <br> 10. Quittance des droits d'enregistrement à rappeler par une transcription littérale. <br> 11. Quittance donnée à un acquéreur payant à l'acquit du vendeur. <br> 12. Ventes avec réserve de jouissance. | *Addition à l'instruction n.º 386.* |
| 401 | 8 octobre. | DÉCLARATIONS DE SUCCESSIONS. — LEGS | Lorsque les héritiers ou légataires universels sont grevés de legs particuliers de sommes d'argent non existantes dans la succession, et qu'ils ont acquitté le droit proportionnel sur l'intégralité des biens de cette même succession, le même droit n'est pas dû pour ces legs ; conséquemment les droits déjà payés par les légataires particuliers, doivent s'imputer sur ceux dûs par les héritiers ou les légataires universels. *( Avis du Conseil d'état, du 2 septembre 1808.)* | *V. l'instruction n.º 574.* |
| 402 | 14 dudit. | RAPPORTS DES CAPITAINES DE NAVIRE. | Les rapports connus par la marine sous le nom de grands rapports, et qui se font à la suite d'un voyage de long cours, par les capitaines de navire, sont assujettis au timbre et à l'enregist.t sur la minute. — Les relevés de ces actes pour être adressés au ministre de l'intérieur, sont exempts de toute formalité. — Ces rapports doivent être timbrés et enregistrés en débet quand ils sont faits par des capitaines échappés d'un naufrage. *(Décisions du Min. des fin., des 15 juillet, 2 août et 24 septemb. 1808.)* | |
| » | 7 novembre. | PRESTATION DE SERMENT. — AVOUÉS. | Les actes de prestation de serment que des avoués *déjà reçus* font en exécution de la loi du 22 ventôse an 12, ne sont passibles que du droit fixe d'un franc. *(Décision du Ministre des finances, du 30 août 1808.)* | *V. l'instruction n.º 311.* |

# ENREGISTREMENT.

| INSTRUCTIONS GÉNÉRALES. | | OBJETS. | EXTRAIT DÉTAILLÉ DES INSTRUCTIONS. | OBSERVATIONS. |
|---|---|---|---|---|
| N.ᵒˢ | DATES. | | | |
| 405 | 10 novembre 1808. | SOLUTIONS DIVERSES. | Solutions concernant l'application des lois sur l'enregistrement aux actes ci-après : <br> 1. Baux des bâtimens devant servir de casernement pour la gendarmerie. <br> 2. Baux des bacs et passages d'eau. <br> 3. Déclarations en cas de prélévemens à faire sur les biens de la communauté. <br> 4. Déclarations des terres bordées d'arbres. <br> 5. Dépôt au greffe des registres de l'état civil. <br> 6. Donations de sommes payables en argent, en effets mobiliers ou en immeubles. <br> 7. Jugemens à rédiger sur la feuille d'audience, avec les détails suffisans. | *Addition à l'instruction n.º 400.* |
| 406 | 14 dudit. | PROCÈS-VERBAUX. — EXPERTS. <br><br> DURÉE DES VACATIONS. | Les procès-verbaux d'experts ne sont pas sujets à l'enregistrement par vacation, quoiqu'il ait été employé plusieurs jours à leur rédaction. Ils ne sont assujettis à la formalité que quand on veut en faire usage en justice ou les déposer. *( Décision du Ministre des finances, du 24 septembre 1808.)* La durée des vacations pour liquider les droits d'enregistrement auxquels les inventaires et autres actes dont la confection exige plusieurs séances, peuvent donner ouverture, est fixée à trois heures par la loi du 27 mars 1791, et le décret du 16 février 1807. | |
| 410 | 8 décembre. | LETTRES DE CHANGE. | Caractères distinctifs des lettres de change. — Les actes des notaires contenant lettres de change, sont seulement soumis au droit d'un franc fixe, comme procès-verbaux, et dans le délai de la loi. *( Décis. du Min. des fin., du 22 novembre 1808.)* | |
| 411 | 3 janvier 1809. | EXPERTISE. — SUCCESSIONS. | La demande d'expertise de biens-immeubles situés dans divers arrondissemens, dans les cas prévus par l'art. 17, 18 et 19 de la loi du 22 frimaire an 7, sera portée au tribunal de première instance, dans le ressort duquel se trouve le chef-lieu de l'exploitation, ou à défaut, la partie des biens qui présente le plus grand revenu, etc. *( Loi du 13 novembre 1808.)* | |
| 413 | 12 dudit. | MAJORATS. | Majorats. — Droits d'enreg.¹, de greffe et de timbre ; formalités hypothéc.² et salaires des conservateurs auxquels peuvent donner lieu les actes relatifs aux majorats. — Surveillance à exercer par les préposés de l'administr. pour découvrir le droit de réversion des biens concédés par S. M. *( Décret du 1.ᵉʳ mars 1808.)* | |
| 415 | 30 dudit. | GRANDE VOIRIE. | Les procès-verbaux, actes de poursuites et expéditions d'arrêtés de condamnation, en matière de grande voirie, doivent être enregistrées en débet. | |
| 424 | 23 mars. | PRESCRIPTION. | La prescription qui pour les droits d'enregistrem.ᵗ est acquise après cinq années à compter du jour du décès pour les déclarations de successions, ne peut être invoquée par les parties, lorsque le décès n'est ni inscrit sur le registre de l'état civil, ni constaté par un acte public. *( Déc. du Min. des fin., du 11 octobre 1808.)* L'interruption de la prescription au profit de l'administration résultant des poursuites particulières qu'elle a faites, ne peut empêcher que cette prescription ne soit acquise contre les parties qui ont négligé de la faire cesser dans les délais prescrits. *( Décis. du Min. des fin., du 24 septembre 1808.)* | |
| 427 | 15 avril. | MAJORATS. | L'expédition levée par la partie, d'arrêt ou de jugement des cours et tribunaux ordonnant l'enregistrement et la transcription au greffe des lettres patentes qui portent institution de majorat, est sujette au droit fixe de 3 francs. | |

# ENREGISTREMENT.

| INSTRUCTIONS GÉNÉRALES. | | OBJETS. | EXTRAIT DÉTAILLÉ DES INSTRUCTIONS. | OBSERVATIONS. |
|---|---|---|---|---|
| N.ᵒˢ | DATES. | | | |
| 429 | 28 avril 1809. | ADJUDICATIONS JUDICIAIRES. | Les adjudications d'immeubles faites en justice, doivent être enregistrées dans les vingt jours de leur date, soit qu'on en ait, ou non interjeté appel. — Le droit perçu est restituable lorsque l'adjudication est annullée par voies légales. ( *Avis du Conseil d'état du 22 octobre 1808.* ) Les déclarations de command faites par les avoués, doivent être notifiées dans les 3 jours de l'adjudication, pour n'être assujetties qu'au droit fixe. ( *Décis. des Min. des finances et de la justice, des* 31 *décembre* 1808 *et* 10 *janvier* 1809. ) Les jugemens portant liquidation de sommes sur une demande non établie par acte en forme, doivent être enregistrés sur la minute, et payer, indépendamment des droits de jug.ᵗ, celui de la convention. ( *Décis. du Min. des finances du* 21 *mars* 1809. ) | *V. l'instruction* n.ᵒ 539. |
| | | DÉCLARATIONS DE COMMAND. | | |
| | | JUGEMENS RENDUS SUR CONVENT.ˢ VERBALES. | | *V. l'instruction* n.ᵒ 452. |
| | | EXÉCUTOIRES DE DÉPENS. | Les exécutoires de dépens ne sont sujets qu'au droit fixe d'un franc, sauf les cas où ils donneraient ouverture à un droit proportionnel supérieur. ( *Décisions des Ministres des finances et de la justice des* 16 *et* 28 *février* 1809. ) | |
| 432 | 5 juin. | AFFIRMATIONS. | Les affirmations de procès-verbaux ne sont pas assujetties à l'enregistrement. ( *Décision du Ministre des finances du* 9 *mai* 1809. ) Les déclarations de command pour rentes, ou obligations, ne sont sujettes qu'au droit fixe, lorsqu'elles sont faites en vertu de réserve antérieure, notifiées dans le délai, et qu'elles ne présentent ni novation de clauses, de conditions, ni de prix. ( *Décisions des Ministres des finances et de la justice.* ) Le délai pour l'enregistrement d'un acte que les parties n'ont pas signé simultanément, mais à deux dates différentes, doit courir de la date des premières signatures. ( *Décisions du Ministre des finances et du Grand-Juge des* 27 *avril et* 9 *mai* 1809. ) Les dispositions éventuelles faites entre époux par actes entre vifs, quoique pouvant être considérées comme des actes à cause de mort, doivent être enregistrées dans le délai de dix ou quinze jours, comme tout acte reçu par un notaire. — Les actes de donations, legs et acquisitions légalement faits en faveur des congrégations hospitalières, ne sont soumis qu'au droit fixe d'un franc. ( *Décret du* 18 *février* 1809. ) Il n'est dû aucun droit pour les réunions d'usufruit à la propriété qui s'opère par décès; le droit proportionnel doit être perçu sur celles qui ont lieu par actes entre vifs et à titre onéreux. ( *Décisions du Ministre des finances des* 16 *septembre* 1806 *et* 11 *avril* 1809. ) Les préposés aux octrois ne rapporteront des procès-verbaux pour saisies, que lorsqu'elles seront présumées devoir excéder la valeur de dix francs. Ces procès-verbaux sont sujets à l'enregistrement. | |
| | | DÉCLARATIONS DE COMMAND. | | |
| | | ACTES SIGNÉS A DEUX DATES DIFFÉRENTES. — DÉLAI POUR L'ENREGISTREMENT. | | |
| | | DISPOSITIONS ÉVENTUELLES ENTRE ÉPOUX. | | |
| | | CONGRÉGATIONS HOSPITALIÈRES. | | |
| | | RÉUNION D'USUFRUIT A LA PROPRIÉTÉ. | | |
| | | OCTROIS. — PROCÈS-VERBAUX. | | |
| 436 | 4 juillet. | SOLUTIONS DIVERSES — CODE DE PROCÉDURE. | Solutions relatives à l'application des droits d'enregistrement aux différens actes résultant du code de procédure civile. Citations. Audiences du juge de paix et comparution des parties. Jugemens qui ne sont pas définitifs. Enquêtes. Visites des lieux et des appréciations. Récusation des juges de paix. Conciliation. Délibérés par écrit. Jugemens par défaut et oppositions. Communication de pièces. Vérification des écritures. Faux incidens civils. | |

# ENREGISTREMENT.

| INSTRUCTIONS GÉNÉRALES. | | OBJETS. | EXTRAIT DÉTAILLÉ DES INSTRUCTIONS. | OBSERVATIONS |
|---|---|---|---|---|
| N.ᵒˢ | DATES. | | | |
| | | | Rapports des experts. | |
| | | | Interrogatoire sur faits et articles. | |
| | | | Désaveu : renvoi à un autre tribunal pour cause de parenté. | |
| | | | Récusation. | |
| | | | Matières sommaires. | |
| | | | Procédures devant les tribunaux de commerce. | |
| | | | Tribunaux d'appel. | |
| | | | Réceptions de caution. | |
| | | | Redditions de compte. | |
| | | | Règles générales sur l'exécution forcée des actes et jugemens. | |
| | | | Saisies arrêts ou oppositions. | |
| | | | Saisies exécutions. | |
| | | | Distribution par contribution. | |
| | | | Saisie immobilière. | |
| | | | Incidens sur la poursuite de la saisie immobilière. | |
| | | | Ordre. | |
| | | | Voies à prendre pour avoir copie, ou expédition d'un acte. | |
| | | | Disposit. relatives à l'envoi en possession des biens d'un absent. | |
| | | | Autorisation de la femme mariée. | |
| | | | Séparation de biens. | |
| | | | Séparation de corps ; divorce. | |
| | | | Avis de parens. | |
| | | | Apposition de scellés après décès. | |
| | | | Vente de biens immeubles. | |
| | | | Partages et licitations. | |
| | | | Arbitrages. | |
| 437 | 5 juillet 1809. | CONSEILS DE PRUD'HOMMES. | Etablissement des conseils de prud'hommes ; droits d'enregistrement auxquels peuvent être soumis leurs actes et jugemens. | |
| 449 | 31 août. | TUTEUR ET TUTELLE. | L'acte par lequel un tuteur souscrit, devant le conseil de famille, une obligation de somme déterminée au profit du mineur et de lui en payer l'intérêt réglé par la loi, est soumis au droit proportionnel ; l'acte par lequel le conseil de famille conserve la tutelle à la mère et lui donne pour co-tuteur le second mari, est sujet au droit fixe de 2 fr. La nomination d'un curateur spécial dans un acte d'émancipation donne ouverture au droit particulier de 2 fr. L'obligation que prend le tuteur par l'acte de tutelle officieuse de nourrir son pupille et de subvenir aux frais de son éducation, ne donne lieu à aucun droit particulier. (*Décision du Min. des finances du 20 juin 1809.*) | |
| 450 | 18 septembre | ALIMENS EN FAVEUR DES ASCENDANS. | Les actes volontaires par lesquels des enfans s'obligent à payer annuellement une somme convenue pour les alimens de leurs père et mère, sont comme les baux de nourriture de mineurs, assujettis au droit proportionnel de 25.ᵉ pour 100 fr. sur le capital au denier 10 de la pension stipulée. — Les actes dans lesquels des enfans se borneraient à déclarer qu'ils se soumettent à remplir les obligations que leur impose le code, sans désignation de somme, ne sont passibles que du droit fixe d'un franc. (*Décis. du Ministre des finances du 12 septembre 1809.*) | |
| » | 24 dudit. | REMPLACEMENT POUR SERVICE DE LA GARDE NATIONALE. | Les actes de remplacement pour le service de la garde nationale appelée à la défense des côtes, ne sont assujettis qu'au seul droit d'un franc. (*Décis. du Min. des finances du 19 septembre 1809.*) | |
| 451 | 25 dudit. | AVANTAGES EN FAVEUR DU SURVIVANT DES ÉPOUX. | Les avantages qui résultent des contrats de mariage en faveur du survivant des époux, soit qu'ils consistent dans la totalité des biens de la communauté ou dans la portion excédant celle dont l'époux survivant se trouve être propriétaire, sont sujets à décla- | |

# ENREGISTREMENT.

| INSTRUCTIONS GÉNÉRALES. | | OBJETS. | EXTRAIT DÉTAILLÉ DES INSTRUCTIONS. | OBSERVATIONS. |
|---|---|---|---|---|
| N.ᵒˢ | DATES. | | | |
| 452 | 30 septemb. 1809. | JUGEMENT CONTENANT PLUSIEURS DISPOSITIONS. | ration lors de l'événement, et passibles du droit proportionnel. *(Décision du Ministre des finances, du 22 août 1809.)* Lorsqu'un jugement contient plusieurs dispositions, dont les unes le rendent sujet à l'enregistrement sur la minute, et les autres seulement sur l'expédition, le droit ne peut être exigé, que pour les dispositions sujettes à l'enregistrement sur la minute, sauf à percevoir les autres droits sur l'expédition, lorsqu'elle est requise. — Lorsqu'un jugement prononçant des condamnations sur des conventions verbales est présenté à la formalité après le délai fixé par la loi, il n'y a lieu de percevoir le double droit que sur le montant de la condamnation, et seulement le droit simple sur la convention, à moins qu'elle ne soit transmissive de propriété, d'usufruit, etc. *(Avis du Conseil d'état, du 8 juillet 1809.)* | |
| 454 | 23 novembre | ACTES DES MAIRIES ET DES ÉTABLISSEM.ᵗ PUBLICS. | Solutions du ministre des finances sur l'application des droits de timbre et d'enregistrement aux actes des mairies et établissemens publics. | |
| 459 | 3 janvier 1810. | CONCESSIONS PAR LES COMMUNES. | Les concessions, par les communes, de terrains pour sépultures particulières, sont soumises au droit de 4 pour cent sur le prix intégral, quoique le quart de ce prix doive consister en fondations ou donations au profit des pauvres. — L'exigibilité du droit ne court que de la date de l'approbation donnée par l'autorité supérieure. *(Déc. du Min. des fin., du 7 novembre 1809.)* | |
| 460 | 4 dudit. | QUITTANCES ET DÉCHARGES DE PRIX DE VENTE DE MEUBLES | Les quittances et décharges données par les parties aux notaires, huissiers et autres chargés des ventes publiques de meubles, et qui sont rédigées en marge des procès-verbaux de ventes, sont soumises à l'enregistrement dans le délai de 4, 10, 15 ou 20 jours, suivant qu'elles sont reçues par les huissiers, notaires ou greffiers; et il n'est dû que le droit fixe d'un franc. *(Avis du Conseil d'état, du 7 octobre 1809.)* | |
| » | 11 dudit. | CAISSE D'AMORT.ᵗ — ADJUDICATION DE RENTES. | Le procès-verbal d'adjudication de rentes appartenant à la caisse d'amortissement sera soumis au droit fixe d'enregistrement d'un franc. *(Décret du 9 décembre 1809.)* | |
| 463 | 17 dudit. | DONATION PAR CONTRAT DE MARIAGE. | Les donations de biens présens et à venir, faites par contrat de mariage, sont soumises au droit proportionnel, lorsqu'il est stipulé que le donataire entrera de suite en jouissance, s'il n'y a pas transmission actuelle de propriété ou de jouissance, elles sont éventuelles et passibles seulement du droit fixe de 3 fr., sauf la perception du droit proportionnel lors de l'événement. *(Déc. des Min. des fin., et de la justice, des 28 juillet et 8 août 1809.)* | |
| 464 | 12 février. | DESSÉCHEMENS DES MARAIS. | Actes faits en exécution de la loi du 16 septembre 1807 sur le desséchement des marais, qui sont assujettis à la formalité de l'enregistrement. — Les actes de mutation indiqués par l'art. 21 de cette loi ne sont soumis qu'au droit fixe d'un franc. *(Déc. du Ministre des finances, du 19 décembre 1809.)* | |
| 470 | 14 mars. | ACTES S. S. P. — DOUBLE DROIT. | Le double droit dû en exécution de l'art. 38 de la loi du 22 frimaire an 7, peut être exigé à l'enregistrement des actes qui n'ont pas été soumis à cette formalité dans les délais prescrits, lorsque ces actes sont présentés par les héritiers ou le représentant de celui qui a contracté, ou par tout autre. *(Avis du Conseil d'état, du 3 février 1810.)* | |
| 476 | 2 juin. | DÉMISSIONS DE BIENS. | Les démissions de biens par les pères et mères à leurs enfans, à la charge de les nourrir ou de leur payer une rente viagère, | *Addition au n ° 8 de l'instr. n.ᵒ 366.* |

| INSTRUCTIONS GÉNÉRALES. | | OBJETS. | EXTRAIT DÉTAILLÉ DES INSTRUCTIONS. | OBSERVATIONS |
|---|---|---|---|---|
| N.os | DATES. | | | |
| | | | etc., rentrent dans la classe des donations en ligne directe. — La perception du droit doit porter, non sur le capital de la rente ou des stipulations onéreuses, etc., mais sur la valeur des biens résultant soit de l'évaluation qui sera faite et portée à vingt fois le produit des immeubles, ou le prix des baux courans sans distraction de charges, soit de la déclaration des parties, s'il s'agit d'effets mobiliers. — La quotité du droit doit être réglée à raison de 2 et demi ou d'un et quart pour cent, suivant la nature des biens, sauf la réduction à moitié si l'abandon se fait par contrat de mariage (*Décision du Ministre des finances, du 8 mai 1810.*) | |
| 480 | 9 juillet 1810. | Dots accordées a l'anniversaire du couronnement. | Les dots qui ont été ou seront accordées à l'occasion de l'anniversaire du couronnement de S. M., de la célébration de son mariage ou de toute autre circonstance, ne seront sujettes, pour l'enregistrement et la transcription, qu'au droit fixe d'un franc. — Les droits perçus seront restitués. (*Décret du 20 juin 1810.*) | |
| 481 | 11 dudit. | Contrat de mariage. — Dot consistant en objets mobiliers. | Lorsque dans un contrat de mariage, fait sous le régime dotal, la dot, ou partie de la dot consiste en objets mobiliers mis à prix par le contrat, sans déclaration que l'estimation n'en fait pas vente, il n'y a pas lieu de percevoir le droit proportionnel de vente sur la valeur du mobilier dotal dont le mari devient propriétaire. (*Décisions des Min. des fin. et de la justice, des 12 et 22 mai 1810.*) Lorsque la dot constituée aux enfans est imputable sur la succession du premier mourant des père et mère, il n'est dû pour cette stipulation que le droit de 3 francs comme donation éventuelle, sous la réserve du droit proportionnel à payer par le survivant dans le cas où par l'effet de cette clause il serait appelé à la jouissance d'objets, autres que ceux de la communauté; il n'est rien dû par le survivant si la clause n'a pour objet que des biens de la communauté. (*Déc. du Min. des fin.*) | |
| 484 | 14 dudit. | Dissolution de communauté. — Droits de succession. | Dans le cas de dissolution de communauté par décès, s'il a été procédé au partage avant la déclaration de succession, les héritiers du prédécédé doivent déclarer la moitié de tous les biens qui dépendaient de la communauté, sans égard aux effets du partage : s'il a été fait des déclarations contre cette disposition et que la prescription ne soit pas acquise, il y a lieu de rappeler les héritiers à paiement, sauf à n'exiger pour le passé aucun droit en sus relativement aux perceptions insuffisantes. — *Décision du Ministre des fin., du 3 juillet 1810.*) | |
| 488 | 11 septembre | Aval. | L'aval mis sur la lettre de change n'est sujet à aucun droit; mais passé par acte séparé, il est considéré comme un cautionnement soumis à la formalité et au droit d'enregistrement. (*Déc. des Ministres des fin. et de la justice, du 7 août 1810.*) | |
| 491 | 22 dudit. | Amendes. — Prescription. | Les amendes résultant des contraventions aux lois des 22 frimaire et 22 pluviôse an 7, prescrivent après les deux ans de la formalité donnée à l'acte, comme les droits d'enregistrement. (*Avis du Conseil d'état, du 18 août 1810.*) | |
| » | 1.er octobre. | Dots accordées a l'anniv.e du cour.t — Rest. de droits. | Les restitutions des droits perçus sur les dots accordées à l'occasion de l'anniversaire du couronnement de Sa Majesté, etc., ne doivent être faites qu'autant que la prescription ne serait pas acquise. (*Décision du Ministre des finances.*) | *Addition à l'[in]truction n.° 48.* |
| 495 | 29 dudit. | Déclaration de succession. — Tiers acquéreur. | On ne peut exiger des tiers-acquéreurs ni le droit principal de mutation par décès, ni le droit en sus. (*Avis du Conseil d'état, du 4 septembre 1810.*) | |

# ENREGISTREMENT.

| INSTRUCTIONS GÉNÉRALES. | | OBJETS. | EXTRAIT DÉTAILLÉ DES INSTRUCTIONS. | OBSERVATIONS. |
|---|---|---|---|---|
| N.os | DATES. | | | |
| 497 | 9 novembre 1810. | ORDONNANCE DU JUGE DE PAIX POUR L'ARRESTATION D'UN DÉBITEUR. | L'ordonnance du juge de paix prescrite par l'art. 781 du code de procédure, pour parvenir à l'arrestation d'un débiteur, peut être présentée à l'enregistr.t en même tems que le procès-verbal de cette arrestation.—L'ordonn.e du président du tribunal dans le cas prévu par les art. 786 et 787 du même code, peut être consignée dans le procès-verbal de l'huissier et mise à exécution sans enregistr.t préalable, sauf à la faire revêtir de la formalité avec l'acte d'emprisonn.t (Déc. du Min. des fin., des 2 et 23 oct. 1810.) | |
| 499 | 10 décembre | DÉLAI. – 1er JANVIER | Lorsque le dernier jour du délai pour l'enregistrement des actes et des déclarations se trouve être le 1.er janvier, ce jour-là ne doit pas être compté, attendu qu'il est considéré comme jour férié légal, d'après l'avis du conseil d'état, du 13 mars 1810. —Les formalités qui ont eu lieu dans le même cas depuis l'an 13 doivent être tenues pour régulières, qu'elles soient du 1.er ou du 2 janvier. (Décision du Min. des finances, du 24 juillet 1810.) | |
| 502 | 26 dudit. | HOLLANDE. – ACTES QUI Y ONT ÉTÉ PASSÉS. | Le droit d'enregistrement est dû sur les actes passés en Hollande, comme il est réglé pour ceux passés dans les colonies françaises où l'enregistrement n'est pas établi. (Décision du Ministre des finances, du 8 décembre 1810.) | |
| » | 29 dudit. | MUTATIONS ET BAUX D'IMMEUBLES. | Etats à fournir des mutations et des baux d'immeubles enregistrés pendant l'an 1810. | |
| 509 | 21 février 1811. | PRESCRIPTIONS. – RECOURS A L'AUTORITÉ ADMINISTRATIVE. | Le recours à l'autorité administrative pour obtenir un sursis à des poursuites ne peut arrêter la prescription en matière d'enregistrement. Les préposés feront, avant l'expiration des délais fixés par l'art. 61 de la loi du 22 frimaire, les poursuites conservatoires, soit que les redevables se soient ou non pourvus administrativement; aucune restitution ne pourra être faite aux parties qu'autant qu'elles auront interrompu la prescription par les moyens voulus par la loi.—La solution autorisant un sursis rappelera aux redevables que les poursuites ordonnées par la loi n'en seront pas moins exercées contre eux dans les délais qu'elle prescrit. (Décision du Min. des fin., du 12 février 1811.) | |
| » | 25 dudit. | DIRECTION GÉNÉRALE DE LA CONSCRIPTION. DROITS DUS PAR ELLE | Les receveurs ne réclameront plus de la direction générale de la conscription, le paiement des droits d'enregistr., de timbre et d'hypothèques portés en débet, lorsque les frais de poursuites seront tombés en non-valeur, par l'amnistie des condamnés, leur insolvabilité, ou tout autre motif. Ils se chargeront en recette des droits recouvrés sur les redevables et ne donneront la formalité en débet qu'aux actes désignés dans la circulaire du 5 juill. 1808. | |
| 512 | 10. avril. | DÉPARTEMENS, ARRONDISSEMENS ET COMMUNES. – ACQUISIT.s | Les acquisitions faites pour le compte des départemens, arrondissemens et communes, sont assujetties, comme celles des particuliers, au droit d'enregistrement, tel qu'il est fixé par la loi du 22 frimaire an 7. (Avis du conseil d'état, du 12 février 1811.) | |
| 516 | 2 mai. | DROITS DE GARANTIE. – POURSUITES. | Les actes de poursuites faits à la requète et diligence de MM. les procureurs du roi, en exécution de la loi sur les droits de garantie, doivent être enregistrés en débet. (Décision du Ministre des finances.) Les dépôts au greffe d'ouvrages saisis, les décharges qui en sont données, etc., ne sont passibles d'aucuns droits. Il en est de même du dépôt des feuilles imprimées ou gravées, etc., dont cette régie se sert. | |
| 520 | 15 dudit. | DÉCLARATIONS DE SUCCESS.s – ACTIONS DE LA BANQUE DE FRANCE | Mode d'évaluation dans les déclarations de succession, 1.o des actions de la banque de France; 2.o des intérêts dans une société de commerce. (Décisions du Ministre des finances, du 23 septembre 1810 et du 19 février 1811.) | |

# ENREGISTREMENT.

| INSTRUCTIONS GÉNÉRALES. | | OBJETS. | EXTRAIT DÉTAILLÉ DES INSTRUCTIONS. | OBSERVATIONS. |
|---|---|---|---|---|
| N.os | DATES. | | | |
| 525 | 30 mai 1811. | PRESTATION DE SERMENT. — GREFFIERS. | Le procès-verbal de prestation de serment des greffiers et commis-greffiers, attachés aux cours royales et aux tribunaux de première instance, nouvellement organisés, doit être enregistré sur la minute dans les vingt jours, et donne ouverture au droit fixe de 15 francs pour chacun des officiers admis au serment. *(Déc. du Min. des fin. et du Grand-Juge, des 15 et 21 mai 1811.)* | *V. l'instructio n.° 549.* |
| 527 | 6 juin. | DONATIONS PAR CONTRAT DE MARIAGE. | Les donations par contrat de mariage, moyennant une somme déterminée ou à la charge de rentes, ne donnent ouverture qu'au droit établi pour les donations par contrat de mariage. — Si les donateurs se dessaisissent à titre de vente en faveur des futurs, le droit de 2 ou de 4 pour cent doit être perçu suivant qu'il s'agit d'objets mobiliers ou de biens immeubles. *(Décision du Ministre des finances et du Grand-Juge.)* | |
| 532 | 19 juillet. | ARRÊTÉS DES PRÉFETS.-SUBROGATION. | Les arrêtés des préfets portant subrogation en faveur d'un coacquéreur, faute de paiement par l'acquéreur d'un domaine de l'état, des termes échus du prix de l'adjudication, sont assujettis à la formalité dans les vingt jours de leur date sur la minute, et soumis au paiement du droit de 2 pour cent. *(Décision du Ministre des finances, du 2 juillet 1811.)* | |
| » | 7 août. | COLONS DE S.-DOMINGUE. — TITRES A ENREGISTRER. | L'administration de l'enregistrement est autorisée à faire enregistrer en débet les divers titres de créances à exercer contre les colons de S.t-Domingue, avec la soumission par les créanciers de payer les droits dans les trois ans qui suivront la paix maritime. *(Avis du Conseil d'état, du 11 juin 1811.)* | |
| 537 | 23 dudit. | PRESTATION DE SERMENT. — GREFFIERS DE POLICE. | Il y a lieu de soumettre au droit fixe d'enregistr.t de trois fr. l'acte constatant le serment que doivent prêter, d'après l'art. 168 du code d'instruction criminelle, les personnes préposées par les maires pour exercer les fonctions de greffier de police; mais elles ne sont point obligées de lever l'expédition de leur prestation de serment. *(Décision du Ministre des fin., du 11 août 1811.)* | |
| 539 | 27 dudit. | ADJUDICATIONS JUDICIAIRES. — DÉCLARATIONS DE COMMAND | La déclaration faite par les avoués derniers enchérisseurs en exécution de l'art. 709 du code de procédure civile, pour faire connaître l'adjudicataire, n'est pas susceptible d'être notifiée au receveur de l'enregistr.t dans les trois jours de l'adjudication, pour jouir de la modération du droit fixe d'un franc : cette déclaration n'étant pas de command, on ne peut lui appliquer les dispositions de la loi du 22 frimaire an 7. *(Arrêts de la cour de cassation, des 3 septembre 1810, 9 et 24 avril 1811.)* L'adjudicataire peut en conséquence élire un command dans les trois jours, si l'avoué en a fait la réserve dans l'adjudication. | *Voir l'instructi n.° 644.* |
| 541 | 3 septembre | DROITS D'AUBAINE. — SUCCESSIONS. | Les sujets du royaume d'Italie et ceux des principautés de Lucques et Piombino étant affranchis en France du droit d'aubaine par décret du 19 février 1806, il y a lieu d'exiger les droits d'enregistrement des biens situés en France qui leur seraient transmis, comme si la mutation s'en opérait en faveur de français, conformément au n.° 37 de l'instruction n.° 290. | |
| 544 | 30 dudit. | FRANÇAIS NATURALISÉS A L'ÉTRANGER. | Les français naturalisés en pays étranger sans autorisation de S. M., ne peuvent recueillir en France les successions auxquelles ils seraient appelés ; ces successions passeront à celui qui viendra après eux, pourvu qu'il soit régnicole. — Ceux qui obtiennent cette autorisation jouissent en France du droit de transmettre et de succéder. *(Décret du 26 août 1811.)* | |
| 545 | 1.er octobre. | BELGES. — SUCCESSIONS. | Les Belges qui ne se sont pas conformés au décret du 28 août 1811, sont inhabiles à succéder en France; les successions qui | |

# ENREGISTREMENT.

| INSTRUCTIONS GÉNÉRALES. | | OBJETS. | EXTRAIT DÉTAILLÉ DES INSTRUCTIONS. | OBSERVATIONS. |
|---|---|---|---|---|
| N.os | DATES. | | | |
| 548 | 12 novembre 1811. | SOLUTIONS DIVERSES. | adviendraient à leurs enfans de leur chef, écherront aux héritiers respectifs pendant vingt-cinq ans. (*Décret du 28 août 1811.*) Solutions sur l'application des droits d'enregistrement aux actes ci-après : 1. Billets à ordre dont le paiement se poursuit par assignation sans protêt. 2. Billets prétendus adirés. 3. Décharge donnée au survivant des père et mère, des meubles dont il paie la valeur. 4. Déclarations de dettes contenues dans les partages. 5. Expéditions d'actes judiciaires. 6. Indemnités stipulées dans les baux ou autres actes. 7. Prescription des amendes pour contraventions dans la tenue du répertoire. | *V. l'instruction n.° 648.* |
| 549 | 20 dudit. | PRESTATION DE SERMENT. – GREFFIERS. | Les actes de prestation de serment des greffiers des cours et tribunaux nouvellement organisés, qui n'auraient été ni rédigés sur papier timbré, ni soumis à l'enregistrement dans les 20 jours de leur date, seront revêtus de cette double formalité, sans amende ni double droit, dans les 20 jours de la notification de cette solution , à ceux que ces actes concernent. — Elle est applicable aux greffiers des maires. (*Décisions du Ministre des finances des 3 septembre et 5 novembre 1811.*) | *Addition aux instruction, n.os 526 et 537.* |
| 550 | 25 dudit. | LOCATIONS VERBALES | Les préposés ne feront à l'avenir la demande du droit d'enregistrement d'un acte de bail ou location que dans le cas où il sera prouvé qu'il est rédigé par écrit; les locations verbales ne sont soumises à aucun droit. (*Jurisprudence de la cour de cassation. ( Déc. du Ministre des finan. du 5 novembre 1811.*) | *V. l'instruction n.° 577.* |
| 555 | 21 décembre. | PRESTATION DE SERMENT. – AVOCATS. | Les avocats devant les cours royales reçus pour la première fois, et qui n'ont pas acquitté le droit de 15 fr., paieront ce droit pour leur prestation de serment. Il ne sera exigé que le simple droit d'un franc pour le renouvellement de prestation de serment des avocats reçus dans les tribunaux et qui ont antérieurement acquitté le droit de 15 f. (*Déc. du M. des fin. du 10 déc. 1811.*) | |
| 558 | 26 dudit. | DIPLÔME DE SAGE-FEMME. | S'il est rédigé un acte de la présentation du diplôme de sage-femme au tribunal de première instance , les droits d'enregistrement et de greffe en sont dûs ; mais il suffit que le diplôme fasse mention de l'enregistrement au greffe, sans que la partie soit tenue de lever une expédition de l'acte qui constate la formalité. Il n'est rien dû pour l'enregistrement du diplôme à la sous-préfecture. (*Décisions du Ministre des finances des 14 pluviôse an 12 et 17 décembre 1811. )* | |
| 559 | 14 janvier 1812. | LIBRAIRIE ET IMPRIMERIE. -- PAIEMENT DES DROITS D'ENREG. | Les préposés de la librairie et de l'imprimerie sont tenus, comme ceux des autres administrations, de payer comptant les droits d'enregistrement résultant de leurs actes. (*Décision du Ministre des finances. )* | |
| 561 | 7 février. | BAUX DES HOSPICES. DÉLAI. | Le délai de 15 jours fixé pour l'enregistrement des baux des biens des hospices, par le décret du 12 août 1807, ne sera compté que du jour où les actes approuvés par les préfets seront parvenus aux maires ; les préposés devront veiller à ce qu'aucun acte de l'espèce ne leur soit présenté sans être émargé de l'attestation du maire, constatant l'époque précise où l'approbation lui sera parvenue. (*Décision du Min. des finances.)* Ces actes seront portés sur le répertoire des notaires le jour même de leur rédaction ; il y sera fait mention de l'attestation du maire. | |

# ENREGISTREMENT.

| INSTRUCTIONS GÉNÉRALES. | | OBJETS. | EXTRAIT DÉTAILLÉ DES INSTRUCTIONS. | OBSERVATIONS. |
|---|---|---|---|---|
| N.os | DATES. | | | |
| 566 | 12 mars 1812. | VENTE D'IMMEÙ-BLES. — DÉCLARA-TION ESTIMATIVE. | Lorsque dans un acte de vente, la valeur des immeubles vendus n'est pas déterminée, les parties doivent y suppléer par une déclaration estimative, dûment certifiée, et dont l'inexactitude emporte la peine du double droit. ( *Décisions des Min. des finances et de la justice des* 10 *et* 21 *janvier* 1812. ) | |
| 574 | 22 avril. | LEGS DE RENTES OU PENSION VIAGÈRE. — INTÉRÊTS DE DROITS RESTITUÉS. | Les legs de rentes ou pensions viagères ne donnent ouverture à aucun droit d'enregistrement lorsque le droit de mutation par décès a été acquitté pour l'universalité de la succession. — Le legs d'usufruit demeure spécialement assujetti au droit proportionnel comme étant une sorte de propriété nouvelle hors la consistance de la succession. — Les tribunaux ne sont point autorisés à condamner l'administration de l'enregistrement au paiement des intérêts dont la restitution est ordonnée pas même depuis la demande judiciaire. ( *Arrêt de la Cour de cassation du* 23 *novembre* 1811; *Décision du Min. des fin. du* 14 *avril* 1812.) | *V. l'instruction n.° 401.* |
| 577 | 30 dudit. | LOCATIONS VERBA-LES. — RESTITUTION DE DROITS. | Les restitutions de droits perçus sur les locations verbales ne peuvent avoir lieu qu'autant que la demande en est formée dans les deux ans de la date de la perception ; mais dans ce cas elle doit être présentée au ministre qui décide si elle est admissible ou non. ( *Décision du Ministre des finances du* 21 *avril* 1812.) | |
| 580 | 21 mai. | DOMAINE EXTRAOR-DINAIRE DE LA COU-RONNE. | Les acquisitions faites et à faire par le domaine extraordi-naire de la couronne, ne sont soumises qu'au droit fixe de 3 fr. ( *Décret du* 28 *mars* 1812.) | |
| 598 | 7 septembre. | DOMAINE DE LA COURONNE. | Les contrats d'échange avec le domaine de la couronne seront enregistrés *gratis*. ( *Décret du* 11 *juillet* 1812.) | |
| 602 | 6 octobre. | VENTES PUBLIQUES DE MARCHANDISES PAR LES COURTIERS. | L'ordonnance sur requête, ou l'autorisation donnée par le tribunal de commerce aux courtiers pour vendre, sera enregis-trée au droit fixe de 2 fr. — La déclaration de propriété sera enregistrée au droit fixe d'un franc. — La déclaration pour parvenir à la vente sera faite au bureau des actes judiciaires conformément à la loi du 22 pluviôse an 7. — Le procès-verbal de vente sera enregistré pour le droit proportionnel de 2 pour cent dans le délai de quatre jours. Ce droit sera perçu cumulativement sur les sommes auxquelles on n'ajoutera pas le droit de courtage. Le dépôt du procès-verbal pourra être fait au greffe avant qu'il ait été enregistré, pourvu qu'il soit pré-senté à la formalité en même temps que l'acte de dépôt. ( *Décision du Ministre des finances du* 22 *septembre* 1812.) | |
| 60 | 16 dudit. | CAISSE D'ÉPARGNES OU DE LA FARGE. — CERTIFICATS DE VIE. | Les certificats de vie des actionnaires de la tontine connue sous le nom de caisse d'épargnes ou de la Farge, sont assimilés aux certificats de vie des rentiers viagers de l'état et exempts de l'enreg.t ( *Décis. du Min. des finances du* 6 *octobre* 1812. ) | *V. l'instruction n.° 1021.* |
| 605 | 24 dudit. | ÉTABLISSEMENS PU-BLICS. — AUTORI-SATIONS. | Les autorisations données par MM. les préfets aux communes, hospices et autres établissemens publics, pour recevoir des rem-boursemens de rentes, ne sont point soumises à l'enreg.t ni au timbre. ( *Déc. du Min. des fin. du* 9 *juin et* 8 *septembre* 1812.) | |
| 608 | 3 novembre. | ACTES DES CHAM-BRES DES NOTAIRES. | Les actes rendus par les chambres des notaires que le concours des particuliers assujettit au timbre, doivent être enregistrés dans les 20 jours de leur date, ainsi que le prescrit l'art. 4 du décret du 4 messidor an 13. | *V. l'instr. n.° 293 où le décret du 4 messidor an 13 est transcrit.* |
| 613 | 19 dudit. | TRIBUNAUX COR-RECTIONNELS. — PRO-CÈS-VERBAUX. | Les procès-verbaux en matière de simple police et de police correctionnelle, sont sujets au timbre et à l'enregistrement. — Les droits doivent être payés par les parties civiles, et à dé-faut, ces actes reçoivent la formalité en débet. — En matière | *Cette décis. déro-ge à celle rapportée dans l'instruction n.° 537.* |

# ENREGISTREMENT.

| INSTRUCTIONS GÉNÉRALES. | | OBJETS. | EXTRAIT DÉTAILLÉ DES INSTRUCTIONS. | OBSERVATIONS. |
|---|---|---|---|---|
| N.os | DATES. | | | |
| | | | criminelle, et lorsqu'il s'agit de crimes emportant peine afflictive et infamante, il n'y a lieu ni au timbre, ni à l'enregistrement, sauf l'enregistrement *gratis* des actes des huissiers ou gendarmes. (*Décision du Ministre des finances.*) | |
| 618 | 5 février 1813. | CAUTIONNEMENS EN IMMEUBLES DES RECE-VEURS-MUNICIPAUX. | Les cautionnemens de l'espèce sont exempts de tout droit, si l'acte est reçu par un notaire, il est passible du droit fixe d'un franc. | |
| 620 | 11 dudit. | PRODUCTION DE TITRES DANS LES CON-FECTIONS D'ORDRE DE PRIX DE VENTE D'IM-MEUBLES. | Les actes de production signés de l'avoué sont sujets au droit fixe d'un franc.<br>Le procès-verbal du juge-commissaire y relatif est soumis au seul droit fixe de deux francs.<br>L'acte de dépôt n'est pas nécessaire pour constater la production ; mais s'il est rédigé il est dû le droit fixe de deux francs. (*Décisions des Ministrse de la justice et des finances, des 21 janvier et 2 février 1813.*) | |
| 621 | 13 dudit. | LYCÉES, CONTENT.X | Dans les instances suivies par les lycées, l'exploit de signification du mémoire est sujet au droit fixe d'un franc, ainsi que le jugement ou l'arrêt rendu. | |
| 623 | 24 dudit. | VENTE D'EFFETS MILITAIRES. | Le procès-verbal de remise, celui d'expertise, celui de vente, sont exempts de l'enregistrement. | |
| 624 | dudit. | VENTE D'EFFETS DE MARINE. | Il en est de même pour les procès-verbaux relatifs à ces ventes. | |
| 634 | 28 avril. | ORDONNANCES ET PROCÈS-VERB. D'APPO-SITION ET LEVÉE DE SCELLÉS. | L'ordonnance et le procès-verbal d'apposition de scellés peuvent être présentés simultanément et sans contravention à l'enregistrement. Le procès-verbal de levée de scellés ne peut être rédigé avant l'enregistrement de celui d'apposition. Ces actes peuvent être mis à la suite l'un de l'autre. L'ordonnance du juge de paix est sujette au droit fixe d'un franc. | |
| 637 | 21 mai. | EXTRAITS DES CON-TRATS DE MARIAGE ET DE JUGEMENS DE SÉPARATION. | L'acte constatant la remise de l'extrait et l'insertion au tableau des contrats de mariage et de jugement de séparation, dans l'auditoire des tribunaux, dans les chambres des notaires et dans celles des avoués, est sujet au droit fixe d'un franc. L'acte doit être enregistré dans les 20 jours. L'expédition n'est soumise à aucun droit ; quant au dépôt au greffe des tribunaux, le droit est de 2 francs outre celui de rédaction (*Décision du Ministre des finances du 5 mai 1813.*) | |
| 638 | 30 dudit. | AUTORISATIONS DES CONSEILS DE PRÉFEC-TURE POUR RADIER DES INSCRIPTIONS HY-POTHÉCAIRES PRISES DANS L'INTÉRÊT DES HOSPICES. | Les autorisations des conseils de préfecture pour radier sont exemptes du timbre et de l'enregistrement, lorsqu'il doit être passé un acte authentique pour consentir la radiation. Ce dernier acte est soumis à l'un et à l'autre. Quant aux arrêtés des préfets portant consentement de radier des inscriptions sans qu'il soit besoin d'un acte subséquent, la minute soumise au timbre de dimension, doit être enregistrée dans les 20 jours. (*Décision du Ministre des finances du 18 mai 1813.*) | |
| 640 | 4 juin. | TRAITES DES ADJU-DICATAIRES DES COU-PES DE BOIS DE L'ÉTAT EN CE QUI CONCERNE L'ENREGISTREMENT. | Celles souscrites pour l'ordinaire de 1813, sont exemptes de l'enregistrement, étant considérées comme de véritables lettres de change. Celles des exercices antérieurs sont assujetties au droit fixe d'un franc, comme se rattachant à des adjudications déjà enregistrées. (*Décision du Ministre des finances du 1.er juin 1813.*) | |
| 44 | 16 juillet. | DÉCLARATION DE COM-MAND LORSQUE CETTE FA-CULTÉ N'A PAS ÉTÉ RÉSER-VÉE DANS UNE ADJUDICA-TION FAITE EN JUSTICE. | La déclaration de command faite par l'adjudicataire déclaré par l'avoué, ne doit profiter de l'exemption que lorsque la réserve en a été faite par l'avoué, dans l'adjudication, et le droit d'enregistrement est exigible si la réserve a été faite seule- | |

| N.os | DATES. | OBJETS. | EXTRAIT DÉTAILLÉ DES INSTRUCTIONS. | OBSERVATIONS. |
|---|---|---|---|---|
| | | | ...ment par l'adjudicataire, dans l'acceptation de la déclaration de l'avoué. (*Décision du Ministre des finances du 29 juin 1813.*) | |
| 645 | 25 août 1813. | PRESTATION DE SERMENT DES IMPRIMEURS ET LIBRAIRES. | L'acte de cette prestation est sujet au droit fixe d'un franc; la prestation peut être mentionnée sur le brevet. (*Décision du Ministre des finances du 10 août 1813.*) | |
| 648 | 13 septemb. | BILLETS ET OBLIGATIONS NON NÉGOCIABLES, DE LEURS CESSIONS ET TRANSPORTS, ET DES ACTES DE PROTÊT. | Les simples billets ou promesses de payer, quoique faits sur papier de timbre proportionnel, sont sujets au droit proportionnel d'enregistrement de 1 p %, ainsi que leurs transports, cessions ou endossemens qu'elle qu'en soit la forme : si au lieu de l'assignation le recouvrement se poursuit par la voie de protêt, la formalité peut être donnée simultanément, au billet et au protêt, sans amende. (*Décision du Ministre des fin du 31 août 1813.*) | |
| 650 | 18 dudit. | JUGEMENS PORTANT LIQUIDATION DE PRISES MARITIMES. | Les jugemens de liquidation générale qui interviennent sur le produit de ces prises, ne sont pas sujets au droit proportionnel, à moins que ce droit n'eût pas été perçu sur les jugemens de liquidation partielle qui précèdent ceux de liquidation générale; néanmoins si le droit n'avait pas été perçu sur les jugemens de liquidation partielle, pour les articles portés pour mémoire, il faut le percevoir sur le montant de ces articles dans les jugemens de liquidation générale. (*Arrêt de la cour de cassation, du 1.er juin 1813.*) | |
| 654 | 3 décembre. | RÉUNION A TITRE GRATUIT D'USUFRUIT A LA NUE PROPRIÉTÉ. | La réunion à titre gratuit et par actes entre-vifs de l'usufruit à la nue propriété, dans le cas où le droit d'enregistr.t n'a pas été acquitté sur la valeur entière de la propriété, est sujette au droit proportionnel. (*Déc. du Min. des fin., du 23 nov. 1813.*) | |
| 656 | 20 dudit. | ACTE DE CONSTITUTION D'UN MAJORAT PAR UNE FEMME EN FAV.r DE SON MARI. | L'acte par lequel une femme mariée constitue ses biens propres en majorat en faveur de son mari et de leurs descendans communs, ne doit que le droit fixe d'un franc. (*Décis. du Min. des fin., du 14 décembre 1813.*) | |
| 657 | 24 dudit. | DÉCLARATIONS DES TITULAIRES DE CAUT.r EN FAVEUR DE LEURS BAILLEURS DE FONDS. | Les déclarations des titulaires de cautionnemens en faveur de leurs bailleurs de fonds, pour leur faire acquérir le privilège du second ordre, ne sont sujettes qu'au droit fixe d'un franc. (*Décret du 22 déc. 1812, et déc. du Min. des fin. du 22 déc. 1813.*) | *V. l'instruct n.o 1030.* |
| » | 21 janvier 1814. | ACTES DE PRÊTS SUR DÉPÔTS DE MARCHANDISES. | Les actes publics ou s. s. p., de prêts sur dépôts de marchandises qui auront lieu en vertu du décret du 15 janvier 1814, ne seront, jusqu'au 1.er janvier 1815, soumis qu'au droit fixe de trois francs. Les actes qui, quoique faits en 1814, seraient présentés en 1815, seront soumis au droit proportionnel. | |
| 659 | 17 mars. | RÈGLEMENT SUR L'ORGANISATION ET LE SERVICE DES HUISSIERS, etc. | Mode de nomination des huissiers. Leur compétence, leurs attributions, leurs répertoires, seront cotés et paraphés par les présidens des tribunaux respectifs ou juges de paix. Ces répertoires indiqueront dans une colonne le coût de chaque acte. Tous les actes de la chambre de discipline sont exempts de l'enregistrement, hors les certificats et pièces délivrés aux candidats ou à des particuliers dans leur intérêt personnel. L'arrêté de l'assemblée générale pour disposer sur la bourse commune d'une somme déterminée, pour subvenir aux besoins des huissiers retirés ou de leurs veuves, n'est sujet qu'au droit simple d'enregistrement. L'acte de prestation de serment des huissiers doit le droit de trois francs ou de 15 fr., suivant le tribunal; dans le cas de prisées et ventes publiques, les huissiers doivent faire la déclaration préalable. Les receveurs informeront le procureur du roi de l'omission du coût des actes sur les répertoires. | |

# ENREGISTREMENT.

| INSTRUCTIONS GÉNÉRALES. | | OBJETS. | EXTRAIT DÉTAILLÉ DES INSTRUCTIONS. | OBSERVATIONS. |
|---|---|---|---|---|
| N.ᵒˢ | DATES. | | | |
| 66o | 24 mars 1814. | DÉCLARATION A PASSER PAR LES ENFANS DES ÉPOUX DIVORCÉS PAR CONSENTEMENT MUTUEL, DE LA PROPRIÉTÉ DE LA MOITIÉ DES BIENS QUI LEUR EST ASSURÉE PAR L'ART. 3o5 DU CODE CIVIL. | Les enfans saisis par la loi, de la moitié des biens de leurs père et mère divorcés par consentement mutuel, doivent en faire la déclaration et en payer les droits d'enregistr.ᵗ dans les 6 mois, à compter du jour de la prononciation du divorce par l'officier de l'état civil. (*Décis. des Ministres de la justice et des finances, des 9 et 22 février, et 15 mars 1814.*) Pour les divorces déjà prononcés, les déclarations, quoique non faites dans les 6 mois, seront reçues à la charge des simples droits jusqu'au 1.ᵉʳ mai 1814. Les préposés se concerteront avec M. le procureur du roi, pour donner la publicité nécessaire à cette disposition. Ils en donneront avis aux notaires et officiers publics de leurs bureaux : les directeurs feront faire un relevé des divorces de l'espèce sur les registres de l'état civil, pour les cinq dernières années, et feront donner aux parties les avertissemens nécessaires. | |
| » | 10 mai. | DÉLAIS POUR LES ACTES PASSÉS DANS LES PAYS OCCUPÉS PAR LES ARMÉES DES PUISSANCES ALLIÉES. | L'administration est autorisée, 1.ᵒ, à maintenir les délais de trois mois accordés pour l'enregistrement des testamens et des mutations de baux de biens-immeubles, et ceux de 6 mois et autres pour les successions, tels que la loi les détermine, sans que ce délai puisse être moindre d'un mois, à partir du jour où les receveurs auront repris leurs fonctions ; 2.ᵒ à ne faire courir les délais de 4, 10, 15 et 20 jours fixés par la loi pour l'enregistrement des actes et exploits, qu'à compter du jour où les bureaux auront été rouverts au public ; 3.ᵒ à ne faire percevoir sur les actes et déclarations enregistrés pendant la prolongation du délai, que les droits simples, sans aucun droit ni demi-droit en sus, ou amende ; 4.ᵒ à ne pas exiger d'amende pour les répertoires non visés et pour les notices de décès non remises, à la charge de remplir ces formalités dans le mois de l'ouverture des bureaux. | |
| 664 | 23 novembre | REMISE DES AMENDES POUR TIMBRE ET DES DROITS EN SUS D'ENREGISTREMENT. | Il est fait remise des demi-droits en sus et doubles droits d'enregistrement, encourus pour retard, défaut ou insuffisance de déclarations, en cas de successions, partages, ventes, achats, donations, locations et engagemens à titre gratuit ou onéreux, à la charge de compléter les déclarations, de remplir les formalités et de payer les droits ordinaires avant le 1.ᵉʳ avril 1815. Les actes s. s. p., susceptibles d'être enregistrés dans un délai fixé, jouissent de la même faveur. Les héritiers légataires ou donataires ont le même délai pour faire leurs déclarations ou pour réparer les omissions ou estimations insuffisantes faites dans les déclarations antérieures. Les condamnations prononcées par jugement, les frais judiciaires et autres à la charge des parties, sont maintenues : état à adresser chaque mois avec celui des produits, pour faire connaître les droits d'enregistrement et de timbre payés. (*Ord. royale, du 18 nov. 1814.*) | |
| 7oo | 17 novembre 1815. | *Idem.* | Prorogation de la faveur ci-dessus, jusqu'au 31 décembre 1815. (*Ordonnance royale, du 8 novembre 1815.*) | |
| » | 26 décembre | REMISE DES AMENDES ET DROITS EN SUS, LORSQUE LES DROITS PRINC. ONT ÉTÉ PAYÉS. | Application de la faveur de la remise des droits et amendes, accordée par les ordonnances des 18 novembre 1814, et 8 novembre 1815, aux particuliers qui ont acquitté les droits principaux avant la publication de la dernière ordonnance. | |
| » | 1.ᵉʳ avril 1816 | NOUVELLE PRESTATION DE SERMENT PAR LES PRÉPOSÉS DES DOUANES. | L'acte de la nouvelle prestation de serment que doivent faire les préposés des douanes, sera inscrit au pied de leurs commissions, sans autres frais que ceux du timbre. | |

# ENREGISTREMENT.

| INSTRUCTIONS GÉNÉRALES. | | OBJETS. | EXTRAIT DÉTAILLÉ DES INSTRUCTIONS. | OBSERVATIONS. |
|---|---|---|---|---|
| N.os | DATES. | | | |
| » | 6 avril 1816. | PRESTATION DE SERM.t PAR LES PRÉPOSÉS ASSERMENTÉS AVANT LA RESTAURATION. | Les employés de l'enregistrement, assermentés avant la restauration, prêteront un nouveau serment. Cet acte n'emportera d'autres frais que ceux de timbre. | |
| 714 | 29 dudit. | AUGMENTATION DES DROITS D'ENREGISTREMENT ET D'HYPOTHÈQUES. | Envoi de la loi du 28 avril 1816, en ce qui concerne les droits d'enregistrement ; cette loi soumet à l'enregistr.t sur la minute, tous les actes judiciaires. — Obligations des greffiers ; récépissés à leur délivrer des extraits de jugemens qu'ils remettront pour la poursuite des droits. — Les successions des absens doivent être déclarées dans les six mois de la mise en possession. Les actes sur lesquels porte l'augmentation, sont les significations d'avoué à avoué, les assignations et exploits, les acquiescemens, les actes de notoriété, les actes refaits, les avis de parens, les autorisations pures et simples, les certificats de caution, les consentemens, les décharges, les déclarations, les dépôts, les désistemens, les lettres missives, les nominations d'experts, les procès-verbaux et rapports, les procurations, les promesses d'indemnité, les reconnaissances, les résiliemens, les rétractations et révocations, les adjudications à la folle-enchère, les compromis et nominations d'arbitres, les déclarations de command, les réunions d'usufruit à la propriété, les titres nouvels, les connaissemens, les transactions, les jugemens définitifs des juges de paix, hors compétence ; les jugemens des tribunaux et cours, les contrats de mariage, les testamens et autres dispositions éventuelles, les actes de divorce, les actes de tutelle officieuse.<br><br>**DROITS PROPORTIONNELS.**<br><br>Les lettres de change, les cautionnemens de se représenter, les abandonnemens pour fait d'assurance, les actes et contrats d'assurance, les adjudications au rabais pour le compte de l'État et des établissemens ; les ventes d'immeubles, les droits de donations entre-vifs ou de mutations par décès ; les droits de sceau des titres.<br>Modification de l'article 24 de la loi du 22 frimaire an 7, en ce qui concerne les actes reçus par le même notaire en conséquence l'un de l'autre, et qui pourront n'être présentés à l'enregistrement qu'ensemble.<br>Double droit prononcé contre les écrits, billets, titres produits dans le cours d'une instance, et qui n'auront pas été indiqués dans les actes introductifs de l'instance.<br>Les actes des pays étrangers et des colonies paieront les mêmes droits que ceux passés en France. | |
| 715 | dudit. | PARAPHE DES LIVRES DE COMMERCE. | Le paraphe qui doit précéder l'usage d'un registre de commerce, sera enregistré moyennant le simple droit d'un franc. (*Article 73 de la loi du 28 avril 1816.*) | |
| » | 1.er juin. | NOUVELLE PRESTATION DE SERMENT PAR LES EMPLOYÉS DES CONT.s IND.s | La nouvelle prestation de serment des employés des contributions indirectes est comme celle des employés de l'enregistrement et des domaines exempte de l'enregistrement. | *Voir les circulaires des 1.er et 6 av. 1816.* |
| 726 | 3 dudit. | DROITS EN DÉBET DES ACTES EN MATIÈRE CRIMINELLE, CORRECTIONNELLE OU DE POLICE. | Les procès-verbaux, actes et jugemens en matière criminelle, lorsqu'il n'y a pas de partie civile, continueront à être exempts de la formalité de l'enregistrement ou à être enregistrés gratis. Tous autres actes et jugemens en matière criminelle, correctionnelle et de police, précédamment soumis à l'enregistr.t sur les expéditions, seront enregistrés sur les minutes ou originaux dans les 20 jours de leur date, lorsqu'il y aura partie civile. | *V. l'instruction n.° 1001, au titre frais de justice.* |

# ENREGISTREMENT.

| INSTRUCTIONS GÉNÉRALES. | | OBJETS. | EXTRAIT DÉTAILLÉ DES INSTRUCTIONS. | OBSERVATIONS. |
|---|---|---|---|---|
| N.os | DATES. | | | |
| | | | Les droits seront acquittés par elle. Si ces droits ne sont pas payés dans les 20 jours, le paiement en sera poursuivi par le receveur. Tout greffier qui n'aura pas remis dans les dix jours l'extrait du jugement, sera tenu aux doubles droits et amendes prononcées par les articles 35 et 37 de la loi du 22 frimaire an 7. Dans les affaires de police correctionnelle ou de simple police, poursuivies, soit à la requête du ministère public sans partie civile, soit à celle d'une administration publique agissant dans l'intérêt de l'état ( la régie des contributions indirectes exceptée ), d'une commune ou d'un établissement public, la partie poursuivante ne fera pas l'avance des droits. La relation de l'enregistrement indiquera le montant du droit en suspens. ( *Ordonnance royale*, *du 22 mai 1816.* ) | |
| 739 | 2 septemb. 1816. | Enregistr.t des effets négociables et des protêts. | Les billets à ordre, lettres de change et autres effets négociables, recevront désormais la formalité au bureau de l'enregistrement des actes des huissiers, où il sera tenu à cet effet un registre particulier. | |
| 743 | 18 dudit | Obligations souscrites pour cautionnemens en numéraire; droits a percevoir sur les déclarations faites en faveur des bailleurs de fonds. | En cas de protêt, les obligations souscrites pour cautionnement en numéraire, sont sujettes au droit proportionnel d'enregistrement. Les déclarations des titulaires de cautionnemens, en faveur des bailleurs de fonds, pour leur faire obtenir le privilège du second ordre, sont également soumises au droit proportionnel, à moins qu'un titre primitif d'obligation n'eût acquitté ce droit. Dans ce cas, la déclaration n'est assujettie qu'au droit fixe. | *V. l'instruction* n.° 1030. |
| 747 | 4 octobre. | Mode d'évaluation des actions de la banque de France, pour la perception des droits d'enreg.t | Les actions de la banque de France seront comprises, soit dans les donations et autres actes, soit dans les déclarations pour successions, pour leur valeur réglée d'après le cours moyen de la bourse de Paris, au jour du décès ou à la date de l'acte, ou de la veille, s'il n'y a pas eu de bourse ce jour-là. | |
| 754 | 26 novembre | Prestation de serment.—Douanes et contributions indirectes. | Le simple changement de résidence ne rend pas un nouveau serment nécessaire. Ce serment, pour donner lieu aux droits d'enregistrement, n'est dû que dans le cas de passage à un grade supérieur. | |
| 758 | 23 décembre. | Application de la loi du 28 avril 1816, en ce qui concerne les droits d'enregistrement.—Solutions. | Solutions diverses sur les dispositions de la loi du 28 avril 1816; ayant pour objet, 1.°, les actes judiciaires antérieurs à ladite loi; 2.° les actes et jugemens de divorce; 3.° les jugemens de remise de cause; 4.° les jugemens en dernier ressort; 5.° ordonnances sur oppositions aux qualités; 6.° procès-verbaux de côte et paraphe; 7.° échanges d'immeubles; 8.° mainlevées d'inscriptions ou d'oppositions; 9.° marchés pour le compte des ministères. | |
| 762 | 18 janvier 1817. | Actes passés a S.t-Domingue. | Les actes passés, soit aux colonies, soit à l'étranger, soit en France, en forme authentique ou s. s. p., contenant des stipulations relatives à des biens mobiliers et immobiliers situés à S.t-Domingue, ne seront, jusqu'à nouvel ordre, assujettis qu'au droit fixe d'un franc. ( *Ordonnance royale*, *du 8 janvier 1817.* ) | |
| 765 | 13 février. | Actes administr.s soumis au timbre et a l'enregistrement. | Nouveaux développemens relativement aux actes administratifs soumis à l'enregistr.t Mesures à prendre à cet égard, de concert avec MM. les préfets. | *Voir l'instruction* n.° 779. |

# ENREGISTREMENT.

| INSTRUCTIONS GÉNÉRALES. | | OBJETS. | EXTRAIT DÉTAILLÉ DES INSTRUCTIONS. | OBSERVATIONS. |
|---|---|---|---|---|
| N.ᵒˢ | DATES. | | | |
| 766 | 20 février 1817. | SOLUTIONS. | Solutions interprétatives, 1.ᵒ, sur les donations des sommes payables en argent ou en immeubles ; 2.ᵒ sur les obligations pour fornitures en comestibles ; 3.ᵒ sur les jugemens en matière de douanes. | |
| 768 | 27 mars. | DROITS EN DÉBET ET GRATIS. | Loi du 25 mars 1817. Les actes et procès-verbaux concernant la police ordinaire et la poursuite des délits, seront enregistrés en débet, ainsi que les déclarations d'appel de tout jugement, lorsque l'appelant sera emprisonné. — Les actes et procédures relatifs à certains actes de l'état civil, seront enregistrés gratis. Remise est faite aux héritiers des émigrés, des droits de mutations par eux dûs à raison des biens appartenans à leurs auteurs, et dans la propriété desquels ils ont été réintégrés en vertu des lois existantes à cet égard. | |
| 769 | 29 dudit. | CERTIFICATS DE VIE DES PENSIONNAIRES DE LA LISTE CIVILE. | Les pensionnaires de la liste civile pourront, comme les autres pensionnaires de l'Etat, obtenir des certificats de vie, exempts de l'enregistrement, pourvu qu'ils soient donnés par les notaires certificateurs établis pour cet objet. (*Décision du Ministre des finances, du 17 février 1817.*) | |
| 775 | 28 avril. | ACTES DE PARTAGE. | Les actes de partage sans soulte ni retour, ou l'un a la nue propriété et l'autre l'usufruit de la totalité des biens indivis, n'opèrent ni échange ni mutation, et ne sont passibles que du droit fixe réglé pour les partages ordinaires. (*Décision du Ministre des finances, du 24 février 1817.*) | |
| 779 | 31 mai. | ACTES ADMINISTRATIFS SOUMIS AU TIMBRE ET A L'ENREGIST.ᵗ | Tout acte administratif non compris dans les exceptions, est sujet au timbre et à l'enregistrement. Envoi de la copie d'une lettre du ministre des finances, du 9 mai 1817, adressée à MM. les préfets sur cet objet. Ordre aux employés de se conformer aux intentions du ministre. | *V. l'instruction n.ᵒ 765.* |
| 785 | 27 juin. | PRESTATIONS DE SERMENT. | Classification en huit classes des employés des contributions indirectes. Les contrôleurs principaux qui ont pris le titre de directeurs d'arrondissement, et déjà assermentés, ne doivent le droit qu'autant qu'ils auraient prêté serment pour entrer en fonctions dans leur nouvel emploi. Les débitans de tabac non assermentés comme receveurs buralistes, doivent le droit. Le droit est de 3 francs pour les traitemens au-dessous de 501 fr. Les employés des maisons de détention doivent 15 fr. ou 3 fr., suivant leur traitement. Le changement de résidence n'astreint pas les préposés des contributions directes et les receveurs généraux à un nouveau serment. (*Décisions des 17 février, 2, 9 et 14 mai 1817.*) | |
| 786 | 30 dudit. | ADJUDICATIONS ET MARCHÉS POUR LES DIVERS SERVICES DE L'ÉTAT. | Les ordonnances directes mentionneront l'exigibilité du droit ; le fournisseur présentera au receveur de l'enregistrement la lettre d'avis. Le receveur liquidera le droit, en fera recette, gardera copie de la lettre d'avis, et remettra, avec l'original, quittance du droit. — Pour les marchés soldés, les ministres indiqueront les débiteurs à la direction générale de l'enregistrement. La copie sera annexée au registre de recette. Le droit proportionnel ne porte que sur les marchés et adjudications, et non sur les cautionnemens. Il n'est dû pour ceux-ci que le droit fixe d'un franc, quand ces marchés regardent les ponts et chaussées, la marine et la guerre. Les marchés passés par des corps militaires, et notamment par la gendar- | |

# ENREGISTREMENT.

| INSTRUCTIONS GÉNÉRALES. | | OBJETS. | EXTRAIT DÉTAILLÉ DES INSTRUCTIONS. | OBSERVATIONS. |
|---|---|---|---|---|
| N.<sup>os</sup> | DATES. | | | |

| N.<sup>os</sup> | DATES. | OBJETS. | EXTRAIT DÉTAILLÉ DES INSTRUCTIONS. | OBSERVATIONS. |
|---|---|---|---|---|
|  |  |  | meric pour fournitures payables sur les fonds de masse, contractés *directement* avec les fournisseurs, sont considérés comme actes privés, et jouissent des mêmes faveurs. |  |
| 809 | 11 octobre. 1817. | SUCCESSIONS. | Mode de liquidation à suivre dans les déclarations des héritiers, en cas de prélévement sur les biens de la communauté. Action du trésor sur les revenus des biens à déclarer d'après l'art. 32 de la loi du 22 frimaire an 7. Cette action spéciale doit s'exercer même contre les tiers-acquéreurs, non-seulement pour les revenus échus au moment de leur adjudication, mais encore pour ceux à échoir, jusqu'à l'épuisement total de la créance, à moins qu'ils n'aient rempli toutes les formalités hypothécaires avant les saisies et oppositions faites dans l'intérêt du trésor : les préposés doivent, sans attendre l'expiration des délais, prendre des mesures conservatoires, afin d'assurer le paiement des droits de mutation. |  |
| 830 | 27 avril 1818. | ACTES CONCERNANT LES DOUANES. | Les inventaires de tissus français et cotons filés, pour suppléer la marque de fabrique, seront enregistrés gratis, dans les 15 jours de leur date.<br>Enregistrement au droit fixe d'un franc de différens procès-verbaux de vente de marchandises avariées. ( *Ordonnance royale, du 21 avril 1818.* ) La prestation de serment des agens de douanes sera enregistrée dans les cinq jours. |  |
| 832 | 6 mai. | BAUX POUR LE CASERNEM.<sup>t</sup> DE LA GENDARMERIE. — DÉMISSIONS DE BIENS. — TRANSPORTS DE RENT<sup>s</sup> | Le délai de vingt jours accordé pour l'enregistrement de baux de casernement de la gendarmerie, ne commencera à courir que du jour de la réception de celle des deux approbations ministérielles nécessaires, qui parviendra la dernière à la préfecture. Les démissions de biens par actes entre-vifs par des pères et mères à leurs enfans, sont dans le cas d'être transcrites, et le droit de 1 fr. 50 c. perçu. Les actes de transport ou cession de rentes, dont fait mention l'art. 45 de la loi du 11 brumaire an 7, doivent, outre le droit de 2 pour cent, celui de 1 fr. 50 centimes pour la transcription. ( *Décision du Ministre des finances, du 7 avril 1818.* ) |  |
| 834 | 18 dudit. | LOI DU 15 MAI 1818, SUR LES FINANCES. | Les droits établis sont maintenus. Droit d'un franc fixe pour les marchés dont le prix est payé directement par le trésor royal ou indirectement, ainsi que les cautionnemens relatifs à ces marchés : les ventes publiques de marchandises faites à la bourse et aux enchères, par le ministère des courtiers de commerce, d'après l'autorisation du tribunal de commerce, ne payeront que 50 c. pour cent pour les rentes et baux à ferme stipulés en grains et denrées, et pour les donations entre vifs et les transmissions par décès de biens dont les baux sont en nature, la liquidation du droit sera faite d'après une année commune des mercuriales du marché le plus voisin, formée des 14 dernières années antérieures, dont on retranchera les deux plus fortes et les deux plus faibles : les receveurs doivent faire le relevé des années 1804 à 1817 pour former cette année commune. Les lettres patentes de dispense d'âge pour mariage, et les actes de reconnaissance d'enfans naturels, pour des personnes indigentes, sont exemptes du droit proportionnel. Seront enregistrés dans les 20 jours, les actes des autorités administratives et des établissemens publics, portant transmission de | *V. l'instruction n.<sup>o</sup> 940.* |

# ENREGISTREMENT.

| INSTRUCTIONS GÉNÉRALES. | | OBJETS. | EXTRAIT DÉTAILLÉ DES INSTRUCTIONS. | OBSERVATIONS. |
|---|---|---|---|---|
| N.os | DATES. | | | |
| | | | propriété, d'usufruit ou de jouissance, les adjudications et marchés et les cautionnement y relatifs. Ce sont les seuls actes à porter au répertoire. Les secrétaires jouiront pour tous ces actes de la faculté de l'art. 37 de la loi du 22 frimaire an 7. Tous autres actes sont exempts de l'enregistrement même ceux antérieurs. | |
| 844 | 30 juin 1818. | ADJUDIC.s OU MARCHÉS DONT LE PRIX EST PAYABLE SUR LES C.s ADDITIONNELS DES DÉPARTEMENS. | Le droit d'enregistrement des adjudications ou marchés dont le prix est payable sur les centimes additionnels des départemens, est d'un franc fixe. | |
| 845 | 30 dudit. | ACTES DE MUTATION ANTÉRIEURS A LA LOI DU 28 AVRIL 1816. | Les actes de mutation antérieurs à la loi du 28 avril 1816, ne sont soumis qu'aux droits fixés par les lois antérieures. (Arrêt de la Cour de Cassation du 30 mai 1818.) | |
| 859 | 28 octobre. | ACTES PASSÉS EN FRANCE POUR DES BIENS SITUÉS EN PAYS ÉTRANGERS OU DANS LES COLONIES. | Les actes passés en France pour des biens situés en pays étranger ou dans les colonies, sont assujettis aux mêmes droits que s'ils avaient été souscrits en France et pour des biens situés dans le royaume. | |
| 860 | 29 dudit. | ARRÊTÉS POUR L'ALIGNEMENT DES MAISONS OU MURS DE CLÔTURE SUR LA VOIE PUBLIQUE. | Les arrêtés pour l'alignement des maisons ou murs de clôture sur la voie publique, ne sont pas sujets à l'enregistrement sur la minute, lorsque les constructions ne portent ni acquisition ni concession de terrains. Dans le cas contraire, ils doivent être enregistrés dans les 20 jours. | |
| 863 | 9 novembre | MAJORATS DE MARQUIS ET VICOMTE. | Droits à percevoir sur les lettres patentes portant institution de majorats de marquis et de vicomte, comme ceux de comte et baron. | |
| 872 | 28 décembre. | DROITS DUS SUR LES MARCHÉS POUR LE COMPTE DE L'ÉTAT. | Les paiemens successifs qui s'opèrent par les caisses du trésor, en conséquence de marchés passés sous l'empire de la loi du 28 avril 1816, doivent continuer à être assujettis à la retenue du droit proportionnel établi par cette loi. | |
| 876 | 27 janvier 1819. | ABANDONNEMENS POUR FAIT D'ASSURANCE MARITIME. | Le droit proportionnel d'enregistrement sur les abandonnemens par suite d'assurance maritime, doit être liquidé d'après la valeur des objets assurés, et n'est exigible que sur l'acte d'acceptation ou sur le jugement qui déclare l'abandonnement valable. | |
| 882 | 25 mars. | VENTES PUBLIQUES DE MEUBLES ET OBJETS MOBILIERS. | Dans les procès-verbaux de ventes publiques de mobilier, les droits proportionnels ne sont dûs que lorsqu'il y a vente. Les supplémens de droits d'enregistrement à répéter sur les ventes lorsque les commissaires priseurs ont rendu leurs comptes, doivent l'être contre les parties. | V. au titre amende |
| 883 | 19 avril. | LETTRES DE CHANGE PASSÉES DEVANT NOTAIRES. | Depuis la promulgation de la loi du 28 avril 1816, les lettres de change devant notaires, doivent être enregistrées moyennant le droit de 25 c. pour cent, dans le délai prescrit par l'art. 20 de la loi du 22 frimaire an 7. | |
| 890 | 28 mai. | MARCHÉS POUR LE SERVICE DU GÉNIE MILITAIRE. | Le montant du droit principal d'enregistrement devant être acquitté par les adjudicataires, à mesure qu'ils reçoivent le prix stipulé, la retenue à faire à cet égard sera versée à Paris par le ministre de la guerre au trésor royal. Par ce moyen les receveurs s'abstiendront de toute demande. | |

# ENREGISTREMENT.

| INSTRUCTIONS GÉNÉRALES. | | OBJETS. | EXTRAIT DÉTAILLÉ DES INSTRUCTIONS. | OBSERVATIONS. |
|---|---|---|---|---|
| N.os | DATES. | | | |
| 897 | 14 juillet 1819. | COUPES DE BOIS DE LA CAISSE D'AMORTIS-SEMENT POUR L'ORDI-NAIRE 1820.—DÉCLA-RATIONS DE COMMAND | Lorsque la déclaration de command, réservée dans le procès-verbal d'adjudication, aura été faite par acte public et notifiée dans les 24 heures de l'adjudication tant au receveur général qu'au receveur des domaines, il ne sera dû que le droit fixe d'enregistrement de 3 fr. | |
| 899 | 4 août. | LOI DU 14 JUILLET 1819, SUR LES FI-NANCES. | Les dispositions des lois qui régissent actuellement la per-ception des droits d'enregistrement sont maintenues. | |
| 900 | 13 dudit. | LOI DU 14 JUILLET 1819. DROIT D'AU-BAINE ET DE DÉTRAC-TION. | Les droits d'aubaine sont abolis, mais les mutations de biens situés en France, opérées au profit d'étrangers, seront sujettes aux mêmes droits d'enregistrement que si elles avaient lieu en faveur de français. | |
| 903 | 27 octobre. | PARTAGES. DROIT SUR LES SOULTES ET LICITATIONS. | L'art. 52 de la loi du 28 avril 1816, n'a pas considéré les actes de licitation et les partages avec soulte, sous le même point de vue que les ventes proprement dites. Ces actes n'étant que déclaratifs de propriété ne sont soumis qu'au droit de 4 pour cent. (*Arrêt de la Cour de Cassation du 27 juillet 1819.*) Restitution à effectuer du droit d'un et demi pour cent perçu. Mesures ordonnées pour que le droit soit acquitté lors de la transcription, si les parties la requièrent. Recommandation faite à cet égard aux employés supérieurs. | |
| 904 | 28 dudit. | VENTES DE MAR-CHANDISES PAR LES COURTIERS DE COM-MERCE. — ADJUDICA-TIONS DE POISSON DE MER. — VENTES DE BIENS COMMUNAUX. | Toutes les fois que des ventes publiques de marchandises, faites par les courtiers de commerce, ne peuvent être faites à la bourse, mais en tout autre lieu convenable, désigné par le tribunal de commerce, le droit d'enregistrement n'est que de 50 c. pour cent. (*Art. 74, loi du 15 mai 1818. Décision du Ministre des finances du 9 octobre 1819.*) Les ventes publiques et aux enchères de poisson de mer frais, sont affranchies des formalités voulues par la loi du 22 pluviôse an 7, ainsi que du droit d'enregistrement. Il n'en est pas de même quant aux poissons secs et salés. Les adjudications de biens communaux, faites aux déten-teurs actuels de terrains adjugés, ne sont assujetties au droit d'enregistrement que sur la valeur intrinsèque, déduction faite des constructions et améliorations existantes du fait du dé-tenteur. | *V. l'instruction n.o 940.* |
| 909 | 11 novembre | NOTAIRES REMPLA-ÇANS. – LEURS ACTES. | Dans le cas où un notaire aura remplacé son confrère pour la rédaction d'un acte, l'acte contiendra la mention que la minute est restée au notaire suppléé. Autres dispositions pres-crites. | |
| 910 | 12 dudit. | PRESTATION DE SER-MENT DES CONSERVA-TEURS DES HYPOTHÈ-QUES. | Les employés de tout grade, nommés conservateurs des hy-pothèques, doivent prêter en cette dernière qualité un nouveau serment. L'acte doit être enregistré dans les 20 jours au droit fixe de 15 fr. | |
| 917 | 4 janvier 1820. | ACTES DE VENTE DE BIENS IMMEUBLES AP-PARTENANT AUX HOS-PICES. | Les ventes de biens immeubles des hospices consenties par ces établissemens, sont sujettes, en sus du droit de 2 pour cent, à celui d'un et demi pour cent, voulu par l'art. 54 de la loi du 28 avril 1816. | |

# ENREGISTREMENT.

| INSTRUCTIONS GÉNÉRALES. | | OBJETS. | EXTRAIT DÉTAILLÉ DES INSTRUCTIONS. | OBSERVATIONS. |
|---|---|---|---|---|
| N.ᵒˢ | DATES. | | | |
| 922 | 17 mars 1820. | ACTES DE PRESTATION DE SERMENT DES RECEVEURS GÉNÉRAUX ET AUTRES COMPTABLES, DIRECTEMENT JUSTICIABLES DE LA COUR DES COMPTES. | Les payeurs généraux, caissiers du trésor royal, receveurs-généraux et autres comptables directement justiciables de la cour des comptes, prêtent devant elle le serment de gérer avec fidélité et probité. L'acte de cette prestation de serment est sujet au droit d'enregistrement de 15 fr. Lorsque, pour motifs d'empêchement valables, ce serment est prêté devant les préfets, le droit d'enregistrement de 15 fr. est dû. | |
| 933 | 31 mai. | ACQUISITIONS FAITES POUR LE COMPTE DES DÉPARTEMENS, DES ARRONDISSEMENS OU DES COMMUNES. | Les acquisitions d'immeubles faites pour le compte des départemens, des arrondissemens et des communes, sont soumises au droit proportionnel d'enregistrement, soit que le prix doive en être payé avec les centimes additionnels ou facultatifs, soit qu'il doive être acquitté avec des fonds communaux. ( *Décision du Ministre des finances du 5 mai 1820.* ) | |
| 940 | 14 juillet. | VENTES DE POISSON DE MER. — QUOTITÉ DU DROIT A PERCEVOIR POUR LES VENTES DE TABACS FAITES PAR LES PRÉPOSÉS DES CONTRIBUTIONS INDIR.ᵉˢ | Les ventes de poisson de mer, soit qu'ils soient frais, soit qu'ils soient secs et salés, sont exemptes des formalités prescrites par la loi du 22 pluviôse an 7, et des droits d'enregistrement. Les ventes de tabacs que l'administration des contributions indirectes, fait au commerce en vertu d'autorisations ministérielles, ne sont assujetties qu'au droit d'enregistrement de 50 c. pour cent. | |
| 944 | 26 dudit. | LOI DU 23 JUILLET 1820, SUR LES FINANCES. | Les dispositions des lois qui régissent actuellement la perception sont maintenues jusqu'au 1.ᵉʳ avril 1821. | |
| 952 | 25 septembre | ACTES PORTANT DÉCHARGE DE PIÈCES EN MATIÈRE CRIMINELLE | Les décharges de pièces de conviction, données par les particuliers en matière criminelle, ne sont sujettes à l'enregistrement que lorsqu'il y a eu partie civile en cause. | |
| 978 | 19 avril 1821 | ACTES PASSÉS EN FRANCE POUR DES BIENS SITUÉS EN PAYS ÉTRANGERS.-JUGEM.ˢ POUR RECTIFIC.ˢ SUR LES REG.ˢ DE L'ÉTAT CIVIL. — VENTES DE MARCHANDISES ET DÉBRIS DE NAV.ˢ PAR LES COMM.ˢ DE LA MARINE | Solutions relatives, 1.ᵒ aux actes passés en France pour des biens situés en pays étrangers. — Ces actes ne sont assujettis qu'à un droit fixe; — 2.ᵒ aux jugemens pour rectifications sur les registres de l'état civil concernant des indigens. — Ces jugemens ne seront enregistrés *gratis* que sur la production d'un certificat d'indigence en forme, et lorsque d'ailleurs la formalité aura été requise par le ministère public; — 3.ᵒ aux ventes de marchandises et débris de navire, par les commissaires de la marine. Les procès-verbaux de ces ventes, ne sont sujets qu'au droit fixe d'un franc. | |
| 983 | 14 juin. | ACQUISITIONS FAITES PAR LES COMMUNES. - ACTES D'ASSURANCE CONTRE L'INCENDIE. - ÉCHANGES D'IMMEUBLES. — VENTES DE MARCHANDISES PAR LES COURTIERS DE COMMERCE. | Solutions relatives, 1.ᵒ aux acquisitions faites par les communes, arrondissemens et départemens. Ces acquisitions doivent le droit proportionnel d'enregistrement comme celle des particuliers, quelle qu'en soit la destination; — 2.ᵒ quant aux actes d'assurance contre l'incendie, il ne doit être perçu que le droit proportionnel d'un pour cent sur le montant des primes, quel que soit l'objet des actes d'assurance; — 3.ᵒ aux échanges d'immeubles, pour ceux faits sans soulte ni retour, l'augmentation d'un et demi pour cent n'est exigible que sur l'une des parts; — 4.ᵒ aux ventes de marchandises par les courtiers de commerce, il n'est dû que le droit de 50 c. pour cent sur les ventes ordonnées par les tribunaux de commerce, quel que soit le lieu de la vente et quelque modique que soit la valeur des lots. | *Déroge à l'instruction n.ᵒ 758.* |

# ENREGISTREMENT.

| INSTRUCTIONS GÉNÉRALES. | | OBJETS. | EXTRAIT DÉTAILLÉ DES INSTRUCTIONS. | OBSERVATIONS. |
| --- | --- | --- | --- | --- |
| N.os | DATES. | | | |
| 992 | 29 août 1821. | EXEMPTION DU TIMBRE ET DE L'ENREG.t POUR LES PROCÈS-VERBAUX DE VÉRIFICATION DE RÉGIES. | Le ministre des finances a reconnu que les procès-verbaux de vérification de régies n'étant que des relevés d'erreurs de calcul, d'omissions ou de doubles emplois, etc. qui ne tendent qu'à la rectification de la comptabilité, a décidé, le 22 août 1821, qu'ils étaient exempts du timbre et de l'enregistrement, lors même qu'ils devraient être signifiés aux comptables. | V. comptabilité. |
| 995 | 25 septembre | PRESTATION DE SERMENT DES MEMBRES DU CORPS DE LA GENDARMERIE. | Les actes qui constatent le serment prêté par les membres du corps de la gendarmerie devant les tribunaux, en exécution de l'ordonnance royale du 29 octobre 1820, doivent être rangés dans la classe des actes qui concernent la police générale et la sureté publique, et sont affranchis du timbre et de l'enregistrement par l'art. 16 de la loi du 13 brumaire an 7, et l'art. 70 de celle du 22 frimaire. | |
| 998 | 3 octobre. | TIMBRE ET ENREG.t DES ACTES CONCERNANT LES SERVITUDES IMPOSÉES A LA PROPRIÉTÉ POUR LA DÉFENSE DE L'ÉTAT. | Les soumissions faites par des propriétaires de faire démolir les constructions nouvelles, autorisées par les articles 1, 2 et 3 de l'ordonnance du 1.er août 1821, devront être sur papier timbré et enregistrées moyennant le droit fixe d'un franc. | Voir timbre. |
| 1012 | 13 décembre. | ENREGISTR.t, 1.o, DES ACTES DE POURSUITE POUR LE RECOUVR.t DES SOMMES DUES A L'ÉTAT ; 2.o DES JUGEMENS DE REMISE DE CAUSE. | Suivant un avis émis par le comité des finances, approuvé par le ministre le 29 novembre 1821, il ne doit être perçu que le droit fixe d'un franc sur les exploits, commandemens, etc. tendant au recouvrement des sommes dûes au trésor.<br>Autre décision du 26 novembre 1821, portant, 1.o que les jugemens de remise de cause ou de continuation d'audience ne doivent être enregistrés que lorsqu'ils sont rendus pour la production de pièces ou de preuves ordonnées ; que dans tous les cas ils sont exempts de la formalité, quand ils contiennent la mention qu'ils ont été rendus d'office ; — 2.o que tous les autres jugemens de remise de cause, sans distinction, doivent être enregistrés sur la minute, et qu'il n'y a pas lieu d'excepter de cette règle ceux de la juridiction commerciale. | V. l'instruction n.o 1026. |
| 1021 | 20 février 1822. | CERTIFICATS DE VIE DES ACTIONNAIRES DE TONTINES, POUR RECEVOIR LEURS DIVIDENDES. | Suivant une décision ministérielle du 8 février 1822, les certificats de vie à fournir pour recevoir les dividendes par les actionnaires de la tontine perpétuelle d'amortissement et généralement par tous intéressés dans ces tontines, que le gouvernement aura autorisées et dont les fonds seront employés en achats de rentes perpétuelles sur l'État, sont exempts de l'enregistrement et doivent être délivrés sur papier de 35 c. | V. l'instruction n.o 604. |
| 1025 | 28 dudit. | ENREG.t DES ACTES DE PRESTATION DE SERMENT REÇUS PAR LES AUTORITÉS ADMINISTRATIVES. | Suivant une décision du ministre des finances, du 12 décembre 1821, les actes reçus par les autorités administratives, pour constater la prestation de tout serment n'ayant pas d'objet politique, sont passibles des droits réglés par les lois des 22 frimaire an 7 et 27 ventôse an 9. | V. l'instruction n.o 1034. |
| 1026 | 16 mars. | ENREGISTREM.t DES JUGEMENS DE REMISE DE CAUSE. | Les jugemens portant remise de cause ou continuation d'audience, ne sont assujettis à l'enregistrement que lorsqu'ils sont rendus pour la production de pièces ou de preuves ordonnées. Dans tous les autres cas, ils sont exempts de la formalité.<br>Tout jugement qui ordonne qu'une cause sera instruite par écrit, devra être enregistré sur la minute. | Additionnelle à l'instruction 1012. |

# ENREGISTREMENT.

| INSTRUCTIONS GÉNÉRALES. | | OBJETS. | EXTRAIT DÉTAILLÉ DES INSTRUCTIONS. | OBSERVATIONS. |
|---|---|---|---|---|
| N.os | DATES. | | | |
| 1027 | 20 mars 1822. | ENREGISTREMENT DES SOUMISSIONS DE RACHAT ET DES TITRES NOUVELS DE RENTES. | La soumission faite par le débiteur, et acceptée par le créancier, de rembourser à une époque quelconque le capital d'une rente perpétuelle et d'en acquitter les arrérages, donne lieu, 1.°, au droit fixe d'un franc sur la disposition qui règle le délai pour le remboursement du capital; 2.° au droit proportionnel de 1 pour cent sur le montant des arrérages que le débiteur s'oblige de payer. (*Avis du comité des finances, approuvé par le Ministre des finances, le 3 février 1822.*) <br><br> Les titres nouvels ne sont dans le cas d'être enregistrés au droit fixe d'un franc, qu'autant qu'ils n'ont pour objet que de confirmer une obligation déjà existante en vertu d'un titre en forme, et que toute stipulation qui n'était pas insérée dans le titre primordial est une nouvelle convention qui donne lieu, suivant sa nature, au droit proportionnel réglé par la loi. (*Décision ministérielle, du 29 septembre 1821.*) | |
| 1030 | 30 dudit. | DROITS D'ENREG.t DES DÉCLARAT.s DES TITULAIRES DE CAUT.s EN FAVEUR DE LEURS BAILLEURS DE FONDS. | Les déclarations des titulaires de cautionnemens, faites conformément au décret du 22 décembre 1812, pour faire acquérir à leurs bailleurs de fonds le privilège du second ordre, doivent, sans distiction, être enregistrées au droit fixe d'un franc, en exécution du décret ci-dessus, art. 3. (*Décision ministérielle, du 23 mars 1822.*) | *V. les instructio n.os 657 et 743.* |
| 1033 | 17 avril. | ENREG.t DES ACTES DE POURSUITE EN MATIÈRE DE CONTRIBUTIONS DIRECTES. | Tous les actes relatifs aux poursuites en matière de contributions directes, doivent être sur papier timbré et enregistrés dans les 4 jours; néanmoins lorsque le contribuable se libère avant l'expiration du délai ci-dessus, les actes non présentés à l'enregistrement peuvent n'être pas soumis à l'enregistrement. (*Décision du Ministre des finances, du 27 mars 1822.*) Mention à faire sur les répertoires des huissiers de la date du paiement de la contribution. | |
| 1034 | 22 dudit. | ENREG.t DES ACTES DE PRESTATION DE SERMENT REÇUS PAR LES AUTORITÉS ADMINISTRATIVES. | Suivant décision du ministre des finances, du 17 avril 1822, les préposés de l'enregistrement ne formeront aucune demande de droit d'enregist.t pour les actes de prestation de serment passés devant les préfets, sous-préfets ou les maires antérieurement au 1.er janvier 1822. Ils annulleront, sur leurs sommiers, les articles de l'espèce qu'ils y auraient consignés. | *V. l'instruct. n.° 1025.* |
| 1039 | 8 mai. | BUDGET DE L'EXERCICE 1822. | Les lettres de change tirées par seconde, troisième ou quatrième pourront, quoique non écrites sur papier timbré, être enregistrées, dans le cas de protêt, sans qu'il y ait lieu au droit de timbre et à l'amende, pourvu que la première, écrite sur papier au timbre proportionnel, soit représentée conjointement au receveur de l'enregistrement. | *V. bois et for et timbre.* |
| 1050 | 10 août. | ENREG.t DES PROCÈS-VERBAUX DES GARDES FORESTIERS. | Les procès-verbaux de délits et autres actes de poursuite des gardes et agens forestiers, continueront d'être enregistrés dans les quatre jours de leur date au bureau de la résidence, ou au plus voisin de la résidence de cet agent. Ces actes continueront d'être visés pour timbre sans avance de droits. | *Voir timbre poursuites.* |

# ENVOIS PÉRIODIQUES

Des États que les Directeurs et les Receveurs sont tenus de fournir, les premiers à M. le Conseiller d'état, Directeur général de l'Administration, les seconds à leur Directeur respectif, tels qu'ils sont prescrits à l'époque du 1.er mars 1823.

*Nota. On n'a porté dans ce Tableau ni les envois périodiques d'ordre, des instances, journaux de travail, etc., ni les comptes de trimestre et les expéditions qui s'y rapportent.*

| INSTRUCTIONS GÉNÉRALES OU CIRCULAIRES qui prescrivent LES ÉTATS. | | NATURE OU OBJET DES ÉTATS. | REMISE PÉRIODIQUE ET ENVOI | | | | OBSERVATIONS. |
|---|---|---|---|---|---|---|---|
| | | | PAR LES DIRECTEURS. | | PAR LES RECEVEURS. | | |
| N.os | DATES. | | Époque de la remise. | Date de l'envoi. | Époque de la remise. | Date de l'envoi. | |
| | | *ÉTATS à fournir par mois autres que celui des produits.* | | | | | |
| | | DÉCOMPTES. | | | | | |
| » | » | Compte rendu de la situation des opérations relatives à l'apurement des reliquats de décomptes restant dus le | Par mois. | Le 16. | » | » | *Lettre circulaire de M. l'administ.r chargé de la 6.e division, du 15 mai 1822, n.o 11087, qui prescrit l'envoi de ce compte.* |
| 795 | 13 août 1817. | DÉPOTS et CONSIGNATIONS. Les extraits des actes et jugemens donnant lieu à consignations, à défaut un certificat négatif. | » | » | Par mois. | Le 3. | *Doivent être adressés directement par les receveurs à M. le Direct.-général de la caisse des dépôts et consignations.* |
| » | » | HOTEL ROYAL DES INVALIDES Etat sommaire des recettes et dépenses faites sur les revenus des terrains des fortifications. | Idem. | Le 5. | Idem. | Idem. | *Circulaire de M. le Directeur de la dotation des invalides de la guerre, du 21 octobre 1817, qui prescrit l'envoi de cet état. — On doit le lui adresser sous le couvert de S. Exc. le ministre de la guerre en mettant en tête de l'enveloppe, 7.e division du génie.* |
| | | *ÉTATS à fournir par Trimestre.* | | | | | |
| 975 | 31 mars 1821. | AMENDES FORESTIÈRES. Etat de la situation du recouvrement des amendes forestières. — Voir l'instruction générale n.o 813, pour le modèle de l'état. | Par trimestre. | Le 15 du second mois qui suit l'expiration de chaque trimestre. | Sont dispensés de fournir cet état au moyen du tableau de la situation des sommiers. — Voir l'instr n.o 975. | » | *Doit être adressé à MM. les administrateurs des forêts.* |

# ENVOIS PÉRIODIQUES.

| INSTRUCTIONS GÉNÉRALES OU CIRCULAIRES qui prescrivent LES ÉTATS. | | NATURE OU OBJET DES ÉTATS. | REMISE PÉRIODIQUE ET ENVOI | | | | OBSERVATIONS. |
|---|---|---|---|---|---|---|---|
| | | | PAR LES DIRECTEURS. | | PAR LES RECEVEURS. | | |
| N.os | DATES. | | Époque de la remise. | Date de l'envoi. | Époque de la remise. | Date de l'envoi. | |
| 815 | 30 décembre 1817. | **AMENDES DE POLICE.** Etat des recouvremens opérés sur les amendes de police correctionnelle, municipale et rurale. | Par trimestre. | Le 15 du second mois qui suit l'expiration de chaque trimestre. | Par trimestre. | Doit être remis à l'inspecteur lors de son passage au bureau. | *Doit être adressé à M. le Préfe par M. le directeur* |
| 345 | 3 octobre 1807. | **AMENDES.** POLICE DU ROULAGE. Etat des recouvremens opérés sur les amendes concernant la police du roulage. | *Idem.* | *Idem.* | *Idem.* | *Idem.* | Idem. |
| 906 | 2 novembre 1819. | **AMENDES.** UNIVERSITÉ. Etat des recouvremens opérés sur les amendes de contraventions aux réglemens de l'université. | *Idem.* | *Idem.* | *Idem.* | *Idem.* | Idem. |
| 801 | 15 septembre 1817. | AMENDES DE GRANDE-VOIRIE Etat des recettes faites sur les amendes de grande voirie. | *Idem.* | *Idem.* | *Idem.* | *Idem.* | Idem. |
| 975 | 31 mars 1821. | **BIENS DES COMMUNES.** Etat présentant le résultat des liquidations entre le trésor et les communes, arrêtées par le ministre des finances, en vertu de la loi du 20 mars 1813. | *Idem.* | Le 10 du mois qui suit l'expiration de chaque trimestre. | *Idem.* | Le 3 du mois qui suit l'expiration de chaque trimestre. | *Doit être adressé à M. l'administrateur chargé d la 6.e division.* |
| 975 | *Idem.* | **EFFETS MILITAIRES.** Etat des effets militaires reconnus inutiles au service de la guerre, dont la vente a été faite par les préposés des domaines. (Modèle n.o 1.) | *Idem.* | *Idem.* | *Idem.* | *Idem.* | *Doit être adressé à M. l'administrateur division naire.* |
| 975 | *Idem.* | **OBJETS DE MARINE.** Etat des objets reconnus inutiles au service de la marine, dont les préposés des domaines ont effectué la vente ou touché le prix. (Modèle n.o 2.) | *Idem.* | *Idem.* | *Idem.* | *Idem.* | Idem. |

# ENVOIS PÉRIODIQUES.

| INSTRUCTIONS GÉNÉRALES OU CIRCULAIRES qui prescrivent LES ÉTATS. | | NATURE OU OBJET DES ÉTATS. | REMISE PÉRIODIQUE ET ENVOI | | | | OBSERVATIONS. |
| --- | --- | --- | --- | --- | --- | --- | --- |
| | | | PAR LES DIRECTEURS. | | PAR LES RECEVEURS. | | |
| N.ᵒˢ | DATES. | | Époque de la remise. | Date de l'envoi. | Époque de la remise. | Date de l'envoi. | |
| 975 | 31 mars 1821. | FRAIS DE JUSTICE ET TAXES ABUSIVES.<br>État général de la situation du recouvrement, tant sur les frais de justice à rembourser par les condamnés que sur les rôles de taxes abusives. ( Modèle n.ᵒ 3. ) | Par trimestre. | Le 15 du second mois qui suit l'expiration de chaque trimestre. | Par trimestre. | Doit être remis à l'inspecteur lors de son passage au bureau. | Doit être adressé à M. le directeur général. — Division des États et Dépenses. |
| 975 | Idem. | ROLES DE TAXES ABUSIVES.<br>État général de la situation du recouvrement sur chaque rôle de taxes abusives rendu exécutoire par S. E. le garde-des-sceaux. | Idem. | Idem. | Idem. | Idem. | Idem. |
| 1020 | 19 février 1822. | PENSIONNAIRES DE L'ADMINISTRATION.<br>État indiquant les changemens survenus dans la position des pensionnaires de l'administration. | Idem. | Idem, le 10. | » | Les inspecteurs doivent donner connaissance au directeur, chaque trimestre, des changem.ˢ survenus. | Doit être adressé à M. l'administrateur chargé des pensions de retraite. |
| » | 30 novembre 1815. | CAISSE D'AMORTISSEMENT. PRODUITS DIVERS.<br>Bordereau détaillé des recouvremens faits sur,<br>1.ᵉ Le produit des coupes extraordinaires des bois des communes ;<br>2.ᵉ Idem, des hospices et établissemens publics ;<br>3.ᵉ Idem, des cautionnemens de personnes à représenter en justice ;<br>4.ᵉ Idem, des biens saisis réellement ;<br>5.ᵉ Des amendes de police attribuées aux communes et aux hospices. | Idem. | Idem, le 15. | Idem. | Doivent être remis à l'inspecteur lors de son passage au bureau. | Doivent être adressés à M. le directeur-général. — Division des États et Dépenses. |
| » | » | PAPIERS TIMBRÉS.<br>État des papiers timbrés restant en nature à l'entrepôt de la direction le dernier jour de chaque trimestre ; et dans les bureaux de distribution lors de l'arrêté des comptes par les inspecteurs. | Idem. | Idem. | » | » | Lettre-circulaire de M. l'administrateur chargé de la surveillance du timbre et des impressions, du 9 juin 1821, n.ᵒ 128, qui prescrit l'envoi de cet état. |

# ENVOIS PÉRIODIQUES.

| INSTRUCTIONS GÉNÉRALES OU CIRCULAIRES qui prescrivent LES ÉTATS. | | NATURE OU OBJET DES ÉTATS. | REMISE PÉRIODIQUE ET ENVOI | | | | OBSERVATIONS. |
|---|---|---|---|---|---|---|---|
| **N.os** | **DATES.** | | PAR LES DIRECTEURS. | | PAR LES RECEVEURS. | | |
| | | | Époque de la remise. | Date de l'envoi. | Époque de la remise. | Date de l'envoi. | |

*ÉTATS à fournir par année autres que le compte général des recettes et dépenses.*

| | | | | | | | |
|---|---|---|---|---|---|---|---|
| 975 | 31 mars 1821. | **BOIS DE LA CAISSE D'AMORT.** Etat général du produit des ventes de coupes de bois de la caisse d'amortissement. (Modèle n.° 6.) | Par année. | Le 1.er février. | Par année. | Le 15 janvier. | *Doit être adressé à M. le Directeur-général. — Division des Etats & Dépenses.* |
| 975 | Idem. | **BOIS DE LA CAISSE D'AMORT.** Etat du produit des bois de la caisse d'amortissement affermés ou affectés aux usines, etc. (Modèle n.° 7.) | Idem. | Le 15 janvier. | Idem. | Le 3 dudit. | Idem. |
| 975 | Idem. | **BOIS DES COMMUNES ET DES ÉTABLISSEMENS PUBLICS.** Etat général du produit des ventes de coupes *ordinaires* de bois des communes et du montant des vacations des agens forestiers. (Modèle n.° 8.) | Idem. | Le 1.er février. | Idem. | Le 15 dudit. | Idem. |
| 975 | Idem. | **BOIS DES COMMUNES ET DES ÉTABLISSEMENS PUBLICS.** Etat général du produit des ventes de coupes *extraordinaires* de bois des communes et des établissemens publics. (Modèle n.° 9.) | Idem. | Idem. | Idem. | Idem. | Idem. |
| » | » | **HOTEL ROYAL DES INVALIDES.** Compte d'ordre des recettes et dépenses faites sur les produits des terrains des fortifications. Les comptes des receveurs et des inspecteurs, avec les pièces de dépense à l'appui, accompagnent le compte du directeur. | Idem. | Le 1.er avril. | Idem. | Lors de la tournée de janvier, il doit être remis à l'inspecteur. | *Lettre-circulaire de M. le Directeur de la dotation des invalides de la guerre, du 4 mai 1819, n.° 5, qui prescrit l'envoi de ce compte. — On doit le lui adresser sous le couvert de S. Exc. le Ministre de la guerre, en mettant en tête de l'enveloppe, 7.e division du génie.* |

# ENVOIS PÉRIODIQUES.

| INSTRUCTIONS GÉNÉRALES OU CIRCULAIRES qui prescrivent LES ÉTATS. | | NATURE OU OBJET DES ÉTATS. | REMISE PÉRIODIQUE ET ENVOI. | | | | OBSERVATIONS. |
|---|---|---|---|---|---|---|---|
| | | | PAR LES DIRECTEURS. | | PAR LES RECEVEURS. | | |
| N.os | DATES. | | Époque de la remise. | Date de l'envoi. | Époque de la remise. | Date de l'envoi. | |
| » | » | PASSE-PORTS et PORT d'ARMES. Etat des formules de passe-ports et permis de port d'armes de chasse restant en nature au magasin de la direction le 1.er janvier 182 . On doit ajouter à cet état le relevé de la débite des formules, qui aura été faite pendant le cours de l'année précédente. | Par année. | Le 10 janvier. | » | » | *Lettre-circulaire de M. l'administrateur chargé de la surveillance du timbre et des impressions, du 30 juillet 1822, n.° 130, qui prescrit l'envoi de cet état.* |
| » | 27 janvier 1823. | REMISES et SALAIRES. Etat des remises des receveurs de l'enregistrement et des domaines, et des salaires des conservateurs des hypothèques , pendant l'année 182 . | Idem. | Le 6 février. | » | » | *Doit être adressé à M. le Directeur-général.—Division du Personnel.* |

## ÉTATS à fournir à des époques indéterminées.

| | | | | | | | |
|---|---|---|---|---|---|---|---|
| 1067 | 1.er février 1823. | ARRÊTS DE LA COUR DES COMPTES. Etat indicatif de la notification de l'arrêt ( de situation ou définitif ) rendu par la cour des comptes, le 182 , sur les comptes des receveurs de l'enregistrement et des domaines et du garde-magasin du timbre dans le département d pour l'année 182 . | » | Après la réception de toutes les reconnaissances de notification de l'arrêt , à M. l'administrat.r chargé de la comptab. centrale. | » | » | » |
| 819 | 2 février 1819. | BOIS DE LA CAISSE D'AMORT.t Etat de dépouillement de l'affiche pour l'adjudication de bois cédés à la caisse d'amortissement. ( Modèle n.° 1.er ) Un exemplaire de l'affiche doit accompagner l'état. = Cet exemplaire doit être émargé du nombre qu'on en a tiré, ainsi que du montant des frais de papier et d'impression. | » | Immédiatement après l'impression de l'affiche, à M. l'administr.r chargé de la 6.e division. | » | » | *Il doit être fait un semblable envoi à M. le Directeur-général de la caisse d'amortissement.* |

# ENVOIS PÉRIODIQUES.

| INSTRUCTIONS GÉNÉRALES OU CIRCULAIRES qui prescrivent LES ÉTATS. | | NATURE OU OBJET DES ÉTATS. | REMISE PÉRIODIQUE ET ENVOI | | | | OBSERVATIONS. |
| --- | --- | --- | --- | --- | --- | --- | --- |
| | | | PAR LES DIRECTEURS. | | PAR LES RECEVEURS. | | |
| N.os | DATES. | | Époque de la remise. | Date de l'envoi. | Époque de la remise. | Date de l'envoi. | |
| 819 | 2 février 1819. | BOIS DE LA CAISSE D'AMORT. Etat de dépouillement du résultat de l'adjudication de bois cédés à la caisse d'amortissement. ( Modèle n.º 2. ) Un second exemplaire de l'affiche doit accompagner l'état. — Cet exemplaire doit être émargé, à chaque article, du nom de l'acquéreur et du prix de l'adjudication, ou, s'il n'y a pas eu de vente, du motif qui l'aura empêchée. | » | Le jour même de l'adjudicat., à M. l'administrateur chargé de la 6.e division. | » | » | Il doit être fa un semblable e voi à M. le Di recteur-général la caisse d'amortissement. |
| » | » | DOMAINES DE L'ÉTAT. On doit fournir de semblables états de *dépouillement* à M. l'administrateur chargé de la 6.e division, seulement, pour les ventes de domaines de l'état, soit qu'ils proviennent de la cession ordonnée par la loi du 20 mars 1813, soit qu'ils proviennent de l'ancienne dotation du domaine extraordinaire. | » | » | » | » | Voir la lett circulaire de l'administ.r char de la 6.e divisic du 20 novem! 1822, pour les m dèles des états. |

# ENVOIS PÉRIODIQUES.

| INSTRUCTIONS GÉNÉRALES OU CIRCULAIRES qui prescrivent LES ÉTATS. | | NATURE OU OBJET DES ÉTATS. | REMISE PÉRIODIQUE ET ENVOI | | | | OBSERVATIONS. |
|---|---|---|---|---|---|---|---|
| | | | PAR LE DIRECTEURS. | | PAR LES RECEVEURS. | | |
| N.ᵒˢ | DATES. | | Époque de la remise. | Date de l'envoi. | Époque de la remise. | Date de l'envoi. | |

# ENVOIS PÉRIODIQUES.

| INSTRUCTIONS GÉNÉRALES OU CIRCULAIRES qui prescrivent LES ÉTATS. | | NATURE ou OBJET DES ÉTATS. | REMISE PÉRIODIQUE ET ENVOI | | | | OBSERVATIONS |
|---|---|---|---|---|---|---|---|
| | | | PAR LE DIRECTEUR. | | PAR LES RECEVEURS. | | |
| N.ᵒˢ | DATES. | | Époque de la remise. | Date de l'envoi. | Époque de la remise. | Date de l'envoi. | |
| | | | | | | | |

# FRAIS DE JUSTICE.

| INSTRUCTIONS GÉNÉRALES. | | OBJETS. | EXTRAIT DÉTAILLÉ DES INSTRUCTIONS. | OBSERVATIONS. |
|---|---|---|---|---|
| N.os | DATES. | | | |
| 16 | 4 frimaire an 10. | FRAIS DE JUSTICE ET DE PRISONS A ACQUITTER PAR LES PAYEURS. | Les frais de justice et de prisons doivent, à compter du 1.er vendémiaire an 10, être acquittés par les payeurs des dépenses diverses. *(Arrêtés du Gouvernement des 23 vendémiaire et 28 brumaire an 10.)* | |
| 19 | 14 dudit. | TAXES A TÉMOINS, *idem.* | Les taxes à témoins sont comprises dans les dispositions de l'arrêté du 23 vendémiaire an 10, qui ordonne que les frais de justice de tout genre seront acquittés par les payeurs des dépenses diverses. *(Déc. du M. des fin. du 8 frimaire an 10.)* | |
| 33 | 9 nivôse. | AVANCES FAITES PAR L'ADMINISTRATION. | Mode de remboursement des avances faites par l'administration de l'enregistrement pour dépenses de prisons et frais de justice de l'an 10. | |
| » | 17 floréal. | DÉPENSES DE PRISONS. | Les receveurs de la trésorerie doivent admettre pour comptant dans les versemens des receveurs de l'administration, les mandats des préfets pour dépenses de prisons et frais de justice de l'an 10, quoique le montant excède le crédit affecté au remboursement de ces dépenses. *(Décisions du Ministre du trésor public des 9 et 10 floréal an 10.)* | |
| 55 | 25 dudit. | DÉPENSES DE PRISONS ET FRAIS DE JUSTICE. | Les dépenses de prisons et frais de justice de l'an 10 seront directement acquittés, dans chaque chef-lieu de département, par le préposé du payeur général, et dans les chefs-lieux d'arrondissement, par les receveurs particuliers. — Les receveurs de l'enregistrement établis dans les communes qui ne sont chefs-lieux de département ni d'arrondissement, continueront de faire l'avance des taxes des jurés et témoins. — Mode de comptabilité de ces dépenses. | |
| 69 | 1er fructidor. | APPOSITION DE SCELLÉS. | L'apposition des scellés sur les effets mobiliers appartenans à des accusés traduits devant un tribunal criminel, ne doit avoir lieu que lorsque les accusés ne possèdent pas suffisamment de propriétés immobilières pour les dommages et frais auxquels ils peuvent être condamnés. — Elle ne doit point être requise aussi, lorsqu'ils ne sont que prévenus, ou qu'ils jouissent de leur liberté sous caution. | *V. la circulaire de l'administration n.º 1871.* |
| 88 | 6 brumaire an 11. | FRAIS DE JUSTICE A ACQUITTER PAR LES RECEVEURS DE L'ADMINISTRATION. | A dater du 1.er vendémiaire an 11, les frais de justice rentrent dans la classe des dépenses à la charge du gouvernement, et sont payés sur ordonnances du grand-juge. Les receveurs de l'enregistrement font l'avance, 1.º de l'indemnité des jurés; 2.º des taxes des témoins, officiers de santé, interprètes, experts, etc. | |
| 89 | dudit. | APPOSITION DE SCELLÉS POUR RECOUVREMENT. | L'apposition des scellés pour recouvrement de frais de justice ne doit avoir lieu que dans les cas prévus par le texte de la loi, à moins qu'il n'y ait des circonstances particulières qui l'autorisent. *(Lettre du Min. de la justice du 24 therm. an 10.)* | *Idem, n.º 1997.* |
| 90 | dudit. | OMISSIONS SUR LES REGISTRES DE L'ÉTAT CIVIL. | Les frais nécessaires d'instance, d'informations, expéditions et significations de jugemens, pour réparer les omissions faites sur les registres de l'état civil, seront à la charge du trésor public, sur l'attestation d'indigence des parties. *(Décisions des Ministres de la justice et des finances.)* | |
| 93 | 15 dudit. | FRAIS DE TRANSLATION ET DE NOURRITURE DES PRÉVENUS, etc. | Les frais de translation et de nourriture en route des prévenus et accusés et autres dépenses du même genre, doivent être payés comme frais urgens. La seule déclaration du juge que la partie ne sait signer, suffit pour l'acquit des taxes de témoins et autres frais urgens. Etat à dresser chaque trimestre des états des frais de l'espèce; formalités nécessaires pour les régulariser. | |

# FRAIS DE JUSTICE.

| INSTRUCTIONS GÉNÉRALES. | | OBJETS. | EXTRAIT DÉTAILLÉ DES INSTRUCTIONS. | OBSERVATIONS. |
|---|---|---|---|---|
| N.ᵒˢ | DATES. | | | |
| 106 | 30 frimaire an 11. | TRIBUNAUX MILITAIRES. — TAXES DE TÉMOINS, etc. | Les receveurs de l'enregistrement feront l'avance des frais de salaires des témoins, experts et interprètes appelés devant les tribunaux militaires. Ils en dresseront, à l'expiration de chaque trimestre, l'état en triple expédition, qu'ils feront rendre exécutoire par le président du tribunal militaire, et le soumettront au visa du commissaire des guerres. | |
| » | 2 pluviôse. | CONTRAINTE PAR CORPS. | On doit continuer à employer la contrainte par corps pour le recouvrement des frais de justice. (*Décision du Gouvernement du 28 vendémiaire an 11.*) | |
| » | 28 ventôse. | APPOSITION DE SCELLÉS. | L'apposition des scellés pour recouvrement des frais de justice en matière criminelle ne doit être employée que dans le seul cas où il y a à craindre la dilapidation ou la soustraction des effets. (*Lettre du Grand-Juge du 30 nivôse an 11.*) | |
| 142 | 9 messidor. | CONDAMNÉS AUX FERS. — CURATEUR. | Les préposés de l'administration, après en avoir obtenu l'autorisation du directeur, doivent faire nommer un juge du tribunal qui convoquera devant lui les parens des condamnés aux fers, à l'effet de leur faire nommer un curateur pour recouvrer contre eux les frais de justice. (*Lettre du Grand-Juge du 21 germinal an 11 au Ministre des finances.*) Le tribunal auquel on devra s'adresser est celui où l'action est portée. — Faire vendre les effets saisis sur des condamnés et déposés dans les greffes ou dans les bureaux de préfecture de police. | |
| 147 | 8 thermid. | DÉLITS FORESTIERS. | Les frais de procédure en matières de délits forestiers doivent être acquittés sur les fonds de l'administration, dans chaque arrondissement, comme les autres frais de justice. Les receveurs en dresseront, à la fin de chaque trimestre, des états distincts et séparés de ceux payables sur les fonds du ministère du grand-juge. Ces états arrêtés par le conservateur ou l'inspecteur des forêts, seront déclarés exécutoires par le président du tribunal et visés par le préfet. (*Circ. du Grand-Juge du 6 messid. an 11.*) | *V. la circulair de l'administratio n.ᵒ 1556.* |
| 149 | 16 dudit. | CONSEILS DE GUERRE. | Les frais de taxes de témoins, experts et interprètes appelés aux conseils de guerre ne doivent plus être acquittés que sur exécutoires du président du conseil de guerre et du rapporteur. — Fixation de l'indemnité accordée aux militaires et aux employés près les armées, appelés en témoignage devant un conseil de guerre. Indication de ceux qui doivent la toucher et de ceux qui n'y ont aucun droit. (*Arrêté du Gouv.ᵗ du 17 flor. an 5.*) | |
| 150 | dudit. | DÉPENSES URGENTES. | Les dépenses urgentes en matière de frais de justice, sont les seules qui puissent être acquittées sur la simple ordonnance des juges sans le visa des préfets. — Distinction des dépenses urgentes de celles qui ne le sont pas. (*Décision du Grand-Juge Ministre de la justice du 24 germinal an 11.*) | |
| » | 2 fructidor. | FRAIS DE JUSTICE MILITAIRE. | Les frais de justice militaire ne sont pas assujettis à la retenue de 2 pour cent prescrite par la loi du 26 fructidor an 7. (*Arrêté du Gouvernement du 6 thermidor an 11.*) | |
| 164 | 30 dudit. | FRAIS DE NOURRITURE DES CONDAMNÉS INSOLVABLES. | Les frais de nourriture des condamnés insolvables pendant la durée de leur détention, ne sont pas dans le cas d'être avancés par les receveurs de l'administration. (*Décision du Ministre des finances du 9 fructidor an 11.*) | |
| 169 | 22 vendém. an 12. | VACATIONS DUES AUX HUISSIERS ET GREFFIERS. | Les vacations dues aux huissiers et greffiers par suite des procédures instruites d'office à la requête des commissaires du gouvernement en matière civile, seront acquittées par les receveurs de l'enregistrement comme les frais de justice en matière criminelle auxquels elles sont assimilées, sur exécutoires visés | |

| INSTRUCTIONS GÉNÉRALES. | | OBJETS. | EXTRAIT DÉTAILLÉ DES INSTRUCTIONS. | OBSERVATIONS. |
|---|---|---|---|---|
| N.º | DATES. | | | |
| | | | par le commissaire, décernés par le tribunal et revêtus du visa du préfet. — Ces exécutoires seront portés sur l'état général des frais de justice dont l'instruction n.º 88 prescrit la formation. | |
| 182 | 17 frimaire an 12. | FRAIS DE PROCÉDURES A LA REQUÊTE DE PARTIES CIVILES INDIGENTES. | Les frais de justice de procédures qui ont lieu à la requête de parties civiles ou plaignantes, pourvues de certificats d'indigence, seront avancés par l'administration, sauf son recours contre la partie si elle devient solvable, soit contre l'accusé s'il succombe. (*Décision du Ministre des fin. du 18 vend. an 12.*) | |
| 194 | 19 nivôse. | RECOUVREMENT. — CONTRAINTES PAR CORPS. | La contrainte par corps ne doit être employée pour le recouvrement des frais de justice, que contre les condamnés dont la solvabilité est connue. On doit se borner à faire dresser des procès-verbaux de carence contre les véritables indigens, sauf au commissaire du gouvernement à faire subir à ces derniers le mois de détention prescrit par la loi du 5 octobre 1793. Nonobstant le mois de détention, l'action pour le recouvrement des frais n'est pas éteinte, et on peut toujours l'exercer si le débiteur devient solvable. (*Lettre du G.-Juge du 18 fruct. an 11.*) | |
| 220 | 28 germinal. | CONDAMNÉS A DES PEINES TEMPORAIRES. — CURATEUR. | La nomination des curateurs aux condamnés à des peines temporaires, doit être faite conformément aux art. 400, 401 et 410 du code civil, par un conseil de famille, et à défaut, elle doit être provoquée par l'administration de l'enregistrement. Les poursuites pour le recouvrement des créances de l'état sur des condamnés à des peines temporaires, doivent être dirigées contre le curateur et contre les héritiers, s'il s'agit d'un condamné frappé de mort civile, à moins que ses héritiers se soient abstenus de prendre la succession, et dans ce cas, l'administration devra demander au tribunal de première instance la nomination d'un curateur spécial. (*Décision du Ministre des finances du 29 ventôse an 12.*) | |
| 225 | 29 floréal. | FRAIS DE NOUVELLE CAPTURE ET DE TRANSLATION. | Les frais de nouvelle capture et de translation d'un individu évadé après avoir été condamné, ne doivent être payés par l'administration, sur les fonds du grand-juge, que lorsqu'il s'agit de déportés par mesure de police générale; dans tous les autres cas, ils doivent être pris sur ceux accordés aux ministres de la guerre ou de la marine, ou de l'intérieur. — Les frais d'arrestation des prévenus, ceux d'exécution des jugemens font partie des frais de justice ordinaires. (*Décision du Min. de la justice du 14 germinal an 12.*) | |
| 283 | 21 floréal an 13. | FRAIS DE JUSTICE A PAYER PAR L'ADMINISTRATION, ET CEUX QUI LUI SONT ÉTRANGERS. | Distinction des frais de justice à payer par les caisses de l'administration et de ceux qui leur sont étrangers. Surveillance à exercer par les receveurs, pour n'admettre que les pièces revêtues des formalités requises et pour ne payer d'autres taxes et frais que ceux voulus par la loi et qui font partie du crédit du ministre de la justice. (*Loi du 5 pluviôse an 13.*) Sont exceptées les taxes des témoins, experts et interprètes pour la justice militaire. | |
| » | 21 messidor. | FRAIS DE JUSTICE MILITAIRE. | La disposition de l'instruction n.º 283, qui prescrivait aux receveurs de l'enregistrement de s'abstenir de tout paiement de frais de justice militaire dans les villes où il y a des payeurs militaires, est abrogée : ils continueront de payer comme par le passé les taxes d'urgence, etc. | |
| » | 13 janvier 1806. | FRUIT DU TRAVAIL DES DÉTENUS NON SAISISSABLE. | Le tiers du travail des détenus n'est pas saisissable pour le paiement des frais de condamnation et de poursuites, le certificat d'indigence est suffisant pour constater leur insolvabilité lorsqu'il s'agit de les recouvrer. — Le procès-verbal de | |

# FRAIS DE JUSTICE.

| INSTRUCTIONS GÉNÉRALES. | | OBJETS. | EXTRAIT DÉTAILLÉ DES INSTRUCTIONS. | OBSERVATIONS. |
|---|---|---|---|---|
| N.os | DATES. | | | |
| » | 7 mars 1807. | FRAIS D'EXÉCUTION DES JUGEMENS MILITAIRES. | carence est indispensable pour la commutation de l'amende en une détention d'un mois. (*Décision du Grand-Juge du 7 janvier 1806.*) Les receveurs de l'administration doivent payer les frais d'exécution des jugemens rendus par les tribunaux militaires lorsque ces exécutions ne sont pas faites militairement, après avoir été rendus exécutoires par le président du conseil de guerre et le capitaine rapporteur, et sur mémoires vérifiés, réglés et visés par le préfet du département. (*Décision du Ministre de la guerre du 26 février 1807.*) | |
| » | 27 dudit. | PIÈCES A JOINDRE AUX EXÉCUTOIRES. | Les originaux ou expéditions des actes des greffiers ou huissiers ne doivent point être considérés comme pièces justificatives des exécutoires et y être joints. Par pièces justificatives on a toujours entendu les mémoires détaillés et autres pièces comptables. (*Décision du Grand-Juge du 13 janvier 1807.*) | |
| » | 2 mai. | DÉPENSES DE PRISONS ET DE CONDUITE DES MARINS OU MILITAIRES. | Les dépenses de prisons et de conduite des marins ou militaires condamnés aux travaux publics ou au boulet, sont à la charge des ministres respectifs de la guerre ou de la marine. — Celles des condamnés aux fers, pour leur séjour ou conduite, par les tribunaux militaires, maritimes ou civils, et même des militaires ou marins, sont à la charge du ministre de l'intérieur. — Les dépenses de routes ou séjour momentané pendant la translation des prisonniers transférés par ordre des tribunaux, cours, procureurs-généraux ou du Roi, doivent être acquittées comme frais généraux de justice, par le domaine, et allouées sur les ordonnances du grand-juge et non sur les centimes variables des départemens. (*Avis du Conseil d'état du 10 janvier 1807.*) | |
| 348 | 7 octobre. | FRAIS DE JUSTICE MILITAIRE. — RECOUVREMENT. | Les receveurs de l'administration doivent recouvrer les frais de justice dont la condamnation est prononcée par les tribunaux militaires; distinction à établir à ce sujet dans les états et comptes. (*Décisions des Ministres des finances et de la justice sur la loi du 18 germinal an 7.*) | |
| 352 | 20 dudit. | PRIVILÉGE DU TRÉSOR PUBLIC. | Privilège du trésor public pour le recouvrement des frais de justice en matière correctionnelle, criminelle et de police; mode de l'exercer. (*Loi du 5 septembre 1807.*) | |
| 354 | 22 dudit. | FRAIS DE PROCÉDURE DUS PAR UN CONTUMAX OU UN CONDAMNÉ DÉCÉDÉ. | Un condamné par contumace ne peut jamais être déchargé du paiement des frais de la procédure sur laquelle est intervenu le jugement de condamnation par contumace, quand bien même il se serait représenté dans les 5 ans de grâce, mais s'il est absous, il ne peut être tenu aux frais de la seconde procédure. — Dans le cas de décès du condamné dans les 5 ans du jugement, la condamnation est exécutoire contre ses héritiers ou ayant cause. — Il y a lieu de se pourvoir contre tout jugement qui serait contraire à ces dispositions. (*Avis du Conseil d'état et décisions des Ministres de la justice et des finances.*) | *V. l'instructic générale n.º 469.* |
| 358 | 5 novembre. | MODE DE RÉGLEMENT DES FRAIS DE JUSTICE CRIMINELLE. | Mesures pour l'exécution de la loi du 5 pluviôse an 13 et du décret du 24 février 1806, concernant les frais de justice. Le paiement n'en peut être différé que dans le cas où les formalités n'ont pas été remplies; solutions à ce sujet. Explications relatives à la contrainte par corps pour le recouvrement de ces frais. Ceux relatifs à la police municipale et rurale et à l'administration forestière ne sont point à la charge du grand-juge. (*Circulaire du Grand-Juge du 6 brumaire an 14.*) | |

# FRAIS DE JUSTICE.

| INSTRUCTIONS GÉNÉRALES. | | OBJETS. | EXTRAIT DÉTAILLÉ DES INSTRUCTIONS. | OBSERVATIONS. |
|---|---|---|---|---|
| N.os | DATES. | | | |
| 361 | 23 décembre 1807. | POLICE MUNICIPALE ET RURALE. | Les frais de justice de police municipale et rurale sont rangés dans la classe des frais de justice ordinaire, à la charge du grand-juge, quand les procédures sont instruites d'office et à la requête seulement du ministère public. — Exception quant aux poursuites tendant à la sonservation des propriétés et biens des communes censées alors parties civiles. — Compte à rendre de la situation du recouvrement des frais de justice. | |
| 375 | 14 avril 1808. | PRIVILÉGE DU TRÉSOR. | Le privilège accordé au trésor public par la loi du 5 septembre 1807, pour frais de justice en matière correctionnelle et criminelle, n'est point applicable aux amendes. — Ce privilège pour les frais de justice prime l'indemnité due à la partie civile. *(Décision du Grand-Juge, du 19 mars 1808.)* | |
| 378 | 19 mai. | FRAIS DE JUSTICE CRIMINELLE. | Jusqu'à ce que les tarifs et règlemens généraux prescrits par l'article 3 du décret du 24 février 1806, sur les frais de justice criminelle, aient été arrêtés par Sa Majesté, on doit continuer de se conformer aux règlemens existans. *(Décisions du Grand-Juge, des 18 juillet 1807 et 2 avril 1808.)* | |
| 381 | 3 juin. | RECOUVREMENT. — PRÉCAUTIONS. | Précautions à prendre avant d'exercer des poursuites pour le recouvrement des frais de justice. | |
| » | 5 juillet. | CONSCRIPTION MILITAIRE. | Les taxes des témoins et autres frais de justice, dans les affaires qui concernent la conscription militaire, sont à la charge de la direction générale de la conscription. | |
| » | 16 dudit. | PAIEMENT. — FORMALITÉS. | On ne peut payer aucun exécutoire, s'il n'est pas acquité par toutes les parties prenantes qui y ont droit, à moins que celle qui se présente ne soit autorisée à cet effet ou par une procuration spéciale, ou par un pouvoir donné dans le certificat apposé au pied des états ou mémoires. *(Décision du Grand-Juge.)* | |
| » | 10 octobre. | RECOUVREMENT. — ETAT. | Etat à dresser des sommes recouvrées pour le compte du grand-juge pendant les 5 trimestres de l'an 14 - 1806, sur les frais de justice. | |
| » | 5 novembre | ETATS. — EPOQUE DE LEUR ENVOI. | N'envoyer à l'avenir les états de frais de justice que par trimestre, comme on le pratiquait avant l'exécution de l'instruction générale n.° 358. Ils seront formés par les directeurs, immédiatement après la remise à la direction des pièces de dépense par les inspecteurs. | |
| 414 | 21 janvier 1809. | FRAIS DE POURSUITES EN CORRECTIONNEL. — PAIEMENT. | Les caisses de l'administration doivent payer les mandats et ordonn.es pour frais de poursuites en matière correctionnelle, même lorsqu'il y a partie civile, pourvu que son indigence ait été constatée, et que les pièces produites soient en forme. — Dans ce cas, les mandats ou ordonn.es accordent à l'état son recours, soit contre la partie civile, soit contre le condamné; se conformer à cet égard à l'instruction n.° 182. Invitation du grand-juge aux magistrats de ne poursuivre aux frais du domaine, que les délits correctionnels qui intéressent l'ordre public ou qui compromettraient d'une manière grave l'existence et la fortune des citoyens. *(Lettre du Grand-Juge, du 10 novembre 1808.)* | |
| 415 | 30 dudit. | GRANDE VOIRIE. | Les frais de poursuites en matière de grande voirie ne sont pas à la charge du grand-juge : ils seront payés sur mandats du préfet, visés par le directeur et employés distinctement en dépense dans les comptes des receveurs. | |
| 425 | 24 mars. | FRAIS DE JUSTICE MILITAIRE. | Les frais de justice militaire, tels que taxes de témoins, d'experts-écrivains, d'interprêtes et d'officiers de santé, etc., seront payés par les receveurs de l'enregistrement pour le compte | *V. l'instruction n.° 1062.* |

# FRAIS DE JUSTICE.

| INSTRUCTIONS GÉNÉRALES. | | OBJETS. | EXTRAIT DÉTAILLÉ DES INSTRUCTIONS. | OBSERVATIONS. |
| --- | --- | --- | --- | --- |
| N.os | DATES. | | | |
| | | | du ministère de la guerre, et remboursés directement par les payeurs. Ces frais ne doivent plus figurer dans les comptes de l'administration. | |
| 426 | 14 avril 1809 | PRIVILÉGE DU TRÉSOR. — FORMALITÉS. | Formalités à remplir à l'effet de conserver le privilège du trésor public pour le recouvrement des frais de justice en matière criminelle, correctionnelle et de police, et mode d'inscription hypothécaire. | |
| 434 | 10 juin. | FRAIS DE PROCÉDURE. — DROITS-RÉUNIS. | Les frais de procédure relatifs à la poursuite des délits pour rebellion contre les préposés des droits réunis ou pour insultes et injures, et même en matière criminelle, seront payés par les caisses de cette administ. (Déc. du Min. des fin., du 30 mai 1809.) | |
| 461 | 15 janvier 1810. | ADMINISTRATIONS PUBLIQUES. — PAIEMENT. | Les frais de justice dans les instances concernant une administration publique, doivent être payés par elle et ne sont point à la charge du ministre de la justice; tous les agens salariés des deniers du trésor public, lorsqu'ils sont appelés en témoignage, n'ont droit qu'à une indemnité pour frais extraordinaires de route. (Déc. du Min. des fin. et de la justice, du 26 déc. 1809.) | |
| 466 | 17 février. | CONTRAINTE PAR CORPS. | Il y a lieu à la contrainte par corps pour le paiement des frais de justice correctionnelle. (Décret du 20 septembre 1809.) | |
| 469 | 13 mars. | CONTUMAX DÉCÉDÉ. — REMBOURSEMENT DES FRAIS. | Tout individu condamné par contumace, et qui est décédé dans les cinq années de son jugement ou acquitté, est tenu, ou sa succession, au remboursement des frais et dépens que l'état a été obligé de faire pour le rechercher, le poursuivre, etc. (Décisions des Ministres des fin. et de la justice, des 16 et 27 février 1810.) | |
| 471 | 5 avril. | ACTES D'INDULGENCE ET DE BIENFAIS. | Décret du 25 mars 1810, contenant des actes d'indulgence et de bienfaisance. — Mesures prescrites pour son exécution. | |
| 506 | 26 janvier 1811. | CERTIFICAT D'INSOLVABILITÉ. | Le certificat d'insolvabilité délivré par le maire à un redevable de frais de justice, suffit pour autoriser l'annullation de l'art. au sommier. (Décis. du Grand-Juge et du Ministre des finances.) | |
| 518 | 11 mai. | RECOUVREMENT. | Le recouvrement et la recette des frais de justice seront, à partir du 11 juillet 1811, faits par les receveurs du domicile des redevables. (Décision du Ministre des fin., du 2 avril 1811.) | V. l'instruc générale n.° 6 |
| 531 | 18 juillet. | RÉGLEMENT DES FRAIS DE JUSTICE. — TARIF. | Réglement pour l'administration de la justice en matière criminelle, de police correctionnelle et de simple police, et tarif général des frais. (Décret du 18 juin 1811.) | V. les instruct n.os 627 et 100 1051 au titre ti |
| 538 | 24 août. | FORME D'ÉTATS ET MÉMOIRES. | Forme des états et mémoires pour l'exécution du règlement sur les frais de justice criminelle. | |
| » | 16 novembre | RÉGLEMENT DU 3 OCTOBRE 1811. | Envoi d'un exemplaire du règlement sur les frais d'exécution des arrêts criminels, dressés par le ministre de la justice le 3 octobre 1811. | |
| 551 | 26 dudit. | DOUANES. | A compter du 1.er janvier 1812, le paiement des frais de justice en matière de douanes, ainsi que le recouvrement de ce qui doit en revenir au trésor public, se feront par les préposés de l'enregistrement dans tous les départemens, de la même manière et dans les mêmes formes que celles qu'ils ont à suivre journellement pour les frais de justice de l'ordre judiciaire. (Décision du Ministre des finances, du 12 novembre 1811.) | |
| 554 | 17 décembre. | CAUTIONNEMENS. — PRÉVENUS EN CORRECTIONNEL. | Les receveurs de l'administration sont exclusivement chargés de faire la recette des cautionnemens fournis pour obtenir la liberté provisoire de prévenus de délits en police correctionnelle, sauf à en faire le versement pour le compte de la caisse d'amortissement. — Mode de cette comptabilité. | |

# FRAIS DE JUSTICE.

| INSTRUCTIONS GÉNÉRALES. | | OBJETS. | EXTRAIT DÉTAILLÉ DES INSTRUCTIONS. | OBSERVATIONS. |
|---|---|---|---|---|
| N.os | DATES. | | | |
| 560 | 16 janvier 1812. | ÉTATS ET MÉMOIRES. | Nouveaux renseignemens concernant la forme des états et mémoires pour l'exécution du règlement sur les frais de justice. | |
| » | 4 juin. | RECOUVREMENT. — SITUATION AU 1.er JUILLET 1811. | Etat de situation du recouvrement des frais de justice militaire au 1.er juillet 1812 à envoyer dans le courant d'août suivant, et ainsi de suite de six en six mois. | |
| 589 | 13 juillet. | OPPOSITION. — COMPTABILITÉ. | Mode de comptabilité des mandats ou exécutoires pour frais de justice lorsqu'il y a opposition au paiement. (*Voir l'extrait de cette instruction au titre* comptabilité.) | |
| 592 | 6 août. | DÉSERTEURS DE LA MARINE. | Les frais de justice en matière de récélement de déserteurs de la marine, doivent être payés par le ministère de la justice comme ceux de justice criminelle, et recouvrés à son profit. (*Décision du Grand-Juge Ministre de la justice.*) | |
| 594 | 12 dudit. | INSCRIPTIONS HYPOTHÉCAIRES. | Un simple extrait de jugement portant condamnation de frais en matière criminelle, de police correctionnelle et de simple police, suffit pour requérir une inscription aux hypothèques aux termes du décret du 18 juin 1811. (*Décisions du Grand-Juge et du Ministre des fin., des* 17 *et* 28 *juillet* 1812.) | |
| 600 | 24 septembre | RECOUVREMENT. — CONTRAINTE PAR CORPS. | Les frais de justice en matière de police correctionnelle ou criminelle, doivent être recouvrés par toutes les voies de droit contre les individus solvables, même par recommandation ou emprisonnement. — Mode à suivre. Quant aux condamnés insolvables, les articles qui les concernent seront rayés au vu des certificats d'insolvabilité. Les dispositions des instructions numéros 381, 506, 510 et 518, en ce qu'elles prescrivent la remise de ces certificats aux procureurs du roi, seront considérées comme non avenues. (*Lettre du Grand-Juge, du* 1.er *août* 1812.) | |
| » | 5 octobre. | DOUANES. — FRAIS DE JUSTICE ORDINAIRE. — ÉTATS A ENVOYER. | Modèles d'état de situation de recouvrement des frais de justice en matière de douanes. — Les états de recouvrement de frais de justice ordinaire ne doivent être adressés au directeur général que dans la première quinzaine du second mois qui suit le trimestre expiré. | |
| 627 | 10 mars 1813. | FRAIS DE JUSTICE A ACQUITTER ; NOUVELLE FORME DES MÉMOIRES. | Désignation de la nouvelle forme des mémoires et états pour l'exécution du règlement du 18 juin 1811, sur les frais de justice. Les employés peuvent refuser tous les états ou modèles qui ne seraient pas dans la forme voulue. Ils ne doivent pas payer les mémoires ou états qui contiendraient, <br> 1.º Des frais de l'espèce de ceux désignés dans le règlement, article 3; <br> 2.º Des articles surannés, article 149; <br> 3.º Des frais relatifs à des affaires poursuivies dans l'intérêt des administrations ou établissemens publics. | *V. l'instruction* n.º 1001. |
| 632 | 8 avril. | EXTRAITS DES JUG. ET COPIES D'ÉTATS DE LIQUIDATION DE FRAIS DE JUSTICE. | Le coût de ces extraits et copies est payable sur les fonds généraux des frais de justice hors le cas de partie civile. Mode de remise aux receveurs. Surveillance des employés supérieurs à cet égard. | |
| » | 17 mai. | FRAIS D'EXÉCUTION DES ARRÊTS CRIMINELS | Les droits alloués aux greffiers pour assistance à ces exécutions font partie des frais et sont à la charge de l'état, sans recours envers les condamnés. (*Décision du Ministre de la justice, du* 22 *avril* 1813.) | |
| 639 | 31 dudit. | FRAIS DE JUSTICE A ACQUITTER. — SOLUTIONS DIVERSES. | Le décret du 7 avril 1813 a apporté à celui du 18 juin 1811, diverses modifications relatives, 1.º, à la suppression de la double taxe aux témoins et à leur indemnité de voyage; 2.º aux frais de voyage des gardes champêtres ou forestiers; 3.º aux mandats d'amener et de dépôt; 4.º aux droits de capture et saisie; 5.e aux extraits des jugemens et arrêts. | |

# FRAIS DE JUSTICE.

| INSTRUCTIONS GÉNÉRALES. | | OBJETS. | EXTRAIT DÉTAILLÉ DES INSTRUCTIONS. | OBSERVATION: |
|---|---|---|---|---|
| N.ᵒˢ | DATES. | | | |
| 641 | 22 juin 1813. | ETATS DE LIQUIDA-TION DES FRAIS DE JUSTICE A RECOUVRER SUR LES CONDAMNÉS. | La liquidation des frais de justice à recouvrer sur les con-damnés doit être faite avec le plus grand soin, et les greffiers doivent remettre aux préposés de l'administration, dans les quatre jours de la prononciation des jugemens, les extraits d'ordonnances, d'arrêts ou de jugemens, ou les copies de l'état de liquidation. Ordre donné aux employés de comparer à l'avenir les liquidations de dépens avec les taxes et exécutoires acquittés, de rassembler et tenir, à cet effet, séparément ces taxes et exécutoires pour chaque affaire. | |
| 651 | 22 septembre | CAUTIONNEMENS.— CONDAMNÉS MIS SOUS LA SURVEILLANCE DE LA HAUTE POLICE. | Les receveurs de l'enregistrement doivent recevoir le cau-tionnement en numéraire donné par ces condamnés; si le cau-tionnement est en immeubles, la caution doit passer au greffe du tribunal ou devant notaire la soumission de payer au bu-reau de l'enregistrement la somme fixée par l'arrêt de condam-nation, si le condamné en surveillance était condamné de nouveau pendant le tems de cette surveillance. | *Addition à l'-truction n.º 5 qu'il faut const à titre caisse mortissement, póts et consi tions.* |
| » | 29 juillet 1814. | TABLES DÉCENNALES DES REGIST. DE L'ÉTAT CIVIL. | Le coût de la 3.ᵉ expédition des tables décennales sera payé aux greffiers, sur exécutoires, comme frais de justice. | |
| 712 | 15 avril 1816 | PAIEMENT DES FRAIS DE JUSTICE MILITAIRE EN MATIÈRE DE DÉ-SERTION. | L'amende de 1500 francs prononcée contre les déserteurs n'aura plus lieu; elle sera remplacée par la condamnation aux frais de poursuite : les employés acquitteront les taxes; ils en poursuivront le remboursement dans les formes pres-crites. Distinction à faire dans la comptabilité pour frais de justice relatifs à la désertion, de ceux concernant d'autres dé-lits militaires. Bordereau à rédiger à cet effet. | |
| 729 | 3 juillet. | FAITS POLITI-QUES POUR LA CAUSE ROYALE. | Toute poursuite opérée à la diligence de l'administration, en exécution d'arrêts ou de jugemens ayant pour objet d'as-surer le recouvrement des frais de procédure prononcés par les cours et tribunaux dans les affaires relatives à dès faits pure-ment politiques, dont le but évident était de servir la cause royale, cessera d'avoir son effet pour les sommes non per-çues. Les biens-immeubles confisqués ou acquis par l'état se-ront restitués, si l'état les possède en nature, sous le prélè-vement des frais de procédure et de régie. | |
| 748 | 12 octobre. | PRESCRIPTION. | Les frais de justice dont la condamnation est prononcée au profit de l'état, ne peuvent être considérés comme une peine. Leur paiement par le condamné n'est que la restitution des avances faites pour assurer la répression des délits; et quoique leur recouvrement donne lieu à la contrainte par corps, les règles posées par la loi du 5 septembre 1807, s'appliquent à ces frais. (*Décisions de M.gr le Chancelier et le Ministre des finances, des 28 août et 6 septembre 1816.*) | *V. l'instr générale 352* |
| 750 | 22 dudit. | RECOUVREMENT. | L'indigence actuelle d'un condamné n'autorise point à re-noncer à tout recouvrement ultérieur : de quelque manière que cette indigence soit attestée ou constatée, il n'en doit ré-sulter qu'une surséance indéfinie aux poursuites, sauf à les reprendre, si le condamné devient solvable. | |
| 763 | 20 janvier. 1817. | FRAIS DE POURSUITE POUR CAUSE DE DÉSER-TION PENDANT L'U-SURPATION. | Les poursuites pour cause de désertion pendant les trois mois de l'usurpation, et les condamnations qui ont pu en être la suite, sont réputées nulles et non avenues. Les articles doivent être annullés sur les sommiers. | |
| 773 | 19 avril | PAIEMENT DES FRAIS DE POURS.ᵗᵉ POUR CONT.ᵗ AUX LOIS SUR LE NOTARIAT. | Les frais de poursuites pour contravention aux lois sur le no-tariat seront avancés par les receveurs de l'enregistrem.ᵗ comme frais de justice. | |

# FRAIS DE JUSTICE.

| INSTRUCTIONS GÉNÉRALES. | | OBJETS. | EXTRAIT DÉTAILLÉ DES INSTRUCTIONS. | OBSERVATIONS. |
|---|---|---|---|---|
| N.° | DATES. | | | |
| 796 | 23 août 1817. | RECOUVREMENT DES FRAIS DE JUSTICE. | Nouvelle recommandation de presser le recouvrement des frais de justice avancés par l'État. Préposés rendus personnellement responsables, s'ils n'ont pas fait les poursuites nécessaires. | |
| 823 | 16 février 1818. | FRAIS DE JUSTICE ACQUITTÉS SUR SIMPLE MANDATS DES PRÉFETS. | A partir du premier trimestre de 1818, les frais de justice, acquittés sur simples mandats de MM. les préfets, seront distraits de l'état général et portés sur des états distincts qui seront réunis en un état collectif, semblable à celui qui comprend les frais payés sur exécutoires. (*Décision du Ministre de la justice, du 30 janvier 1818.*) | |
| 847 | 1.er juillet. | FRAIS DE JUSTICE EN MATIÈRE DE DOUANES. | L'administration des douanes fera rembourser par ses receveurs à ceux de l'enregistrement, d'après les taxes des présidens ou juges commis à cet effet, et sur le vu et la remise des pièces justificatives des dépenses, tous les frais qui auront lieu dans les affaires suivies à la requête de l'administration des douanes, ou, dans son intérêt, par le ministère public. Ces frais seront recouvrés par les receveurs des douanes sur les condamnés. (*Décision du Ministre des finances, du 8 juin 1818.*) | *Déroge à l'instruction n.° 551.* |
| 911 | 10 décembre 1819. | RECOUVREMENT DES FRAIS DE JUSTICE, ET PAIEMENT DE L'INDEMNITÉ DUE AUX GREFFIERS POUR LES EXTRAITS D'ARRÊTS OU DE JUGEMENS. | L'administration de l'enregistrement continuera de poursuivre, sur les condamnés, le recouvrement des frais de justice, qui ne doivent pas rester à la charge de l'État : ce recouvrement sera porté annuellement dans le budget général des recettes de l'État, et l'administration en comptera comme de ses autres produits : la compensation de ces recouvremens, avec les avances faites, n'aura plus lieu. Les frais d'extraits de jugemens, états de liquidation et autres cesseront d'être acquittés sur les fonds généraux des frais de justice et feront partie des dépenses de l'administration de l'enregistrement. Ces frais seront payés d'après les fixations établies, sur l'ordonnance du président du tribunal, mise au pied du mémoire du greffier. (*Ordonnance Royale du 3 novembre 1819.*) | |
| 951 | 14 septembre 1820. | INDEMNITÉS A PAYER AUX GREFFIERS POUR LA DÉLIVRANCE DES EXTRAITS DE JUGEM.s DE CONDAMNATION. | L'indemnité de 25.c par extrait de jugement de condamnation, accordée aux greffiers par l'art. 50 du règlement du 18 juin 1811, et par l'art. 7 du décret du 7 avril 1813, n'est due qu'à raison des jugemens devenus définitifs faute d'appel : quand les jugemens contiennent la liquidation des dépens, les greffiers, au moyen de l'indemnité ci-dessus, sont tenus d'indiquer séparément, sur les extraits qu'ils délivrent aux employés, le montant principal des droits de timbre et d'enregistrement en débet, compris dans les dépens, sans pouvoir, à raison de cette énonciation, prétendre à aucune augmentation de salaire. Les greffiers ne pourront être payés de cette indemnité qu'autant qu'ils auront certifié, sur les extraits, que les jugemens sont devenus définitifs faute d'appel. Ordre aux inspecteurs, avant d'admettre les pièces de dépense, de s'assurer que les jugemens contiennent la mention prescrite. (*Décision du Min. des finances, du 26 août 1820.*) | |
| 987 | 11 juillet 1821. | PAIEMENT DES FRAIS DE POURSUITE ET RECOUV.t DES AMENDES RÉSULTANT DE SAISIES FAITES DANS L'INTÉRIEUR PAR LES PRÉPOSÉS DES DOUANES. | Suivant une décision du ministre des finances, du 1.er juin 1821, lorsque la saisie d'objets de fabrique étrangère, prohibés, aura été opérée dans une commune de l'intérieur où il n'y a point de bureau de douanes, les receveurs paieront les frais de poursuites et feront le recouvrement des amendes, du décime et des frais contre les condamnés. Ils seront remboursés de leurs avances par les receveurs principaux des douanes, et leur enverront les sommes qu'ils auront reçues. == Les mou- | |

# FRAIS DE JUSTICE.

| INSTRUCTIONS GÉNÉRALES. | | OBJETS. | EXTRAIT DÉTAILLÉ DES INSTRUCTIONS. | OBSERVATIONS. |
|---|---|---|---|---|
| N.os | DATES. | | | |
| | | | vemens de fonds auront lieu au moyen de mandats des receveurs généraux ou particuliers. — Les receveurs de l'enregistrement auront une remise de 2 et demi pour cent sur le montant des frais qu'ils auront avancés, et pareille remise sur le produit des condamnations dont ils auraient opéré le recouvrement. — Ces nouvelles dispositions auront leur effet à partir du 1.er janvier 1821. | |
| 1001 | 24 octobre 1821. | AVANCES ET RECOUVREMENS DES FRAIS DE LA POURSUITE DES DÉLITS COMMIS CONTRE LES PROPRIÉTÉS DES COMMUNES ET ÉTABLISSEM.' PUBLICS | Le ministre des finances a décidé le 24 septembre 1821, et le ministre de la justice a fait connaître le 6 octobre suivant, que les frais des procédures, instruites pour crimes et délits concernant les bois des communes, hospices et autres établissemens publics, sont susceptibles d'être payés pour le compte de ces établissemens, par les préposés de l'enregistrement, qui tiendront un compte ouvert avec chacun d'eux, pour s'en faire rembourser le montant. Ainsi les communes et établissemens publics, dans la poursuite des délits qui intéressent leurs propriétés, sont considérées comme parties civiles et néanmoins dispensées de consigner le montant des droits et frais. — Les formalités ont lieu en débet et les frais sont acquittés, à titre d'avance, sur les caisses des domaines. Le recouvrement doit être suivi, soit contre les délinquans condamnés, soit contre l'établissement partie civile. — | *V. les instruct n.os 531 et 627 Celle n.° 643 at titre Comptabilité et celle n.* 726 at titre Enregistrem.* |
| 1036 | 24 avril 1822 | PAIEMENT DES FRAIS DE JUSTICE DANS LES AFFAIRES CONCERN.' LES COMMUNES ET LES ADMINISTRATIONS OU ÉTABLISSEM.' PUBLICS | Circulaire du ministre des finances à MM. les préfets, du 22 mars 1822, portant, que toutes les fois qu'une affaire intéressant une commune, une administration publique ou un établissement public, est de nature à entraîner une peine afflictive ou infamante, la dépense occasionnée par la procédure doit être acquittée sur les fonds généraux des frais de justice, d'après les ordonnances des préfets, mises au pied de la taxe des tribunaux, comme pour les autres affaires poursuivies d'office et exclusivement à la requête du ministère public, par le motif que, dans ce cas, les poursuites sont dirigées dans l'intérêt de l'ordre social, plutôt que dans celui de telle ou telle administration. | *V. les instruct n.os 531, 627 et 1001. Celle n.° 643 au titre Comptabilité, et celle n.° 726 au titre Enregistrement.* |
| 1042 | 22 mai. | RÉGULARISATION, PAR MOIS, DES AVANCES POUR FRAIS DE JUSTICE URGENS. | Les receveurs devront adresser, par mois, avec leurs bordereaux de recettes et dépenses, les exécutoires de frais de justice urgens acquittés pendant le mois. | *V. l'instruction n.° 531.* |
| 1050 | 10 août. | FRAIS DUS POUR LES CITATIONS ET SIGNIFICATIONS FAITES PAR LES AGENS FORESTIERS | Le garde citateur recevra, sur le montant de la taxe allouée, autant de 30 c. qu'il aura fait de citations, et le surplus sera partagé par moitié, entre le garde général qui aura dressé les actes et l'agent qui aura dirigé les poursuites. ( *Arrêté du Min. des finances, du 5 juillet 1822.* ) | |
| 1062 | 10 décembre. | MODE DE REMBOURSEMENT DES AVANCES FAITES PAR LES RECEVEURS, POUR FRAIS DE JUSTICE MILITAIRE | D'après une décision du ministre de la guerre, du 16 novembre 1822, à partir du 1.er janvier 1823, les receveurs de l'enregistrement dresseront, à l'expiration de chaque mois, un bordereau détaillé pour chaque conseil de guerre, des frais de justice militaire qu'ils auront acquittés, soit pour désertion, soit pour tout autre délit militaire indistinctement ; ils remettront ce bordereau, qui sera fait en double expédition, avec les pièces justificatives à l'appui, aux président et rapporteur du conseil de guerre, pour être par eux arrêté et rendu exécutoire sur chacune des deux expéditions. Les receveurs enverront ensuite ce bordereau, ainsi arrêté et | *V. les instruct. n.os 425 et 712, auxquelles il est dérogé.* *V. Comptabilité.* |

| INSTRUCTIONS GÉNÉRALES. | | OBJETS. | EXTRAIT DÉTAILLÉ DES INSTRUCTIONS. | OBSERVATIONS. |
|---|---|---|---|---|
| N.os | DATES. | | | |
| 1064 | 10 janvier. 1823. | TABLE DÉCENNALE DES ACTES DE L'ÉTAT CIVIL. | accompagné des taxes, à l'intendant ou sous-intendant militaire, qui leur délivrera, dans les 15 jours au plus tard qui suivront la remise des pièces, un mandat de paiement. (Voir l'instruction pour les modèles du bordereau et du mandat.) Le coût du papier timbré de la troisième expédition des tables décennales des actes de l'État civil, ne sera plus payé aux greffiers, sur exécutoires, comme frais de justice. | *V. la circulaire du 29 juillet 1814, à laquelle il est dérogé.* |

| INSTRUCTIONS GÉNÉRALES. | | OBJETS. | EXTRAIT DÉTAILLÉ DES INSTRUCTIONS. | OBSERVATIONS. |
|---|---|---|---|---|
| N.os | DATES. | | | |

| CIRCULAIRES DE L'ADMINISTRATION. | | OBJETS. | EXTRAIT DÉTAILLÉ DES CIRCULAIRES. | OBSERVATIONS. |
|---|---|---|---|---|
| N.os | DATES. | | | |
| 1537 | 16 germinal an 7. | LOI DU 21 VENTÔSE AN 7. | Loi du 21 ventôse an 7 portant établissement des droits de greffe dans tous les tribunaux civils et de commerce : les receveurs de l'administration sont chargés de les percevoir. Instruction pour son exécution. Distinction des droits et mode de leur perception. — Les actes sujets aux droits de réduction sont soumis à l'enregistrement sur la minute. — Obligations des receveurs et leurs rapports avec les greffiers. — Comptabilité des remises des greffiers, etc. | |
| 1560 | 18 floréal. | RÔLE DES CAUSES. TRIB. DE COMMERCE. | Il doit être tenu un rôle des causes dans les tribunaux de commerce. (*Décision du Ministre des finances, du 3 floréal an 7.*) | |
| 1577 | 14 prairial. | MISE AU RÔLE. | Il n'est pas dû de droit de mise au rôle pour les jugemens obtenus sur requête ou mémoire ; cependant s'il s'engageait une instance sur l'obtention ou l'exécution de ces jugemens, dès-lors il y aurait une cause judiciaire qui devra être inscrite au rôle avant d'être appelée. <br> Le droit de mise au rôle des causes de commerce ne doit jamais être que d'un fr. 50 c., soit que ces affaires soient portées devant un tribunal de commerce, soit qu'elles soient appelées devant un tribunal civil remplaçant le tribunal de commerce. <br> Il est dû un droit de mise au rôle pour l'opposition à un jugement rendu antérieurement à la loi du 21 ventôse an 7, lorsque cette opposition est postérieure à la publication de cette loi ; il n'en serait pas de même si le jugement étant postérieur à la loi, il avait acquitté le droit, parce qu'alors l'opposition ne fait avec le jugement principal qu'une seule et même cause. | |
| 1611 | 17 messidor. | LOI DU 22 PRAIRIAL AN 7. | Loi du 22 prairial an 7, additionnelle à celle du 21 ventôse précédent, portant établissement des droits de greffe sur les actes concernant l'expropriation volontaire ou forcée : instruction pour son exécution. | |
| 1686 | 19 brumaire an 8. | REMISE DES GREFFIERS. — EXPÉDITIONS DÉLIVRÉES AUX AGENS DU GOUVERNEMENT. | La remise de deux décimes, attribuée aux greffiers sur les expéditions délivrées aux agens du gouvernement pour soutenir ses droits, ne peut leur être payée qu'après le recouvrement des droits de greffe sur les parties. (*Décision du Ministre des finances, du 20 vendémiaire an 8.*) | |
| 1695 | 1.er frimaire. | REGISTRE DES GREFFIERS. | Le registre d'ordre sur lequel les greffiers inscrivent les actes sujets au droit de greffe, n'est pas soumis au timbre. (*Décision du Ministre des finances, du 6 frimaire an 8.*) | |
| 1725 | 4 nivôse. | CAUSES EN RÉFÉRÉ. — MISE AU RÔLE. | Les causes portées en référé sont passibles du droit de mise au rôle, si elles ne sont une dépendance ou accessoire d'une cause existante pour laquelle ce droit a été acquitté. Registre sur lequel la quittance du droit doit être donnée. (*Décision du Ministre des finances, du 2 fructidor an 7.*) | |
| 1731 | 11 dudit. | ACTES NON DÉNOMMÉS DANS LA LOI DU 27 VENTÔSE AN 9. | Demande d'un état des actes qui, quoique non dénommés dans la loi du 21 ventôse an 7, se soumettent dans quelques tribunaux, aux droits de rédaction et de transcription. | |
| 1751 | 7 pluviôse. | MISE AU RÔLE. — ANCIENNES CAUSES. | Les droits de mise au rôle doivent être perçus sur les anciennes causes comme sur les nouvelles, dans les tribunaux civils et de commerce. (*Décis. du Min. des fin., du 15 thermidor an 7.*) | |
| 1771 | 28 dudit. | AFFIRMATION DE VOYAGE. | Les greffiers doivent rédiger individuellement les actes d'affirmation de voyage ; ils sont assujettis au droit de rédaction et de transcription. Si un acte de l'espèce contenait l'affirmation de plusieurs individus, il serait soumis à autant de droits de rédaction qu'il y aurait d'individus. (*Déc. du M. des fin. du 18 niv. an 8.*) | |

| CIRCULAIRES DE L'ADMINISTRATION. | | OBJETS. | EXTRAIT DÉTAILLÉ DES CIRCULAIRES. | OBSERVATION |
|---|---|---|---|---|
| N.os | DATES. | | | |
| 1870 | 7 fructidor an 8. | TRAITEMENT FIXE DES GREFFIERS. — REMISES. | Le paiement des traitemens fixes des greffiers des cours d'appel, des tribunaux de première instance, criminels et de commerce, sera fait à l'avenir sur les fonds et suivant les formes indiquées aux articles 5 et 6 de l'arrêté du 27 floréal an 8, concernant les dépenses judiciaires, c'est-à-dire, qu'il devient étranger aux caisses de l'administration. Les greffiers jouiront en outre des remises et autres droits qui leur sont attribués par la loi du 21 ventôse an 7 pour les affaires d'appel, de commerce et de première instance en matière civile, et par celle du 30 nivôse an 6 pour les procédures criminelles et de police correctionnelle. (*Arrêté du Gouvernement du 8 messidor an 8.*) | |
| 1880 | 17 dudit. | POLICE CORRECTIONNELLE. | Les droits de greffe ne doivent pas être perçus en matière de police correctionnelle. (*Déc. du M. des fin. du 8 fruct. an 8.*) | |
| 1936 | 9 frimaire an 9. | TRAITEMENT FIXE DES GREFFIERS. MISE AU RÔLE. | Époque jusqu'à laquelle les greffiers des divers tribunaux ont dû toucher les traitemens qui leur étaient payés en vertu des lois antérieures à l'arrêté du gouvernement du 8 messidor an 8. = Le placement des causes sur les rôles des nouveaux tribunaux n'opère pas de droit, lorsqu'il a été acquitté pour les rôles des anciens tribunaux. La retenue du 20.e qui s'opérait sur une partie des remises payées aux greffiers en exécution de la loi du 25 frimaire an 8 (*Circulaire n.° 1745*), n'a plus lieu. (*Décision du Ministre des finances, du 28 vendémiaire an 9.*) | |
| 1974 | 14 ventôse. | PROCÈS-VERBAUX D'ENQUÊTES ET INTERROGATOIRES. | Les parties sont tenues de lever les expéditions des procès-verbaux d'interrogatoire et d'enquête, qui leur sont nécessaires; les minutes du greffe n'en doivent jamais sortir. (*Décision du Ministre de la justice, du 17 thermidor an 7.*) Les juges ne sont pas autorisés à prononcer sur la représentation à l'audience des minutes des procès-verbaux d'enquête. = Les notes des enquêtes sont considérées comme minutes. (*Décision du Ministre de la justice, du 21 ventôse an 8.*) Pour juger sur une enquête, il faut que l'expédition en soit délivrée, et qu'elle ait été assujettie à l'enregistrement, ainsi qu'au droit de greffe, indépendamment de ceux exigibles sur la minute. = Les greffiers ne peuvent ni substituer, ni ajouter les droits de greffe établis par la loi du 21 ventôse an 7 à ceux réglés par la loi du 6 mars 1791. (*Décision du Ministre de la justice, du 14 brumaire an 9.*) Les greffiers ne peuvent exiger des droits de greffe dans tous les cas où la loi du 21 ventôse n'en autorise pas la perception. (*Décision du Ministre de la justice, du 21 frimaire an 9.*) | |

## INSTRUCTIONS GÉNÉRALES.

| | | | | |
|---|---|---|---|---|
| 203 | 27 pluviôse an 12. | PRÉSENTATIONS, DÉFAUTS ET CONGÉS. | Les greffiers sont tenus d'avoir deux registres de présentation, l'un pour les défendeurs, l'autre pour les demandeurs; ils doivent en avoir un pour les défauts et congés. Ces registres doivent être en papier timbré. La minute de la présentation est sujette à l'enregistrement; elle doit être sur papier de 25 c. ainsi que les minutes des défauts et congés. Toute expédition de ces actes doit être sur du papier de 75 c.; elle est soumise au droit de greffe d'un franc par rôle. Ces dispositions sont applicables aux tribunaux de commerce. | |

# DROITS DE GREFFE.

| INSTRUCTIONS GÉNÉRALES. | | OBJETS. | EXTRAIT DÉTAILLÉ DES INSTRUCTIONS. | OBSERVATIONS. |
|---|---|---|---|---|
| N.ᵒˢ | DATES. | | | |
| 204 | 28 pluviôse an 12. | RECONNAISSANCES DE DÉPÔT DE TITRES. | Les reconnaissances délivrées aux notaires, par les greffiers des tribunaux de première instance, du dépôt de leurs titres et pièces de réception, en exécution de la loi du 25 ventôse an 11, sont soumises au droit de greffe d'un fr. 25 c., indépendamment de celui à percevoir sur l'expédition. Celles délivrées aux médecins, chirurgiens, officiers de santé et sages-femmes en exécution de la loi du 19 ventôse an 11, sont soumises aux mêmes droits. (*Décision du Ministre des finances, du 14 pluviôse an 12.*) | |
| » | 5 germinal. | PRÉSENTATIONS, DÉFAUTS, etc. | Les départemens où les ordonnances de 1667 et de 1695 n'étaient point en vigueur, et les départemens réunis, doivent seuls conserver l'usage établi dans leurs tribunaux sur la formalité des présentations, défauts et congés ; s'assurer que cet usage est constant et régulier, et n'est point abusif. | |
| » | 11 thermid. | *Idem.* | Ordre de suspendre la perception de tout droit de présentation, défaut et congé dans les tribunaux de commerce jusqu'à l'époque où on discutera le code de commerce. (*Avis du Conseil d'état du 18 messidor an 12, approuvé le 24 dudit*). | |
| 248 | 23 dudit. | PRESTATION DE SERMENT. — EXPÉDITIONS. | Les expéditions des actes de prestation de serment faites en justice, sont sujettes aux droits de greffe, sous peine de 100 fr. d'amende. (*Décision du Ministre des finances du 12 thermidor an 12.* | |
| » | 14 nivôse an 13. | PRÉSENTATIONS, DÉFAUTS ET CONGÉS. | La suspension de la formalité et du paiement des droits de présentations, défauts et congés ordonnés par l'avis du conseil d'état du 18 messidor an 12, s'applique aux actes de même nature dont la connaissance est attribuée aux tribunaux de première instance. (*Décision du Ministre des finances*). | |
| 266 | 6 pluviôse. | AFFICHES. — HYPOTHÈQUES. | L'affiche du contrat pour purger les hypothèques existant sur les biens des maris et tuteurs, doit le droit d'un franc pour le greffier. — L'acte de dépôt du contrat doit 1 fr. 25c de droit de rédaction. — L'expédition de l'acte de décharge est passible du droit d'un franc par rôle. — La minute est exempte du droit de rédaction. (*Décisions des Ministres de la justice et des finances des 24 vendémiaire an 12 et 14 nivôse an 13*). | |
| » | 11 novembre 1806. | DROITS DE RÉDACTION. — ADJUDICATION JUDICIAIRE. | Le droit de rédaction ne doit être perçu sur les jugemens portant revente à la folle-enchère, que sur l'excédant du prix de la première adjudication, et sur ceux par licitation, que sur la portion réellement acquise par l'adjudicataire, lorsqu'il est copropriétaire de l'immeuble licité. (*Décision du Ministre des finances du 21 octobre 1806.*) | |
| 335 | 1.ᵉʳ août 1807. | MISE AU RÔLE. — CAUSES SUR APPEL DES JUGES DE PAIX. — RÉFÉRÉS. | La mise au rôle n'a point été supprimée par l'art. 79 du code de procédure. — Les causes sur appel des justices de paix quelque qualifiées sommaires par le code de procédure, doivent toujours le droit de 3 fr. — Les référés ne sont pas soumis au droit de mise au rôle. (*Décisions des Ministres des finances et de la justice des 30 juin et 14 juillet 1807.*) | |
| 347 | 6 octobre. | DROITS DE MISE AU RÔLE. — RECOUVREMENT. | Il y a lieu de poursuivre le recouvrement du droit de mise au rôle non perçu sur les affaires en instance devant les tribunaux depuis la mise en activité du code de procédure, jusqu'à la décision du grand-juge qui a fait cesser les difficultés d'après lesquelles la perception de ce droit s'est trouvée suspendue dans beaucoup des tribunaux, et au sujet desquelles il ne serait pas intervenu un jugement définitif. (*Décision du Ministre des finances du 22 septembre 1807.*) | |

# DROITS DE GREFFE.

| INSTRUCTIONS GÉNÉRALES. | | OBJETS. | EXTRAIT DÉTAILLÉ DES INSTRUCTIONS. | OBSERVATIONS. |
|---|---|---|---|---|
| N.os | DATES. | | | |
| a | 15 octobre 1807. | ADJUDICATIONS A LA FOLLE-ENCHÈRE. | Les adjudications à la folle enchère, lorsque le prix n'est pas supérieur à celui de la précédente adjudication, ne doit que le droit fixe d'un franc vingt-cinq centimes. — Le droit proportionnel perçu sur un acte d'adjudication judiciaire, annullée par suite d'appel, doit être restitué. ( *Décision du Ministre des finances.* ) | |
| » | 27 janvier 1808. | DROITS DE GREFFE PERÇUS EN 1807. | Demande d'un état des droits de greffe perçus en 1807 et des remises revenant aux greffiers sur ces droits. | |
| 368 | 24 février. | INSTANCES JUGÉES PAR DÉFAUT. | Les instances qui se jugent par défaut sont assujetties au droit de mise au rôle comme celles qui se jugent contradictoirement ( *Décision du Ministre des finances.* ) | |
| 373 | 6 avril. | REGISTRES DU GREFFE | Registres du greffe dont la tenue est prescrite par les codes civil et de procédure civile, et qui sont assujettis à la formalité du timbre ou qui en sont exempts. | |
| | | | REGISTRES SOUMIS AU TIMBRE. | |
| | | | 1. Registre des rénonciations à succession. | |
| | | | 2. Registre ou feuilles d'audience. | |
| | | | 3. Registre des productions......................... | *V. le n.° 16 de l'instruct. n.° 436 au titre Enregistrement.* |
| | | | 4. Registre des oppositions. | |
| | | | 5. Registre des contributions sur le prix des ventes ou deniers arrêtés.......................... | *V. le n.° 43, id* |
| | | | 6. Registre de transcription aux greffes, des saisies immobilières. | |
| | | | 7. Registre des adjudications...................... | *V. le n.° 58, id* |
| | | | 8. Registre d'écrou dans les prisons. | |
| | | | REGISTRES EXEMPTS DU TIMBRE. | |
| | | | 9. Registre d'ordre pour les scellés. | |
| 398 | 3 septembre. | DROIT DE RÉDACTION ET DE TRANSCRIPTION. — ADJUDICATION ANNULLÉE. — RÉFÉRÉS. — PRESCRIPTION. | Instruction sur la perception des droits de greffe. Rappel des lois et décisions y relatives; nouvelles dispositions concernant la perception des droits de rédaction et de transcription.— Désignation des actes qui y sont assujettis. — Dans aucun cas la perception de ce droit ne peut être au-dessous du droit fixe d'un franc 25c — Lorsqu'une adjudication est annullée par suite d'appel, le droit proportionnel de rédaction doit être restitué. — Les droits fixes de rédaction et de transcription ne sont restituables en aucun cas. = Les référés ne sont pas assujettis au droit de mise au rôle. — Les prescriptions établies par l'art. 61 de la loi du 22 frimaire an 7 sont applicables aux droits de greffe. ( *Décret du 12 juillet* 1808. ) | |
| 413 | 12 janvier 1809. | MAJORATS. | Droits de greffe auxquels peuvent donner lieu les actes relatifs à l'institution et à la création des majorats. ( *Décret du 1.er mars* 1808. ) | *V. l'instruction n.° 863.* |
| 420 | 9 mars. | DÉPÔT DE TITRES AU GREFFE DU TRIBUNAL DE COMMERCE. — FAILLITE. | Le greffier du tribunal de commerce n'est point tenu de donner acte du dépôt des titres de créances remis au greffe de ce tribunal par les créanciers d'un failli. — Le procès-verbal de vérification et d'affirmation de créances ne doit pas être déposé au greffe de ce tribunal. ( *Déc. des Min. des fin. et de la justice.* ) | |
| 427 | 15 avril. | MAJORATS. | Le droit de greffe des lettres-patentes pour l'institution des majorats sera perçu conformément à l'art. 2 du décret du 24 juin 1808 sur la minute de l'arrêt, ou du jugement qui ordonnera l'enregistrement. = Les actes de constitution des majorats de propre mouvement, ne paient que les droits attribués | |

# DROITS DE GREFFE.

| INSTRUCTIONS GÉNÉRALES. | | OBJETS. | EXTRAIT DÉTAILLÉ DES INSTRUCTIONS. | OBSERVATIONS. |
|---|---|---|---|---|
| N.° | DATES. | | | |
| | | | aux greffiers. = Ces droits des greffiers leur sont personnels et étrangers à l'administration ; et ne sont pas sujets au décime pour franc. ( *Décret du 2 février* 1809 ). | |
| 429 | 28 avril 1809. | JUGES DE PAIX DÉLÉGUÉS PAR LES TRIBUNAUX DE PREMIÈRE INSTANCE. | Les actes des juges de paix, délégués par les tribunaux de première instance, ne sont pas sujets aux droits de greffe. ( *Décision du Ministre des finances du* 21 *mars* 1809 ). | |
| 482 | 12 juillet 1810. | ORDONNANCES SUR REQUÊTES. | Il n'est pas nécessaire d'expédier les ordonnances sur requête ( *Décision des Ministres des finances et de la justice du* 12 *juin* 1810. ) — Les ordonnances sur référé ne sont passibles que du droit d'expédition d'un franc le rôle. — Les minutes doivent être déposées au greffe. ( *Décision du même jour.* ) | |
| 500 | 22 décembre. | JUGEMENS SOUMIS AU DROIT DE RÉDACTION. | Le droit proportionnel de rédaction est dû : 1. pour les jugemens qui autorisent des rentrées en possession, faute de paiement de prix ; 2. pour ceux qui prononcent des rétrocessions de ventes ; 3. pour les partages faits au greffe portant soulte , mais sur le montant de la soulte seulement. Il ne peut être exigé pour un jugement qui annuelle une vente dès son principe. ( *Décision du Ministre des finances , du* 11 *décembre* 1810 ). | *V. l'art.* 6933 *du journal de l'enregistrement , qui rapporte une decision du M. des fin. du* 21 *juillet* 1820 , *qui change le p.e* |
| 558 | 26 dudit. | DIPLÔME DE SAGE-FEMME. | S'il est rédigé un acte de la présentation du diplôme de sage-femme, au tribunal de première instance, les droits de greffe en sont dus ; mais la partie n'est pas tenue d'en lever une expédition. ( *Déc. du Min. des fin. des* 14 *pluv. an* 12 , *et* 17 *déc.* 1811. ) | |
| 590 | 14 juillet 1812. | DÉPÔT ANNUEL DES RÉPERTOIRES DES NOTAIRES. | L'acte de dépôt annuel des répertoires des notaires, est soumis au droit de greffe d'un franc vingt-cinq centimes. Il doit être fait autant d'actes de dépôt qu'il y a de notaires déposans. ( *Décisions des Ministres de la justice et des finances ; des* 24 *et* 30 *juin* 1810 ). | |
| 602 | 6 octobre. | VENTES PUBLIQUES DE MARCHANDISES PAR LES COURTIERS. | La déclaration de propriété ou de commission, déposée au greffe du tribunal de commerce par les courtiers, en exécution de l'art. 3 du décret du 17 avril 1812, sera soumise au droit de greffe de 2 fr. = Les droits des actes faits par les courtiers en vertu de ce décret et qui seront susceptibles des droits de greffe, seront perçus d'après la loi du 21 ventôse an 7 et le décret du 12 juillet 1808. ( *Décision du Min. des fin. du* 22 *septembre* 1812 ). | |
| 620 | 11 février 1813. | DROITS DE GREFFE A PERCEVOIR A RAISON DES PRODUCTIONS DE TITRES DANS LES CONFECT.° D'ORDRE, etc. | L'acte de ces productions, signé de l'avoué, doit être enregistré ; il est dû autant de droits de greffe de 1 fr. 50 c. qu'il y a de productions. La rédaction de l'acte de dépôt n'est pas nécessaire. ( *Décisions des Ministres de la justice et des finances, des* 21 *janvier et* 2 *février* 1813. ) | |
| 621 | 13 dudit. | REGISTRES DES LYCÉES.-CONTENTIEUX. | Les jugemens intervenus dans les instances suivies par les lycées sont soumis au droit de greffe de 1 fr. 25 c., ou 2 fr. par rôle pour l'expédition, et lorsqu'elle est levée, suivant qu'il s'agit d'un jugement ou d'un arrêt. ( *Décision du Min. des finances, du* 2 *février* 1813. ) | |
| 626 | 1.er mars. | QUOTITÉ DU DROIT DE GREFFE DES CAUSES PERSONNELLES LORSQU'IL Y A TITRE. | Dans les causes dont l'objet excède 1000 fr., lorsqu'il y a titre, il n'est dû que le droit de mise au rôle d'un fr. 50 c. ; on doit exiger le supplément, si le titre est contesté. ( *Décisions des Ministres de la justice et des finances, des* 6 *et* 16 *février* 1813. ) | |
| 628 | 11 dudit. | EXPÉDITIONS DES JUGEMENS D'HOMOLOGATION DES DÉLIBÉRATIONS DES CONSEILS DE FAMILLE. | Les expéditions des jugemens d'homologation doivent contenir non seulement le jugement même, mais encore la délibération homologuée, l'ordonnance du président qui prescrit la communication au ministère public, et les conclusions du pro- | |

| INSTRUCTIONS GÉNÉRALES. | | OBJETS. | EXTRAIT DÉTAILLÉ DES INSTRUCTIONS. | OBSERVATION |
|---|---|---|---|---|
| N.° | DATES. | | | |
| | | | cureur du Roi. ( *Lettre du Ministre des finances, du 9 février* 1813. ) | |
| 637 | 21 mai 1813. | EXTRAITS DES CONTRATS DE MARIAGE ET DE JUGEMENS DE SÉPARATION. | Le dépôt au greffe des tribunaux des extraits et copies des contrats de mariage et jugemens de séparation, est soumis à 1 fr. 25 c. pour droit de rédaction. ( *Décision du Ministre de la justice, du 5 mai* 1813. ) | |
| 659 | 17 mars 1814. | DÉPÔT OU REMISE AU GREFFE, PAR LES HUISSIERS, DE LEURS ANCIENNES COMMISS.° ET DES TITRES ET PIÈCES Y RELATIVES. | Il n'en est pas rédigé acte de dépôt, et il n'est, par conséquent, pas dû de droits de timbre, d'enregistrement et de greffe. ( *Décisions des Ministres de la justice et des finances, des* 9 *et* 22 *février* 1814. ) | |
| 668 | 20 janvier 1815. | EXÉCUTION DE L'ORDONN.ce DU ROI, DU 23 DÉC.re 1814, QUI ENJOINT AUX OFFIC.rs PUB.s DE FAIRE MENTION DES PATENTES DANS LEURS ACTES. | Les notaires, greffiers, avoués et huissiers, sont tenus de faire mention de la patente des particuliers qui y sont sujets, dans tous leurs actes et exploits. | |
| 742 | 16 septembre 1816. | RETENUE, AU PROFIT DU TRÉSOR, SUR LES REMISES DES GREFF.rs | La retenue sur les remises et traitemens aura lieu, pour les greffiers, sur la totalité de leurs remises et de leur traitement cumulé. | *V. l'instruct n.° 805.* |
| 754 | 26 novembre | PRESTATION DE SERMENT DES EMPLOYÉS DES DOUANES ET DES CONTRIBUTIONS INDIRECTES. | Le simple changement de résidence ne rend pas un nouveau serment nécessaire. Ce serment n'a lieu que dans le cas de passage à un grade supérieur. | |
| 805 | 22 septemb. 1817. | RETENUE, AU PROFIT DU TRÉSOR, SUR LES REMISES DES GREFFIERS. | La retenue prescrite au profit du trésor, par l'art. 79 de la loi du 28 avril 1816, sur les remises des greffiers, considérées comme abonnemens pour frais de service, n'aura lieu que dans la proportion voulue par l'art. 2 de l'ordonnance du Roi du 24 janvier 1816. | *Supplément l'instruct. génér n.° 742.* |
| 863 | 9 novembre 1818. | LETTRES PATENTES PORTANT INSTITUTION DE MAJORATS DE MARQUIS ET VICOMTE, OU COLLATION D'UN TITRE DE NOBLESSE. | Droits à percevoir pour les lettres patentes portant institution des majorats de marquis ou vicomte, ou collation d'un titre de noblesse. Les droits de la transcription au greffe appartiennent en totalité aux greffiers. ( *Ordonnance Royale du* 7 *octobre* 1818. ) | |
| 899 | 4 août 1819. | LOI DU 14 JUILLET 1819 SUR LES FINANCES | Les dispositions des lois qui régissent la perception des droits de greffe sont maintenues. | |
| 912 | 18 décembre | COMPTABILITÉ DES DROITS DE GREFFE. | A compter du 1.er janvier 1820, les greffiers des tribunaux en comptant, aux receveurs de l'enregistrement, des droits de greffe perçus sur les parties, retiendront le montant des remises qui leur sont allouées pour indemnités, et ne verseront que le surplus. Les receveurs ne se chargeront en recette effective que de la somme réellement reçue pour le compte du trésor. ( *Ordonnance Royale du* 8 *décembre* 1819. ) Le décime pour franc auquel demeure assujettie la portion à retenir par le greffier pour ses rétributions, sera porté en même temps en recette dans une colonne spéciale. | *V. l'instruct n.° 935.* |
| 935 | 10 juin 1820. | *Idem.* | Les receveurs doivent mentionner en toutes lettres, dans la relation, au pied de chaque acte, 1.° le montant des droits de greffe perçus pour le trésor; 2.° le montant de la remise qui revient au greffier pour l'indemnité qui lui est allouée par la loi. | |

# DROITS DE GREFFE.

| INSTRUCTIONS GÉNÉRALES. | | OBJETS. | EXTRAIT DÉTAILLÉ DES INSTRUCTIONS. | OBSERVATIONS. |
|---|---|---|---|---|
| N.os | DATES. | | | |
| 942 | 20 juillet 1820. | ACTES CONTENANT DES ÉNONCIATIONS EN CHIFFRES. | A l'égard des expéditions d'actes contenant des énonciations en chiffres, le ministre des finances a décidé que, pourvu qu'une expédition ne contienne que 25 lignes à la page, compensation faite d'une page à l'autre, il pourra être inséré dans chacune de ces lignes autant de syllabes qu'elle peut en comporter ; <br> Que les actes dans lesquels il n'est pas défendu par la loi d'énoncer les sommes et les dates en chiffres, pourront être expédiés de la la même manière ; <br> Que lorsque les actes renfermeront des tableaux en chiffres, qui ne peuvent être sincopés, sans en détruire l'intelligence, ces tableaux pourront être reproduits dans les expéditions, sauf aux greffiers à établir à la fin par une récapitulation certifiée, le nombre de lignes y contenues, pour qu'après vérification les droits de timbre et de greffe soient perçus, savoir : le droit de timbre à raison de 25 lignes par chaque page, quel que soit le nombre des syllabes à la ligne, et les droits de greffe, à raison de 25 lignes à la page, de 8 à 10 syllabes chacune, compensation faite des unes avec les autres ; <br> Que les expéditions ne pourront, dans tous les cas, être rédigées sur papier d'un taux inférieur à 1 fr. 25 c. | |
| 944 | 26 dudit. | LOI DU 23 JUILLET 1820 SUR LES FINANCES. | Les dispositions des lois qui régissent la perception des droits de greffe sont maintenues jusqu'au 1.er avril 1821 : les droits et remises attribués aux greffiers des tribunaux civils et de commerce seront perçus directement par eux des parties. La relation du receveur, au pied de chaque acte, mentionnera, 1.º le montant des droits appartenant au trésor; 2.º le montant de la remise due au greffier. | |
| 951 | 14 septembre | INDEMNITÉ A PAYER AUX GREFFIERS POUR LA DÉLIVRANCE DES EXTRAITS DE JUGE-MENS DE CONDAMNA-TION. | Les greffiers ne pourront être payés de l'indemnité de 25 c., due pour la délivrance des extraits de jugemens de condamnation pécuniaire de toute nature, qu'autant qu'ils auront certifié, sur ces extraits, que les jugemens sont devenus définitifs faute d'appel, et qu'ils y auront indiqué, séparément, le montant principal des droits de timbre et d'enregistrement en débet, compris dans la liquidation des dépens. ( *Décision du Ministre des finances, du 26 août 1820.* ) | |
| 952 | 25 dudit. | DÉCHARGES DE PIÈ-CES DE CONVICTION, EN MATIÈRE CRIMI-NELLE. | Les décharges de pièces de conviction, données par les particuliers en matière criminelle, ne sont sujettes au timbre et à l'enregistrement que lorsqu'il y a eu partie civile en cause. ( *Décision du Ministre des finances, du 11 août 1820.* ) | |
| 996 | 25 sestembre 1821. | VÉRIFICATION DES GREFFES A FAIRE CHA-QUE ANNÉE. | Le 15 novembre 1821, les employés supérieurs devront commencer la vérification des greffes des Cours Royales et des tribunaux de première instance et de commerce, à partir de l'année 1820 seulement, sans préjudice des vérifications qui pourront ultérieurement avoir lieu pour les années précédentes, notamment lorsqu'il s'agira de vérifications de régies des comptables. <br> Dans le second mois de l'année 1822, la même vérification devra avoir lieu, pour l'année 1821 : cette marche sera suivie chaque année. | |
| 1008 | 24 novembre | DROITS RÉSULTANS DU DÉPÔT DES SIGNA-TURE ET PARAPHE DE CHAQUE NOTAIRE EN-TRANT EN FONCTIONS. | Le dépôt des signature et paraphe des notaires, qui sont destinées à être déposées aux greffes des tribunaux et à celui de la municipalité de la résidence de ces officiers, doivent être sur papier timbré, conformément aux articles 12 et 24 de la loi du 13 brumaire an 7, et sont assujettis aux droits de greffe | |

# DROITS DE GREFFE.

| INSTRUCTIONS GÉNÉRALES. | | OBJETS. | EXTRAIT DÉTAILLÉ DES INSTRUCTIONS. | OBSERVATIONS. |
|---|---|---|---|---|
| N.ᵒˢ | DATES. | | | |
| 1051 | 17 août 1822. | Expéditions délivrées par les greffiers, en matière criminelle. | comme le dépôt du double du répertoire de chaque notaire. (*Décision du Ministre des finances, du 17 octobre 1821.*)<br>L'art. 48 du décret du 18 juin 1811 doit, pour les expéditions en matière criminelle, être la seule règle à suivre par les greffiers et par les préposés de l'enregistrement.<br>Il résulte d'une décision de S. Exc. le garde-des-sceaux et le ministre des finances, du 19 juillet 1822, que les expéditions de cette nature peuvent contenir 28 lignes à la page et 14 à 16 syllabes par ligne, soit que les greffiers les dressent sur papier timbré pour être délivrées aux parties, soit qu'ils les fassent sur papier libre, à la réquisition du ministère public. | |
| 1068 | 8 février 1823. | Délibérations des chambres de discipline des huissiers, et jugemens qui en prononcent l'homologation. | Les expéditions des jugemens d'homologation des délibérations prises par les chambres de discipline des huissiers, portant fixation des sommes qu'ils doivent verser annuellement à la bourse commune, sont soumises au droit de greffe (*Décision du Ministre des finances du 3 janvier 1823*). | |

| CIRCULAIRES DE L'ADMINISTRATION. | | OBJETS. | EXTRAIT DÉTAILLÉ DES INSTRUCTIONS. | OBSERVATIONS. |
|---|---|---|---|---|
| N.os | DATES. | | | |
| 1454 | 28 frimaire an 7. | EXÉCUTION DES LOIS DES 9 VEND. AN 6 ET 11 BRUM. AN 7. | Nouveaux droits d'hypothèques à percevoir d'après les lois des 9 vendémiaire an 6 et 11 brumaire an 7 ; mode d'asseoir la perception. — Distinction des droits d'inscription de ceux de transcription. — Inscriptions d'office. — Celles à la requête des procureurs du roi doivent être reçues sans avance d'aucun salaire ni de droits. — Inscription à prendre dans plusieurs bureaux pour la même créance. — Les bordereaux doivent être en papier timbré. Le droit de transcription est perçu et la formalité est donnée sur l'expédition en forme de l'acte de mutation. — Transcription à requérir dans plusieurs conservations. Le mode de poursuites pour les droits d'hypothèque dûs, est le même que pour les autres contributions indirectes. | |
| 1464 | 9 nivôse. | LETTRES DE RATIFICATION. — EXÉCUTION DE LA LOI DU 11 BRUM. AN 7. | Les acquéreurs qui ont fait exposer leurs contrats en exécution de l'édit de 1771 pour obtenir des lettres de ratification, et qui ne les ont pas obtenues à l'époque de la publication de la loi du 11 brumaire an 7, sont obligés, ainsi que les créanciers, de recourir aux formalités ordonnées par cette dernière loi. A dater de la publication de la loi du 11 brumaire an 7, les conservateurs établis par l'édit de 1771 ont dû cesser leurs fonctions. | |
| 1478 | 4 pluviôse. | OPPOSITIONS A CONVERTIR EN INSCRIPT. | Les oppositions aux hypothèques sur les acquéreurs de domaines nationaux, doivent être converties en inscriptions d'après la loi du 11 brum. an 7. (Lettre du Min. des fin., du 28 niv. an 7) | |
| 1501 | 4 ventôse. | LOI DU 11 BRUM. AN 7. | Envoi de la loi du 11 brumaire an 7 sur le régime hypothécaire, et de celle du 16 pluviôse suivant qui proroge le délai des inscriptions. — Instruction pour leur exécution. | |
| 1506 | 15 dudit. | INSCRIPTIONS REQUISES PAR LES PROCUREURS DU ROI. | Les inscriptions à la requête des procureurs du roi seront faites sans avance de droits ; le papier destiné aux bordereaux sera visé pour timbre en débet. (Déci. du Min. des fin., du 2 vent. an 7) | |
| 1521 | 29 dudit. | LOI DU 9 VENT. AN 7. | Envoi de la loi du 9 ventôse an 7, relative à la perception des droits d'hypothèque, au mode d'inscription et de transcription et aux salaires des conservateurs. — Inscriptions requises et actes à transcrire dans plusieurs bureaux. — Duplicata de quittances à délivrer. — Poursuites et instances. — Sommier à tenir des droits d'hypothèque restés en suspens. | |
| 1539 | 24 germinal. | LOI DU 21 VENT. AN 7 | Envoi de la loi du 21 ventôse an 7, qui confie à la régie de l'enregistrement la conservation des hypothèques. Dispositions relatives à l'organisation des bureaux, aux cautionnemens à fournir par les conservateurs, à leurs traitemens et aux registres destinés à recevoir les formalités hypothécaires. — Etablissement du droit d'inscription et de transcription. | |
| 1545 | 29 dudit. | PROROGATION DE DÉLAI. | Prorogation de délai accordé pour l'inscription des titres de créances et la transcription des actes de mutation. | |
| 1570 | 6 prairial. | ACTES A NOTER SUR LE RÉPERTOIRE. | Les transcriptions et tous autres actes hypothécaires doivent être notés sur le répertoire, lors même que les individus qu'ils concernent ne sont grevés d'aucune inscription : mention à y faire des actes d'échange, des actes de donation, des notifications d'affiches de vente et des inscriptions. - Tenue du répertoire. | |
| 1571 | 7 dudit. | INSCRIPTION REQUISE SUR PLUSIEURS DÉBITEURS. | Une inscription requise sur plusieurs débiteurs pour une seule créance, quel que soit le nombre des créanciers requérans et celui des débiteurs grevés, ne doit qu'un seul droit d'inscription et qu'un seul salaire au conservateur ; si un créancier avait hypothèque sur plusieurs individus non solidaires, ou si plusieurs créanciers avaient des créances distinctes sur un débiteur ; | |

| CIRCULAIRES DE L'ADMINISTRATION. | | OBJETS. | EXTRAIT DÉTAILLÉ DES INSTRUCTIONS. | OBSERVATIONS. |
|---|---|---|---|---|
| N.os | DATES. | | | |
| | | | comme dans ce cas il faudrait une inscription particulière pour chaque créancier ou sur chaque débiteur non solidaire, il y aurait alors lieu à la perception de plusieurs droits, tant au profit du gouvernement qu'à celui du conservateur. *(Décision du Ministre des finances, du 16 floréal an 7.)* | |
| 1578 | 16 prairial an 7. | EXPIRATION DU DÉLAI. — ARRÊTÉ DES REGISTRES. | Arrêté des registres des bureaux de la conservation à l'expiration du délai accordé par la loi du 17 germinal an 7 — Dispositions à faire pour mettre au courant les parties qui peuvent être arriérées ; mesures à prendre dans le cas où les inscriptions et les transcriptions requises ne seraient point faites le dernier jour du délai. | |
| 1610 | 16 messidor. | EXPROPRIATIONS. | Envoi de la loi du 11 brumaire an 7, sur les expropriations forcées et instructions y relatives. | |
| 1653 | 19 fructidor. | INSCRIPTIONS D'OFFICE. | Les inscriptions d'office par les conservateurs ne donnent lieu ni au droit d'hypothèque, ni au salaire du conservateur. *(Décision du 6 fructidor an 7.)* | *V. l'instruction n.° 494.* |
| 1669 | 17 vendém. an 8. | RADIATIONS D'INSCRIPTIONS D'OFFICE. | Les radiations d'inscriptions faites d'office par les commissaires du gouvernement, sur les comptables publics et par les receveurs des domaines sur les débiteurs de créances nationales, doivent être requises par ces fonct.res, chacun pour ce qui le concerne. | |
| 1671 | 19 dudit. | DROITS D'INSCRIP. — ACQUÉREURS DE DOM. NATIONAUX. | Les droits d'inscription sont exigibles sur les acquéreurs des domaines nationaux qui n'ont pas soldé entièrement le prix de leur adjudication, avant que les inscriptions aient été prises contr'eux. | |
| 1673 | 26 dudit. | SITUAT. DU BUREAU —COMPTE A RENDRE. | Compte à rendre par les conservateurs, de la situation de leur bureau et des cautionnemens. | |
| 1676 | 1.er brumaire | LOI DU 6 MESSID. AN 7. | Envoi de la loi du 6 messidor an 7, relative aux inscriptions hypothécaires sur les comptables publics et autres inscriptions indéfinies ; mode de recouvrement du salaire du conservateur et des droits d'hypothèques, lorsque le droit éventuel se convertit en créance réelle ; renvoi à faire par les receveurs de l'enregistrement, des actes qui peuvent faire connaître cette conversion. | |
| 1759 | 14 pluviôse. | ACTES DES CORPS ADMINISTRATIFS. | Les actes de la compétence des corps administratifs et rédigés par eux dans leur attribution, emportent hypothèque s'ils sont suivis de l'inscription. *(Décision du Ministre des finances, du 26 messidor an 7.)* | *V. les instruct. générales n.os 573 et 576.* |
| 1760 | dudit. | RENTES ET CRÉANCES NATIONALES. | Toutes les rentes et créances nationales doivent être inscrites, quelque modiques qu'elles soient. *(Décision du Ministre des finances, du 6 floréal an 7.)* | |
| 1761 | dudit. | ENTREPRENEURS ET PERCEPTEURS.—COMPTABLES PUBLICS. | Inscriptions à prendre : 1.°, sur les entrepreneurs qui ont reçu des avances du gouvernement et leurs cautions ; 2.° sur les percepteurs : ces inscriptions sont dans la classe de celles indéfinies. — Il ne doit être requis d'inscription ni sur les comptables publics non assujettis à un cautionnement, ni sur les biens des anciens comptables dont les comptes sont apurés. *(Décision du Ministre des finances, du 22 messidor an 7.)* | |
| 1768 | 25 pluviôse. | ACTES S. S. P., PORTANT TRANSMISSION D'IMMEUBLES. | Les actes sous seing privé, translatifs de propriété d'immeubles, ne doivent pas être transcrits sur les registres de la conservation des hypothèques, s'ils ne sont préalablement reconnus ou déclarés tels par un jugement. *(Décision du Ministre de la justice, du 25 nivôse an 8.)* | *V. l'instruction générale n.° 316, n.° 8.* |
| 1769 | 26 dudit. | FORME DES CERTIF. NÉGATIFS ET DES ÉT. D'INSCRIPTIONS. | Forme dans laquelle doivent être les certificats négatifs et les états d'inscription délivrés par les conservateurs. | |

# HYPOTHÈQUES.

| CIRCULAIRES DE L'ADMINISTRATION. | | OBJETS. | EXTRAIT DÉTAILLÉ DES INSTRUCTIONS. | OBSERVATIONS. |
| --- | --- | --- | --- | --- |
| N.os | DATES. | | | |
| 1776 | 5 ventôse an 8. | INSCRIPTIONS SUR LES ACQUÉREURS DE DOM. NATIONAUX. | Les inscriptions sur les acquéreurs de domaines en retard de payer, ne doivent porter que sur les biens acquis et non sur ceux qu'ils possèdent ; en cas de dégradations, de démolitions et d'anticipation de coupes de bois, faites sans autorisation et sans cautionnemens, il y aurait lieu à étendre l'inscription sur les biens particuliers de l'acquéreur, sauf à la faire radier en justifiant d'un caution, *(Décis. du Ministre des finances, du 28 pluv. an 8.)* | |
| 1778 | 13 dudit. | CONSENTEMENT.—RADIATION. | Les consentemens accordés par actes devant les corps administratifs pour la radiation des inscriptions requises par les commissaires du gouvernement, ont l'authenticité requise par la loi. | |
| 1791 | 3 germinal. | ÉTATS ET CERTIFICATS | Modèle d'imprimés d'états et certificats relatifs aux hypothèques. | |
| 1792 | 4 dudit. | INSCRIPTIONS D'OFFICE.—AYANT CAUSE. | Ce que l'on doit entendre relativement aux inscriptions d'office, par les *ayant cause* d'un précédent propriétaire. | |
| 1795 | 11 dudit. | INSCRIPTIONS. — FERMIERS DE BIENS NATIONAUX. | Les receveurs des domaines ne peuvent requérir d'inscriptions sur les fermiers de biens nationaux et les adjudicataires des coupes de bois, qu'à défaut de paiement des termes échus *(Décision du Ministre des finances, du 8 vent. an 8.)* | |
| 1803 | 22 dudit. | CONTRATS D'ÉCHANGE DE BIENS INDIVIS. — TRANSCRIPTION. | Mode de transcription et de perception pour les contrats d'échange ou de vente de biens indivis possédés à des titres divers, lorsque la formalité n'est requise que par l'un des échangistes ou sur l'un des vendeurs. | |
| 1830 | 8 prairial. | ÉTABLISSEMENT DE DEUX REGISTRES. — EXPROPRIATION. | Établissement de deux registres, le premier pour l'inscription des originaux de procès-verbaux d'affiches afin d'expropriation forcée ; le second pour celle des exploits de leur notification. | |
| 1838 | 2 messidor. | ADJUDICATIONS SUR FOLLE ENCHÈRE. — TRANSCRIPTION. | Le droit de transcription des adjudications sur folle-enchère, ne sera perçu que sur la partie du prix qui excédera celui de la première vente dont le contrat aura été transcrit ; si le titre n'a pas été soumis à la transcription, le droit sera dû sur le prix intégral de l'adjudication ; lorsque le prix de l'adjudication ne sera pas supérieur à celui de la première vente dont le contrat aura été transcrit, il ne sera pas dû de droit proportionnel d'hypothèque, mais seulement le salaire du conservateur. | |
| 1857 | 11 thermid. | ADJUDICATAIRES DE DOM.s NON LIBÉRÉS. | Il doit être pris inscription sur les adjudicataires de biens nationaux dont le prix n'est pas entièrement soldé ; état à fournir des ventes pour lesquelles il a été souscrit des cédules sans inscription hypothécaire. | |
| 1865 | 2 fructidor. | TRANSCRIPTIONS ET ÉTATS. | Demande d'un état indicatif de l'époque à laquelle chaque conservateur a commencé à faire les transcriptions et à délivrer des certificats. | |
| 1877 | 14 fructidor. | CERTIFICAT DE NON INSCRIPTION SUR PLUSIEURS VENDEURS. | Dans le cas où un bien a été vendu par plusieurs personnes et par un même acte, le certificat portant qu'il n'existe aucune inscription sur ces vendeurs, donne lieu au salaire de 50 cent. autant de fois qu'il y a de vendeurs ; la pluralité de la perception du salaire doit avoir lieu soit que le conservateur ne délivre qu'un certificat dans lequel seront compris tous les vendeurs, soit qu'il en délivre plusieurs. *(Décision du Ministre des finances du 8 thermidor an 8.)* | |
| 1903 | 7 brumaire. an 9. | MINISTÈRE D'UN AVOUÉ DANS LES EXPROPRIATIONS. | Les directeurs dans les départemens sont autorisés à choisir un avoué pour faire les actes de son ministère dans les poursuites en expropriation forcée. | |
| 1908 | 13 dudit. | AFFICHES.—TIMBRE. | Les affiches pour parvenir à l'expropriation forcée sont sujettes au timbre de dimension réglé par la loi du 13 brum. an 7. | |

| CIRCULAIRES DE L'ADMINISTRATION. | | OBJETS. | EXTRAIT DÉTAILLÉ DES INSTRUCTIONS. | OBSERVATIONS. |
|---|---|---|---|---|
| N.os | DATES. | | | |
| 1913 | 19 brumaire an 9. | INSCRIPTIONS. — PERCEPTEURS. | Les inscriptions sur les biens affectés au cautionnement des percepteurs des contributions directes, peuvent être requises en vertu du procès-verbal d'adjudication de ces contributions, passé devant le maire de la commune, et de l'acte de cautionnement s'il est fait séparément. | |
| 1976 | 2 germinal. | INSCRIPTIONS. — ACQUÉREURS DE DOMAINES. — CÉDULES. | Il n'y a lieu à la formalité de l'inscription contre les acquéreurs de domaines nationaux que lorsqu'ils ont souscrit des cédules ou obligations. | |
| 1979 | 5 dudit. | REFONTE DES ARROND.s DES BUREAUX. | Refonte des arrondissemens des bureaux de la conservation, leur réorganisation d'après les arrondissemens des tribunaux de première instance. | |
| 1986 | 13 dudit. | TITRES ANTÉRIEURS A LA LOI DU 11 BRUM. AN 7. | Les titres de créances antérieures à la loi du 11 brumaire an 7 et produisant hypothèque générale, peuvent être inscrits quoiqu'ils n'indiquent ni la nature ni la situation des immeubles du débiteur grevé. L'inscription ne conserve l'hypothèque que sur les biens du débiteur, situés dans l'arrondissement du bureau où l'inscription est faite. | |
| 1987 | 14 dudit. | VENTE D'IMMEUBLES. — BANQUE TERRITORIALE. | Les actes de vente d'immeubles passés au profit de la banque territoriale établie à Paris, par ceux à qui elle prête son crédit, sont soumis au droit d'un et demi pour cent, quand ils sont présentés à la formalité de la transcription. | |
| 2001 | 13 floréal. | DROIT D'INSCRIP., LIQUIDAT. DU PRIX DES ADJUD.s DE DOM.s PAYABLE EN EFFETS. | Mode de liquidation du prix des adjudications de domaines nationaux payable en effets de la dette publique, pour asseoir le droit des inscriptions prises par les préfets contre les adjudicataires en retard de se libérer. | |
| 2030 | 18 thermid. | RADIATIONS D'INSCRIPTIONS. — CRÉANCES NATIONALES. | Les radiations d'inscriptions obtenues pour la conservation des créances nationales par les préposés de l'administration, ne peuvent être effectuées par les conservateurs qu'en vertu de l'autorisation du préfet. (*Décision du Ministre des finances, du 21 floréal an 9.*) | |
| 2034 | 21 fructidor. | INSCRIPTIONS SUR LES COMPTABLES. | Les états requis par les préfets des inscriptions sur les biens des comptables ou de leurs cautions, etc., doivent être délivrés gratis par les conservateurs. (*Décision du Ministre des finances, du 18 messidor an 9.*) | |

## INSTRUCTIONS GÉNÉRALES.

| | | | | |
|---|---|---|---|---|
| 123 | 13 ventôse an 11. | BORDEREAUX D'INSCRIPTION. — CRÉANCES NATIONALES. | Les bordereaux d'inscription pour les créances nationales devront commencer par ces mots : *au nom de l'administration, etc.*, au lieu de : *au profit de l'état.* Les déclarations de changemens de domicile élu par l'inscription au profit d'un particulier, doivent être faites et signées sur le registre des hypothèques, et rédigées en marge de l'inscription ; un acte notarié n'est nécessaire que dans le cas où les déclarans ne sauraient signer. (*Décis. du Ministre des finances, du 28 pluviôse an 9.*) — Le changement de domicile devra être mentionné sur le bordereau d'inscription. — Les conservateurs sont autorisés à garder par devers eux les procurations qui seraient produites pour les inscriptions, leur radiation et les annotations de changemens de domicile. (*Décis. du Ministre des finances, du 18 germinal an 10.*) | |
| » | 21 dudit. | CONSENTEMENT DE RADIATION. — ADMINISTRAT. DES POSTES. | Les administrateurs des postes ne peuvent se dispenser de faire passer devant notaires les consentemens de radiation des inscriptions par eux requises. (*Lett. du Gr.-Juge du 30 niv. an 11*). | |

# HYPOTHÈQUES.

| INSTRUCTIONS GÉNÉRALES. | | OBJETS. | EXTRAIT DÉTAILLÉ DES INSTRUCTIONS. | OBSERVATIONS. |
|---|---|---|---|---|
| N.os | DATES. | | | |
| 9. | 2 messidor an 11. | RADIATION. — ARRÊTÉS DES PRÉFETS. | Les arrêtés des préfets portant consentement à la radiation des inscriptions, requises dans l'intérêt national, suffisent pour l'effectuer sans qu'il soit nécessaire d'actes notariés. *( Décisions des Ministres des finances et de la justice. )* | |
| 157 | 21 fructidor. | RADIATION ORDONNÉE PAR JUGEMENT. | Les inscriptions hypothécaires dont la radiation est ordonnée par un jugement, doivent l'être à l'expiration des huit jours francs de la signification à domicile, lorsqu'il n'a pas été formé d'opposition. — Le conservateur doit exiger qu'on joigne à l'expédition en forme du jugement, un certificat authentique constatant qu'il n'est survenu aucun appel ni opposition. *( Décision du Grand-Juge du 10 thermidor an 11. )* | |
| 176 | 3 brumaire an 12. | ARRÊTÉS DES PRÉFETS PORTANT AUTORISATION DE RADIER. | Les minutes des arrêtés des préfets, portant autorisation de radier des inscriptions hypothécaires, doivent être sur papier timbré de dimension, et enregistrées pour le droit fixe d'un franc, dans le délai de vingt jours de leur date, et les expéditions délivrées aux particuliers doivent être sur du papier à 75 cent. — S'il s'agissait de radier des inscriptions mal-à-propos requises, les minutes de ces arrêtés seront visées pour timbre et enregistrées *gratis*. *( Décision du Ministre des finances du 11 vendémiaire an 12. )* | |
| 196 | 26 nivôse. | INSINUATION DES DONATIONS ENTRE-VIFS, ABOLIE. | La formalité de l'insinuation des donations entre vifs est totalement abolie ; elle est remplacée par la transcription des actes de donation aux bureaux des hypothèques dans l'arrondissement desquels les biens sont situés. | |
| 197 | dudit. | RADIATIONS. — FORMALITÉS. | Les conservateurs des hypothèques peuvent, sans compromettre leur responsabilité, procéder aux radiations consenties par les personnes qui ont requis les inscriptions, toutes les fois qu'on leur remet l'expédition de l'acte authentique de ce consentement, revêtu de toutes les formalités nécessaires pour leur validité, et prescrites par l'art. 25 de la loi du 11 brum. an 7. *( Décisions des Ministres de la justice et des finances des 14 ventôse et 14 floréal an 10, 20 vend. et 12 nivôse an 12. )* | |
| 198 | 30 dudit. | BAUX EMPHYTÉOTIQUES. — DROIT DE TRANSCRIPTION. | La perception du droit de transcription des baux emphytéotiques sera déterminée sur une évaluation en capital des biens à raison de dix fois le prix annuel du bail, lorsqu'il n'excédera pas trente années, et à raison de vingt fois pour ceux au-dessus, en y joignant les charges et deniers d'entrée. Les droits d'hypothèques ne se prescrivent pas après deux ans comme ceux d'enregistrement. *( Décis. du Ministre des finances du 19 nivôse an 12. )* | *V. l'instruction générale 316.* |
| 209 | 12 ventôse. | DONATION AUX PAUVRES ET AUX HOSPICES | Les droits de transcription des actes de donation et d'acceptation d'immeubles susceptibles d'hypothèques, ainsi que la notification de l'acceptation faite par acte séparé au bureau des hypothèques, sont modérés en ce qui concerne les pauvres et les hôpitaux au droit fixe d'un franc, sans préjudice des droits dûs au conservateur. *( Loi du 7 pluviôse an 12. )* | |
| 233 | 11 messidor. | LOI DU 28 VENTÔSE AN 12. — PRIVILÈGES ET HYPOTHÈQUES. | Envoi de la loi du 28 ventôse an 12 relative aux privilèges et hypothèques. — Mode de constater la remise des pièces, soit pour inscription ou transcription. Reconnaissance à délivrer de ces pièces sur papier timbré de 25 c. à la charge de la partie, ainsi que le timbre du registre fixé à 5 cent. Désignation des registres à tenir en papier timbré et de ceux qui doivent être en papier libre. | *V. l'instruction n.° 206, au titre Enregistrement, relative au privilège du Gouvernement pour les droits d'enregistrem.t des déclarations de mutations par décès.* |
| 251 | 30 thermidor | LOI DU 28 VENTÔSE AN 12. — EXPROPRIATION, ETC. | Envoi de la loi du 28 ventôse an 12, concernant l'expropriation forcée et les ordres entre les créanciers. — Cas où elle peut être employée par l'administration pour assurer le recouvrement des créances sur l'état. | |

| INSTRUCTIONS GÉNÉRALES. | | OBJETS. | EXTRAIT DÉTAILLÉ DES INSTRUCTIONS. | OBSERVATIONS. |
|---|---|---|---|---|
| N.os | DATES. | | | |
| 255 | 4 vendém. an 13. | FEMMES. — MINEURS. — PAUVRES. — TRANSCRIPTION. | Décisions du grand-juge et du ministre des finances, relatives à la transcription des actes sous seing privé, des actes de vente consentis par le tuteur et le mari, et à la radiation des inscriptions formées dans l'intérêt des pauvres sur des comptables. | *Addition à l'instruction général n.° 233. V. celle n.° 316 n. 8.* |
| » | 21 frimaire. | TIMBRE DES ARRÊTÉS. | Le conservateur des hypothèques est seul tenu du remboursement du timbre des arrêtés mis chaque jour sur les registres des hypothèques, comme d'une charge de l'emploi, toutes les fois que l'arrêté ne peut pas être mis immédiatement après sa signature dans la dernière case remplie ce jour-là. (*Décision du ministre des finances du 13 frimaire an 13.*) | |
| 264 | 15 nivôse. | RADIATIONS ORDONNÉES PAR JUGEMENT D'ORDRE. | Les conservateurs doivent effectuer les radiations régulièrement ordonnées par des jugemens d'ordre, lorsqu'il leur est justifié soit par jugement ou certificat de l'avoué poursuivant, que pendant la tenue d'état et procès-verbal, il ne s'est élevé aucune contestation sur l'article dont on demande la radiation. — A l'égard des articles contestés, la radiation ne peut avoir lieu qu'à l'expiration du délai pour l'appel. Les conservateurs doivent néanmoins, dans tous les cas, faire les radiations, lorsqu'un jugement, même en première instance, les ordonne. (*Décision du Grand-Juge du 25 fruct. an 12.*) | *V. l'instruction n.° 233 pour timbre et l'enregistrement du certificat de l'avoué.* |
| 265 | 3 pluviôse. | MINEURS ET INTERDITS. - INSCRIPTIONS. | Les inscriptions au profit des mineurs et interdits, ne peuvent être radiées que sur le consentement en forme du tuteur, ou sur la délibération de famille homologuée par le tribunal — Un créancier peut requérir inscription en sous ordre, lorsque son débiteur, créancier envers un tiers, a négligé de la prendre. (*Décisions des Ministres de la justice et des finances des 29 frimaire et 14 nivôse an 13.*) | |
| 274 | 30 dudit. | CRÉANCES ANTÉRIEURES A LA LOI DU 11 BRUMAIRE AN 7. | Depuis la publication du code civil, les créances antérieures à la loi du 11 brumaire an 7, continuent d'être inscrites sur la simple représentation des bordereaux, sans qu'il soit nécessaire de représenter le titre. (*Décision du Grand-Juge et du Ministre des finances des 10 et 25 nivôse an 13.*) Les fabriques doivent comme les particuliers faire l'avance des droits et salaires pour les inscriptions prises dans leur intérêt; ils ne peuvent être assimilés ni aux établissemens publics, ni aux hospices. (*Décision du Ministre des finances du 25 nivôse an 13.*) | *V. l'instruction générale n.° 316 § 1.er, n.° 1.er* |
| | | LES FABRIQUES TENUES A L'AVANCE DES DROITS ET SALAIRES. | | |
| 276 | 8 ventôse. | REGISTRE POUR LA REMISE DES BORDEREAUX. | Les conservateurs doivent pour l'exécution de l'article 2200 du code civil, tenir un registre particulier pour constater la remise des bordereaux à inscrire et des actes de mutation à transcrire. — L'inscription est nécessaire pour conserver l'hypothèque légale du trésor public sur les biens des comptables. (*Lettres du Grand-Juge du 30 pluviôse an 12, et du Ministre des finances du 23 pluviôse an 13.*) | |
| 316 | 11 septembre 1806. | PRESCRIPTION. - SOLUTIONS DIVERSES. | Les droits d'hypothèque prescrivent après le laps de deux ans comme les droits d'enregistrement. — Les dispositions de l'art. 61 de la loi du 22 frimaire an 7, sont applicables aux perceptions des droits d'inscription et de transcription. (*Loi du 24 mars 1806.*) Solutions sur l'application des lois relatives à ces droits. | |

§ I.er — INSCRIPTIONS.

1. Inscriptions prises dans l'intérêt des établissemens publics et des fabriques.
2. En vertu d'expéditions ou extraits d'actes formant titre au trésor public pour le recouvrement des droits et amendes.

# HYPOTHÈQUES.



| INSTRUCTIONS GÉNÉRALES. | | OBJETS. | EXTRAIT DÉTAILLÉ DES INSTRUCTIONS. | OBSERVATIONS. |
| --- | --- | --- | --- | --- |
| N.os | DATES. | | | |
| | | | 3. Inscriptions prises sur les comptables et autres débiteurs de l'état : mode de leur radiation. | |
| | | | 4. — dont la radiation est ordonnée par jugemens susceptibles d'opposition ou d'appel. | |
| | | | 5. — à renouveler après dix ans ; nouveau droit à percevoir. Mode de ce renouvellement. | |
| | | | § II. — TRANSCRIPTIONS. | |
| | | | 6. Déclarations de command. | |
| | | | 7. Ventes à réméré ; nécessité de transcrire l'acte constatant l'exercice de l'action en réméré. | |
| | | | 8. Actes de vente s. s. p. et enregistrés peuvent être transcrits. | |
| | | | § III. — MANUTENTION. | |
| | | | 9. Arrêté journalier des registres de transcriptions et d'inscript. | |
| | | | 10. Délivrance des bulletins de dépôt de pièces ; salaires à raison de cette délivrance. | |
| | | | 11. Délivrance d'extraits d'inscriptions. | |
| | | | 12. Salaires dûs pour la délivrance des extraits d'inscription. | |
| | | | § IV. — CAUTIONNEMENT. | |
| | | | Supplément de cautionnement en immeubles, à exiger des conservateurs d'après l'augmentation de la population de l'arrondissement de leur bureau. | |
| » | 14 février 1807. | SAISIES IMMOBILIÈRES. — REGISTRES. | Les registres de transcription des saisies immobilières, de la dénonciation aux saisies et de la notification aux créanciers inscrits, doivent être en papier timbré. (*Décision du Ministre des finances du 10 février 1807.*) | |
| » | 16 dudit. | SALAIRES DU CONSERVATEUR, RELATIVEMENT A LA TRANSCRIPTION. | Les conservateurs ne porteront sur chaque page de leurs registres de transcription, au timbre d'un franc 50 centimes, que le nombre de 35 lignes, de 18 syllabes chacune ; ils percevront leur salaire à raison de 35 centimes par rôle, non de l'acte ou de la pièce qu'ils transcrivent, mais de leur registre ; ils ne délivreront de copies ou extraits collationnés que sur du papier de 75 centimes la feuille, et ne demanderont que 25 centimes par chaque rôle à raison d'un demi centime par chacune des 25 lignes à la page et de 18 syllabes à la ligne que le rôle doit contenir. (*Décision du Min. des fin. du 10 fév. 1807.*) | |
| » | 24 dudit. | DÉLAI POUR LES INSCRIPTIONS APRÈS LA TRANSCRIPTION. | Les inscriptions de créances peuvent être utilement faites dans la quinzaine de la transcription de l'acte de vente : art. 834 du code civil. | |
| 341 | 21 septembre | SAISIES IMMOBILIÈRES. | Obligation des conservateurs concernant la transcription des saisies immobilières, l'enregistrement de la dénonciation aux saisis, des notifications de placards aux créanciers inscrits et des radiations de saisies. — Clôture des anciens registres. — Salaires des conserv. — Registres à tenir au bureau des hypothèques. | |
| 344 | 29 dudit. | OBLIGATION S. S. P. NON ÉCHUE. — INSCRIPTION. — EXIGIBILITÉ. | On ne peut pas prendre d'inscription en vertu d'un jugement portant reconnaissance d'une obligation sous seing privé, lorsqu'elle n'est pas échue, à moins de clause contraire. — L'époque de l'exigibilité doit être insérée dans toutes les inscriptions à peine de nullité. — Rectification des inscriptions qui ne contiennent pas cette mention. (*Lois des 3 et 4 septembre 1807.*) | |
| 350 | 15 octobre. | BIENS DES COMPTABLES. — PRIVILÈGE DU TRÉSOR. | Privilège et hypothèque du trésor public sur les biens des comptables ; mode de les exercer ; inscriptions à requérir en cas d'aliénation de ces biens ; inscriptions à prendre sur les biens acquis par eux postérieurement à leur nomination, dans | |

| INSTRUCTIONS GÉNÉRALES. | | OBJETS | EXTRAIT DÉTAILLÉ DES INSTRUCTIONS. | OBSERVATIONS |
|---|---|---|---|---|
| N.os | DATES. | | | |
| | | | les deux mois de l'enregistrement de l'acte translatif de propriété. *( Lois du 5 septembre 1807.)* | |
| 362 | 21 décembre 1807. | INSCRIPTIONS RECTIFIÉES. | Les salaires du conservateur et le droit de timbre du registre de remise des pièces, sont dûs pour les inscriptions à rectifier, d'après la loi du 4 septembre 1807, lorsque les bordereaux ne contenaient pas la mention de l'époque de l'exigibilité; dans le cas contraire, il n'est rien dû. *( Décision du Min. des fin., du 15 décembre 1807.)* Ordre de rectifier en tems utile les inscriptions de créances nationales. | |
| » | 11 janvier 1808. | INSTANCES RELATIVES AUX FONCTIONS DES CONSERVATEURS. | Un conservateur dans le cas d'être cité pour objets généraux de ses fonctions, doit être admis à jouir du mode de procéder dont les lois accordent le privilège à l'administration de l'enreg.t S'il s'agissait au contraire d'omissions ou d'erreurs personnelles, il doit se servir des formes prescrites entre particuliers. *( Déc. du Min. des fin. et de la justice, du 2 déc. 1807.)* — Un jugement | |
| | | RADIATION. — RENTE VIAGÈRE. | n'est pas nécessaire pour autoriser la radiation d'une inscription prise pour une rente viagère : l'acte en bonne forme qui établisse le droit, la qualité et le consentement des héritiers du titulaire de la rente suffit. *( Déc. des mêmes Min., du 17 novemb. 1807.)* ⚌ Les conservateurs doivent tenir fermés exactement | |
| | | CLÔTURE DES BUREAUX LES DIMANCHES ET FÊTES. | leurs bureaux, les jours de dimanche et fêtes., pour tout le monde. *( Décisions des mêmes Min., du 22 décembre 1807.)* | |
| » | 27 février. | TIMBRE DU REGISTRE. — INSCRIPTIONS RECTIFIÉES POUR L'ÉTAT. | On doit tenir compte aux conservateurs, du timbre de la partie des feuilles du registre de remise des pièces, employées à l'enregistr.t des bordereaux de créances nationales rectifiées par les receveurs des domaines, en vertu de la loi du 4 septembre 1807. | |
| 370 | 26 mars. | TRÉSOR DE LA COURONNE. — BIENS DES COMPTABLES. | Le privilège du trésor public sur les biens des comptables est rendu commun au trésor de la couronne. *( Avis du Conseil d'état, du 13 février 1808.)* | |
| 372 | 5 avril. | RÉSERVE D'USUFRUIT. — DROIT D'USAGE, ETC. — INSCRIPTION D'OFFICE. | L'inscription d'office ne doit être prise, ni pour la réserve d'usufruit, ni pour celle des droits d'usage et d'habitation par les vendeurs ou donateurs; néanmoins celles prises à raison des réserves dont s'agit, antérieurement à cette décision, étant régulières, elles ne devront être annullées que sur la demande des parties intéressées, et faute de consentement, en vertu de jugement qui en ordonne la radiation. *( Décisions des Ministres des finances et de la justice, des 7 et 22 mars 1808.)* | |
| 374 | 13 dudit. | RENOUVELLEMENS D'INSCRIPTIONS. | Toute inscription doit être renouvelée avant l'expiration du laps de dix ans — Les maris et les tuteurs sont tenus de renouveler celles dont leurs biens peuvent être chargés, à raison du mariage ou de la tutelle. — Les vendeurs ou les créanciers intéressés doivent procéder au renouvellement des inscriptions prises d'office par les conservateurs. Les inscriptions éventuelles ne sont passibles du droit proportionnel d'hypothèque à leur renouvellement, qu'autant que le droit éventuel serait converti en créance réelle. *( Avis du Conseil d'état, du 13 déc. 1807.)* | |
| 383 | 17 juin. | INSCRIPTION INDÉFINIE. — TIMBRE DU REGISTRE DES INSCRIPTIONS ET DE REMISE. — SALAIRE. | Le timbre du registre des inscriptions, pour une case, doit être de 18 centimes 3/4; celui du registre de remise est fixé à 02 c., et pour le salaire du conservateur 50 c., en tout 73 centimes 3/4 qui sont, indépendamment des droits de timbre des deux bordereaux, tout ce qui doit former la perception d'une inscription indéfinie. — Les conservateurs s'abstiendront de délivrer des bulletins de dépôt aux préposés des droits réunis, à moins d'une réquisition expresse qui sera mentionnée sur le bordereau remis à la partie et en marge du registre. | |

# HYPOTHÈQUES.

| INSTRUCTIONS GÉNÉRALES. | | OBJETS. | EXTRAIT DÉTAILLÉ DES INSTRUCTIONS. | OBSERVATIONS. |
|---|---|---|---|---|
| N.os | DATES. | | | |
| 385 | 27 juin, 1808. | ADJUDICATION JU-DICIAIRE. — ACQUÉ-REURS NON SOLIDAI-RES. | Un conservateur ne peut refuser de transcrire un contrat d'ad-judication judiciaire d'immeubles vendus en détail à des acqué-reurs non solidaires. — Cependant s'il y a autant de ventes dif-férentes qu'il y a d'acquéreurs, chaque acquéreur en requérant la transcription qui le concerne, doit fournir le titre qui en est l'objet. (*Déc. des Min. des fin. et de la just. des 25 mai et 7 juin 1808.*) | *V. l'instruction n.° 980.* |
| » | 5 juillet. | CONSCRITS RÉFRAC-TAIRES. — DROIT ET SALAIRE. | Le droit proportionnel d'hypothèque du montant des con-damnations à inscrire contre des conscrits réfractaires sera porté en débet ainsi que le salaire du conservateur. (*Décision du Ministre des finances du 17 mai 1808.*) | |
| » | 30 dudit. | INSCRIPT.s AU PROFIT DU TRÉSOR. — ÉTAT A EN FOURNIR. | État à adresser au ministre du trésor public, des inscriptions prises au profit du gouvernement, du trésor public, des pré-fets, etc. | |
| 393 | 24 août. | RADIATIONS. — SI-GNIFICATION DE JU-GEMENT. | Pour parvenir régulièrement aux radiations d'inscriptions hy-pothécaires, les significations de jugemens doivent être faites au domicile *réel* des créanciers inscrits. (*Déc. du Grand-Juge.*) | |
| 394 | 26 dudit. | EXIGIBILITÉ. | Le créancier n'est pas tenu, dans le bordereau d'une inscription pour la conservation d'une rente perpétuelle, d'indiquer l'époque de l'exigibilité du capital, qui peut avoir lieu en vertu de l'ar-ticle 1912 du code civil, mais il doit désigner le taux ou le montant des arrérages et l'époque de leur échéance. — Il y a également lieu d'indiquer l'époque de l'exigibilité pour créances résultant de jugement. (*Décisions des Minist. des finances et de la justice des 21 juin et 5 juillet 1808.*) | |
| » | 31 dudit. | INSCRIPTIONS AU PROFIT DU TRÉSOR. | Renseignemens pour fournir avec exactitude l'état des ins-criptions prises au profit du trésor public. | |
| » | 22 septemb. | RENOUVELLEMENT. — CRÉANCES NATIO-NALES. | Les directeurs sont tenus, sous leur responsabilité personnelle, de pourvoir au renouvellement des inscriptions requises pour les objets qui composent les attributions de l'administration. | |
| » | 26 novembre | SAISIES IMMOBILIÈ-RES. — DÉNONCIATION ET RATIFICATION. | Les conservateurs doivent toujours indiquer dans leurs re-lations, certificats et copies relatifs à la transcription des saisies immobilières, que la dénonciation au saisi, et les notifications aux créanciers inscrits, ont été enregistrées et mentionnées en marge de la transcription de la saisie. | |
| 409 | 6 décembre. | FAILLITES. | Formalités autorisées par le code de commerce en matière de faillite. | |
| 411 | 3 janvier 1809. | SAISIE IMMOBILIÈRE. — BIENS SITUÉS DANS PLUSIEURS ARRONDIS-SEMENS. | La saisie immobilière des biens d'un débiteur, situés dans plusieurs arrondissemens, pourra être faite simultanément, toutes les fois que la valeur totale des biens sera inférieure au mon-tant réuni des sommes dues au saisissant et aux créanciers inscrits. — La valeur des biens sera établie d'après les derniers baux authentiques sur le pied du denier 25, etc. (*Loi du 14 novembre 1808.* | |
| 413 | 12 dudit | MAJORATS. | Formalités hypothécaires et salaire des conservateurs relatifs aux actes portant création de majorats. (*Décret du 1.er mars 1808.*) | |
| 416 | 31 dudit. | RADIATION DES INS-CRIPTIONS. — TRÉSOR PUBLIC. | La radiation des inscriptions requises à la requête de l'a-gent du trésor public, doit être opérée sur la remise des mains-levées authentiques consenties par cet agent, et qui feront mention des arrêts de la cour des comptes ou arrêtés minis-tériels en exécution desquels elles seront données. (*Décisions des Ministres des finances et du trésor, des 28 nov. 1808 et 24 janvier 1809*). | |

# HYPOTHÈQUES.

| INSTRUCTIONS GÉNÉRALES. | | OBJETS. | EXTRAIT DÉTAILLÉ DES INSTRUCTIONS. | OBSERVATIONS |
|---|---|---|---|---|
| N.os | DATES. | | | |
| 423 | 18 mars 1809. | MAJORATS. | Il n'y a lieu ni aux formalités d'inscription ni de transcription pour les rentes sur l'état et les actions sur la banque de France immobilisées, pour composer la dotation d'un majorat : elles deviennent sujettes aux droits ordinaires après avoir repris leur nature primitive d'effets mobiliers, soit par le rejet de la demande d'institution ou sa suppression, soit aussi par la suppression du titre. — Mode de transcription de l'acte indicatif des biens composant le majorat, quand il est constitué en rentes, en actions et en immeubles. | |
| 433 | 6 juin. | SOLUTIONS DIVERSES. | Solutions sur l'application de la loi du 21 ventôse an 7, aux formalités hypothécaires : 1.º Renouvellement des inscriptions pour créances antérieures à la loi du 11 brumaire an 7, quotité du droit ; 2.º transcription des actes communs à des donataires ou à des acquéreurs ; 3.º le droit de transcription doit toujours être établi comme il a été réglé à l'enregistrement, quoiqu'il ait été reconnu que le prix était inférieur à sa valeur vénale, lorsque le délai pour demander l'expertise est expiré ; 4.º délivrance des états et certificats des conservateurs ; 5.º les états et certificats délivrés par les conservateurs ne sont pas soumis à l'enregistrement ; 6.º reconnaissance de remise de bordereau ; 7.º jours pendant lesquels les bureaux doivent être fermés. | |
| » | 7 dudit. | SALAIRES. — REGISTRES A EN TENIR. | Registre à tenir par les conservateurs, des salaires qui leur sont payés, lequel est soumis à l'examen et à la vérification des employés supérieurs. — Tarif à afficher de leurs salaires dans les bureaux. — Quittances détaillées à en donner. | |
| 442 | 22 juillet. | INSCRIPTION SUR LES BIENS DES COMPTABLES. — MODÈLE DU BORDEREAU. | Modèle du bordereau d'inscription pour conserver les droits du trésor public sur les biens des comptables, en exécution de la loi du 5 septembre 1807. L'inscription doit être indéterminée et ne concerne que les receveurs généraux et particuliers, les payeurs généraux et divisionnaires et les payeurs des départemens, des ports et armées. | *V.* l'instruct *n.º* 633. |
| 445 | 8 août. | CAUTIONNEMENT DES CONSERVATEURS. — INSCRIPTIONS A RENOUVELER. | Les inscriptions prises sur les immeubles affectés au cautionnement des conservateurs, doivent être renouvelées dans les dix années de leur date. — Mode de ce renouvellement pour les inscriptions actuelles et pour les inscriptions à venir. Tenue à la direction d'un sommier pour les cautionnemens des conservateurs. | |
| « | 23 septembre | TIMBRE DE NOUVEAUX REGIST.S D'INSCRIPTIONS. — REMBOURSEMENT. | Les conservateurs se feront rembourser du timbre des nouveaux registres d'inscriptions où les cases ont été supprimées, à raison de 37 centimes et demi par page, qui se composera de 35 lignes de 18 syllabes, ou proportionnellement à la partie qui sera employée. | |
| 464 | 12 février 1810. | DESSÉCHEMENT DES MARAIS. | Les actes concernant les desséchemens des marais ou travaux publics, ne doivent, pour droit d'hypothèque, que le droit fixe d'un franc, sauf le salaire du conservateur. (*Décision du Ministre des finances, du* 19 *décembre* 1809.) | |
| 468 | 12 mars. | PROCÈS-VERBAL D'AFFICHE. | Le procès-verbal d'affiche, en exécution de l'article 685 du code judiciaire, doit être rédigé sur du papier timbré, séparément de l'exemplaire du placard qui y demeure annexé et qui est aussi sujet au timbre. (*Décision du Grand-Juge ministre de la justice, du* 30 *janvier* 1810.) | |
| 477 | 8 juin. | REGISTRES DES HYPOTHÈQUES. — COMPTABILITÉ DU TIMBRE. | Les registres des hypothèques ne seront désormais expédiés de l'atelier général qu'après avoir été frappés du timbre ordinaire. — Le garde-magasin s'en chargera comme de tous | |

| INSTRUCTIONS GÉNÉRALES. | | OBJÉTS. | EXTRAIT DÉTAILLÉ DES INSTRUCTIONS. | OBSERVATIONS. |
|---|---|---|---|---|
| N.os | DATÉS. | | | |
| | | | autres papiers timbrés; les envois aux conservateurs s'en feront, et il en sera rendu compte par ces derniers, de la manière qui s'observe pour les papiers de la débite. | |
| 480 | 9 juillet 1810. | DOTS ACCORDÉES A L'ANNIVERSAIRE DU COURONNEMENT. | Les dots qui ont été ou seront accordées à l'occasion de l'anniversaire du couronnement de S. M., de la célébration de son mariage ou de toute autre circonstance, ne seront sujettes pour la transcription qu'au droit fixe d'un franc. ( Décret du 20 juin 1810. ) | |
| 487 | 13 août. | INSCRIPTION SOUMISE AU DROIT — INSCRIPTION INDÉFINIE. | L'inscription prise par un vendeur pour assurer le prix de la vente est soumise au droit proportionnel; celle requise par l'acquéreur sur les biens du vendeur en cas d'éviction étant indéfinie et le droit étant éventuel, n'est point sujette au droit proportionnel. (Déc. du Min. des finances , du 31 juillet 1810.) | |
| 494 | 16 octobre. | SALAIRES DES CONSERVATEURS. — AUGMENTATION. | Augmentation des salaires des conservateurs. — Tableau de ces salaires. — Ordre de les porter sur le registre à ce destiné. ( Décret du 21 septembre 1810. ) | |
| 505 | 22 janvier 1811. | RATIFICATION DES ERREURS COMMISES SUR LES REGISTRES. | Il n'y a pas lieu de faire intervenir l'autorité judiciaire pour rectifier les erreurs ou irrégularités commises sur les registres hypothécaires, le conservateur doit opérer cette rectification en portant sur ses registres et à la date courante, une nouvelle inscription ou seconde transcription plus conforme, accompagnée d'une note relatant la première inscription. ( Avis du Conseil d'état du 11 décembre 1810. ) | |
| 521 | 18 mai. | INSCRIPTION D'OFFICE. | Les conservateurs seront tenus de faire une inscription d'office, de tout ou partie du prix restant dû, d'après le contrat de vente, quoiqu'il existe au pied de l'expédition, une quittance sous seing-privé du paiement de ce prix. (Déc. du Grand-Juge et du Ministre des finances , des 30 avril et 7 mai 1811.) | |
| 526 | 1.er juin. | CAUTIONNEMENT DES CONSERVATEURS. — SON REMPLACEMENT. | Un cautionnement en immeubles fourni par un conservateur des hypothèques, peut être remplacé par un autre cautionnement, fait dans la même forme que le premier; ce remplacement fait, le premier cautionnement ne subsiste plus. ( Décis. du Grand-Juge du 17 avril 1811. ) | |
| 530 | 29 dudit. | SALAIRES — SOLUTIONS. | Solution du ministre sur plusieurs questions relatives aux salaires des conservateurs. | |
| » | 6 septembre. | INSCRIPTIONS DE CRÉANCES DUES PAR DES ITALIENS, etc. | Les inscriptions des créances dues à la France par des sujets italiens et au royaume d'Italie par des français, se feront sans avance de droits de timbre, d'inscription et de salaire des conservateurs. ( Décret du 18 août 1811. ) | |
| 547 | 19 octobre. | SALAIRES. — SOLUTIONS. | Il n'est dû aux conservateurs des hypothèques que le salaire d'un franc par chaque extrait d'inscription hypothécaire compris au cahier des charges, qu'ils sont tenus de délivrer aux parties, sans qu'il puisse être rien exigé pour tout certificat de clôture, attestant que les inscriptions délivrées sont les seules subsistantes. ═ Le salaire d'un franc pour le certificat négatif ne leur est dû que dans le seul cas où il n'existerait aucune inscription sur l'individu qui en est l'objet. ( Avis du Conseil d'état du 10 septembre 1811, approuvé le 16. ) | |
| » | 20 décembre. | DROITS PERÇUS EN 1811. | État à fournir des formalités hypothécaires requises, des droits d'hypothèques perçus pour le trésor, et des salaires payés au conservateur pendant l'année 1811. | |
| 573 | 20 avril 1812. | ACTES ADMINISTRATIFS. | Les condamnations et les contraintes émanées des administrateurs dans le cas et pour les matières de leur compétence, emportent hypothèque de la même manière et aux mêmes con- | |

# HYPOTHÈQUES.

| INSTRUCTIONS GÉNÉRALES. | | OBJETS | EXTRAIT DÉTAILLÉ DES INSTRUCTIONS. | OBSERVATIONS. |
|---|---|---|---|---|
| N.ᵒˢ | DATES. | | | |
| | | | ditions que celles de l'autorité judiciaire. Les radiations desdites inscriptions doivent être poursuivies devant les tribunaux ordinaires, mais en cas de contestation sur le fond, les parties doivent être renvoyées devant l'autorité administrative. ( *Avis du Conseil d'état, approuvé le 25 thermidor an 12.* ) | |
| 576 | 22 avril 1812. | ACTES ET CONTRAINTES DE L'AUTORITÉ ADMINISTRATIVE ET DES ADMINISTRAT.ᵗˢ | Les arrêtés des préfets, fixant les débets des comptables des communes et établissemens publics, sont exécutoires sur leurs biens meubles et immeubles, sans l'intervention des tribunaux. ( *Avis du Conseil d'état du 12 novembre 1811.* ) ⚌ Voir pour les autres dispositions de cette instruction celle précédente, n.º 573, dont celle-ci est l'ampliation. | |
| 580 | 21 mai. | DOMAINE EXTRAORDINAIRE DE LA COURONNE. | Les acquisitions faites pour le domaine extraordinaire de la couronne ne sont soumises qu'au droit de transcription de 3 fr. ( *Décret du 28 mars 1812.* ) | |
| 585 | 23 juin. | HYPOTHÈQUES DES FEMMES DEVENUES VEUVES ET DES MINEURS DEVENUS MAJEURS. | Le mode de purger les hypothèques légales des femmes et des mineurs, établi par le code civil et par l'avis du Conseil d'état du 9 mai 1807 est applicable aux femmes veuves et aux mineurs devenus majeurs ainsi qu'à leurs héritiers ou représentans. ⚌ Il n'y a pas nécessité de fixer un délai particulier aux femmes après la mort de leur mari, et aux mineurs devenus majeurs ou à leurs représentans pour prendre inscription. ( *Avis du Conseil d'état du 5 mai 1812.* ) Moyens à prendre pour prévenir les difficultés en matière d'hypothèques légales indépendantes de l'inscription. ( *Avis du Conseil d'état du 9 mai 1807.* ) | |
| 594 | 12 août. | FRAIS DE JUSTICE. | Voir l'instruction au titre Frais de Justice. | |
| 598 | 7 septembre. | DOMAINE DE LA COURONNE. | Les contrats d'échange avec le domaine de la couronne seront transcrits *gratis*; il ne sera payé que le salaire du conservateur et le timbre des registres de formalité. ( *Décret du 11 juillet 1812.* ) | |
| » | 17 dudit. | REGISTRE DES SALAIRES. | Les conservateurs, à compter du 1.ᵉʳ octobre 1812, ne porteront, qu'à la fin du mois, et en une seule ligne, au registre des salaires, 1.º le nombre des articles enregistrés pendant ce mois au registre de dépôt des bordereaux à inscrire, et des actes de mutation à transcrire, et le montant en masse des salaires de ces articles; 2.º le nombre des inscriptions faites pendant le mois, et la totalité des salaires pour ces inscriptions. | |
| 603 | 14 octobre | DIRECTION GÉNÉRALE DE LA CONSCRIPTION MILITAIRE. | Les inscriptions hypothécaires prises par la direction générale de la conscription militaire, pour sûreté du recouvrement des amendes en matière de conscription et de désertion peuvent être radiées en vertu d'un arrêté du préfet contenant le motif de la radiation, sans qu'il soit nécessaire que cet arrêté soit approuvé par le directeur général de la conscription. ( *Décision du Ministre des finances, du 6 octobre 1812, et lettre du Directeur-général de la conscription, du 20 juin précédent.* ) | |
| 619 | 6 février 1813. | INSCRIPTIONS EN MATIÈRE DE FAILLITE. — SALAIRES DES CONSERVATEURS DES HYPOTHÈQUES. | Les inscriptions requises par les agens ou sindics sur les immeubles des débiteurs du failli, doivent être appuyées de l'extrait du jugement qui les a nommés : celles requises sur les biens du failli sont exemptes de cette formalité. ( *Décisions des Ministres de la justice et des finances, des 12 et 26 janvier 1813.* ) Les salaires des conservateurs, pour la dénonciation et la notification de la saisie, sont d'un franc seulement, sans égard au nombre des créanciers ou des représentans du failli. ( *Décision du Ministre des finances, du 12 janvier 1813.* ) | *V. les instruction n.ᵒˢ 409 et 494.* |

| INSTRUCTIONS GÉNÉRALES. | | OBJETS. | EXTRAIT DÉTAILLÉ DES INSTRUCTIONS. | OBSERVATIONS. |
|---|---|---|---|---|
| N.os | DATES. | | | |
| 625 | 25 février 1813. | TRANSCRIPTIONS ET INSCRIPTIONS HYPOTHÉC.res CONCERNANT LES BIENS ET RENTES APPARTENANT AU DOMAINE EXTRAORDINAIRE, OU FAISANT PARTIE DES DOTATIONS DANS L'INTÉRIEUR DE LA FRANCE. | Les lettres d'investiture des dotations, les actes d'acquisition ou d'échange des biens y affectés, seront transcrits dans l'arrondissement desdits biens, et dans les trois mois pour les actes antérieurs au décret, et dans le mois pour ceux postérieurs, sur un registre particulier ouvert à cet effet. Les rentes comprises dans les dotations seront inscrites à la diligence des donataires; elles sont sujettes au renouvellement prescrit par l'art. 2154 du code. Ce renouvellement sera fait par les conservateurs. Il sera payé, pour les transcriptions, le salaire du conservateur et un franc par extrait : il en sera de même pour les inscriptions et renouvellemens. (*Décret du 22 décembre 1812.*) Mode de la formule de transcription : pour les inscriptions, les conservateurs tiendront une table propre à indiquer l'époque du renouvellement. | |
| 633 | 10 avril. | CONSERVATION DES DROITS DU TRÉSOR SUR LES BIENS DES COMPTABLES. — INSCRIPTIONS A PRENDRE. | Recommandation aux receveurs et conservateurs de se conformer ponctuellement aux ordres donnés pour les inscriptions hypothécaires à prendre sur les biens des comptables du trésor. | *V. les instruct.* n.os 350 et 442. |
| 638 | 30 mai. | AUTORISATIONS DES CONSEILS DE PRÉFECTURE POUR RADIER DES INSCRIPTIONS PRISES DANS L'INTÉRÊT DES HOSPICES. | Les autorisations des conseils de préfecture pour radier les inscriptions prises dans l'intérêt de ces établissemens, sont exemptes du timbre et de l'enregistrement lorsqu'il doit être passé un acte authentique pour consentir la radiation. — Quant aux arrêtés des préfets portant consentement de radier des inscriptions, sans qu'il soit besoin d'un acte subséquent, la minute, qui est soumise au timbre de dimension, doit être enregistrée dans les 20 jours de sa date. (*Décision du Ministre des finances, du 18 mai 1813.*) | |
| 649 | 15 septembre | DÉFENSE AUX CONSERVATEURS DE COMPRENDRE DANS LES ÉTATS DES INSCRIPTIONS HYPOTHÉCAIRES CELLES QUI SONT PÉRIMÉES. | Les conservateurs s'abstiendront de comprendre dans les états qu'ils délivrent aux parties, les inscriptions périmées, à moins que les parties ne le requièrent, ce qui sera constaté. Ils doivent toujours délivrer des copies littérales et entières des inscriptions; ils ne peuvent se permettre de rayer d'office les inscriptions périmées; ils doivent se borner à émarger ces inscriptions du mot *périmée* sur leurs registres, répertoires et tables. | |
| » | 26 octobre. | RÉDACTION DES BORDEREAUX D'INSCRIPTIONS. | Circulaire de l'administration qui défend expressément aux conservateurs, non-seulement de s'occuper de la rédaction des bordereaux d'inscriptions, mais encore de ne jamais permettre, sous aucun prétexte, à un employé de leurs bureaux, d'en faire l'objet d'un trafic. — Compte à rendre des abus qui pourraient exister à cet égard. | |
| 655 | 18 décembre | DÉLIVRANCE DES ÉTATS DES INSCRIPTIONS HYPOTHÉCAIR.s | L'état des inscriptions hypothécaires requises doit comprendre toutes celles existantes et non radiées ni périmées. On ne doit délivrer aucun état partiel d'inscriptions, que pour celles prises dans la quinzaine, à compter du jour de la transcription du contrat de vente. Dans ce cas seulement, l'état des inscriptions prises pendant cette quinzaine, peut et doit se placer à la suite de l'état demandé au moment de la transcription. | *V. l'instruction* n.o 1046. |
| 696 | 16 août 1815. | CONSERVATION DES DROITS DU DOMAINE EXTRAORDINAIRE SUR LES BIENS AFFECTÉS AUX MAJORATS. | Toutes les inscriptions hypothécaires qui ont été prises sur les immeubles des dotations pour sûreté des droits du domaine extraordinaire, ne pourront être radiées; celles qui l'auraient été seront prises d'office par les conservateurs. (*Ordonnance Royale du 7 août 1815.*) Vérification à faire à cet égard par les conservateurs. Leur responsabilité à cet égard. Défense | |

| INSTRUCTIONS GÉNÉRALES. | | OBJETS. | EXTRAIT DÉTAILLÉ DES INSTRUCTIONS. | OBSERVATIONS. |
|---|---|---|---|---|
| N.os | DATES. | | | |
| | | | d'admettre des inscriptions qui grèveraient d'hypothèques les biens des dotations. | |
| 714 | 29 avril 1816. | Loi du 28 avril 1816. — Augmentation des droits d'hypothèques. | Loi du 28 avril 1816. Dans tous les cas, où les actes sont de nature à être transcrits, le droit de transcription sera perçu au moment de l'enregistrement de l'acte. La transcription ne donnera plus lieu au droit proportionnel. Il ne sera dû qu'un droit fixe d'un franc. Le droit d'inscription sera d'un pour mille pour toutes les créances hypothécaires quelconques. La perception du droit suivra les sommes et valeurs de 20 fr. en 20 f. sans fractions. | |
| 719 | 8 mai. | Salaires des conservateurs des hypothèques. | A partir de la publication de la loi sur les finances, les conservateurs porteront en recette, pour le compte du trésor royal, la moitié des salaires fixés pour la transcription des actes de mutation. Mode de cette recette. ( *Ordonnance Royale du 1.er mai 1816.* ) | |
| 863 | 9 novembre 1818. | Droits à percevoir pour la transcription des lettres patentes portant instit.n de majorats de marq.s et de v.te | Le droit de transcription aux registres des hypothèques des lettres patentes portant institution de majorats de marquis et vicomte, est de 8 fr. et de 4 fr. pour tout salaire. | |
| 868 | 5 décembre. | Inscriptions à prendre pour la conservation des droits du trésor sur les biens des comptables et des débiteurs de l'état. | Obligations aux receveurs généraux et particuliers et payeurs d'énoncer leurs titres et qualités dans les actes de vente et autres translatifs de propriété à peine de destitution. Obligation aux employés de l'enregistrement, sous la même peine, de requérir ou de faire, au vu de ces actes, les inscriptions nécessaires au nom du trésor royal, et ce, dans les 24 heures. Ces inscriptions doivent être faites sans avances de droit et en débet. ( *Décision du Ministre des finances, du 14 novembre 1818.* ) | *V. l'instruction n.o 350.* |
| 899 | 4 août 1819. | Loi du 14 juillet 1819 sur les finances | Les dispositions des lois, qui régissent la perception des droits d'hypothèques, sont maintenues. | |
| 902 | 25 octobre | États des inscriptions hypothéc.es — On ne doit pas y comprendre celles qui ont plus de 10 années de date. | Les conservateurs ne doivent comprendre dans les états qu'ils délivrent que les inscriptions qui ont moins de dix années de date : celles qui ont plus de dix ans, lors même qu'elles ont été renouvellées en temps utile, ne doivent y être portées que sur la réquisition des parties ; dans ce cas le salaire est dû. Il n'est dû qu'un salaire pour une inscription et les actes qui la modifient. | |
| 910 | 12 novembre | Prestation de serment des conservateurs des hypothèques. | Les employés de tout grade, nommés conservateurs des hypothèques, doivent prêter, en cette dernière qualité, un nouveau serment. L'acte doit être enregistré dans les 20 jours, au droit fixe de 15 fr. ( *Décision du Ministre des finances, du 22 octobre 1819.* ) | |
| 914 | 27 décembre | Remises des conservateurs des hypothèques. | A partir de 1820, la remise des conservateurs des hypothèques, dont les recettes annuelles ne s'élèveront pas à 7500f, seront liquidées à raison de 8 pour cent ; ces préposés ne jouiront plus du minimum de 600 fr. ( *Ordonnance Royale du 8 décembre 1819.* ) | |
| 944 | 26 juillet 1820. | Loi du 23 juillet 1820 sur les finances. | Les dispositions des lois qui régissent la perception des droits d'hypothèques sont maintenues jusqu'au 1.er avril 1821. | |
| 959 | 22 novembre | Contentieux — Mode de procéder en matière d'hypothèques. | Dans les contestations entre les conservateurs et les parties, sur l'exécution des formalités hypothécaires, les conservateurs, à raison de leur responsabilité, stipulant pour leur propre | |

# HYPOTHÈQUES.

| INSTRUCTIONS GÉNÉRALES. | | OBJETS. | EXTRAIT DÉTAILLÉ DES INSTRUCTIONS. | OBSERVATIONS. |
|---|---|---|---|---|
| N.° | DATES. | | | |
| | | | compte, doivent plaider, par ministère d'avoués, et comme particuliers.<br>Si les conservateurs interviennent ou sont assignés pour des faits relatifs à la perception des droits, comme ils n'agissent pas pour leur compte, et que les intérêts qu'ils défendent sont ceux de l'état, ils sont dispensés de constituer avoué, et l'instruction se fait par simples mémoires respectivement signifiés. | |
| 980 | 31 mai 1821. | TRANSCRIPTION.—VENTES D'IMMEUBLES EN DÉTAIL. | Lors de la transcription, au bureau des hypothèques, d'un contrat de vente au profit de plusieurs acquéreurs, non solidaires, qui ont payé distinctement les droits d'enregistrement, à raison de 5 et demi pour cent sur leurs lots respectifs, il doit être exigé autant de droits fixes qu'il y a d'acquéreurs qui requièrent la transcription ou auxquels elle profite. ( *Décision du Ministre des finances, du 18 mai 1821.* ) | *V. l'instruction* n.° 385. |
| 986 | 1.er juillet. | RENOUVELLEMENT DES INSCRIPTIONS SUR LES IMMEUBLES AFFECTÉS AU CAUTIONNEMENT DES CONSERVATEURS DES HYP.es | Toute inscription prise en vertu de l'acte de cautionnement du conservateur et de l'affectation spéciale contenue dans cet acte, doit être renouvellée six mois avant l'expiration des dix années de la date, et successivement dans chaque période de 10 ans, tant que subsiste la responsabilité du conservateur envers les particuliers.<br>Etat à fournir par les directeurs au directeur-général, au 1.er juillet 1821, de la situation des renouvellemens d'inscriptions.<br>À chaque mutation d'emploi, les directeurs adresseront, au directeur-général, une copie de l'acte de cautionnement; ils joindront leurs observations relatives à cet acte, et ils feront connaître les dates, tant de la réception du cautionnement par le tribunal de la situation des biens, que du dépôt de l'acte de réception au greffe du tribunal dans l'arrondissement duquel le conservateur exerce ses fonctions et de l'inscription prise au bureau des hypothèques de la situation. | *V. l'instruction* n.° 445. |
| 989 | 24 dudit. | TABLE DES CRÉANCES HYPOTHÉCAIRES. | Les conservateurs des hypothèques relèveront, à mesure de l'inscription sur le registre de formalité, chaque créance au profit des particuliers, ainsi que les mentions des radiations ou subrogations, et les porteront sur des feuilles de renvois, destinées aux bureaux de l'enregistrement du domicile des créanciers. Ces renvois seront remis chaque trimestre à l'inspecteur lors de la tournée de contrôle, et parviendront à leur destination selon le mode prescrit par la circulaire du 22 mars 1808.<br>Au moyen des renvois faits, les conservateurs seront dispensés de tenir la table alphabétique des créances hypothécaires, qui avait été prescrite par l'instruction n.° 455. | *V. l'instruction* n.° 455, *au titre* Administration *Dérogation à* cette instruction. |
| 1045 | 4 juin 1822. | CAUTIONNEMENT EN IMMEUBLES DES CONSERVATEURS DES HYPOTHÈQUES. | Observations sur les précautions à prendre pour assurer la validité du cautionnement fourni par un conservateur des hypothèques, pour la garantie de l'exercice de sa place. Formule de rédaction de l'acte, accompagnée d'observations où les principales difficultés sont prévues et applanies. | |
| 1046 | 19 dudit. | DÉLIVRANCE D'ÉTATS PARTIELS D'INSCRIPTIONS HYPOTHÉCAIR.s | Les conservateurs des hypothèques peuvent, en exécution d'une décision du ministre des finances et du garde des sceaux, délivrer des états partiels d'inscriptions, et se conformer à la volonté clairement manifestée des parties requérantes, en ayant soin d'indiquer au bas du certificat partiel qu'il n'a été délivré que sur la demande de la partie. | *V. l'instruction* n.° 655, *à laquelle il est dérogé.* |

# HYPOTHÈQUES.

| INSTRUCTIONS GÉNÉRALES. | | OBJETS. | EXTRAIT DÉTAILLÉ DES INSTRUCTIONS. | OBSERVATIONS. |
| --- | --- | --- | --- | --- |
| N.os | DATES. | | | |
| | | | | |

# HOSPICES.

| INSTRUCTIONS GÉNÉRALES. | | OBJETS. | EXTRAIT DÉTAILLÉ DES INSTRUCTIONS. | OBSERVATIONS. |
|---|---|---|---|---|
| N.° | DATES. | | | |
| 21 | 14 frimaire an 10. | HOSPITALIÈRES ET FILLES DE CHARITÉ. | Les biens des hospitalières et des filles de charité, et ceux affectés à des services de bienfaisance et de charité, sont rendus aux commissions administratives des hospices et des établissemens de secours à domicile. ( *Arrêté du Gouvernement du 27 prairial an 9.* ) | |
| 113 | 8 nivôse an 11. | RENTES NATIONALES. — CESSION. | Toute rente provenant de l'ancien domaine national, sur laquelle il n'y aura pas eu de paiement depuis l'an 1.er ou pour le recouvrement de laquelle il n'aura pas été fait de poursuites, soit devant les corps administratifs, soit devant les tribunaux, par voie de contraintes, sera censée appartenir aux hospices ; il en sera de même de toute rente provenant du clergé, des corporations supprimées, etc. qui n'est pas inscrite sur les registres de l'administration, ou dont elle n'aurait pas fait le recouvrement, ou ne l'aurait pas fait poursuivre. ( *Arrêté du Gouvernement du 27 frimaire an 11 sur l'application de la loi du 4 ventôse an 9.* ) Demande d'un état, article par article, des rentes qui restent à percevoir. | *V. l'instruction n.° 355.* |
| 126 | 17 ventôse. | BIENS EN REMPLACEMENT DE CEUX ALIÉNÉS. | Les commissions des hospices ont été chargées de dresser l'état de biens qui leur ont été attribués en remplacement de ceux aliénés, et de l'adresser au ministre de l'intérieur avant le 1.er germinal an 11. ⹀ Les hospices pour lesquels on n'aura pas envoyé l'état ci-dessus, seront déchus de leurs droits, et l'administration des domaines reprendra possession des biens qui leur avaient été provisoirement assignés. ( *Arrêté du Gouvernement du 14 nivose an 11.* ) | |
| 159 | 28 prairial. | PRESCRIPTION DES RENTES. | Le délai de six ans fixé par l'art. 2 du décret du gouvernement du 27 frimaire an 11 pour que les hospices acquièrent la prescription des rentes, ne doit compter que du jour de la main-mise *de fait* opérée en exécution des lois de suppression des corporations ecclésiastiques, etc. ( *Décision du Ministre des finances, du 7 prairial an 11.* ) | |
| 165 | 15 fructidor. | MAIN-MISE DE DROIT ET DE FAIT. | La main-mise nationale de *droit* est déterminée par la promulgation de la loi en vertu de laquelle les rentes en question ont été remises au domaine ; celle de *fait*, l'es par l'apposition du séquestre ou la prise de possession des biens, ordonnée par la loi. ( *Décision du Ministre des finances, du 7 thermidor an 11.* ) | |
| 185 | 25 frimaire an 12. | DONATIONS ENTRE-VIFS ET TESTAMENTAIRES. | Les donations entre vifs et testamentaires en faveur des hospices ne sont assujetties qu'au droit fixe d'un franc d'enregistrement. — Elles n'auront leur pleine exécution qu'après que leur acceptation aura été autorisée par le gouvernem.t ( *Arrêté du Gouvernement du 15 brumaire an 12.* ) | |
| 195 | 21 nivôse. | RENTES CÉDÉES. | Les hospices n'ont droit aux capitaux de rentes qui leur ont été cédés par l'arrêté du 27 frimaire an 11 qu'autant qu'ils ont été découverts par leurs agens. ( *Arrêté du Gouvernement du 7 nivose an 12.* ) | |
| » | 13 ventôse. | RENTES ET CAPITAUX DUS ORIGINAIREMENT AUX HOSPICES. | Les remboursemens des rentes et capitaux dûs originairement aux hospices, faits aux caisses de l'administration postérieurement à la loi du 9 fructidor an 3, en exécution de celle du 23 messidor an 2, ne sont point dans le cas d'être restitués. ( *Décision du Ministre des finances.* ) | |
| » | 2 complém. | BIENS EN REMPLACEMENT DE CEUX ALIÉNÉS. | Les biens attribués aux hospices en remplacement de ceux aliénés et compris dans les états des préfets en exécution des | |

| N.os | DATES. | OBJETS | EXTRAIT DÉTAILLÉ DES INSTRUCTIONS. | OBSERVATIONS. |
|---|---|---|---|---|
| | | | arrêtés des 14 nivôse an 11 et 28 ventôse an 12 ne peuvent recevoir une autre destination jusqu'à ce qu'il ait été statué sur la demande des hospices. ( *Décision du Ministre des finances, du 25 fructidor an 12.* ) | |
| » | 1.er pluviôse an 13. | REMBOURSEMENT DE RENTES ET CAPITAUX. — SURSIS. | Il y a lieu de surseoir au paiement des sommes dont la restitution serait demandée pour remboursement de rentes et capitaux dûs aux hospices, effectué entre les mains des préposés de l'administration postérieurement à la loi du 9 fructidor an 3. ( *Lettre du Ministre des finances, du 25 nivôse an 13.* ) | |
| » | 3 dudit. | LEGS, DONS, etc. —RELEVÉ A EN FAIRE. | Les receveurs doivent faire sur leurs registres et sur les tables alphabétiques, le relevé des legs, dons et autres avantages faits aux hospices et aux bureaux de bienfaisance, et le remettre à leur inspecteur à l'époque de chaque tournée. — Les directeurs, après l'avoir reçu des inspecteurs, l'adresseront au préfet. | |
| » | 19 germinal. | VALIDITÉ DES REMBOURSEMENS FAITS A L'ÉTAT. | Tous remboursemens de rentes ou obligations contractées au profit des établissemens de bienfaisance ont pu être valablement faits à l'Etat, dans l'intervalle qui s'est écoulé entre les lois des 25 messidor an 3 et 16 vendémiaire an 5. ( *Avis du Conseil d'état approuvé par S. M. le 23 ventôse an 13.* ) | |
| 280 | 4 floréal. | JOUISSANCE PROVISOIRE NON CONFIRMÉE. | Les biens dont la jouissance provisoire a été accordée aux hospices par actes administratifs, non confirmés par le gouvernement, seront remis sous le séquestre. ( *Décret du 30 ventôse an 13.* ) Etat à fournir des biens des hospices aliénés, et de ceux proposés en remplacement. | |
| 298 | 11 janvier 1806. | BIENS CÉDÉS EN REMPLACEMENT DE CEUX ALIÉNÉS. | Les hospices jouiront pendant un an, à compter du 1.er vendémiaire an 14, des biens portés sur les états remis au conseil d'état et qui ont été désignés pour servir en remplacement de ceux vendus. ( *Décret du 1.er jour complém. an 13.* ) | |
| 319 | 24 octobre. | JOUISSANCE PROVISOIRE. | Les hospices conserveront jusqu'au 1.er avril 1807, la jouissance provisoire des biens dont ils ont été mis en possession par le décret du 1.er complém. an 13. Cette jouissance pour le prix des fermages, se détermine d'après les échéances de paiement. ( *Décision du Min. des finances, du 10 octobre 1806.* ) | |
| 355 | 23 octobre 1807. | ATTRIBUTION GRATUITE. — CONDITIONS. | Pour qu'un domaine, une rente ou une créance nationale puissent être attribués gratuitement aux pospices, il faut : 1.° qu'il n'en ait point été fait de déclaration conformément à l'art. 37 des décrets des 7 et 11 août 1790; 2.° qu'il n'en existe aucune mention sur les registres de l'administration ; 3.° qu'il n'ait été pris aucune inscription à la requête de l'administration ; 4.° que l'interruption des poursuites pendant les six ans, à partir de la main-mise nationale de *fait*, ne soit pas l'effet de circonstances majeures ; 5.° que la demande d'envoi en possession en ait été faite par les hospices, avant qu'aucune poursuite ait été dirigée par les préposés de l'administration. ( *Avis du Conseil d'état du 30 avril 1807.* ) | |
| 917 | 4 janvier 1820. | DROIT D'ENREGISTREM.t A PERCEVOIR SUR LES ACTES DE VENTE DE BIENS IMMEUBLES APPARTENANT AUX HOSPICES | Les ventes de biens immeubles des hospices consenties par ces établissemens, doivent acquitter, en sus du droit de 2 pour cent, celui d'un et demi pour cent, fixé par l'art. 54 de la loi du 28 avril 1816. ( *Décision du Ministre des finances, du 30 novembre 1819.* ) | |
| 941 | 15 juillet. | REGISTRES DES HOSPICES EN CE QUI CONCERNE LE TIMBRE. | Le droit de timbre sur les registres des hospices et bureaux de bienfaisance qui y sont sujets pour les actes d'administration temporelle et extérieure, sera perçu à partir du 1.er janvier 1818. | |

| INSTRUCTIONS GÉNÉRALES. | | OBJETS. | EXTRAIT DÉTAILLÉ DES INSTRUCTIONS. | OBSERVATIONS. |
|---|---|---|---|---|
| N.º | DATES. | | | |
| 1051 | 17 août 1822. | Pièces justificatives de la comptabilité des hospices, en ce qui concerne le timbre. | Par une décision du ministre des finances, du 17 juillet 1822, il a été statué que l'exécution de la loi sur le timbre, en ce qui concerne les pièces justificatives de la comptabilité des hospices, ne partira que du 1.er janvier 1822. En conséquence, les préposés ne doivent faire aucune répétition de droit de timbre contre les hospices, pour les pièces de comptabilité de ces établissemens, produites antérieurement au 1.er janvier 1822. | |

# HOSPICES.

| INSTRUCTIONS GÉNÉRALES. | | OBJETS. | EXTRAIT DÉTAILLÉ DES INSTRUCTIONS. | OBSERVATIONS. |
|---|---|---|---|---|
| N.os | DATES. | | | |

| INSTRUCTIONS GÉNÉRALES. | | OBJETS. | EXTRAIT DÉTAILLÉ DES INSTRUCTIONS. | OBSERVATIONS. |
|---|---|---|---|---|
| N.os | DATES. | | | |
| 5 | 8 brumaire an 10. | ENREGISTREMENT. | Les ventes de mobilier militaire, faites en exécution de l'arrêté du Gouvernement du 9 floréal an 9, ne seront plus soumises à la formalité de l'enregistrement. (*Décision du Ministre des finances du 25 fructidor an 9.*) | *V. l'instruction* n.° 38. |
| 13 | 23 dudit. | PROCÈS-VERBAUX. | Les procès-verbaux de vente d'effets militaires, doivent comprendre tous ceux qui sont portés dans les états arrêtés par le ministre des finances. Relevés à en faire en cas de déficit. | |
| 18 | 9 frimaire. | ANCIENS POIDS ET MESURES. | Les anciens poids et mesures existant dans les magasins des subsistances militaires, seront remis aux receveurs des domaines pour être vendus conformément à l'arrêté du Gouvernement du 9 floréal an 9. | |
| 38 | 5 pluviôse. | TIMBRE. | Les procès-verbaux de vente de mobilier militaire, (minutes et expéditions délivrées aux fonctionnaires publics) sont exempts du timbre (*Décision du 25 nivôse an 10 du Ministre des finances.*) | |
| 66 | 12 thermidor | EFFETS ET APPROVISIONNEMENS DE LA MARINE. | Les préposés de l'administration ne doivent s'immiscer dans aucune des ventes des effets mobiliers et approvisionnemens de la marine, lorsqu'elles seront passées devant l'administration de la marine; mais dans les lieux où il n'en existe pas, les ventes seront faites à leur diligence dans les formes voulues par les arrêtés des 22 brumaire et 23 nivôse an 6, transmis par les circulaires n.os 1156. et 1220 : dans l'un et l'autre cas, ces procès-verbaux sont soumis au timbre et à l'enregistrement. (*Arrêté du Gouvernement du 13 prairial an 10.*) | *V. l'instruction* n.° 166. |
| » | 30 dudit. | CHEVAUX DE RÉFORME. | Les formalités d'affiches et de consentement des autorités administratives pour les ventes des chevaux de réforme, ont été supprimées : elles doivent être faites par les préposés des domaines, immédiatement après la remise que les agens militaires leurs font de ces chevaux. (*Arrêté du Gouvernement du 15 prairial an 7.*) | |
| » | 14 brumaire an 11. | EFFETS ET APPROVISIONNEMENS DE LA MARINE. | Les préfets maritimes et les directeurs des forges de l'état doivent remettre, tous les mois, aux receveurs des domaines, un bordereau certifié du produit des ventes faites en exécution de l'arrêté du 13 prairial an 10. | |
| 94 | 15 dudit. | OBJETS DE SIÉGE. | Les receveurs devront procéder à la vente des objets de siége non destinés au service public, lorsqu'ils en seront requis; celle des denrées avariées, sera faite immédiatement après que la remise en aura été effectuée. | |
| 105 | 26 frimaire. | CHEVAUX EN DÉPÔT. | En cas de décès du dépositaire d'un cheval du train d'artillerie, le maire fera constater l'état du cheval : s'il a les qualités requises, il le confiera à un autre citoyen solvable; dans le cas contraire, il en réclamera le prix qu'il versera entre les mains du receveur de l'enregistrement. (*Arrêté du 3 brumaire an 11.*) Mode de son exécution. | |
| » | 6 ventôse. | CHEVAUX DE RÉFORME. | La vente des chevaux de réforme sera faite dorénavant en présence des membres du conseil d'administration de chaque corps et d'un inspecteur aux revues qui en dressera procès-verbal, et le produit de la vente sera versé dans la caisse du régiment. — Les receveurs de l'administration n'auront plus à s'immiscer dans ces ventes. (*Arrêté du Gouv.t du 13 pluv. an 11.*) | |
| » | 6 prairial. | RATIONS DE PAIN NON CONSOMMÉES. | Les receveurs des domaines doivent faire procéder aux ventes des rations de pain non consommées, quelle qu'en soit | |

| INSTRUCTIONS GÉNÉRALES. | | OBJETS. | EXTRAIT DÉTAILLÉ DES INSTRUCTIONS. | OBSERVATIONS. |
|---|---|---|---|---|
| N.ᵒˢ | DATES. | | | |
| » | 2 thermid. an 11. | RATIONS DE PAIN ET DENRÉES AVARIÉES. | la cause, à l'exception cependant des cas particuliers où elles auraient été refusées à raison de leur mauvaise qualité. — Procès-verbal à faire dresser dans l'un et l'autre cas. — Les rations de pain dans le cas spécifié dans la lettre du directeur-général du 6 prairial an 11 et les denrées avariées par force majeure, doivent être vendues par les préposés de l'administration, et le produit en être versé à la caisse d'amortissement. ( *Lettre du Ministre de la guerre du 17 nivôse an 10.* ) | |
| 166 | 5 complém. | EFFETS ET APPROVISIONNEMENS DE LA MARINE. — ENREGISTREMENT ET TIMBRE. | Les procès-verbaux de vente d'effets mobiliers et objets d'approvisionnement de la marine jugés inutiles et hors d'état d'être employés au service, sont exempts de timbre et d'enregistrement. ( *Décision du Ministre des finances du 12 fructidor an 11.* ) | |
| » | 30 avril 1806 | APPROVISIONNEMENS DE SIÈGE. | Tous les approvisionnemens de siège faits depuis le renouvellement de la guerre de la troisième coalition, seront vendus par les employés de l'administration de la même manière que l'établit l'arrêté du gouvernement du 9 floréal an 9, et le produit en sera versé à la caisse d'amortissement. ( *Décret du 23 mars 1806.* ) Les procès-verbaux de vente ne sont soumis ni à l'enregistrement ni au timbre. | |
| » | 19 juin. | ETAT A FOURNIR. | Etat à fournir de toutes les ventes de mobilier militaire et d'objets reconnus inutiles au service des armées, faites depuis le 9 floréal an 9. | |
| » | 4 juillet 1807. | PROCÈS-VERBAUX DE VENTE. — RÉDACTION. — NOMBRE. | Les préposés de l'administration doivent faire autant de procès-verbaux de vente de mobilier militaire qu'il y a eu de procès-verbaux de remise, et relater dans les premiers la date des seconds, ainsi que les quantités y énoncées, afin de constater plus facilement l'identité des quantités remises et de celles vendues. | |
| » | 30 avril. | EFFETS DES MILITAIRES DÉCÉDÉS DANS LES HOSPICES. — COMPTABILITÉ. | Les prix de vente des effets des militaires décédés dans les hospices ou les prisons, ou qui s'en sont évadés, sera versé à la caisse d'amortissement par l'intermédiaire des caisses de l'administration. — Mode de cette comptabilité. ( *Décret du 23 septembre 1806.* ) | |
| 349 | 8 octobre. | *Idem*, ET CHEVAUX DES HARAS. — ENREGISTREMENT. | Les ventes d'effets des militaires décédés dans les hôpitaux, ainsi que celles des chevaux provenant des haras, sont assujetties au droit proportionnel d'enregistrement. ( *Décision du Ministre des finances.* ) | |
| 474 | 25 mai 1810. | CHEVAUX D'ARTILLERIE DES ARMÉES D'ALLEMAGNE ET D'ITALIE. | Les sommes que les receveurs des domaines pourront recevoir éventuellement en exécution du décret du 11 avril 1810 en paiement de la valeur des chevaux provenant des compagnies d'artillerie des régimens d'infanterie des armées d'Allemagne et d'Italie, seront versées à la caisse d'amortissement comme prix de ventes d'effets militaires. | |
| 623 | 24 février 1813. | VENTE DES EFFETS MILITAIRES INUTILES OU HORS D'ÉTAT D'ÊTRE EMPLOYÉS AU SERVICE. | Les employés n'ont pas le droit de provoquer la vente des effets militaires : lorsque des effets doivent être vendus, l'administration en adresse l'état aux directeurs, qui doivent en faire article sur leurs sommiers des effets militaires. Cette obligation est commune aux receveurs. La remise des effets est faite par un agent militaire. La vente est faite en suite d'affiches, en présence du sous-préfet ou d'un officier d'artillerie. — Dans le cas de denrées avariées, etc. sur la remise des objets, le receveur fait article au sommier, et les vend en présence du maire ou adjoint. Mode de ces ventes. Dispositions de rigueur, | |

# MOBILIER MILITAIRE ET DE LA MARINE.

| INSTRUCTIONS GÉNÉRALES. | | OBJETS. | EXTRAIT DÉTAILLÉ DES INSTRUCTIONS. | OBSERVATIONS. |
|---|---|---|---|---|
| N.os | DATES. | | | |
| 624 | 24 février 1813. | VENTE DES EFFETS DE MARINE INUTILES OU HORS D'ÉTAT D'Ê-TRE EMPLOYÉS AU SER-VICE. | contre les employés qui s'immisceraient dans les ventes. Mode de recette. Versement.<br>Les effets de la marine, inutiles ou hors d'état d'être em-ployés au service, sont vendus d'après les ordres du ministre de la marine. Mode de ces ventes dans les ports et arsenaux. L'administration est étrangère aux recettes : elle se borne à faire connaître l'état du produit de ces ventes.<br>Quant aux bois et approvisionnemens inutiles, dans les lieux où il n'y a pas d'administration de la marine, la vente en est faite par les préposés des domaines, sur l'ordre qui leur en est donné. Mode de ces ventes : mêmes opérations que celles prescrites par l'instruction générale n.º 623 pour les ventes d'ef-fets militaires. | |
| » | 20 mai 1814. | MOBILIER DÉPEN-DANT DU DOMAINE DE LA COURONNE VENDU PAR LES AGENS DES PUISSANCES ALLIÉES. | Les ventes de mobilier dépendant de la couronne, de l'Etat ou des établissemens publics, faites, après le 25 avril, sont déclarées nulles et de nul effet. Les détenteurs de ce mobilier ne peuvent en disposer, à peine de restitution, dommages et intérêts. | |
| » | 4 août. | VENTES FAITES PAR LES AGENS DES PUIS-SANCES ALLIÉES D'OB-JETS MILITAIRES EXIS-TANS DANS LES MAGA-SINS FRANÇAIS. | D'après une convention du 28 mai, les sels, tabacs, effets militaires de toute espèce et tous autres, existant encore dans les magasins français, doivent être remis aux agens du gou-vernement français. Les ventes faites ne recevront leur effet que pour les objets sortis des dépôts ou magasins. Concours des employés pour cet objet. | |
| 767 | 27 février 1817. | PRIX DES VENTES DE CHEVAUX DE TRAIN D'ARTILLERIE. | Les préposés de l'enregistrement doivent refuser d'admettre les sommes qui leur seraient présentées en paicment de prix de ventes de chevaux de train d'artillerie d'équipages militaires. Ils ne peuvent s'immiscer dans le recouvrement du prix des ventes de chevaux de réforme du département de la guerre. | |
| 811 | 6 septembre. | VENTES D'EFFETS MILITAIRES HORS DE SERVICE. | Ordonnance du Roi, en date du 23 septembre 1817, qui autorise la vente des effets militaires de toute nature, reconnus hors d'état d'être employés au service de la guerre et de la marine. — Même mode à suivre que celui précédemment prescrit. | |
| 829 | 18 avril 1818 | Idem. | Les préposés sont chargés exclusivement de la vente des effets hors de service, appartenant au ministère de la guerre.<br>Quant aux objets de la marine, dans les ports, les adminis-trateurs y procéderont directement et par eux-mêmes. Les pré-posés se borneront à assister aux adjudications, et en recou-vreront seuls le prix. Dans les lieux où il n'y pas d'adminis-trateurs les préposés les remplaceront. | *Additionnelle à celle n.º 811.* |
| 840 | 1er juin. | Idem. | Mode à suivre pour ces ventes. Les procès-verbaux feront connaître, autant que possible, la date des ordres en vertu desquels on aura procédé aux ventes, les espèces, quantités et qualités des denrées ou objets mis en vente; les mesures pri-ses pour donner à ces opérations toute la publicité désirable, le détail de ce qui se sera passé aux enchères, etc. | |
| 905 | 29 octobre. 1819. | VENTES DES BOIS PROVENANT DES ARSE-NAUX. | Il sera procédé à la vente des bois de rebut et des débris de ceux de construction existant dans les arsenaux, sur la réqui-sition des directeurs d'artillerie et sans autorisation préalable et spéciale. ( *Déc. du Min. des finances, du 21 octobre 1819.* ) | |
| 927 | 15 avril 1820 | VENTES D'EFFETS MILITAIRES. — COM-MISSAIRES PRISEURS. | Les employés des domaines doivent, seuls et sans l'interven-tion des commissaires priseurs, procéder aux ventes des effets militaires hors de service. ( *Décision des Ministres de la jus-tice et des finances, du 22 mars 1820.* ) | |

| INSTRUCTIONS GÉNÉRALES. | | OBJETS. | EXTRAIT DÉTAILLÉ DES INSTRUCTIONS. | OBSERVATIONS. |
|---|---|---|---|---|
| N.os | DATES. | | | |
| 938 | 6 juillet 1820. | VENTES D'EFFETS MILITAIRES HORS DE SERVICE. | Lorsque les intendans et sous-intendans militaires demanderont qu'il soit procédé sans délai à des ventes d'effets susceptibles de détérioration, les directeurs des domaines, de concert avec le préfet du département, donneront des ordres pour ces ventes, sans attendre une autorisation spéciale. (*Décision du Ministre des finances, du 21 juin 1820.*) | *V. l'instruction n.o 1038.* |
| 975 | 31 mars 1821. | MODÈLE DE L'ÉTAT DES VENTES DES EFFETS MILITAIRES ET DE LA MARINE A FOURNIR PAR TRIMESTRE. | Cet état continuera d'être adressé par trimestre. Les colonnes ont été diminuées. | |
| 991 | 11 août. | RECETTE A FAIRE PAR LES PRÉPOSÉS DES DOMAINES, DE DIVERS PRODUITS CONCERNANT LA MARINE. | A compter du 1.er janvier 1821, les sommes perçues pour loyer, prêt ou usage d'établissemens ou emplacemens, embarcations, machines, appareils pour vente d'objets inutiles au service et tous autres produits de même nature, seront versées dans la caisse de l'administration des domaines. L'état de ces versemens sera adressé tous les trois mois au ministre de la marine. (*Décision du Ministre de la marine.*) | |
| 1038 | 4 mai 1822. | VENTES D'EFFETS HORS DE SERVICE. — RECETTE A FAIRE PAR LES PRÉPOSÉS DES DOMAINES DE DIVERS PRODUITS CONCERNANT LE MINISTÈRE DE LA GUERRE. | Les directeurs des domaines, après en avoir référé au préfet de leur département, sont autorisés, aussitôt qu'ils en sont requis par les intendans ou sous-intendans militaires, à faire vendre les effets militaires reconnus hors de service, qu'ils soient ou non de nature à se détériorer. (*Décision du Ministre des finances, du 19 avril 1822.*)<br>A compter de 1822, les produits de vente d'élagage provenant des plantations existantes sur les terrains militaires et autres, devront être versés dans la caisse du domaine, afin qu'il n'y ait plus à rendre de comptes d'emploi de fonds. | *V. l'instruction n.o 938.* |

# MOBILIER ORDINAIRE.

| INSTRUCTIONS GÉNÉRALES. | | OBJETS. | EXTRAIT DÉTAILLÉ DES INSTRUCTIONS. | OBSERVATIONS. |
|---|---|---|---|---|
| N.° | DATES. | | | |
| » | 29 ventôse an 10. | GLACES DES MAISONS NATIONALES. | ORDRE de suspendre toute estimation et tous payemens pour aliénation de glaces des maisons nationales aux acquéreurs de l'immeuble. | |
| » | 3 thermidor. | GLACES. — PRIX. | Décision du ministre des finances du 22 prairial an 10 portant une nouvelle fixation du prix des glaces, à suivre pour la vente de celles qui se trouvent dans les maisons nationales. | |
| » | 17 thermidor an 11. | GLACES. — ESTIMATION. | Les glaces garnissant les maisons nationales vendues, doivent être estimées d'après le tarif de l'an 7 et les bases déterminées par la décision du ministre, du 22 prairial an 10. | |
| » | 7 brumaire an 14. | | Sursis au paiement du prix des glaces soumissionnées ou à soumissionner par les acquéreurs de bâtimens nationaux, jusqu'à décision du Ministre des finances. | |
| » | 9 frimaire. | GLACES SOUMISSIONNÉES. | Les acquéreurs de glaces soumissionnées, qui ne les auraient pas payées au 1.er avril 1806, ne pourront les acquitter que d'après les nouvelles bases que le ministre des finances croira devoir établir. ( *Décision du Ministre des finances du 1.er frimaire an 14.* ) | |
| » | 13 janvier 1806. | | La décision du ministre des finances du 1.er frimaire an 14, énoncée dans la lettre ci-dessus, est applicable aux soumissions qui pourront avoir lieu du 1.er frimaire an 14 au 1.er avril 1806, comme à celles qui ont été faites antérieurement. ( *Décision du Ministre des finances du 3 janvier 1806.* ) | |
| » | 27 septembre | LOTS DES VENTES. — LES MULTIPLIER. | Les receveurs et employés de l'administration chargés de la vente du mobilier national, doivent en multiplier les lots le plus possible, afin d'augmenter le nombre des concurrens et de tirer un parti plus avantageux de la vente. | |
| » | 8 décembre. | GLACES. — ESTIMATION. | Les bases contenues dans la décision du 22 prairial an 10 pour l'estimation des glaces des maisons domaniales sont maintenues jusqu'au 1.er février 1807. — Les soumissionnaires qui ne profiteront pas de ce délai seront déchus de leur soumission. ( *Décision du Ministre des finances du 28 novembre 1806.* ) | |
| 326 | 15 mai 1807. | PRÉPOSÉS DE L'ENREGISTREMENT CHARGÉS DES VENTES DE MOBILIER NATIONAL. | Les ventes de mobilier national sont faites par les préposés de l'enregistrement et des domaines. ( *Arrêté du 23 nivôse an 8.* ) | |
| » | 13 mai 1808. | NAVIRES CONFISQUÉS. | Les ventes de navires confisqués comme ayant été relachés en angleterre, ou ayant été visités en mer par des anglais, ne concernent pas les préposés de l'administration. | |
| » | 23 juin. | NAVIRES PRUSSIENS, SARDES, etc. | Les préposés de l'administration ne sont chargés que des opérations qui sont la suite des saisies de navires prussiens, sardes et portugais. — Celles relatives aux navires saisis et confisqués pour avoir relaché en angleterre, ainsi que celles concernant les navires américains, sont exclusivement confiées à l'administration des douanes. ( *Décision du Ministre des finances du 7 juin 1808.* ) | |
| 653 | 30 octobre 1813. | MOBILIER DÉPOSÉ DANS LES GREFFES DES COURS ET TRIBUNAUX | L'administration est autorisée à provoquer la vente des effets mobiliers déposés dans les greffes des cours et tribunaux des départemens, et qui n'ont pas été réclamés après le jugement définitif ou après la prescription de l'action publique. Les ventes auront lieu de 6 en 6 mois; elles seront faites par les receveurs en présence des Sous-préfets. Les receveurs des domaines feront la recette : ils tiendront un compte ouvert par condamné : les | |

| INSTRUCTIONS GÉNÉRALES. | | OBJETS | EXTRAIT DÉTAILLÉ DES INSTRUCTIONS. | OBSERVATIONS. |
|---|---|---|---|---|
| N.ᵒˢ | DATES. | | | |
| » | 20 mai 1814. | MOBILIER VENDU PAR LES AGENS DES PUISSANCES ALLIÉES. | frais des ventes seront alloués en dépense. Mode de comptabilité et du compte ouvert à tenir. *( Décision du Ministre des finances, du 9 octobre 1813. )* Les ventes de mobilier national, faites après le 5 avril 1814, sont déclarées nulles et de nul effet, les détenteurs de ce mobilier ne peuvent en disposer, à peine de restitution et de dommages-intérêts. *( Ordonnance Royale du 5 mai 1814.)* | |
| 882 | 25 mars 1819. | VENTES PUBLIQUES DE MOBILIER NATION.ˡ | Les procès-verbaux de vente, faites dans l'intérêt de l'Etat, des communes et des établissemens publics, doivent comprendre tous les articles exposés en vente. *( Ordonnance Royale du premier mai 1816, et décision du Ministre des finances, du 26 février 1819. )* | |
| 927 | 15 avril 1820 | VENTES DE MOBILIER DE L'ÉTAT. — COMMISSAIRES PRISEURS. | Les employés des domaines doivent, seuls et sans l'intervention des commissaires priseurs, procéder aux ventes du mobilier national. *( Décision des Ministres de la justice et des finances, du 22 mars 1820. )* | |
| 928 | 17 dudit. | ARMES SAISIES, DÉPOSÉES DANS LES GREFFES DES COURS ET TRIBUNAUX. | Vente à faire des armes saisies, déposées dans les greffes des cours et tribunaux lorsqu'elles n'auront pas été réclamées après le jugement définitif, ou après la prescription de l'action publique. Toutes les armes d'une valeur de 6 fr. et au-dessous, seront brisées; les armes dont la valeur excédera 6 fr. seront vendues selon le mode prescrit par l'instruction n.ᵒ 653; les armes de guerre, de fabrique française ou étrangère, seront exceptées des ventes et devront être déposées à la mairie du chef-lieu d'arrondissement, conformément à l'ordonnance du Roi du 24 juillet 1816. | |
| 957 | 15 novembre | ARMES DE CHASSE SAISIES, DÉPOSÉES DANS LES GREFFES. | Les armes saisies, déposées dans les greffes et non réclamées dans les délais prescrits, lorsqu'elles sont d'une valeur de 6 fr. et au-dessous, quelle que soit leur nature ou leur calibre, doivent être brisées. Celles d'une valeur au-dessus de 6 fr., autres que celles de guerre, sont dans le cas d'être vendues. Mode de ces ventes. *( Lettre du Ministre des finances à MM. les préfets, du 20 septembre 1820. )* | |
| 969 | 6 février 1821. | VENTES DES OBJETS D'OR ET D'ARGENT DÉPOSÉS DANS LES GREFFES. | Les objets d'or et d'argent déposés dans les greffes des tribunaux, à l'occasion de procès terminés par jugemens définitifs, cesseront d'être envoyés à l'hôtel des monnaies. Ils seront remis à l'avenir aux receveurs des domaines des départemens, pour être vendus aux enchères, comme les autres effets de même origine. Les receveurs devront, avant de faire procéder aux ventes, faire vérifier le titre des ouvrages, et payer les droits qui pourraient être dus, et qui seront alloués sur quittance, comme partie des frais de la vente. *( Ordonnance Royale du 23 janvier 1821. )* | |
| 988 | 14 juillet. | OBJETS D'OR ET D'ARGENT SAISIS POUR CONTRAVENTIONS AUX LOIS SUR LES DROITS DE GARANTIE. | Tous les objets d'or et d'argent, déposés dans les greffes des tribunaux, et dont la confiscation aura été prononcée judiciairement, pour contraventions aux lois sur les droits de garantie, seront remis à la disposition des préposés des contributions indirectes, qui continueront de faire procéder à la vente de ces objets et de compter du montant du produit. Les receveurs des domaines n'ont point à se faire remettre par les greffiers les ouvrages d'or et d'argent saisis par les préposés des contributions indirectes, ni à s'immiscer dans la vente de ces objets. *( Décision du Ministre des finances, du 29 juin 1821. )* | |

# MOBILIER ORDINAIRE.

| INSTRUCTIONS GÉNÉRALES. | | OBJETS. | EXTRAIT DÉTAILLÉ DES INSTRUCTIONS. | OBSERVATIONS. |
| --- | --- | --- | --- | --- |
| N.os | DATES. | | | |
| | | | | |

# MOBILIER ORDINAIRE.

| INSTRUCTIONS GÉNÉRALES. | | OBJETS. | EXTRAIT DÉTAILLÉ DES INSTRUCTIONS. | OBSERVATIONS. |
|---|---|---|---|---|
| N.os | DATES. | | | |
| | | | | |

| INSTRUCTIONS GÉNÉRALES. | | OBJETS. | EXTRAIT DÉTAILLÉ DES INSTRUCTIONS. | OBSERVATIONS. |
|---|---|---|---|---|
| N.os | DATES. | | | |
| 2 | 8 brumaire an 10. | COMMUNES. | On ne peut intenter aucune action en justice contre des communes, sans en avoir obtenu la permission du conseil de préfecture par écrit, sous les peines portées par l'édit d'août 1683. ( *Arrêté du Gouvernement, du 27 vendemiaire an 10.* ) | |
| 12 | 23 dudit. | PROCÈS-VERBAUX. — SIGNIFICATIONS. | L'effet des procès-verbaux de contravention doit être suivi par voie de contrainte, sans assignation, devant le tribunal civil. Les poursuites concernant les droits et actions de l'administration de l'enregistrement et des domaines, ne peuvent être signifiées par des huissiers de juges de paix. ( *Décision du Ministre de la justice du 15 fructidor an 9.* ) | *V. l'instruction n.º 129.* |
| 15 | 2 frimaire. | REVENUS NATIONAUX. — INSTANCES. | Les instances qui ont pour objet des revenus nationaux tels que fermages, loyers, etc. sont soumises aux deux degrés de jurisdiction de première instance et d'appel lorsque la somme à recouvrer excède 1000.f ( *Décision du Ministre de la justice du 4 complém. an 9. Cour de cassation; 9 prairial et 17 messidor an 7.* ) | |
| 39 | 14 pluviôse. | | Les instances relatives au recouvrement des revenus des domaines nationaux, lorsque l'objet excède 1000 francs, doivent subir deux degrés de jurisdiction. ( *Cour de cassation, 12 messidor an 8, 2 et 4 germinal et 3 floréal an 9.* ) | |
| 41 | 23 dudit. | EXPROPRIATION. — AVANCES AUX AVOUÉS. | Les directeurs sont autorisés à faire avancer aux avoués les sommes nécessaires pour frais de poursuites en expropriation forcée au nom de l'administration. | *V. la circulaire de l'administration n.º 1903.* |
| 44 | 5 ventôse. | DÉLITS FORESTIERS. | Les frais faits pour la police et la conservation des forêts et pour la poursuite des délits forestiers, continueront d'être acquittés par l'administration de l'enregistrement conformément aux dispositions du titre 9 da la loi du 29 septembre 1791. ( *Décision du Ministre des finances du 21 pluviôse an 10.* ) Les receveurs feront, comme par le passé, le remboursement des frais de poursuites, d'après la taxe du tribunal, aux agens forestiers qui en auront fait l'avance, et en recouvreront le montant sur la partie condamnée. | |
| 100 | 29 brumaire an 11. | INSCRIPTION. — VALIDITÉ. | Les instances concernant la validité d'une inscription formée à la requête de l'administration, doivent s'instruire par simples mémoires, mais si la contestation est commune aux créanciers poursuivans la distribution, elles doivent l'être par le ministère d'un avoué. — Pour le choix à en faire, suivre la marche tracée par la circulaire du 7 brumaire an 9 n.º 1903. | |
| 115 | 15 nivôse. | ACTES. — ENREGISTREMENT. | Les actes de poursuites, jugemens, et autres actes ayant pour objet le recouvrement des droits confiés à l'administration de l'enregistrement, seront enregistrés *en débet.* ( *Décision du Min. des finances.* ) | |
| » | 28 ventôse. | APPOSITION DE SCELLÉS. — FRAIS DE JUSTICE. — RECOUVREMENT. | L'apposition des scellés pour recouvrement des frais de justice en matière criminelle, ne doit être employée que dans le seul cas, où il y a à craindre la dilapidation ou la soustraction des effets, et lorsqu'il s'agit d'un délit emportant peine afflictive et infamante. ( *Lettre du Ministre des finances du 7 nivôse an 11.* ) | |
| 129 | 8 germinal. | CONTRAINTES. — SIGNIFICATIONS. | On doit se servir du ministère des huissiers des juges de paix pour la signification des contraintes en matière d'enregistrement et amendes. — Les poursuites relatives au recouvrement des fermages et des droits domaniaux doivent être faites par le ministère des huissiers près les tribunaux. ( *Lettre du G. Juge au Ministre des finances du 27 pluviôse an 11.* ) | |

# POURSUITES ET INSTANCES.

| INSTRUCTIONS GÉNÉRALES. | | OBJETS. | EXTRAIT DÉTAILLÉ DES INSTRUCTIONS. | OBSERVATIONS. |
|---|---|---|---|---|
| N.os | DATES. | | | |
| 130 | 9 germinal an 11. | RECOUVREMENT DES AMENDES — CONTRAINTES PAR CORPS. | Les receveurs doivent employer la contrainte par corps pour le recouvrement des amendes, préférablement à tout autre voie. Les frais d'emprisonnement, soit qu'il ait été poursuivi par l'administration ou qu'il ait eu lieu à la requête du procureur du roi, doivent être avancés par l'administration, sauf son recours. — Chaque administration publique ou particulière qui a une manutention de deniers ou de domaines nationaux, doit payer tant au civil qu'au criminel, les frais de poursuites dirigés contre ses agens infidèles. *(Décisions du Grand-Juge et du Ministre des finances des 15 brumaire et 11 ventôse an 11.)* Les receveurs de l'administration sont remboursés de ces frais de la manière prescrite par l'art. 66 de la loi du 22 frimaire an 7, et dans la forme indiquée par la circulaire de l'administration n.° 1739. | *V. l'instruction n.° 600, au titre Amendes.* |
| » | 5 prairial. | DÉBITEURS DE RENTES ET CRÉANCES. | Les poursuites contre les débiteurs de rentes et créances ne peuvent, à défaut de titres, être régulières, qu'autant que l'indication de la rente ou de la créance est confirmée par la déclaration du débiteur sur les registres et sommiers. *(Décision des Ministres des finances et de la justice.)* | *V. la circulaire de l'administration n.° 1864.* |
| » | Idem. | INSOLVABILITÉ DES CONDAMNÉS. | L'insolvabilité des condamnés à des amendes et à des frais au profit de l'état, ne peut être légalement prouvée que par des procès-verbaux de carence ; on ne doit leur appliquer les peines prononcées par la loi du 5 octobre 1793, qu'autant qu'il est justifié que cette formalité a été remplie. *(Décision du Grand-Juge.)* | |
| 202 | 21 pluviôse an 12. | EXPROPRIATIONS. | Les préposés de l'administration ne pourront poursuivre d'expropriations sans y avoir été autorisés formellement par l'administration ; pareille autorisation leur sera nécessaire pour se rendre adjudicataires, et dans ce cas, l'acte devra être enregistré gratis, et il ne sera dû aucuns droits de greffe, d'hypothèque, ni salaire de conservateur, soit que l'adjudication reste à un particulier ou à l'administration. Le droit des actes pour parvenir à la confection de l'ordre, ainsi que tous les autres frais y relatifs dont l'avance aura été faite, devront être colloqués à son profit. *(Art. 34 de la loi du 11 brum. an 7.)* | *V. l'instruction n.° 41.* |
| 238 | 24 messidor. | PROCÈS-VERBAUX DE CARENCE. | Les certificats d'indigence fournis par les redevables dont l'insolvabilité sera absolue, suffiront pour faire surseoir aux poursuites, sans qu'il soit nécessaire de faire dresser des procès-verbaux de carence. *(Décision du Ministre des finances du 8 nivôse an 8.)* Il est cependant nécessaire d'employer les procès-verbaux de carence, lorsque pour poursuivre des coobligés ou des cautions, l'administration doit discuter le débiteur principal, ou lorsque le défaut de paiement peut donner lieu à la peine de l'emprisonnement. | |
| 288 | 19 messidor an 13. | SAISIES DES FRUITS PENDANT PAR RACINE. | Les fruits pendant par racine, quoique réputés immeubles par l'art 620 du code civil, peuvent être saisis comme objets mobiliers, pourvu que la saisie soit faite dans un tems voisin de la récolte et en se conformant à l'usage des lieux. *(Décision du Grand-juge du 11 prairial an 13.)* | |
| 306 | 11 juin 1806. | SIMULATIONS DE PRIX, etc. — EXPERTISE. — PRESCRIPTION. | Pour la validité des demandes en expertise, à l'effet de constater les simulations de prix ou les fausses évaluations de revenus, les demandes doivent être présentées au tribunal, signifiées à la partie et enregistrées avant l'expiration du délai déterminé par la loi du 22 frimaire an 7 pour prévenir la prescription. | *Voir les circulaires de l'administration, n.° 194 et 1992.* |

# POURSUITES ET INSTANCES.

| INSTRUCTIONS GÉNÉRALES. | | OBJETS. | EXTRAIT DÉTAILLÉ DES INSTRUCTIONS. | OBSERVATIONS. |
|---|---|---|---|---|
| N.os | DATES. | | | |
| » | 31 mars 1807. | REVENUS NATIONAUX. — MINISTÈRE DES AVOUÉS. | En matières de prescriptions et de revenus nationaux l'administration n'est point tenue de se servir du ministère des avoués, même depuis la publication du code de procédure. (*Décision du G. Juge du 28 février 1807*). Elle ne les emploie que pour les instances d'ordre et de distribution de prix, pour les poursuites en saisies immobilières et les questions de propriété. | |
| » | 4 juillet. | FORME DE PROCÉDURE. | La forme de procéder dans les instances concernant l'administration devant les tribunaux et les cours, doit être la même depuis comme avant le 1.er janvier 1807, époque de l'exécution du code de procédure. (*Avis du Conseil d'état, du 12 mai 1807.*) | |
| 343 | 24 septembre | REVENUS. — COMPÉTENCE. | Dans quels cas les instances relatives à des fermages sont de la compétence des tribunaux ou des conseils de préfecture. Les Préfets seuls peuvent défendre sur les questions de propriété des biens meubles et immeubles contestés à l'état (*Décision du G. Juge.*) | *V. l'instruction* n.° 606. |
| 367 | 23 février 1808. | EXPÉDITIONS. — NOTAIRES. | Il n'est dû aux notaires pour les expéditions qu'ils délivrent aux préposés de l'administration que 75 c. à Paris, et 50 c. dans les départemens par chaque rôle, indépendamment des droits de timbre : ces expéditions doivent contenir 25 lignes à la page et 15 syllabes à la ligne. (*Décision des Ministres des finances et de la justice du 9 janvier 1808.*) | |
| » | 23 mars. | DÉBITEURS INCONNUS, etc. | Les frais de poursuites, faits contre des débiteurs inconnus, ou des personnes étrangères à l'objet des poursuites ; ceux pour prétendues mutations verbales, sans qu'elles aient été constatées ; ceux pour déclarations de succession, sans s'être assuré du fondement de la demande, etc. resteront à la charge des préposés qui les auront occasionnés ; il en sera de même de ceux d'instance, s'il n'y a pas autorisation spéciale du directeur ou de l'administration, et s'il n'y a taxé du président. Défense aux inspecteurs d'allouer aucun frais de l'espèce. (*Arrêté du Directeur général.*) | |
| 369 | 25 dudit. | QUALITÉS. — SIGNIFICATIONS. | Les instances concernant l'administration de l'enregistrement, dans lesquelles il est nécessaire de signifier des qualités, sont celles qui ont pour objet les saisies immobilières, les ouvertures d'ordre, les questions de propriété et autres pour lesquelles elle emploie le ministère d'avoués. Il n'y a pas lieu à la signification des qualités dans celles où l'administration procède par simples mémoires et sans avoués. (*Décision du Min. des finances du premier mars 1808.*) | |
| » | 30 avril. | CONSIGNATIONS POUR ALIMENS DES DÉTENUS. | Les receveurs sont dispensés de faire des consignations pour les alimens des débiteurs de l'état, détenus à la requête de l'administration. (*Déc. du 4 mars 1808.*) | *V. les instructions* n.os 283 et 358, *au titre* Frais de Justice. |
| 380 | 21 mai. | FÉODALITÉ. — COMPÉTENCE. | Toute contestation sur la féodalité ou la non féodalité d'une rente nationale, soit qu'elle ait été aliénée par voie de transfert ou qu'elle soit encore entre les mains de l'état, est de la compétence des tribunaux ordinaires. (*Avis du Conseil d'état, du 8 mars 1808.*) | |
| » | 6 juillet. | AMENDE ET DÉPENS EN CASSATION. — PAIEMENT. | Le receveur de l'administration près la cour de cassation est exclusivement chargé du paiement de l'amende de 150 francs et des dépens auxquels l'administration est condamnée quand elle succombe dans sa demande en cassation. | *V. la circulaire* du 26 nov. 1807, *au titre* Amendes. |
| 389 | 16 dudit. | EXÉCUTION DES JUGEMENS. — PRÉCAUTIONS. | Précautions à prendre avant d'exécuter des jugemens ou arrêts des cours d'appel concernant l'administration, ou d'en provoquer l'exécution. | *V. l'instruction* n.° 606. |

# POURSUITES ET INSTANCES.

| INSTRUCTIONS GÉNÉRALES. | | OBJETS. | EXTRAIT DÉTAILLÉ DES INSTRUCTIONS. | OBSERVATIONS. |
|---|---|---|---|---|
| N.os | DATES. | | | |
| 415 | 3o janvier 1809. | GRANDE VOIRIE. — AMENDES. — OPPOSITIONS. | Les poursuites à exercer pour le recouvrement des amendes en matière de grande voirie, se font en vertu d'arrêté du conseil de préfecture, sans visa ni mandement des tribunaux, par les garnisaires ou porteurs de contraintes, comme il est ordonné pour les contributions directes. — Des oppositions ou pourvois au conseil d'état ne peuvent pas les arrêter. — Les receveurs sont autorisés à prendre des inscriptions aux hypothèques sur les biens des condamnés, et même à les faire saisir réellement en vertu d'une expédition exécutoire de l'arrêté de condamnation. ( *Loi du 29 floréal an 10.* ) Les contraventions aux lois concernant les chemins vicinaux se poursuivent de la même manière. | |
| 583 | 20 juin 1812. | BIENS PRÉTENDUS APPARTENIR A L'ÉTAT. | Aucune poursuite ne pourra être exercée pour biens prétendus appartenir à l'état, qu'en vertu de titres constatant la domanialité de ces biens d'une date *postérieure* à la publication de l'édit de février 1566 ou d'une date *antérieure* à ladite publication, si les titres contenaient clause de retour, ou réserve de rachat, le tout sauf les exceptions portées par l'art. 5 de la loi du 14 ventôse an 7. ( *Décret du 8 mai 1808.* ) | |
| 600 | 24 septembre. | AMENDES DE POLICE. RECOUVREMENT. | Voir l'instruction générale au titre Amendes. | |
| 606 | 25 octobre. | CONTENTIEUX ADMINISTRATIF ET JUDICIAIRE. | Mode d'instruction des instances devant les conseils de préfecture ou les tribunaux ; précautions à prendre pour l'exécution des jugemens ou arrêtés, et voies pour faire réformer les décisions, etc. | |
| 609 | 4 novembre. | FORMULES EXÉCUTOIRES. | La formule exécutoire ne concerne que les jugemens et les actes des notaires ; en matière administrative, il suffit que l'expédition soit délivrée conforme à la minute. ( *Décision du Grand-Juge, du 14 octobre 1812.* ) | |
| 615 | 15 décembre. | DÉBET RÉSULTANT DE DÉCOMPTES. — POURSUITES. | Voir l'instruction générale au titre Domaines-aliénations. | |
| 642 | 1.er juillet 1813. | MODE DE PAIEMENT DES SOMMES DUES PAR LES COMMUNES. — POURSUITES. | Les communes ne peuvent rien payer qu'autant qu'elles y ont été autorisées par leur budget ; dès lors on ne peut ni décerner contrainte, ni exercer d'autres poursuites contr'elles qu'autant que les sommes dues ont été préalablement portées au budget. ( *Avis du Conseil d'état, du 11 mai 1813.* ) | |
| 647 | 9 septembre. | *Idem*. | Les sommes dont les communes ont été déclarées débitrices par le conseil général de liquidation, ne pourront pas être repétées contr'elles ( *Avis du Conseil d'état, du 29 juillet 1813* ), mais les frais de poursuites déjà faits seront remboursés. | |
| 659 | 17 mars 1814. | POURSUITES. | Les contraintes décernées par les préposés de l'administration, visées par les juges de paix, doivent être signifiées par les huissiers des justices de paix ; et celles visées par les présidens des tribunaux de première instance, doivent être signifiées par les huissiers de ces tribunaux. | |
| 715 | 29 avril 1816. | POURSUITES. — INSTANCES. | Aux termes de l'article 76 de la loi du 28 avril 1816, le recouvrement des droits de timbre et des amendes sera suivi par voie de contrainte. En cas d'opposition, les instances seront instruites et jugées suivant les formes prescrites par les lois des 22 frimaire an 7 et 27 ventôse an 9. | |

# POURSUITES ET INSTANCES.

| INSTRUCTIONS GÉNÉRALES. | | OBJETS. | EXTRAIT DÉTAILLÉ DES INSTRUCTIONS. | OBSERVATIONS. |
|---|---|---|---|---|
| N.os | DATES. | | | |
| 763 | 20 janvier 1817. | POURSUITES POUR CAUSE DE DÉSERTION PENDANT L'USURPATION. | Les poursuites judiciaires faites pendant les trois mois de l'usurpation, pour raison de désertion, contre des militaires qui ont quitté leurs corps pour embrasser la cause Royale, ainsi que les condamnations qui ont pu en être la suite, sont réputées nulles. ( *Ordonnance Royale du 13 novembre 1816.* ) | |
| 773 | 19 avril. | PAIEMENT DES FRAIS DE POURSUITES POUR CONTRAVENTIONS AUX LOIS SUR LE NOTARIAT | Les frais de poursuites, pour contraventions aux lois sur le notariat, seront avancés, par les receveurs de l'enregistrement, comme frais de justice et remboursés à l'administration d'après le même mode. ( *Décision du Ministre des finances, du 10 février 1817.* ) | |
| 807 | 30 septembre | FORMULE DES ACTES DE POURSUITES ET DE PROCÉDURE. | Les contraintes, saisies, mémoires et tous actes de procédure seront faits et signifiés à la requête de M. le conseiller d'état, directeur-général de l'enregistrement et des domaines, hôtel de la direction générale, rue de Choiseuil, à Paris, poursuite et diligence de M. le directeur, demeurant à qui élit domicile à | |
| 943 | 25 juillet 1820. | AMENDES DE SIMPLE POLICE ET CORRECTIONNELLE. — MODE DE POURSUITES. | A l'égard des jugemens des tribunaux de simple police, lors même qu'ils sont contradictoires, il est indispensable, pour mettre le condamné en demeure et pour faire courir le délai de l'appel, de les faire signifier aux parties avant de décerner contrainte, attendu que ce délai ne compte que du jour de la signification. — Mais pour les jugemens contradictoires des tribunaux correctionnels, la signification n'est pas nécessaire, puisque le délai de l'appel court de la date de la prononciation. — Toute contrainte décernée pour le recouvrement d'amendes et frais en simple police, constatera que le jugement a été préalablement signifié aux redevables. ( *Décision du Ministre des finances, du 20 juin 1820.* ) | *V.* la circulaire de l'administration n.º 1864 et les instructions n.os 1024 et 1059. |
| » | 12 décembre | FORMULE DES ACTES DE POURSUITES ET DE PROCÉDURE. | Les actes de poursuites et de procédure seront faits et signifiés à la requête des administrateurs de l'enregistrement et des domaines, hôtel de l'administration, rue de Choiseuil, à Paris. | |
| » | 29 janvier 1821. | *Idem.* | Les actes de poursuites et de procédure seront faits et signifiés ainsi qu'il a été prescrit par la circulaire du 30 sept. 1817. | |
| 982 | 13 juin. | BOIS DE L'ÉTAT. — QUESTIONS DE PROPRIÉTÉ. — INSTANCES. | Concours de l'administration des domaines dans la suite des instances judiciaires concernant la propriété des bois de l'Etat. Documens à fournir par les directeurs à MM. les préfets, et mémoires à rédiger. ( *Décision du Ministre des finances, du 16 mai 1821.* ) | *V.* la circulaire de l'administration n.º 1820. |
| 1024 | 28 février 1822. | FORME DES POURSUITES POUR LE RECOUVREMENT DES AMENDES DE POLICE CORRECTIONNELLE. | Les poursuites pour le recouvrement des amendes correctionnelles, doivent être faites, au nom du procureur du Roi, à la requête du directeur de l'enregistrement. | *V.* amendes. |
| 1029 | 23 mars. | MINISTÈRE DES AVOUÉS DANS LES INSTANCES CONCERNANT L'ADMINIST.on ET CELLES RELATIVES AUX DOMAINES DE L'ÉTAT, POURSUIVIES A LA REQUÊTE DES PRÉFETS. | L'administration est autorisée à se servir du ministère d'un avoué lorsqu'elle poursuit une saisie immobilière, ou quelle est appelée à produire dans une instance d'ordre. — En matière de saisie-arrêt l'administration fait prononcer, sur simples mémoires, la validité de la saisie des deniers de son débiteur entre les mains d'un tiers ; mais elle doit constituer avoué et observer les règles du droit commun de la procédure vis-à-vis du tiers saisi, s'il conteste la saisie-arrêt, où s'il s'oppose aux poursuites exercées directement contre lui, après qu'il a été déclaré débiteur des causes de la saisie ; cette distinction est établie par un arrêt de la cour de cassation du 29 avril 1818. Dans les affaires qui intéressent les propriétés de l'état ou du domaine, aucune loi n'impose aux préfets l'obligation de | *V.* l'instruction n.º 1057, au titre Domaine—cons.on |

| INSTRUCTIONS GÉNÉRALES. | | OBJETS | EXTRAIT DÉTAILLÉ DES INSTRUCTIONS. | OBSERVATIONS. |
|---|---|---|---|---|
| N.ᵒˢ | DATES. | | | |
| | | | constituer avoué, le procureur du Roi étant chargé de défendre, d'après les mémoires qui lui sont fournis par le préfet; cependant il peut souvent être utile que ce magistrat en établisse un, pour préparer la défense et veiller à l'observation des formes et aux significations à faire dans les délais prescrits; il peut donc, dans certains cas, employer le ministère d'un avoué. | |
| 1059 | 7 décembre. 1822. | MODE DE POURSUITES POUR LE RECOUVREMENT DES AMENDES DE SIMPLE POLICE. | Suivant une décision du 4 octobre 1822, concertée entre S. Exc. le ministre des finances et M.gr le garde des sceaux, le recouvrement des amendes de simple police, lorsque le jugement a été rendu contradictoirement et que les condamnations qu'il prononce n'excèdent pas la somme de cinq francs et qu'il ne prononce pas non plus la peine d'emprisonnement, ne peut être poursuivi par la voie de la contrainte, les receveurs doivent se borner à faire signifier, aux redevables, les extraits des jugemens qui leur sont remis par les greffiers, avec commandement de payer dans la huitaine.<br>En ce qui concerne les jugemens de simple police, rendus par défaut, il est sans difficulté que, sans égard à la nature et à la quotité des condamnations qu'ils portent, la signification doit en être faite en entier, attendu que, d'après l'article 151 du code d'instruction criminelle, le délai de l'opposition ne court que du jour de la signification. | *V. l'instruction n.ᵒ 943.* |

| INSTRUCTIONS GÉNÉRALES. | | OBJETS. | EXTRAIT DÉTAILLÉ DES INSTRUCTIONS. | OBSERVATIONS. |
|---|---|---|---|---|
| N.ᵒˢ | DATES. | | | |

| INSTRUCTIONS GÉNÉRALES. | | OBJETS. | EXTRAIT DÉTAILLÉ DES INSTRUCTIONS. | OBSERVATIONS. |
|---|---|---|---|---|
| N.ᵒˢ | DATES. | | | |
| | | | | |

| INSTRUCTIONS GÉNÉRALES. | | OBJETS | EXTRAIT DÉTAILLÉ DES INSTRUCTIONS. | OBSERVATIONS. |
|---|---|---|---|---|
| N.ᵒˢ | DATES. | | | |
| 24 | 23 frimaire an 10. | GREFFIERS DES TRIBUNAUX. | Les greffiers des tribunaux sont obligés de tenir des répertoires pour y inscrire tous les actes sujets à l'enregistrement sur la minute; il leur est accordé un mois pour les mettre en règle; passé ce délai, ils seront poursuivis pour le paiement des amendes encourues. ( *Décision du Ministre de la justice du 18 vendémiaire an 10.* ) | |
| » | 22 nivôse an 12. | AMENDES ENCOU-RUES PAR LES NO-TAIRES. | Remise aux notaires des amendes par eux encourues pour défaut de représentation de leurs répertoires aux receveurs de l'enregistrement ou de dépôt d'un double au greffe du tribunal dans les délais prescrits par la loi du 25 ventôse an 11. Délai d'un mois pour réparer ces omissions, après lequel le recouvrement de ces amendes sera suivi avec activité. ( *Décision du Ministre des finances, du 12 nivôse an 12.* ) | |
| » | 8 prairial. | NOTAIRES COMMIS PAR UN TRIBUNAL. | Les notaires commis par un tribunal doivent garder la minute des actes qu'ils reçoivent et les porter sur leur répertoire. ( *Décision du Ministre Grand-Juge, du 28 floréal an 12.* ) | |
| 232 | 1.ᵉʳ messidor | COLLATIONS ET EXTRAITS D'ACTES. — NOTAIRES. | Les notaires sont tenus de porter sur leur répertoire les collations et extraits d'actes par eux délivrés et soumis à la formalité. Les employés doivent s'assurer de l'exactitude des officiers publics à ce sujet, et constater par des procès-verbaux les contraventions qu'ils reconnaîtront. ( *Décision du Ministre des finances, du 9 prairial an 12.* ) | \ |
| 318 | 9 octobre 1806. | DÉPÔT AU GREFFE DU TRIBUNAL. — NO-TAIRES. — SECRÉTAI-RES - GÉNÉRAUX. — SOUS - PRÉFETS. — MAIRES. — VISA. — CONTRAVENTIONS ET DÉPÔT A CONSTATER | Les notaires sont tenus depuis la loi du 25 ventôse an 11, comme auparavant, de déposer le double de leur répertoire dans les deux premiers mois de l'année pour l'année précédente, au greffe du tribunal de première instance, et de le faire viser par les receveurs de l'administration, aux époques fixées par l'art. 51 de la loi du 22 frimaire an 7. = Les secrétaires-généraux, les sous-préfets et maires sont tenus d'avoir des répertoires en papier timbré, visés et paraphés, et de les présenter au visa du receveur aux époques ci-dessus. = Il leur est accordé à tous, jusqu'au 1.ᵉʳ décembre 1806 pour se mettre en règle, et aux notaires pour faire le dépôt du double du répertoire.<br>La présentation au visa du receveur et la vérification qu'il en fera, seront constatées par un enregistrement dans une case particulière.<br>A compter de l'an 1807, chaque receveur pour son arrondissement constatera au 11 de chacun des mois de janvier, avril, juillet et octobre, les contraventions commises pour défaut de présentation de leur répertoire.<br>Le 1.ᵉʳ mars de chaque année, aussi à compter de 1807, le receveur près le tribunal de première instance constatera, par un procès-verbal, quels sont les notaires qui n'auront pas déposé le double de leur répertoire; il remettra ce procès-verbal au procureur du Roi.<br>Les receveurs et employés supérieurs sont rendus responsables du paiement des amendes pour contraventions non constatées ou qui n'auraient pas été relevées. ( *Décision du Ministre des finances, du 9 septembre 1806.* ) | |
| 322 | 26 décembre | SOUS-PRÉFECTURES. — TENUE DU RÉPER-TOIRE. — COMMIS SPÉCIAL. | Les sous-préfets sont autorisés à nommer par un arrêté spécial, un commis de leurs bureaux pour la tenue et la présentation au visa du répertoire des actes soumis à l'enregistrement sur la minute, lequel sera responsable des contraventions | |

# RÉPERTOIRES.

| INSTRUCTIONS GÉNÉRALES. | | OBJETS. | EXTRAIT DÉTAILLÉ DES INSTRUCTIONS. | OBSERVATIONS. |
|---|---|---|---|---|
| N.os | DATES. | | | |
| | | | encourues ; le délai fixé au 11 janvier prochain pour présenter au visa les répertoires, est définitivement prorogé jusqu'au 1.er mars. *( Décision des Ministres de l'intérieur et des finances, du 4 décembre 1806. )* | |
| 325 | 7 mai 1807. | MAIRIES. — TENUE DU RÉPERTOIRE. — COMMIS SPÉCIAL. | Les maires sont autorisés comme les sous-préfets, à déléguer à un commis la tenue de leur répertoire, lequel se soumettra, sous sa responsabilité personnelle, à l'exécution des obligations imposées par la loi. — Les maires côteront et parapheront eux-mêmes ce répertoire. *( Lettre du Ministre de l'intérieur, du 19 février 1807. )* | |
| » | 16 septembre | AMENDES ENCOURUES. — REMISE. — NOTAIRES. — MAIRES. | L'ordre prescrit pour la tenue des répertoires étant actuellement rétabli, il n'y a pas lieu de revenir sur les répertoires déposés, ni d'inquiéter les notaires à ce sujet. — On restituera aux maires les amendes qu'ils auront payées pour n'avoir pas présenté au visa du receveur leur répertoire, et on surseoira aux poursuites dirigées contre ces fonctionnaires, pour les contraventions qu'ils ont pu commettre. *( Décision du Ministre des finances, du 11 août 1807. )* Les receveurs inviteront les maires à se mettre sans délai en règle sur ce point. | |
| 363 | 18 février 1808. | RÉPERTOIRE. — RÉDACTION. — PORTEURS DE CONTRAINTES. | Le numéro d'ordre des répertoires peut être écrit en chiffres ; la date des actes doit être en toutes lettres, et il est nécessaire que la relation de l'enregistrement soit littéralement transcrite. *( Décision du Ministre des finances, du 5 mai 1807. )* Les porteurs de contraintes sont tenus d'avoir un répertoire et d'y inscrire tous les actes de leur ministère sujets à l'enregistrement. | *V. l'instruction qui suit.* |
| 382 | 7 juin. | RÉDACTION DU RÉPERTOIRE. | Les notaires peuvent continuer à constater en chiffres sur leur répertoire, la date de leurs actes ainsi qu'à y relater l'enregistrement par la simple expression en chiffres des droits perçus et de la date de la formalité. *( Décision du Ministre des finances, du 10 mai 1808. )* Les répertoires des porteurs de contraintes seront visés pour timbre *gratis.* — Mention de cet usage, à faire dans le visa. *( Décision du Ministre des finances, du 19 avril 1808. )* | |
| 388 | 14 juillet | HUISSIERS PRÈS LES COURS CRIMINELLES. COMMISSAIRES PRISEURS. | Les huissiers près les cours criminelles sont tenus d'avoir un répertoire et d'y inscrire, jour par jour, tous leurs actes, soit qu'ils soient enregistrés *en debet* ou *gratis*, la loi n'ayant fait aucune distinction. *( Décision du Ministre des finances, du 9 février 1808. )* Les commissaires priseurs sont également obligés à la tenue d'un répertoire, et à tout ce qui est prescrit à ce sujet aux officiers publics et ministériels, par la loi du 22 frimaire an 7. *( Décisions des Ministres des finances et de la justice, des 31 mai et 28 juin 1808. )* | |
| 420 | 9 mars 1809. | PROTÊTS. — NOTAIRES ET HUISSIERS. | Les notaires et huissiers sont tenus d'inscrire, jour par jour et dans un registre particulier, tous les protêts qu'ils signifient. Ce registre côté et paraphé, et tenu dans la forme des répertoires, n'est point sujet au visa du receveur comme le répertoire. *( Décision du Ministre des finances. )* | |
| 453 | 25 octobre. | DÉPÔT AU GREFFE. — AMENDES. | L'amende encourue par les notaires, pour n'avoir pas déposé le double de leur répertoire au greffe du tribunal de première instance dans les deux premiers mois de l'année, conformément aux lois des 6 octobre 1791 et 16 floréal an 4, est due le premier jour qui suit l'expiration du délai, comme pour le mois entier. *( Arrêt de la Cour de Cassation du 6 juin 1809. )* | |

# RÉPERTOIRES.

| INSTRUCTIONS GÉNÉRALES. | | OBJETS. | EXTRAIT DÉTAILLÉ DES INSTRUCTIONS. | OBSERVATIONS. |
|---|---|---|---|---|
| N.os | DATES. | | | |
| 458 | 2 janvier 1810. | GARDES ET AGENS FORESTIERS. | Il n'y a pas lieu d'appliquer aux gardes et agens forestiers les dispositions de la loi du 22 frimaire an 7 relatives à la tenue et au visa des répertoires. (*Décision du Ministre des finances, du 12 décembre 1809.*) | |
| » | 19 avril. | MODÈLE NOUVEAU POUR LES NOTAIRES. | Modèle uniforme du répertoire des notaires, adressé par le grand-juge aux procureurs du Roi près les tribunaux. | |
| 486 | 4 août. | COTE ET PARAPHE. | Les répertoires des huissiers établis près les cours et tribunaux doivent être côtés et paraphés par le président de ces cours et tribunaux, ou par les juges qu'il commet. (*Avis du Conseil d'état du 3 juillet 1810.*) | |
| 590 | 14 juillet 1812. | DÉPÔT ANNUEL PAR LES NOTAIRES. | L'acte du dépôt annuel des répertoires des notaires est exempt de l'enregistrement, comme celui de l'état civil ; le seul droit dû est celui de greffe d'un franc vingt-cinq centimes ; il doit être fait autant d'actes de dépôt qu'il y a de notaires déposans. (*Décisions des Ministres de la justice et des finances, des 24 et 30 juin 1810.*) | |
| 596 | 28 août. | INSCRIPTION DES INVENTAIRES. | La première vacation des inventaires doit être inscrite à sa date sur le répertoire ; il est utile de rappeler à la suite et dans le même contexte de l'article, la date successive des autres vacations. (*Décision du Ministre des finances, du 18 août 1812.*) | |
| 659 | 17 mars 1814. | RÉPERTOIRES. — HUISSIERS. | Les répertoires des huissiers doivent contenir le coût de l'acte ou exploit, déduction faite des débours ; dans le cas d'omission, les receveurs doivent en informer M. le procureur du roi. (*Article 47 du décret du 14 juin 1813.*) | |
| » | 26 février 1816. | RÉPERTOIRE. — OMISSIONS. | Les événemens de la guerre ayant, dans plusieurs départemens, donné lieu à des retards dans la présentation des répertoires au visa, la remise des amendes encourues est accordée, pourvu que les omissions soient réparées avant le 1.er avril 1816. | |
| 714 | 29 avril. | RÉPERTOIRE DES GREFFIERS. — EXÉCUTION DE LA LOI DU 28 AVRIL 1816. | Tous les actes judiciaires, d'après la loi du 28 avril 1816, doivent être enregistrés sur les minutes ; les greffiers qui n'auront pas reçu, dans le délai fixé pour l'enregistrement, les droits des jugemens rendus à l'audience, continueront à jouir de la faculté que leur accorde l'art. 37 de la loi du 22 frimaire an 7, de remettre des extraits de ces jugemens au receveur, qui poursuivra le recouvrement contre les parties. Le receveur délivrera des récépissés sur papier non timbré, des extraits de jugement, aux greffiers, qui inscriront ces récépissés sur leur répertoire. | |
| 834 | 18 mai 1818. | RÉPERTOIRES TENUS DANS LES PRÉFECTURES, SOUS-PRÉFECTURES ET MAIRIES. — EXÉCUTION DE LA LOI DU 15 MAI 1818. | La disposition de l'article 37 de la loi du 22 frimaire an 7, qui autorise, pour les adjudications en séance publique seulement, la remise d'un extrait au receveur de l'enregistrement pour la décharge du secrétaire, lorsque les parties n'ont pas consigné les droits en ses mains, est étendue aux actes ci-après énoncés : 1.º Aux actes des autorités administratives et des établissemens publics, portant transmission de propriété, d'usufruit et de jouissance ; aux adjudications ou marchés de toute nature, aux enchères, au rabais ou sur soumission ; 2.º aux cautionnemens relatifs à ces actes. (*Art. 78 de la loi du 15 mai 1818.*)<br>Les seuls actes dont il devra être tenu répertoire sur papier timbré dans les préfectures, sous-préfectures et mairies, et dont les préposés pourront demander communication, sont ceux dénommés dans l'art. 78 précité. | |

# RÉPERTOIRES.

| INSTRUCTIONS GÉNÉRALES. | | OBJETS. | EXTRAIT DÉTAILLÉ DES INSTRUCTIONS. | OBSERVATIONS. |
|---|---|---|---|---|
| N.ᵒˢ | DATES. | | | |
| 909 | 11 novembre 1819. | NOTAIRE REMPLA-ÇANT. | Dans le cas ou un notaire aura remplacé son confrère pour la rédaction d'un acte, la minute sera portée à la fois sur le répertoire du notaire substitué et sur celui du notaire substituant. | |
| 920 | 31 janvier 1820. | RÉPERTOIRES A TE-NIR PAR LES GREFFIERS DES TRIBUNAUX DE PREM.ᵗᵉ INSTANCE ET PAR CEUX DES COURS ROYALES. | Les greffiers des tribunaux de première instance et de cours Royales sont autorisés à tenir deux répertoires sur papier timbré; l'un pour les actes en matière civile, l'autre pour ceux en police correctionnelle : à partir du 1.ᵉʳ janvier 1820, ces répertoires seront tenus et visés dans les formes prescrites. Les récépissés d'extraits de jugemens à délivrer aux greffiers seront inscrits au répertoire où les jugemens se trouvent portés. | |
| 1069 | 15 février 1823. | AUTORISATION AC-CORDÉE AUX SECRÉ-TAIRES-GÉNÉRAUX DE PRÉFECTURE, REM-PLISSANT LES FONCT.ˢ DE SOUS-PRÉFET, DE DÉLÉGUER LA TENUE DE LEURS RÉPERTOI-RES. | Suivant une décision du ministre des finances, du 7 février 1823, les secrétaires-généraux de préfecture, dans les départemens où ils remplissent les fonctions de Sous-préfet de l'arrondissement du chef-lieu, sont autorisés à déléguer la tenue de leurs répertoires. — Formalités à remplir à cet égard. | *V. l'instruction* n.ᵒ 322. |

| CIRCULAIRES DE L'ADMINISTRATION. | | OBJETS. | EXTRAIT DÉTAILLÉ DES INSTRUCTIONS. | OBSERVATIONS. |
|---|---|---|---|---|
| N.os | DATES. | | | |
| 1419 | 26 brumaire an 7. | Loi du 13 brum. an 7. | Envoi de la loi du 13 brumaire an 7, et instruction pour son exécution — Nomenclature des actes assujettis au timbre. — Registres timbrés à tenir par les banquiers, négocians, etc. — Actes faits dans les pays où le timbre n'est pas établi. — Effets de commerce venant de l'étranger, quittances non soumises au droit. — Les notaires, huissiers, greffiers, etc., ne peuvent faire timbrer à l'extraordinaire. = Actes à viser pour timbre. = Contravention à constater, etc. | |
| 1496 | 29 pluviôse. | Patentes. — Passeports, etc. | Les expéditions de patentes, les passe-ports, les certificats de vie et de résidence, et les extraits de naissance, mariage et décès sont soumis au droit de 75 centimes. | |
| 1500 | 3 ventôse. | Commissions des employés des administrations. | Les commissions délivrées aux préposés des administr tons, sont assujetties au timbre : ce droit est à la charge de ceux qui en sont pourvus. | |
| 1502 | 5 dudit. | Procès-verbaux des gardes forestiers. | Le papier destiné aux procès-verbaux des gardes forestiers et champêtres doit être visé pour timbre en débet. (*Décision du Ministre des finances du 26 pluviôse an 7.*) | |
| 1508 | dudit. | Échantillons de papier. — Empreintes des timb. à déposer. | Envoi des échantillons dont il sera fait usage lors des nouvelles adjudications. = Empreintes des timbres à déposer au greffe des tribunaux. | |
| 1511 | 19 dudit. | Comptabilité. | Comptabilité à établir d'après les dispositions de la loi du 13 brumaire an 7. | |
| 1517 | 26 dudit. | Effets de commerce. | On ne peut frapper du timbre de dimension, le papier destiné aux effets de commerce. | |
| 1566 | 2 prairial. | Solutions diverses. | Les procès-verbaux des gardes ruraux et forestiers, nommés par des particuliers, ne doivent pas jouir de l'exception faite pour ceux des gardes forestiers nommés par le gouvernement, d'être visés pour timbre sans paiement du droit. Les gardes particuliers doivent se servir du papier timbré ordinaire. Les pétitions en dégrèvement de contributions, sont soumises au timbre. Les commissions d'emploi et les affiches de publication de mariage y sont également assujetties. Les papiers timbrés enlevés d'un bureau de distribution doivent y être rétablis. L'arrêté de nomination d'un commissaire par une administration centrale (préfet), ainsi que le mandat de ses salaires, sont exempts du timbre. Distinction des actes et registres des corps administratifs qui sont soumis au timbre ou qui en sont exempts. Les actes délivrés aux particuliers par les préfets, doivent auparavant être timbrés : ils ne peuvent plus l'être, à la charge de les faire viser pour timbre. Les actes préparatoires et de communiqué, ne sont pas assujettis à un droit particulier de timbre. Les registres destinés à l'enregistrement des pétitions n'y sont pas soumis. Les expéditions d'arrêtés ne peuvent être transcrites en marge des pétitions. Les procès-verbaux des agens des communes et gendarmes sont exempts du timbre. Les minutes d'arrêtés peuvent être écrites en marge des pétitions. | |

| CIRCULAIRES DE L'ADMINISTRATION. | | OBJETS. | EXTRAIT DÉTAILLÉ DES INSTRUCTIONS. | OBSERVATIONS. |
|---|---|---|---|---|
| N.os | DATES. | | | |

EXTRAIT DÉTAILLÉ DES INSTRUCTIONS.

Les déclarations de command peuvent être placées à la suite des ventes dont elles ne sont que le complément.

Un arrêté sur un acte assujetti au timbre, ne peut être pris qu'autant que l'acte est timbré.

Les imprimés pour expéditions des actes adminitratifs, sont conservés, en acquittant le droit de 75 cent. par feuille.

Les certificats de conscription sont exempts du timbre.

Les lettres de change ne peuvent être endossées, sans contravention, qu'autant que l'effet est timbré.

Les procès-verbaux des employés des douanes doivent être sur papier timbré.

Les quittances de contributions et les cartes de sûreté sont exemptes du timbre.

Les extraits d'actes reçus en minute sont soumis au droit de 75 centimes.

Les déclarations pour l'assiette des contributions directes sont exemptes du droit.

L'expédition des mandats des administrations publiques au profit des entrepreneurs et fournisseurs, est passible du timbre.

Les quittances de secours aux indigens, et des indemnités pour incendies, inondations, épizooties et autres cas fortuits, et celles des secours accordés aux parens des défenseurs de la patrie, sont exemptes du timbre.

Les imprimés des actes de l'état civil, même ceux délivrés aux indigens, quelle que soit la petitesse du format, doivent être timbrés à 75 centimes.

Les actes des bureaux de paix, des tribunaux, des juges et greffiers, sont soumis au timbre, dans le cas où ils doivent être enregistrés sur la minute. S'il n'est tenu qu'un seul registre de tous les actes, il doit être timbré.

Les répertoires des greffiers sont passibles du timbre.

Les actes des procureurs du roi en sont exempts, lorsqu'ils ne concernent que la police générale et la vindicte publique.

Définition de la police administrative et de la police judiciaire.

Actes des agens du ministère public qui peuvent être visés en débet.

Pièces relatives à la liquidation de la dette publique.

Les actes passés en forme authentique dans les pays réunis, avant l'établissement du timbre, en sont exempts; ceux sous seing privé, passés et produits depuis cet établissement, sont passibles du droit.

Les imprimés des porteurs de contraintes, peuvent être timbrés à l'extraordinaire.

Registres en papier timbré à tenir par certaines professions.

Les certificats de paiement ou de sommes restant à payer, délivrés par les payeurs généraux, sont soumis au timbre comme formant titre aux parties.

Les registres et feuilles de route des messageries, les quittances et reconnaissances au-dessus de 10 francs qu'elles délivrent, sont soumis au droit. *V. la circulai[re] n.o 1738.*

Les reconnaissances de l'administration des postes sont soumises au timbre, à l'exception de celles pour envois aux militaires, qui n'excèdent pas 10 francs.

Les actes sous seings privés, passés en pays étranger, doivent être visés pour timbre avant l'inscription aux hypothèques.

# TIMBRE.

| CIRCULAIRES DE L'ADMINISTRATION. | | OBJETS | EXTRAIT DÉTAILLÉ DES INSTRUCTIONS. | OBSERVATIONS. |
|---|---|---|---|---|
| N.os | DATES. | | | |
| 1574 | 11 prairial. an 7. | DÉCIME PAR FRANC. | Loi du 6 prairial an 7, qui établit, à compter du jour de sa publication, la perception au profit du gouvernement, du décime par franc en sus des droits d'enregistrement, de timbre, hypothèques, droits de greffes, amendes et condamnations pécuniaires. — Instruction pour son exécution. | *V. pour la comptabilité du décime par franc, la circulaire de l'administration, n. 1591.* |
| 1580 | 18 dudit. | LOI DU 16 PRAIR. AN 7. | Envoi de la loi du 16 prairial an 7, relative au timbre des avis imprimés, des lettres de voiture, connaissemens et des billets et obligations non négociables. | |
| 1593 | 26 dudit. | EFFETS NÉGOCIABLES VENANT DE L'ÉTRANGER. | Les effets négociables venant de l'étranger ou des îles et colonies françaises où le timbre n'aurait pas été établi, seront visés pour timbre avant qu'ils puissent être négociés, acceptés ou acquittés en France : on ne peut apposer sur ces effets le timbre de dimension. | |
| 1643 | 2 fructidor. | DÉCIME PAR FRANC, DOMMAGES-INTÉRÊTS. | Les dommages-intérêts prononcés en faveur du gouvernement pour délits forestiers, etc., ne sont pas soumis au décime par franc. ( *Décis. du Ministre des finances du 16 thermidor an 7.* ) | |
| 1676 | 1.er brumaire an 8. | BORDEREAUX D'INSCRIPTIONS. — PROCUREURS DU ROI. | On doit admettre au *visa* pour timbre *en débet* les feuilles de papier que les procureurs du roi destineront aux bordereaux d'inscriptions dont la loi les charge, sauf à recouvrer ces droits sur les grevés. | |
| 1695 | 1.er frimaire. | REGISTRE D'ORDRE TENU PAR LES GREFFIERS. | Les greffiers peuvent tenir en papier libre le registre d'ordre sur lequel ils inscrivent les actes sujets aux droits de greffe. ( *Décision du Ministre des finances du 6 brumaire an 8.* ) | |
| 1705 | 9 dudit. | SOLUTIONS DIVERSES. | Les mandats et ordonnances des préfets autres que celles pour le traitement des fonctionnaires et salariés du gouvernement, doivent être sur papier timbré. — Arrêtés des préfets à mettre en marge des pétitions. — Les minutes d'arrêtés sujets à l'enregistrement sur la minute ne peuvent être placées sur la même feuille des pétitions. — Les récépissés de titres déposés à la préfecture, doivent être sur papier timbré. — Les registres des hospices civils, relatifs à l'administration intérieure, sont exempts du droit ; les autres sont soumis au timbre. ——— Les duplicata de reconnaissances de sommes déposées dans les bureaux des postes sont passibles du droit ; les registres de l'administration des postes en sont exempts. — Les procès-verbaux d'échouement de navire y sont soumis. — L'expédition des rôles à l'armement et au désarmement des bâtimens de commerce sont soumis au timbre et ne peuvent être visés. — Les acquits à caution délivrés aux voituriers conduisant des subsistances à une armée sont soumis au droit. — Les ventes d'équipages licenciés, faites par des entrepreneurs d'équipages militaires, sont sujettes au timbre. — Les répertoires des notaires ne peuvent être formés qu'avec du papier distribué par la régie. — Les effets de commerce, billets au porteur mis en circulation par des fabricans, sont sujets au timbre proportionnel. | |
| 1734 | 15 nivôse. | LIQUIDATION DE LA DETTE PUBLIQUE. | Les actes sous seing privé tendant uniquement à la liquidation de la dette publique, sont dispensés du timbre. ( *Loi du 28 frimaire an 8.* ) | |
| 1738 | dudit. | REGISTRES DES MESSAGERIES. | Registres et expéditions des messageries qui sont soumis à la formalité du timbre. | |
| 1762 | 15 pluviôse. | PROCÈS-VERBAUX. — GENDARMES. | Les procès-verbaux rédigés par les gendarmes dans l'exercice de leurs fonctions doivent être visés pour timbre *en débet*. | |
| 1796 | 12 germinal. | COMPTABILITÉ. | Mode de comptabilité du timbre extraordinaire. | |

# TIMBRE.

| CIRCULAIRES DE L'ADMINISTRATION. | | OBJETS. | EXTRAIT DÉTAILLÉ DES INSTRUCTIONS. | OBSERVATIONS. |
|---|---|---|---|---|
| N.os | DATES. | | | |
| 1801 bis. | 22 germinal an 8. | PROCÈS-VERBAUX DE VENTE D'EFFETS DE MARINS MORTS EN MER | Mode de perception des droits de timbre des procès-verbaux de vente d'effets de marins et passagers morts en mer. | |
| 1810 | 3 floréal. | VENTE D'EFFETS MILITAIRES. | Le procès-verbal de vente d'effets militaires, faite par un commissaire des guerres, est assujetti au timbre. (*Décision du Ministre des finances du 8 germinal an 8.*) | |
| 1819 | 23 dudit. | OBLIGATIONS DES RECEVEURS GÉNÉRAUX | Les obligations souscrites par les receveurs-généraux de département et les soumissions que les receveurs particuliers sont tenus de leur fournir, ne sont point soumises au timbre. (*Décision du Ministre des finances du 9 floréal an 8.*) | |
| 1834 | 24 prairial. | PAPIER DE 25° A DISTRIBUER EN DEMI-FEUILLE. | Ordre de faire couper en demi-feuille le petit papier à deux timbres et de n'en plus distribuer de feuilles entières. | |
| 1835 | 28 dudit. | FAÇON DES BALLOTS ET TRANSPORT. | Prix alloué pour façon des ballots de papier timbré envoyés par les gardes-magasins aux distributeurs, et leur transport du magasin à la messagerie. | |
| 1887 | 1.er compl. | EXTRAITS. — EXPÉDITIONS. | Les extraits comme les expéditions des actes ne peuvent être délivrés que sur du papier de 75 centimes. | |
| 1896 | 15 vendém. an 9. | PATENTES. | Les quittances des droits de patente doivent être sur du papier à 25 cent., les patentes sur papier à 75 centimes. | |
| 1908 | 13 brumaire | AFFICHES POUR EXPROPRIATION. | Les affiches pour parvenir aux expropriations forcées, sont soumises au timbre de dimension comme tous les actes judiciaires. (*Décision du Ministre des finances du 18 vendémiaire an 9.*) | |
| 1913 | 19 dudit. | PERCEPTION DES CONTRIBUTIONS. — PROCÈS-VERBAUX. | Les procès-verbaux d'adjudication de la perception des contributions directes et les cautionnemens qui sont fournis en conséquence, sont assujettis au timbre. | |
| 1983 | 9 germinal. | ACTES CIVILS. — REGISTRES. | Les registres contenant la publication des actes d'adoption, de mariage et de divorce doivent être tenus en papier timbré. | |
| 2006 | 1er prairial. | OCTROIS. — REGISTRES. | Les registres de recette des octrois municipaux et de bienfaisance qui auraient été tenus en papier libre, seront timbrés à l'extraordinaire ou visés pour timbre sans amende ; à l'avenir ces registres doivent être formés avec du papier timbré avant qu'il en soit fait usage. | *V. l'instruction générale n.° 597.* |
| 2033 | 7 fructidor. | ADMINISTRATION FORESTIÈRE. — ACTES ET PROCÈS-VERBAUX. | Décisions relatives au timbre de différens actes concernant les préposés de l'administration forestière : Les certificats de service des gardes principaux et particuliers, délivrés par les conservateurs ; ceux délivrés par les administrateurs aux conservateurs, et par ceux-ci aux inspecteurs et sous-inspecteurs, sont exempts du timbre. Les mandats ou ordonnances des préfets pour le paiement des traitemens, en sont aussi exempts. Les commissions des employés de l'administration forestière, sont soumises au droit. Les procès-verbaux, rapports, exploits et significations des gardes, doivent être timbrés en débet. | |
| 2042 | 29 dudit. | SOLUTIONS DIVERSES. | Les jugemens préparatoires et définitifs des juges de paix, rendus dans la même affaire, peuvent être écrits à la suite les uns des autres, tant en minute qu'en expédition. — Les passavans doivent être écrits sur papier timbré. — Les quittances de contributions de 10 fr. et au-dessous et tous autres actes affranchis du timbre, ne peuvent y être assujettis dans aucun cas, même dans celui de leur production en justice. — Bons de fournitures militaires, sujets au timbre ; Bons pour paiement de réquisi- | |

| CIRCULAIRES DE L'ADMINISTRATION. | | OBJETS. | EXTRAIT DÉTAILLÉ DES INSTRUCTIONS. | OBSERVATIONS |
|---|---|---|---|---|
| N.os | DATES. | | | |
| | | | tion de chevaux, grains et autres denrées, exempts. Les passe-ports des agens directs et autres préposés de la partie administrative des armées doivent être timbrés. — Les lettres de voiture pour transport d'effets militaires en sont exemptes, lorsqu'elles sont délivrées pour le compte direct du gouvernement.<br>Les billets de confiance et bons au porteur, et, lors de leur renouvellement, ceux qui les remplacent, sont soumis au timbre gradué. — Ceux de 25 f. et au-dessous sont sujets au même timbre.<br>Les prospectus d'ouvrages, notices d'avis et catalogues de livres qui se distribuent ou que l'on fait circuler par la poste, doivent être timbrés.<br>Les ordonnances pour décharge, dégrèvement de contributions ou de patentes, sont assujetties au timbre de 75 centimes, comme expéditions, lorsqu'elles sont délivrées aux parties.<br>Les pétitions tendant à décharge de contributions ou de droits, sont assujetties au timbre. | *V. les instruct. n.os 768, 834 et 1058.* |
| | | | ## INSTRUCTIONS GÉNÉRALES. | |
| 38 | 5 pluviôse an 10. | VENTE DE MOBILIER MILITAIRE. — PROCÈS-VERBAUX. | Les minutes et expéditions délivrées aux fonctionnaires publics, des procès-verbaux de vente de mobilier militaire, sont exemptes du timbre. *(Déc. du Min. des fin., du 25 nivôse an 10.)* | |
| » | 6 dudit. | MENUES DÉPENSES DU TIMBRE. | Mode de paiement des menues dépenses du timbre. | |
| » | 9 dudit. | PATENTES DE L'AN 10 | Les quittances délivrées par les percepteurs pour droits de patentes de l'an 10., sont exemptes du timbre. | |
| 44 | 5 ventôse. | GARDES DES FORÊTS. — PROCÈS-VERBAUX. | Les procès-verbaux des gardes des forêts nationales doivent être visés pour timbre *en débet. (Décision du Ministre des finances, du 29 pluviôse an 7.)* | |
| 46 | 23 dudit. | OCTROIS. — REGISTRES. — DÉLAI. | Délai pour soumettre au timbre, sans amende, les registres à souche tenus par les employés aux octrois. — Registres à timbrer ; deux registres à tenir, l'un pour les perceptions au-dessus de 10 francs, l'autre pour les perceptions au-dessous. — Registres d'ordre exempts du timbre. | *V. l'instruction générale n.o, 591.* |
| » | 29 floréal. | REGISTRES DE L'ÉTAT CIVIL. — ARRIÉRÉ. | Demande de l'état du montant des droits de timbre qui restent à recouvrer sur les années 5, 6, 7, 8, 9 et 10, et qui ont été fournis pour registres de l'état civil et pour les tables décennales. | |
| 63 | 21 messidor. | RÉPARATION ET ENTRETIEN DES PORTS — REGISTRES. | Les registres de perception d'un droit destiné à la réparation et entretien des ports, et qui est faite par les employés des douanes, sont assujettis au timbre comme ceux concernant les droits de douanes. | |
| » | 9 thermid. | ÉTAT-CIVIL. | Le papier timbré destiné à la formation des registres de l'état civil de l'an 11, doit être fourni à crédit ainsi que pour les années précédentes. | |
| 66 | 12 dudit. | VENTE D'EFFETS DE LA MARINE. | Les procès-verbaux de vente d'effets et objets d'approvisionnement de la marine, soit qu'elle soit faite par l'administration de la marine ou par le receveur des domaines, sont soumis au timbre. | *V. l'instruction générale, n.o 166.* |
| » | 19 fructidor. | NOUVEAUX TIMBRES ; SUPPRESSION DES ATELIERS PRÈS CHAQUE DIRECTION. | Les papiers frappés des timbres établis par l'arrêté du gouvernement, du 7 fructidor an 10, seront mis en débite à dater du 1.er vendémiaire an 11 ; suppression des ateliers du timbre existans près chaque direction, remplacés par un entrepôt qui sera entretenu par l'atelier général de Paris. | |

# TIMBRE.

| INSTRUCTIONS GÉNÉRALES. | | OBJETS. | EXTRAIT DÉTAILLÉ DES INSTRUCTIONS. | OBSERVATIONS. |
|---|---|---|---|---|
| N.ᵒˢ | DATES. | | | |
| 72 | 27 fructidor an 10. | SOLUTIONS DIVERSES. | Solutions sur différentes questions relatives au timbre.<br>1. Expéditions des actes des autorités administratives. — 2. Bulletins administratifs. — Journaux officiels. — Prospectus. — 3. Mandats délivrés par les préfets, pour paiement des dépenses diverses. — 4. Feuilles contenant conclusions des parties présentées à l'audience — 5. Certificats de besoin ou de destination des grains transportés à la frontière. — 6. Expéditions d'actes des juges de paix ou commissaires de police pour constater des morts violentes. — 7. Registres et expéditions des douanes. — 8. Pétitions. — 9. Marchés pour les départemens de la guerre et de la marine. — 10. Registres de l'état civil. — Mode de recouvrement des droits de timbre des papiers qui ont servi à les former. — 11. Affiches portant publication de promesse de mariage. | |
| 73 | 29 dudit. | RECEVEURS DU TIMBRE EXTRAORDINAIRE ET TIMBREURS CONSERVÉS. | Désignation des départemens où sont conservés des receveurs du timbre extraordinaire et des timbreurs. Dans les autres la recette du timbre extraordinaire sera confiée par le directeur à un des receveurs du chef-lieu. Suppression de tous les tourne-feuilles. | *V. l'instruction générale, n.° 122.* |
| » | 5 vendém. an 11. | REGISTRES DES HYPOTHÈQUES. | Les registres des hypothèques seront à l'avenir timbrés à l'extraordinaire : les conservat.ʳˢ auront en conséquence un compte à tenir avec le receveur du timbre extraordinaire qui sera soldé tous les trois mois, d'après le bordereau qu'en établiront les inspecteurs lors de leur tournée. Il ne sera fait mention de cette comptabilité ni dans les comptes, ni dans les états de mois. | |
| » | 13 brumaire. | ADJUDICATION DE COUPES DE BOIS. | La minute des procès-verbaux d'adjudication de coupes de bois et les expéditions qui en sont délivrées, sont soumises au timbre. Celles à remettre au préfet et à l'administration générale à Paris, sont les seules exemptes, pourvu qu'on y mentionne cette destination. | |
| 96 | 15 dudit. | OCTROIS. — CONTRAVENTIONS. | Il y a contravention à la loi sur le timbre de la part des percepteurs aux octrois, soit qu'ils négligent de tenir des registres à souche, soit qu'ils en emploient en papier non timbré. *(Décision du Ministre des finances, du 4 brumaire an 11.)* | *V. l'instruction générale, n.° 597.* |
| 99 | 27 dudit. | PATENTÉS DE L'AN 11. | Les patentes de l'an 11 seront timbrées à l'extraordinaire ainsi que l'ont été celles de l'an 10. Il sera ouvert un crédit de trois mois aux percepteurs des contributions directes, sur lesquels le recouvrement devra en être effectué par l'intermédiaire du receveur général. *(Lettre du Ministre des finances, du 20 brumaire an 11.)* | |
| 104 | 16 frimaire. | PAPIERS À L'ANCIEN TIMBRE. — INVENT.ˢ | Inventaire à dresser le 1.ᵉʳ nivôse an 10, de tous les papiers, à l'ancien timbre, à renvoyer au magasin général. | |
| 122 | 13 ventôse. | TOURNE-FEUILLES RÉTABLIS DANS ONZE DIRECTIONS. | Rétablissement d'un tourne-feuilles, dans onze directions. Les directeurs auprès desquels il a été conservé un receveur du timbre extraordinaire et un timbreur, pourront se servir momentanément d'un tourne-feuilles, etc. | |
| 128 | 30 dudit. | ANCIEN TIMBRE. — COMPTABILITÉ. | Mode de comptabilité du timbre pour le trimestre de nivôse an 11, relativement au papier timbré, frappé du timbre, dont l'usage a cessé le 1.ᵉʳ vendémiaire an 11, et qui a dû être renvoyé au magasin avant le 1.ᵉʳ nivôse suivant. | |
| 137 | 22 prairial. | SOLUTIONS DIVERSES. | Les actes faits à différentes époques et susceptibles d'être à la suite l'un de l'autre, peuvent être sur la même feuille de papier timbré, nonobstant le changement de timbre. *(Décision du Ministre des finances, du 4 brumaire an 11.)* — Les | |

| INSTRUCTIONS GÉNÉRALES. | | OBJETS. | EXTRAIT DÉTAILLÉ DES INSTRUCTIONS. | OBSERVATIONS. |
|---|---|---|---|---|
| N.º | DATES. | | | |
| | | | affiches judiciaires et les mémoires imprimés peuvent être timbrés à l'extraordinaire. (*Décision du Ministre des finances du 5 pluviôse an 11.*) ⹀ Les extraits des matrices des rôles ne sont pas sujets au timbre. (*Décision du Ministre des finances du 18 germinal an 11.*) ⹀ Les procès-verbaux d'experts, pour constater des faits à raison desquels on réclame des dégrèvemens de contributions ne sont soumis au timbre que lorsqu'ils sont dressés à la requête des particuliers. (*Décision du Min. des finances du 22 germinal an 11.*) ⹀ Les traites, rescriptions et mandats tirés par l'agence des receveurs généraux doivent être timbrés. (*Décision du 15 floréal an 11.*) ⹀ Les minutes et expéditions des procès-verbaux de vente des domaines nationaux, en vertu des lois des 15 et 16 floréal an 10, sont soumis au timbre, et sont à la charge des adjudicataires. (*Arrêté du Gouvernement du 23 floréal an 11.*) | |
| 143 | 30 messidor an 11. | TIMBRE PROPORTIONNEL. | Les papiers frappés du timbre proportionnel dans l'atelier général, seront mis en débite le premier vendémiaire an 12. Mode de comptabilité et de manutention des anciens papiers rapportés aux magasins. | |
| » | 10 thermidor | ACTIONS DANS LES ARMEMENS EN COURSE. | Les actions dans les armemens en course ne sont pas sujettes au droit de timbre proportionnel. (*Décision du Ministre des finances du 7 thermidor an 11.*) | |
| » | 16 dudit. | PAPIERS TIMBRÉS EMPLOYÉS DANS LA 27.ᵉ DIVISION. | Les papiers timbrés employés dans la 27.ᵉ division continueront d'y être en usage. — Ils ne peuvent servir à aucun acte hors des départemens qui composent cette division sans être en contravention à la loi, à cause du décime pour franc dont la perception n'est pas établie en Piémont. | |
| 154 | 6 fructidor. | INSTANCES CONTRE LES COMMUNES. | Il y a lieu de viser pour timbre *en débet* les papiers nécessaires pour les procédures relatives à la police intérieure des communes, instruites en conformité de la loi du 10 vendémiaire an 4, sauf à recouvrer le montant du droit de timbre contre les communes lorsqu'il y aura condamnation. (*Décision du Ministre des finances du 28 thermidor an 11.*) | |
| » | 12 dudit. | COMMUNES. — REGISTRES DE L'ÉTAT CIVIL. — ARRIÉRÉ. | On ne peut faire remise aux communes des sommes qu'elles doivent pour timbre des registres des actes civils ; mesures à prendre pour faire rentrer ce qui est arriéré. (*Décisions du Ministre des finances des 15 floréal et 5 fructidor an 11.*) | |
| 166 | 5 comp. | VENTE D'EFFETS DE LA MARINE. | Les procès-verbaux de vente des effets mobiliers et objets d'approvisionnement de la marine sont exempts du timbre. (*Décision du Ministre des finances du 12 fructidor an 11.*) | |
| 169 | 22 vendém. an 12. | ACTES DES PROCUREURS DU ROI. | Les actes faits à la requête des commissaires du gouvernement près les tribunaux civils et criminels, doivent être visés pour timbre *en débet*, sauf le recouvrement sur les parties condamnées. (*Décisions du Ministre des finances des 7 frimaire an 8 et 5 fructidor an 11.*) | |
| 176 | 3 brumaire. | ARRÊTÉS DES PRÉFETS. — RADIATION D'INSCRIPTIONS. | Les minutes des arrêtés des préfets portant autorisation de radier des inscriptions hypothécaires, doivent être sur papier timbré de dimension, et les expéditions délivrées aux parties, sur du papier de 75 centimes. S'il s'agissait de radier des inscriptions mal à propos requises, les minutes devraient être visées pour timbre *gratis*. (*Décision du Ministre des finances du 11 vendémiaire an 12.*) | |
| » | 10 frimaire | OCTROI DE NAVIGATION. | Les registres de recette de l'octroi de navigation sont exempts du timbre. | |

# TIMBRE.

| INSTRUCTIONS GÉNÉRALES. | | OBJETS. | EXTRAIT DÉTAILLÉ DES INSTRUCTIONS. | OBSERVATIONS. |
|---|---|---|---|---|
| N.° | DATES. | | | |
| 188 | 30 frimaire an 12. | ADMINISTRATION DES MESSAGERIES. — PERTES ET AVARIES. | L'administration générale des messageries à Paris, par le traité qu'elle a passé avec l'administration de l'enregistrement, est responsable des pertes et avaries des ballots de papiers timbrés qu'elle se charge de transporter dans les départemens, sauf les événemens de force majeure. Mode de constater ces pertes et avaries. | |
| 193 | 19 nivôse. | PASSAVANTS. — ACQUITS A CAUTION. — DOUANES. | Les passavants délivrés dans les bureaux des douanes pour le transport et la circulation des denrées et marchandises dans les deux myriamètres des frontières, les acquits à caution délivrés pour la circulation des grains, et les certificats des maires et adjoints relatifs aux transports des grains, sont dispensés de la formalité du timbre. ( *Arrêté du Gouvernement, du 30 frimaire an 12.* ) | *V. l'instruction n.° 1051.* |
| » | 23 dudit. | TIMBRE EXTRAORDINAIRE. — SEINE. | Les papiers timbrés à l'extraordinaire dans le département de la Seine sont dispensés de la griffe. ( *Décision du Ministre des finances, du 14 frimaire an 12.* ) | |
| 201 | 9 pluviôse. | RENTES. — HOSPICES. | Les actes faits par les commissaires du gouvernement, tendant à la rentrée des rentes nationales et domaines usurpés, attribués aux hospices par la loi du 4 ventôse an 9, doivent, comme ceux où ils représentent une partie civile, être timbrés moyennant le paiement du droit, et non *en débet*. ( *Avis du Conseil d'état, du 5 nivôse an 12.* ) | |
| 203 | 27 dudit. | PRÉSENTATIONS, DÉFAUTS ET CONGÉS. | Les minutes des présentations, défauts et congés dans les cours d'appel comme dans les tribunaux de première instance et de commerce, doivent être sur papier timbré de 25 centimes. Les registres que les greffiers sont tenus d'avoir de ces actes, sont aussi sujets au timbre ; les expéditions des présentations, défauts et congés, ne peuvent être écrites sur du papier au-dessous de 75 centimes. ( *Instruction du Grand-Juge et lettre du Ministre des finances, des 7 frimaire et 14 pluviôse an 12.* ) | |
| 204 | 28 dudit. | DÉPÔT PAR LES NOTAIRES. — RECONNAISSANCES. | Les reconnaissances délivrées par les greffiers des tribunaux de première instance aux notaires, du dépôt de leurs titres et pièces de réception, en exécution de la loi du 23 ventôse an 11, sont assujetties au timbre ; celles délivrées aux médecins, chirurgiens, etc., en exécution de la loi du 19 ventôse, le sont également. ( *Décision du Min. des fin, du 14 pluviôse an 12.* ) | |
| 207 | 5 ventôse. | ACTES DE REMPLACEMENT DES CONSCRITS. | Les actes de remplacement de conscrits, lorsqu'ils sont purs et simples, sont considérés comme enrôlemens volontaires, et comme tels, exempts du timbre ; si au contraire ils contiennent les conditions pécuniaires du remplacement, ils rentrent dans la classe des conventions civiles, et sont soumis au timbre et à l'enregistrement. ( *Déc. du Min. des fin., du 24 pluviôse an 12.* ) | |
| » | 8 prairial. | BALLOTS CONDUITS DANS LES VILLES FRONTIÈRES. | Les ballots de papiers timbrés, conduits dans les villes frontières, doivent être transportés, sous l'assistance de deux préposés de la douane, au domicile du directeur de l'enregistrement, pour y être vérifiés en présence de ces préposés. ( *Décision du Ministre des finances, du 2 prairial an 12.* ) | |
| 229 | 27 dudit. | RECOUVREMENT D'AMENDES. — JUGEMENS. | Les receveurs doivent timbrer *en débet* les jugemens dont les extraits leur seront remis par les greffiers, pour le recouvrement des amendes de police, sauf à en faire payer le droit par la partie condamnée. | |
| » | 14 messidor. | REG. DE L'ÉTAT CIVIL POUR L'AN 13. | Les directeurs sont autorisés à délivrer au préfet de chaque département les papiers timbrés nécessaires pour la formation des registres de l'état civil de l'an 13 ; ils sont également | |

# TIMBRE.

| INSTRUCTIONS GÉNÉRALES. | | OBJETS. | EXTRAIT DÉTAILLÉ DES INSTRUCTIONS. | OBSERVATIONS. |
|---|---|---|---|---|
| N.os | DATES. | | | |
| » | 23 messidor an 12. | DROITS RÉUNIS. — QUITTANCES. | autorisés à faire timbrer à l'extraordinaire les papiers non filigranés que les préfets préféreraient employer à cet usage. Dans l'un et l'autre cas, le recouvrement des droits de timbre aura lieu suivant le mode prescrit par l'instruction générale n.° 72. — Les directeurs des droits réunis sont admis, pour cette fois seulement, à faire timbrer *en débet*, les quittances dont ils ont besoin pour l'approvisionnement de leurs bureaux. ( *Lettre du Ministre des finances, du 14 messidor an 12.* ) | |
| 248 | 23 thermidor | COMMISSIONS DES EMPLOYÉS. | Les commissions des employés de toutes les administrations et régies, doivent être timbrées. — Aucun acte ne peut être inscrit à la suite de ces commissions. — Les minutes des actes de prestation de serment doivent être sur du papier de dimension, et les expéditions qui en sont délivrées, sur du papier de 75 centimes. ( *Déc. du Min. des fin., du 12 thermidor an 12.* ) | *V. l'instruction générale, n.° 534.* |
| » | 14 fructidor. | COMPTE DU TIMBRE DU DERNIER TRIMESTRE DE L'ANNÉE. | Le compte du timbre, lors de l'arrêté des produits du dernier trimestre de l'année, ne doit comprendre que les papiers effectivement distribués jusqu'au dernier jour de l'année inclusivement, et non jusqu'au jour de l'arrêté. Les receveurs, le 31 décembre au soir, dresseront l'état exact des papiers restant en nature, qu'ils feront certifier véritable par le maire, ou un adjoint de la commune, et l'annexeront au compte arrêté par l'inspecteur. | |
| » | 1.er brumaire an 13. | CARTES A JOUER ET MUSIQUE EXPORTÉES. | Les droits de timbre sur les cartes à jouer et sur la musique gravée, seront remboursés, sur les quantités dont l'exportation à l'étranger sera justifiée, suivant le mode prescrit par les art. 2, 3 et 4 du décret du 30 thermidor an 12. | |
| » | 30 frimaire. | PATENTES DE L'AN 13 | Les patentes de l'an 13 seront timbrées à l'extraordinaire et à crédit comme celles des années 10, 11 et 12, conformément au mode déterminé par l'instruction n.° 99. | |
| 271 | 20 pluviôse. | OUVRIERS ET APPRENTIS. — MANUFACTURIERS, etc. | Les décisions rendues par les maires et adjoints, préfets et commissaires de police dans toutes les affaires de police entre les ouvriers et les apprentis, les manufacturiers, fabriquans et artisans, sont soumises au droit de timbre comme les jugemens rendus contre les contrevenans aux règlemens de la police ordinaire. ( *Lettres du Min. des fin., des 24 vendém. et 14 nivôse an 13.* ) | |
| 275 | 8 ventôse. | DROITS RÉUNIS. — EXPÉDITIONS. | Les expéditions de la régie des droits réunis, pendant chaque exercice, seront timbrées *en débet*; sur quatre reconnaissances du directeur des droits réunis, payables à la fin de chaque trimestre; on timbrera *gratis* au commencement de l'année, sur les registres de la dernière année, un nombre d'expéditions pareil à celui existant sur les registres de l'année précédente non employés. Les obligations souscrites par les brasseurs et fabriquans de tabacs sont sujettes au timbre proportionnel. ( *Décision du Ministre des finances, du 25 nivôse an 13.* ) | |
| » | 27 messidor. | REGISTRES DE L'ÉTAT CIVIL POUR L'AN 14. | Les papiers destinés aux registres de l'état civil pour l'an 14, seront fournis par les receveurs de l'enregistrement du chef-lieu du département comme ils l'ont été pour les années précédentes. Ils seront délivrés au secrétaire général du département qui en donnera sa reconnaissance, et le prix en sera recouvré de la manière indiquée par l'instruction générale, n.° 72. | |
| » | 20 fructidor. | PATENTES DE L'AN 14 | Les patentes pour l'an 14 seront timbrées à l'extraordinaire et à crédit, ainsi qu'elles l'ont été en l'an 13 et années antérieures, conformément au mode prescrit par l'instruction générale, n.° 99. | |

# TIMBRE.

| INSTRUCTIONS GÉNÉRALES | | OBJETS | EXTRAIT DÉTAILLÉ DES INSTRUCTIONS. | OBSERVATIONS. |
|---|---|---|---|---|
| N.os | DATES. | | | |
| 293 | 13 vendém. an 14. | COMMUNES ET ÉTA-BLISSEMENS PUBLICS. — DROITS DUS. — DÉLAI. | Il est accordé un délai de six mois aux communes et établissemens publics pour acquitter, sans amende, les droits de timbre et d'enregist.t auxquels leurs registres et actes étaient assujettis. Ils doivent tenir un registre en papier timbré pour la rédaction des actes qui peuvent être soumis à l'enreg.t (*Décret du 4 mess. an 13.*) | *V. l'instruction* n.o 395. |
| » | 20 dudit. | LETTRES DE VOI-TURE. | Sursis à l'exécution des poursuites contre les redevables de droits de timbre des lettres de voiture en contravention au décret du 16 messidor an 13. | *V. l'instruction générale,* n.o 419. |
| » | 4 frimaire. | TIMBRE EXTRAOR-DINAIRE. — GRIFFE. | Tous les papiers à timbrer à l'extraordinaire doivent au préalable être empreints de la griffe. Surveillance à exercer pour s'assurer que cette mesure est régulièrement exécutée. | |
| » | 9 dudit. | REGIST.t DE L'ÉTAT CIVIL ET TABLES DÉ-CENNALES. — ÉTAT. | État à fournir des papiers timbrés délivrés aux communes pour les registres de l'état civil et les tables décennales, et qui sont dûs au 1.er frimaire an 14. | |
| » | dudit. | MUSIQUE EXPORTÉE. | Les préposés de la régie de l'enregistrement sont chargés de remplir les formalités prescrites par l'arrêté du 30 thermidor an 12, pour le remboursement aux fabriquans et marchands de musique gravée, des droits de timbre perçus sur les quantités exportées à l'étranger. (*Décret du 10 brumaire an 14.*) | |
| » | 7 janvier 1806. | LETTRES DE VOI-TURE. | Mode de comptabilité des sommes acquittées par les contrevenans au décret du 16 messidor an 13 sur le timbre des lettres de voiture, et du paiement de la moitié des amendes attribuées par ce décret. | *V. l'instruction* n.o 419. |
| » | 16 dudit. | EMPREINTE DES NOUVEAUX TIMBRES A DÉPOSER. | Ordre de déposer aux greffes des tribunaux l'empreinte des nouveaux timbres dont la confection a été ordonnée par le décret du 22 brumaire an 14. | |
| » | 19 avril. | LETTRES DE VOI-TURE. | Addition à la lettre du 7 janvier ci-dessus, relative à la comptabilité des sommes acquittées par les contrevenans au décret du 16 messidor an 13, du paiement des amendes et du remboursement des frais avancés par les préposés des octrois, droits réunis, et douanes. | *V. l'inst.* n.o 419 et celle n.o 575. |
| » | 30 mai. | TIMBRE DE DIMEN-SION CHANGÉ. | Les timbres de dimension à l'extraordinaire seront changés, les nouveaux seront mis en activité au 1.er juillet prochain. (*Décret du 17 avril 1806.*) | |
| » | 7 juin. | REGISTRE DE VISA. | Les receveurs des actes civils, ceux des actes judiciaires, et les conservateurs des hypothèques tiendront, chacun pour ce qui le concerne, un registre de visa pour timbre. | |
| » | 28 août. | EXPÉDITIONS A L'ANCIEN TIMBRE. — ADMINISTRAT.s PU-BLIQUES. | Les autorités et administrations publiques peuvent faire contre-timbrer sans frais, aux timbres établis par le décret du 17 avril dernier, dans le délai de trois mois, à partir du premier septembre prochain, les expéditions frappées de l'ancien timbre, qu'elles rapporteraient comme n'ayant pas été employées avant le premier juillet 1806. (*Décisions du Ministre des finances, des 15 et 29 juillet 1806.*) | |
| » | 12 septembre | REGISTRES DE L'É-TAT CIVIL. — PAIE-MENT. | Les papiers timbrés qui seront livrés à l'avenir pour la formation des registres de l'état civil doivent être payés comptant. (*Décision du Ministre des finances.*) Il en sera de même s'ils sont timbrés à l'extraordinaire. | *V. la circulaire du 8 nov. 1806.* |
| » | 13 dudit. | VENTE DES PAPIERS HORS D'USAGE. | Les papiers aux anciens timbres et filigranes, les papiers cartes, les impressions filigranées, timbrées ou non timbrées, et qui sont hors d'usage, seront vendus comme mobilier national; mode et conditions de cette vente. (*Décision du Ministre des finances, du 26 août 1806.*) | |

# TIMBRE.

| INSTRUCTIONS GÉNÉRALES. | | OBJETS. | EXTRAIT DÉTAILLÉ DES INSTRUCTIONS. | OBSERVATIONS. |
|---|---|---|---|---|
| N.os | DATES. | | | |
| » | 6 octobre 1806. | IMPRESSIONS. — REGISTRES HORS DE SERVICE. | Les impressions reliées, telles que registres de recette, de patentes et autres hors de service, font partie des impressions à vendre en exécution de l'ordre du Ministre des finances du 26 août 1806. | |
| » | 8 novembre | REGIST. DE L'ÉTAT CIVIL DE L'AN 1807. | Les papiers timbrés pour les registres de l'état civil de l'an 1807, seront fournis à crédit aux communes qui ne sont pas en état de les payer comptant. Les maires fourniront à cet effet des mandats acceptés par les percepteurs pour être acquittés le 31 mars prochain fixé, au plus tard. ( *Lettres du Ministre des fin. des 30 septembre, 21 octobre et 1.er novembre 1806.* ) | |
| » | 12 décembre. | NOUVEAU TIMBRE. | Les papiers de dimension et les effets de commerce frappés du timbre établi par le décret du 17 avril 1806, seront mis en débite au 1.er janvier 1807. Mesures à prendre au 31 décembre pour constater le restant en nature des papiers hors d'usage à cette époque. ( *Décret du 17 avril 1806.* ) | |
| » | 15 dudit. | PATENTES DE 1807. | Les patentes de l'an 1807 seront timbrées à l'extraordinaire et à crédit, ainsi qu'elles l'ont été pour l'an 1806 et années antérieures, suivant le mode prescrit par l'instruction gén. n. 99. | |
| » | 26 dudit. | DROITS DUS PAR LES COMMUNES. — DÉLAI. | Il est accordé aux maires un nouveau délai jusqu'au 1.er mars 1807 pour soumettre au timbre et à l'enregistrement les registres et actes de leur administration qui y étaient assujettis. ( *Décision du Ministre des finances, du 16 décembre 1806.* ) | |
| » | 24 janvier 1807. | PASSE-PORTS. | Les passe-ports envoyés aux préfets par le ministère de la police générale seront timbrés à l'extraordinaire et à crédit. Mode de cette comptabilité. | |
| » | 10 février. | REGISTRES DES NOTAIRES CERTIFICATEURS. | Les registres que les notaires certificateurs tiennent des certificats de vie qu'ils délivrent aux rentiers et pensionnaires de l'état sont exempts du timbre. ( *Décision du Min. des fin., du 7 février 1807.* ) | |
| » | 14 dudit. | REGISTRES DES SAISIES IMMOBILIÈRES. | Les registres de transcription des saisies immobilières, de la dénonciation aux saisis et de la notification aux créanciers inscrits, doivent être en papier timbré. ( *Décision du Ministre des finances, du 10 février 1807.* ) | |
| » | 24 dudit. | PAPIER AU TIMBRE SUPPRIMÉ. — NOTAIRES. — HUISSIERS. | Les papiers au timbre supprimé et que des notaires, huissiers et avoués auraient fait imprimer pour actes de leur ministère, ne sont point admis à l'échange. ( *Décision du Ministre des finances, du 10 février 1807.* ) | |
| » | 7 mars. | FORMULES HYPO-THÉCAIRES. — CONTRAINTES. | Les formules hypothécaires, les contraintes et les impressions pour ventes de coupes de bois nationaux qui se sont trouvées dans les magasins du timbre au 1.er janvier 1807, et qui étaient frappées de l'ancien timbre, seront contre-timbrées gratis du timbre actuel. ( *Déc. du Min. des fin. du 3 mars 1807.* ) | |
| » | 2 avril. | CERTIFICATS DE VIE. — RENTIERS ET PENSIONNAIRES. | Les certificats de vie des rentiers et pensionnaires peuvent être délivrés sur des formules timbrées à l'extraordinaire. ( *Déc. du Ministre des finances, du 24 mars 1807.* ) | |
| 326 | 15 mai. | JOURNAUX. — SOLUTIONS DIVERSES. | Analyse des lois, décrets, arrêtés, avis du conseil d'état, décisions, arrêtés, jugemens et circulaires concernant le timbre des journaux, affiches, avis, annonces, etc.<br><br>§. I.er<br><br>*Du timbre des journaux, gazettes, feuilles publiques, etc.*<br>1. Dispositions générales.<br>2. Exceptions. | |

| INSTRUCTIONS GÉNÉRALES. | | OBJETS. | EXTRAIT DÉTAILLÉ DES INSTRUCTIONS. | OBSERVATIONS |
|---|---|---|---|---|
| N.os | DATES. | | | |

| | | | 3. Timbrage du papier avant l'impression.<br>4. Forme du timbre actuel.<br>5. Fixation et liquidation des droits.<br>6. Contraventions et peines.<br>7. Comment doivent être constatées les contraventions.<br>8. Poursuites à faire d'après le procès-verbal.<br><br>§. II.<br>*Du timbre des avis et annonces.*<br><br>1. Dispositions générales.<br>2. Exceptions.<br>3. Timbrage.<br>4. Forme du timbre actuel.<br>5. Fixation et liquidation des droits.<br>6. Contraventions et peines.<br>7. Mode de les constater.<br>8. Poursuites.<br><br>§. III.<br>*Du timbre des lettres de voiture, connaissemens, chartes-parties et polices d'assurance.*<br><br>1. Dispositions générales.<br>2. Exceptions.<br>3. Amendes et peines.<br>4. Mode de les constater.<br>5. Poursuites.<br>6. Dispositions particulières aux lettres de voiture.<br><br>§. IV.<br>*Du timbre du papier musique.*<br><br>1. Dispositions concernant les feuilles de papiers gravées ou imprimées depuis la loi du 9 vendémiaire an 6.<br>2. Dispositions concernant celles gravées ou imprimées lors de la publication de la loi du 9 vendémiaire an 6.<br><br>§. V.<br>*Des ventes publiques de meubles.*<br><br>1. Dispositions générales.<br>2. Exceptions.<br>3. Déclaration préalable.<br>4. Forme de cette déclaration.<br>5. Transcription des déclarations, en tête des procès-verbaux. — Rédaction de ces procès-verbaux.<br>6. Bureaux où les procès-verbaux doivent être enregistrés.<br>7. Additions à vérifier et perceptions du droit d'enregistrement.<br>8. Amendes encourues.<br>9. Moyens accordés pour constater les contraventions.<br>10. Procès-verbaux à rapporter.<br>11. Poursuites et instances. | |
| 327 | 16 mai 1807. | DROITS RÉUNIS. | Tous les actes faits et délivrés directement par les préposés des droits réunis aux redevables, pour les mettre à portée de justifier le paiement des droits par eux dûs ou qu'ils ont rempli les formalités prescrites, doivent être frappés du timbre de cette régie. — Les originaux et copies des significations de contrainte, tous procès-verbaux, toutes significations et autres actes judiciaires faits par les préposés, ainsi que les transactions sur | |

# TIMBRE.

| INSTRUCTIONS GÉNÉRALES. | | OBJETS. | EXTRAIT DÉTAILLÉ DES INSTRUCTIONS. | OBSERVATIONS. |
|---|---|---|---|---|
| N.os | DATES. | | | |
| | | | procès, passées avec les contrévenans, doivent être sur papier de dimension créé par la loi du 13 brumaire an 7. -- Le timbrage des formules de contrainte et autres imprimés, passibles du timbre de dimension, sera fait à crédit pour le service d'une année, sur la remise de quatre reconnaissances égales, souscrites par les directeurs des droits réunis, et payables à la fin de chaque trimestre, comme le prescrit l'instruction n.° 275. -- Les obligations que les redevables des droits réunis sont autorisés à souscrire et qui sont assujetties au timbre proportionnel, seront timbrées, ou visées pour timbre, mais sans crédit. (*Décision du Ministre des finances du 5 mai 1807.*) | |
| 328 | 16 mai 1807. | DÉCLARATIONS DES PÈRES DE FAMILLE ET DES DÉTENTEURS DES BIENS COMMUNAUX. | Les déclarations des pères de famille, en vertu de la loi du 29 ventôse an 13, pour l'admission d'un de leurs enfans aux lycées, celles des détenteurs des biens communaux en vertu de la loi du 9 ventôse an 12, sont assujetties au timbre. (*Décision du Ministre des finances du 5 mai 1807.*) | |
| » | 6 juin. | OBJETS CONSIGNÉS PAR LES MANUFACTURIERS. — VENTE. | Les ventes des objets consignés par les manufacturiers pour obtenir un prêt sur la somme de 6,000,000 fr. dont la caisse d'amortissement a été autorisée de disposer pour cet objet, ne sont pas soumises au timbre. (*Décret du 11 mai 1807.*) | |
| 332 | 14 juillet. | DÉCOMPTES. | Les décomptes délivrés par les directeurs de l'administration aux acquéreurs de domaines nationaux, doivent être sur papier timbré. (*Décision du Ministre des finances, du 23 juin 1807.*) | |
| 333 | 15 dudit. | DROITS RÉUNIS. — CONTRAINTES. | Les directeurs des droits réunis sont autorisés à faire timbrer *gratis* des contraintes à l'usage actuel de leur administration pour une somme égale au montant des droits de timbre des expéditions timbrées et non employées. -- Les directeurs pourront faire timbrer *en débet* le nombre des contraintes qu'ils jugeront à propos, mais en une seule fois par trimestre, et à la charge d'acquitter les droits de timbre, le 20 fixe du troisième mois du même trimestre, quelle que soit l'époque du timbrage. | |
| 336 | 13 août. | DROITS DE PATURAGE. | Les arrêtés des conseils de préfecture qui confirment des communes ou des habitans dans la jouissance des droits de pâturage, pacage, etc. dans les forêts nationales, sont soumis au timbre. (*Décision du Ministre des finances, du 28 juillet 1807.*) | |
| » | 9 septembre | SOUMISSIONS POUR FOURNIR DES LOGEM.s À LA GENDARMERIE. | La soumission faite devant les préfets, par des particuliers pour fournir des logemens à la gendarmerie doit être sur papier timbré, ainsi que le bail qui peut en être passé. (*Décis. du Ministre des finances.*) | |
| » | 27 octobre. | REGISTRES DE L'ÉTAT CIVIL 1808. | Les papiers timbrés pour registres de l'état civil de 1808, seront fournis comme ils l'ont été pour les registres de 1807. | |
| 359 | 24 novembre | SUSCRIPTION DE TESTAM.t MYSTIQUE. | L'acte de suscription d'un testament mystique présenté à un notaire, peut être fait sur une enveloppe non timbrée sans contravention de sa part; il y aura lieu seulement de faire payer le droit du visa pour timbre lors de l'enregistrement du testament. (*Décis. du Ministre des finances du 3 déc. 1807.*) | |
| » | 25 dudit. | PATENTES DE 1808. | Les patentes de l'an 1808 seront timbrées à l'extraordinaire comme l'ont été celles de l'an 1807. | |
| » | 30 mars 1808. | PAPIERS ET FILIGRANES SUPPRIMÉS. — VENTE. | La vente des papiers et filigranes supprimés le 1.er janvier 1807 par le décret du 17 avril 1806, sera faite par soumission plutôt que par adjudication. -- Les registres et impressions hors d'usage seront vendus de la même manière. --- État à fournir des ventes ordonnées en 1806. | |

# TIMBRE.

| INSTRUCTIONS GÉNÉRALES. | | OBJETS. | EXTRAIT DÉTAILLÉ DES INSTRUCTIONS. | OBSERVATIONS. |
|---|---|---|---|---|
| N.os | DATES. | | | |
| 371 | 2 avril 1808. | SOLUTIONS DIVERSES. | Solutions sur l'application des droits de timbre aux actes ci-après : <br> 1. Arrêtés de compte constatant reliquat de sommes. <br> 2. Certificats de publication de promesses de mariage. <br> 3. Exécutoires pour frais de justice. <br> 4. Passe-debouts délivrés par les préposés des octrois. <br> 5. Quittances d'appointement des employés des administrations, des communes ou commissions des hospices et des commissaires de police. <br> 6. Registres des receveurs des communes. | |
| 373 | 6 dudit. | REG.s DE GREFFE. | Registres du greffe, dont la tenue est prescrite par les codes civil et de procédure, et qui sont assujettis à la formalité du timbre, ou qui en sont exempts. | *Voir, pour la désignation de ces registres, l'inser. sous ce numéro au titre Greffe.* |
| 377 | 17 mai. | OBLIGATION SOUS LE NOM DE DÉPÔT. <br><br> TABLES ANNUELLES ET DÉCENNALES. <br><br> CERTIFICATS DE VISITE DES BOIS DES PARTICULIERS. | Toute obligation déguisée sous le nom de reconnaissance le dépôt entre toute sorte de personnes, est assujettie au droit de timbre proportionnel comme les autres obligations désignées en l'article 6 de la loi du 6 prairial an 7. — Le papier des tables annuelles et décennales des actes de l'état civil doit être d'une dimension égale à celle des registres auxquels elles sont annexées et soumis aux mêmes droits de timbre. (*Décision du Ministre des finances, du 15 mars 1808.*) Les certificats de visite des bois des particuliers doivent être délivrés sur papier timbré par les agens du ministère de la marine. (*Autre Décision du 1.er mars 1808.*) | |
| 382 | 7 juin. | RÉPERTOIRES DES PORTEURS DE CONTRAINTES. | Les répertoires des porteurs de contraintes seront visés pour timbre *gratis*. Mention, de l'usage auquel est destiné ce papier, devra être faite dans le visa. (*Décis. du Ministre des financ. du 19 avril 1808.*) | |
| » | 5 juillet. | EXPÉDITIONS DE JUGEMENT QUI RENDENT EXÉCUTOIRES CEUX DES CONSEILS DE GUERRE. | Les expéditions des jugemens des tribunaux de première instance qui rendent exécutoires ceux des conseils de guerre spéciaux contre les déserteurs ; les exemplaires imprimés servant d'expéditions des jugemens contre les conscrits réfractaires, et le bordereau pour prendre inscription, seront visés pour timbre en débet et recouvrés sur les condamnés (*Décision du Ministre des finances du 17 mai 1808.*) | |
| 387 | 7 dudit. | RÉPARATION ET ENTRETIEN DES DIGUES. — CADASTRE. | Les rôles et les quittances des contributions pour les réparations et l'entretien des digues et les réclamations concernant le cadastre sont exemptes du timbre. (*Décisions du Ministre des finances des 31 mai et 7 juin 1808.*) | |
| 391 | 4 août. | MILITAIRES DÉCÉDÉS DANS LES HOSPICES. | Les procès-verbaux de vente d'effets des militaires décédés dans les hospices ou les prisons, sont assujettis au timbre. | |
| 395 | 30 dudit. | COMMUNES ET ÉTABLISSEMENS PUBLICS. — DROITS ARRIÉRÉS | Le Ministre des finances est autorisé à accorder aux communes et établissemens publics pour lesquels il le jugera nécessaire, la faculté d'acquitter, par à-comptes, dans un temps déterminé, les droits arriérés de timbre et enregistrement qu'ils doivent aux termes du décret du 4 messidor an 13 ; il peut également autoriser l'exemption totale. A l'avenir, les communes et établissemens publics ne pourront faire aucun usage d'un acte sujet au timbre qu'il n'ait été préalablement soumis à cette formalité. (*Décret du 17 juillet 1808.*) | |
| 396 | 31 dudit. | DÉCLARATION PRÉALABLE À LA VENTE DE MEUBLES. | Les officiers publics chargés de procéder à la vente publique de meubles peuvent être admis à se faire suppléer par un mandataire muni d'une procuration spéciale, pour la déclaration à faire au bureau de l'enregistrement, préalablement à la vente (*Décision du Ministre des finances.*) | |

# TIMBRE.

| INSTRUCTIONS GÉNÉRALES. | | OBJETS. | EXTRAIT DÉTAILLÉ DES INSTRUCTIONS. | OBSERVATIONS. |
|---|---|---|---|---|
| N.os | DATES. | | | |
| 397 | 1er septembre 1808. | FEUILLES D'AUDIENCE. — QUITTANCES DE RESTITUTION. | Les feuilles d'audience sont soumises au timbre, attendu qu'elles tiennent lieu de registre, et qu'elles doivent contenir tous les jugemens sans distinction. Abus à réprimer dans les copies signifiées. — Les quittances de restitution de droits indûment perçus ne sont pas soumises au timbre. *(Décision du Ministre des finances, du 16 août 1808.)* | |
| » | 5 dudit. | REGISTRES DE L'ÉTAT CIVIL POUR 1809. | Les papiers timbrés pour les registres de l'état civil de 1809 seront fournis comme ils l'ont été pour ceux de 1808. | |
| 399 | 23 dudit. | MAÎTRES DE POSTES, POSTILLONS. — QUITTANCES DE GAGE. | Les quittances des gages des maîtres de poste aux chevaux, celles des postillons, de leurs veuves et enfans pensionnaires pour pensions et secours qui leur sont accordés, sont exemptes du timbre. *(Décis. du Ministre des finances, du 30 août 1808.)* | |
| 402 | 14 octobre. | GRANDS RAPPORTS. — MARINE. | Les rapports connus par la marine sous le nom de grands rapports, et qui sont faits à la suite d'un voyage de long cours par les capitaines de navire, doivent être timbrés ; les relevés de ces actes pour être envoyés au ministre de l'intérieur sont exempts de toute formalité. — Ces rapports doivent être timbrés en débet lorsqu'ils sont faits par des capitaines échappés d'un naufrage. *(Décisions du Ministre des fin., des 15 juillet, 2 août et 24 septembre 1808.)* | |
| » | 26 dudit. | TIMBRE EXTRAORDINAIRE. | Demande d'un état du produit en principal du droit de timbre extraordinaire en 1807. | |
| 403 | 27 dudit. | SOLUTIONS DIVERSES. — BULLETINS. — TIMBRE DES QUITTANCES. | Les notaires peuvent expédier sur la même feuille les actes ou extraits d'actes et les procurations en vertu desquelles ils ont été passés. *(Décision du Ministre des finances, du 11 octobre 1808.)* Les bulletins des actes administratifs, lorsqu'ils ne sont pas adressés par une administration ou fonctionnaire public à une autre administration ou fonctionnaire public, sont soumis au timbre. *(Décision du Ministre des finances, du 23 août 1808.)* Les amendes pour quittances écrites sur papier non timbré, sont à la charge des débiteurs. *(Décisions des Ministres des finances et de la justice, des 7 et 24 septembre 1808.)* | *V. les instruct. n.os 591 et 1051.* |
| 413 | 12 janvier 1809. | MAJORATS. | Droits de timbre auxquels donnent lieu les actes pour la création des majorats. *(Décret du premier mars 1808.)* | |
| 415 | 30 dudit. | GRANDE VOIRIE. | Les procès-verbaux de contravention et actes de poursuites en matière de grande voirie, et à l'égard des chemins vicinaux, seront timbrés en débet ; le montant en sera liquidé dans les arrêtés de condamnation. | |
| 417 | 24 février. | CONSULTATIONS D'AVOCATS. | Les consultations des avocats sont indistinctement sujettes au timbre. *(Décision du Grand-Juge, du 28 janvier 1808.)* | |
| 419 | 6 mars. | PROCURATION DES SOUS-OFFICIERS ET SOLDATS EN RETRAITE. — LETTRES DE VOITURE. | La procuration des sous-officiers et soldats en retraite ou en réforme, afin de toucher pour eux à la caisse du payeur les arrérages qui leur sont dûs, pourra être sur papier libre et exempte de tout droit. *(Décret du 21 décembre 1808.)* Les lettres de voiture, connaissemens, chartes-parties et polices d'assurance continueront d'être assujettis au timbre de dimension. Les parties pourront se servir pour ces actes de telle dimension de papier qu'elles jugeront convenable, sans être tenus d'employer à cet usage du papier d'un franc — Ne sont point assujettis à se pourvoir de lettres de voiture timbrées, les propriétaires qui font conduire par leurs voituriers et leurs propres domestiques ou fermiers les produits de leurs récoltes. *(Décret du 3 janvier 1809.)* | *V. l'instruction n.o 575.* |

# TIMBRE.

| INSTRUCTIONS GÉNÉRALES. | | OBJETS. | EXTRAIT DÉTAILLÉ DES INSTRUCTIONS. | OBSERVATIONS. |
|---|---|---|---|---|
| N.os | DATES. | | | |
| » | 6 mai 1809. | PATENTES. — ÉTAT. | État à fournir de la situation, au 1.er janvier 1809, du recouvrement des droits de timbre des patentes. | |
| 435 | 21 juin. | MÉMOIRES IMPRIMÉS. | Les mémoires imprimés, distribués au public, où l'on se borne à rappeler les signatures des avocats, jurisconsultes, etc., ne sont pas soumis au timbre, ainsi que les exemplaires distribués aux juges ou au public ; ceux produits en justice ou signifiés aux parties sont assujettis à la formalité. *(Décision du Ministre des finances, du 13 juin 1809.)* | |
| 437 | 5 juillet. | CONSEILS DE PRUD'HOMMES. | Actes et jugemens des conseils de prud'hommes qui peuvent être assujettis au timbre. | |
| 454 | 23 novembre | MAIRIES ET ÉTABLISSEMENS PUBLICS. | Solutions du ministre des finances sur l'application des lois sur le timbre aux actes des mairies et établissemens publics. *(Lettre du Ministre des finances, du 17 octobre 1809.)* | *V. l'instruction* n.º 1051. |
| » | 1er décembre | REGISTRES DE L'ÉTAT CIVIL 1810. | Les papiers timbrés pour registres de l'état civil de 1810, seront fournis comme ils l'ont été pour 1809. | |
| » | 2 dudit. | PATENTES DE 1810. | Les patentes de 1810 seront timbrées à l'extraordinaire et à crédit, comme elles l'ont été ou dû l'être en 1809, conformément à l'instruction n.º 99. | |
| 460 | 4 janvier 1810. | QUITTANCES ET DÉCHARGES DE PRIX DE VENTE DE MEUBLES. | Les quittances et décharges données par les parties aux notaires et autres officiers publics procédant à des ventes publiques de meubles, peuvent, sans contravention à la loi du 13 brumaire an 7, être mises en marge des procès-verbaux de vente, et dans ce cas elles doivent être rédigées en forme authentique, et signées par la partie et l'officier public ; ces quittances, ainsi rédigées, sont soumises à l'enregistrement dans le délai de la loi. *(Avis du Conseil d'état, du 7 octobre 1809.)* | |
| » | 11 dudit. | RENTES ALIÉNÉES PAR LA CAISSE D'AMORTISSEMENT. | Le procès-verbal d'adjudication des rentes aliénées par la caisse d'amortissement, est assujetti au droit de timbre. *(Décret du 9 décembre 1809.)* | |
| 464 | 12 février. | DESSÉCHEMENT DES MARAIS. | Les actes faits en exécution de la loi du 16 septembre 1807, sur le desséchement des marais, sont passibles de la formalité du timbre. | |
| 468 | 12 mars. | PROCÈS-VERBAL D'AFFICHE. — SAISIE IMMOBILIÈRE. | Le procès-verbal d'apposition d'affiches en exécution de l'art. 685 du code judiciaire, doit être rédigé sur du papier timbré de dimension et séparé de l'exemplaire du placard qui y demeure annexé, lequel doit être aussi sur papier timbré. *(Décision du Grand-Juge, du 30 janvier 1810.)* | |
| » | 24 mai. | OCTROIS. — REGISTRES. | Il y a lieu de timbrer *gratis* un nombre de feuilles nouvelles des registres des octrois, égal à celui des feuilles anciennes déjà timbrées et qui se trouvent hors de service, mais cette faveur est spéciale pour les papiers présentés au timbre antérieurement au décret du 17 mai 1809. — On peut également admettre les directeurs des droits réunis à faire timbrer *gratis* autant de nouveaux imprimés pour contrainte qu'ils remettront d'anciens imprimés destinés au même usage et qui maintenant ne peuvent plus servir. *(Décision du Ministre des finances.)* | *V. l'instruction* n.º 597. |
| 477 | 8 juin. | REGISTRES DES HYPOTHÈQUES. | Il ne sera désormais expédié de l'atelier général, des registres des hypothèques, qu'ils n'aient été auparavant frappés du timbre ordinaire : le garde magasin s'en chargera comme de tous autres papiers. Les envois aux conservateurs s'en feront et il en sera rendu compte par ces derniers, de la manière qui s'observe pour les papiers de la débite. | |

# TIMBRE.

| INSTRUCTIONS GÉNÉRALES. | | OBJETS. | EXTRAIT DÉTAILLÉ DES INSTRUCTIONS. | OBSERVATIONS. |
|---|---|---|---|---|
| N.os | DATES. | | | |
| » | 5 septembre 1810. | PATENTES DE 1811. | Les patentes de l'année 1811 seront timbrées à l'extraordinaire et à crédit comme elles l'ont été pour 1810, sur la soumission du receveur général, de rembourser dans trois mois en un récépissé comptable, le montant de ces droits. | |
| » | 13 dudit. | ANCIENS REGISTRES DES HYPOTHÈQUES. — COMPTABILITÉ. | A dater du 1.er octobre 1810, les anciens registres destinés aux formalités hypothécaires, et les feuilles non écrites restant dans les bureaux des conservateurs, seront compris dans la comptabilité de la débite. Mode d'exécution de cette mesure. | |
| » | 26 dudit. | PASSE-PORTS ET PERMIS DE PORT D'ARMES. | Mesures provisoires pour l'exécution du décret du 11 juillet 1810, concernant les passe-ports et permis de port d'armes de chasse. | |
| 496 | 7 novembre | Idem. | Mode à observer pour l'exécution du décret du 11 juillet 1810, concernant les passe-ports et permis de port d'armes de chasse. — La recette des droits de passe-ports à l'intérieur sera faite par les percepteurs des contributions. — Les receveurs du timbre extraordinaire feront la recette des passe-ports à l'étranger et des permis de port d'armes de chasse. — Mode de cette comptabilité. | *V. les instruct. n.os 524 et 543.* |
| 501 | 24 décembre. | CERTIFICATS DÉLIVRÉS PAR LES OFFICIERS DE L'ÉTAT CIVIL. | Les certificats que les officiers de l'état civil délivrent aux parties pour justifier aux ministres des cultes de l'acomplissement préalable des formalités civiles, avant d'être admises à la célébration religieuse de leur mariage, seront assujettis au timbre de 25 centimes. (*Décret du 9 décembre 1810.*) | |
| 502 | 26 dudit | EFFETS NÉGOCIABLES VENANT DE HOLLANDE. | Les effets négociables venant de Hollande doivent être soumis au timbre ou au visa pour timbre avant qu'on puisse les négocier, accepter ou acquitter en France, et payer le droit établi par l'art. 8 de la loi du 13 brumaire an 7. (*Décision du Ministre des finances, du 8 décembre 1810.*) | |
| 504 | 19 janvier 1811. | FABRIQUES. | Les registres des fabriques seront sur papier non timbré. (*Décret du 30 décembre 1809.*) | *V. l'instruction n.° 941.* |
| 511 | 9 avril. | PERMIS DE PORT D'ARMES. — LÉGIONNAIRES. | Les permis de ports d'armes de chasse seront délivrés gratuitement aux membres de la légion d'honneur, à la charge seulement de rembourser la valeur du timbre et du papier, fixée à 1 franc. (*Décret du 22 mars 1811.*) | *Rapportée par l'inst. n.° 732.* |
| 513 | 16 dudit. | DROITS RÉUNIS. — REGISTRES ET QUITTANCES. | Les registres et quittances de la régie des droits réunis concernant les tabacs, doivent être timbrés en débet sur une obligation payable à trois mois, souscrite par le directeur des droits réunis. | |
| 523 | 28 mai. | PORT D'ARMES. — DÉLITS. — GRATIFICATION. | La gratification de 3 francs accordée aux agens qui ont constaté des délits de chasse ou de pêche et de port d'armes, doit être payée par les préposés de l'enregistrement lorsque le prix de vente des armes saisies est insuffisant. (*Décret du 8 mai 1811.*) | |
| 524 | 29 dudit. | PASSE-PORTS A L'INTÉRIEUR. — PERCEPTEURS. | Les percepteurs des contributions sont comptables envers l'administration du prix des passe-ports à l'intérieur. Ils en verseront chaque mois le montant, déduction faite de leur remise, et remettront le récépissé au receveur avec la quittance des remises retenues. Le receveur en comptera comme de ses autres recettes. | *V. l'instruction n.° 611.* |
| » | 20 juillet. | PERMIS DE PORT D'ARMES. | Les personnes qui voudront se procurer des permis de port d'armes de chasse ne seront plus tenues de se présenter en personne au chef-lieu du département; à cet effet, l'annotation de la signature du porteur sur le talon des feuilles de permis sera supprimée. (*Décret du 3 juillet 1811.*) | |

# TIMBRE.

| INSTRUCTIONS GÉNÉRALES. | | OBJETS. | EXTRAIT DÉTAILLÉ DES INSTRUCTIONS. | OBSERVATIONS. |
|---|---|---|---|---|
| N.<sup>os</sup> | DATES. | | | |
| 533 | 23 juillet 1811. | ORDONNANCES SUR OPPOSITION AUX QUALITÉS. | Les décisions ou ordonnances sur l'opposition formée aux qualités des jugemens doivent être portées sur les qualité mêmes et non sur une feuille de papier séparée. *( Décis. des Min. des finances et de la justice, du 21 mai 1811.)* | |
| 534 | 24 dudit. | PRESTATION DE SERMENT. — COMMISSIONS. | La mention de la prestation de serment de tous les employés généralement, peut être mise en marge ou à la suite des commissions, sans contravention à la loi du timbre, soit pour un premier serment ou pour changement de résidence. *( Décision du Ministre des finances, du 21 mai 1811.)* Néanmoins la minute des procès-verbaux doit être rédigée sur une feuille de papier timbré distincte des commissions. | |
| 535 | 25 dudit. | IMPRIMERIE ET LIBRAIRIE. | Les livres, les déclarations et les récépissés auxquels donne lieu l'exécution des art. 11 et 12 du décret du 5 février 1810 sur l'imprimerie et la librairie, sont assujettis au timbre. Les copies des livres qui seraient envoyées séparément desdites déclarations à M. le directeur général de la librairie et à MM. les préfets, peuvent être écrites sur papier non timbré. *( Décision du Ministre des finances, du 25 juin 1811.)* | |
| 537 | 23 août. | REGISTRES DES GREFFIERS DE POLICE. | Les registres à tenir par les greffiers de police nommés par les maires, d'après l'article 168 du code d'instruction criminelle, sont assujettis au timbre; mais les commissions qui leur sont délivrées ne sont pas susceptibles d'être écrites sur papier timbré. *( Décision du Ministre des finances, du 11 août 1811.)* | |
| 543 | 28 septembre | PASSE-PORTS A L'INTÉRIEUR. | Nouveau mode de comptabilité des passe-ports à l'intérieur. L'envoi doit en être fait par les directeurs aux receveurs d'arrondissement pour être remis aux percepteurs. Remise de 3 pour cent à allouer à ces derniers. *( Déc. du Ministre des finances.)* | |
| » | 17 octobre. | REGISTRES DE L'ÉTAT CIVIL. | Les papiers timbrés pour les registres de l'état civil de 1812 seront fournis comme ils l'ont été pour 1811, c'est-à-dire qu'ils seront payés comptant par les communes ayant les moyens de le faire. Les maires des autres communes remettront en paiement leurs mandats acceptés par les percepteurs, pour être acquittés le 31 mars 1812. | |
| » | 18 dudit. | PATENTES DE 1812. | Les patentes de 1812 seront timbrées à l'extraordinaire et à crédit au moyen d'une soumission que fournira le receveur général d'en payer le montant dans trois mois en un récépissé comptable. | |
| » | 13 novembre | PASSE-PORTS A L'ANCIEN TYPE. | Les formules de passe-ports à l'ancien type, restées sans emploi au 1.<sup>er</sup> janvier 1811, doivent être brûlées. Mesures prescrites pour ce brûlement et pour la décharge des droits de timbre en débet. | |
| » | 20 dudit. | REGISTRES DE L'ÉTAT CIVIL. — ARRIÉRÉ DES ANNÉES 5, 6, 7 ET 8. | Les communes ne doivent pas être recherchées pour le prix du papier timbré qui leur a été délivré par l'administration de l'enregistrement dans les années 5, 6, 7 et 8, et l'administration doit être déchargée dans ses comptes du montant de ces livraisons. *( Avis du Conseil d'état, du 1.<sup>er</sup> octobre 1811.)* | |
| 559 | 14 janvier 1812. | IMPRIMERIE ET LIBRAIRIE. | Les déclarations des imprimeurs et les récépissés qui leur en sont délivrés en exécution des art. 11 et 12 du décret du 5 février 1810, sont exempts de la formalité du timbre, attendu qu'ils sont considérés comme de simples avis d'une correspondance administrative et de police. *( Décision du Ministre des finances, du 7 janvier 1812.)* | |
| 565 | 6 mars. | PÉTITIONS ET MÉMOIRES. | Les pétitions et mémoires, même en forme de lettres, présentés aux ministres, à toute autorité constituée, aux administrations et établissemens publics; celles pour obtenir une réduction sur | |

| INSTRUCTIONS GÉNÉRALES. | | OBJETS. | EXTRAIT DÉTAILLÉ DES INSTRUCTIONS. | OBSERVATIONS. |
|---|---|---|---|---|
| N.os | DATES. | | | |
| | | | les contributions directes, etc., sont soumises au timbre. *(Décision du 16 brumaire an 7. Décret du 24 janvier 1812.)* | |
| 570 | 4 avril 1812. | PASSE-PORTS A DÉLIVRER AUX INDIGENS | Les passe-ports à délivrer aux personnes véritablement indigentes et reconnues hors d'état d'en acquitter le montant, doivent être délivrés gratuitement. *(Avis du Conseil d'état, du 22 décembre 1811.)* Mode à suivre pour prévenir les abus qui pourraient résulter de cette faculté accordée aux maires. Mesures prescrites à MM. les préfets pour régulariser la distribution des passe-ports faite par les percepteurs, et le versement de leur montant dans la caisse de l'administration. *(Lettre du Ministre des finances, du 6 mars 1812, aux préfets.)* | *V. l'instruction* n.o 581. |
| 572 | 18 dudit. | PAPIER MUSIQUE. | Tout envoi de musique non périodique qui ne contiendra pas plus de deux feuilles entières de papier d'une dimension au moins de trois décimètres carrés, ne peut être gravé que sur du papier timbré. — Il est accordé aux graveurs et marchands de musique un délai d'un mois pour faire timbrer sans amende les œuvres non périodiques dont il s'agit. *(Décision du Ministre des finances, du 7 avril 1812.)* | |
| 575 | 26 dudit. | LETTRES DE VOITURE, etc. | Les employés des douanes et ceux des droits réunis sont autorisés à concourir avec les préposés de l'enregistrement pour constater les contraventions aux droits de timbre des lettres de voiture, connaissemens, chartes-parties et polices d'assurance, et ont droit à la moitié des amendes en résultant. *(Décision du Ministre des finances, du 14 avril 1812.)* | |
| 578 | 1.er mai. | DÉLIT DE CHASSE ET DE PORT D'ARMES. | La gratification de 3 francs accordée par le décret du 8 mai 1811, aux gendarmes et gardes forestiers qui ont constaté des délits de chasse et de port d'armes, doit être payée à tous les préposés qui sont à portée de réprimer ces délits; en conséquence elle doit être accordée à ceux des douanes. *(Décision du Ministre des finances, du 18 avril 1812.)* | |
| 579 | 19 dudit. | DÉCLARATION D'ÉTABLISSEM.t OU CHANGEMENT DE DOMICILE | Les déclarations de changement ou d'établissement de domicile ne sont pas soumises à l'enregistrement; il suffit qu'elles soient faites sur du papier timbré. *(Délibération du Conseil d'administration. Décision du Ministre des finances, du 5 mai 1812.)* | |
| 581 | 25 dudit. | PASSE-PORTS A L'INTÉRIEUR. — INDIGENS. | L'avis du conseil d'état, du 22 décembre 1811, relatif à la délivrance gratuite des passe-ports à l'intérieur aux personnes véritablement indigentes est également applicable aux passe-ports à l'étranger. Un permis de port d'armes est valable dans les divers départemens où celui à qui il a été délivré est propriétaire, après avoir été revêtu du visa du préfet. *(Lettre du Ministre des finances, du 2 mai 1812.)* | |
| 582 | 26 dudit. | REGISTRES DES RECEVEURS DES COMMUNES. | Le registre journal-général et le livre de caisse qui sert de base à la comptabilité des receveurs municipaux et qui la justifie, sont soumis au timbre. — Les registres auxiliaires en sont exempts. — Le journal du percepteur des contributions n'y est pas sujet, lorsque ce journal ne sert que pour les contributions publiques. — Les receveurs municipaux sont autorisés à présenter au visa pour timbre leur registre journal-général et leur livre de caisse, en payant comptant les droits de timbre. A l'avenir ces deux registres seront formés avec du papier de la débite, ou timbrés à l'extraordinaire, et les droits payés comptant. — Le compte servant de décharge au comptable est sujet au timbre. *(Décisions des Ministres des finances et du trésor, du 19 mai 1812.)* | *V. l'instruction* n.o 520. |

# TIMBRE.

| INSTRUCTIONS GÉNÉRALES. | | OBJETS | EXTRAIT DÉTAILLÉ DES INSTRUCTIONS. | OBSERVATIONS. |
|---|---|---|---|---|
| N.ᵒˢ | DATES. | | | |
| 587 | 27 juin 1812. | PERMIS DE PORT D'ARMES DE CHASSE. — RESTITUTION. | Il n'y a pas lieu de restituer les droits de permis de port d'armes de chasse lorsque le permis, après avoir été délivré, a été retiré par mesure de sûreté et de police. Les droits sont restituables, lorsque le permis a été refusé, parce que celui qui le réclamait et qui avait payé les 30 francs, n'avait pas les qualités requises. *(Déc. des Min. des fin. et de la justice.)* Mode de cette comptabilité. | |
| 588 | 2 juillet. | PASSE-PORTS A LA DISPOSITION DES MAIRES. | Les percepteurs tiendront à l'avenir les feuilles de passe-ports à la disposition des maires de leur arrondissement, sans distinction de communes. *(Déc. des Min. des fin. et de la police.)* | |
| 591 | 23 dudit. | RÉVOCATIONS DE PROCURATIONS ET TESTAMENS. | Les révocations de procurations ou de testamens peuvent être faites et expédiées sur la même feuille de papier timbré que les procurations ou testamens qu'elles concernent. *(Décret du 15 juin 1812.)* | |
| 595 | 20 août. | REGISTRES DES TABACS. | Chaque case des nouveaux registres destinée à recevoir le mandat de paiement des tabacs livrés par le cultivateur à la régie, devra être timbrée à l'extraordinaire à 25 c., et le droit en sera acquitté sur une obligation du directeur des droits réunis. Il sera fait compensation, jusqu'à due concurrence, du timbre annullé sur les feuilles d'anciens registres. *(Décision du Ministre des finances, du 11 avril 1812.)* | |
| 597 | 5 septembre | REGISTRES DE L'OCTROI. | Les registres de l'octroi ne doivent plus être soumis au timbre de dimension. *(Déc. du Min. des fin., du 25 août 1812.)* | |
| 599 | 9 dudit. | CATALOGUES DE LIVRES. | Les catalogues de livres, quelle qu'en soit l'étendue, doivent être imprimés sur du papier timbré. *(Décision du Ministre des finances, du 25 août 1812.* | |
| » | 26 dudit. | REGISTRES DE L'ÉTAT CIVIL ET TABLES DÉCENNALES. | Les papiers timbrés pour les registres de l'état civil de 1813 seront payés comptant par les communes, et à défaut de moyens suffisans, sur des mandats des maires acceptés par les percepteurs pour être acquittés le 31 mars 1813 au plus tard. *(Déc. du Ministre des fin., du 22 septembre 1812.)* Les greffiers doivent payer comptant le timbre des tables décennales. *(Décision du Ministre des finances, du 31 mars 1812.)* | |
| 601 | 3 octobre. | FORMULES DE PATENTES. | Il ne sera timbré pour 1813 qu'un nombre de formules égal à celui des articles de patentes portés sur les rôles de la dernière année ; dans ce nombre seront comprises celles sans emploi restées aux mains des percepteurs. Comptes ouverts à tenir à ce sujet, et mode de cette comptabilité. *(Lettre du Ministre des finances, du 12 mai 1812.)* | |
| 602 | 6 dudit. | VENTES PUBLIQUES DE MARCHANDISES PAR LES COURTIERS. | La requête à présenter par les courtiers au tribunal à l'effet de vendre ; la déclaration de propriété ou de commission et le catalogue des objets à vendre seront écrits sur papier timbré *(Décision du Ministre des finances, du 22 septembre 1812.)* | |
| 605 | 24 dudit. | ÉTABLISSEMENS PUBLICS. — AUTORISATION. | Les autorisations données par les préfets aux communes, hospices et autres établissemens publics, pour recevoir des remboursemens de rentes, ne sont pas soumises au timbre ni à l'enregistrement. *(Décisions du Ministre des finances, des 9 juin et 8 septembre 1812.)* | |
| 608 | 3 novembre | CHAMBRES DES NOTAIRES. | Les registres des chambres des notaires, concernant leur police intérieure et sans aucun rapport avec des personnes étrangères, ne sont pas sujets au timbre. S'il s'agissait d'actes tendans à établir des conventions entre la chambre et des particuliers, on ne pourrait les rédiger qu'en papier timbré. — S'il n'est tenu | |

# TIMBRE.

| INSTRUCTIONS GÉNÉRALES. | | OBJETS. | EXTRAIT DÉTAILLÉ DES INSTRUCTIONS. | OBSERVATIONS. |
|---|---|---|---|---|
| N.os | DATES. | | | |
| | | | qu'un seul registre des divers actes ci-dessus, il doit être timbré ainsi que les registres de recette du trésorier de la chambre : les seules expéditions d'actes de la chambre qui sont exemptes du timbre sont celles délivrées au procureur du Roi dans l'intérêt de l'administration. (*Déc. du G.-Juge et du Min. des fin.*) | |
| 611 | 16 novembre 1812. | PASSE-PORTS A L'INTÉRIEUR. — VERSEMENT DE LEUR PRODUIT. | A compter du 1.er janvier 1813, les percepteurs des contributions verseront chaque mois à la caisse du receveur de l'enregistrement du chef-lieu de leur arrondissement, la recette du prix des passe-ports à l'intérieur qui auront été délivrés dans le mois, déduction faite de leur remise à raison de 3 pour cent. Certificat du maire constatant les restans en nature à remettre au receveur. A défaut par les percepteurs de faire cette remise, ils seront poursuivis par toutes les voies de droit pour le paiement du prix des passe-ports qui leur auront été délivrés. Les percepteurs pourront payer le prix des passe-ports, sous la déduction de leur remise, au moment de la livraison qui leur en sera faite par le receveur de l'enregistrement. (*Décision du Ministre des finances du 6 novembre 1812.*) | |
| 613 | 19 dudit. | TRIBUNAUX CORRECTIONNELS ET DE POLICE. — REGISTRES. | Les registres des tribunaux correctionnels et de police, où se consignent les minutes des jugemens, ne sont pas soumis au timbre. Les procès-verbaux en matière de police et de police correctionnelle sont sujets au timbre ; les droits sont à la charge des parties civiles, et à leur défaut, ces actes sont visés en débet. — En matière criminelle il n'y a pas lieu au timbre. | *Dérogation à l'instruction générale, n.° 537.* |
| 616 | 16 décembre. | DÉLITS DE CHASSE ET DE PORT D'ARMES — GRATIFICATION. | Lorsque plusieurs individus sont condamnés collectivement pour délits de chasse et de port d'armes, il doit être payé autant de gratifications de 3 francs qu'il y a de condamnés, au militaire ou garde qui a rapporté le procès-verbal sur lequel le jugement a été rendu. — Lorsque plusieurs gardes et autres agens ont concouru à la formation d'un procès-verbal sur lequel il n'est intervenu qu'une seule condamnation pour délits de chasse, chacun de ces agens doit recevoir une semblable gratification de 3 francs. (*Décision du Ministre des finances.*) | *Voir le n.° 3 de l'instruction, n.° 543.* |
| 621 | 13 février 1813. | REGISTRES DES LYCÉES. | Les registres des lycées sont exempts du timbre : les baux, les marchés, les ventes, les quittances données à des personnes étrangères à l'établissement y sont soumis, ainsi que les actes de poursuites et d'instance. (*Décision du Ministre des finances du 2 février 1813.*) | |
| 623 | 24 dudit. | VENTE D'EFFETS MILITAIRES. | Le procès-verbal de remise, celui d'expertise, celui de vente, les affiches et les expéditions délivrées à des fonctionnaires publics sont exempts du timbre. Les expéditions et extraits requis par les adjudicataires ou particuliers y sont soumis. | |
| 624 | dudit. | VENTE D'EFFETS DE MARINE. | Les dispositions ci-dessus s'appliquent aux procès-verbaux, etc. des ventes de ces effets. | |
| 629 | 15 mars. | TABLE DU JOURNAL DE LA LIBRAIRIE. | Les exemplaires d'une table alphabétique de la bibliographie de la France sont exempts du timbre, s'ils sont transmis pour la police et le service de la direction générale de la librairie. (*Décision du Ministre des finances du 2 mars 1813.*) | |
| 631 | 29 dudit. | PERMIS DE PORT D'ARMES DE CHASSE. | Les permis de port d'armes délivrés aux membres de l'ordre de la Réunion sont soumis au simple prix du timbre et du papier fixé à un franc. (*Décret du 12 mars 1813.*) | *Rapportée par l'instruct. n.° 732.* |
| 634 | 28 avril. | ORDONN.s ET PROCÈS-VERBAUX D'APPOSIT. ET LEVÉE DE SCELLÉS. | Les procès-verbaux d'apposition et levée de scellés et les ordonnances qui les prescrivent, peuvent être mis à la suite l'un de l'autre. (*Décision du Ministre des finances du 20 avril 1813.*) | |

# TIMBRE.

| INSTRUCTIONS GÉNÉRALES. | | OBJETS. | EXTRAIT DÉTAILLÉ DES INSTRUCTIONS. | OBSERVATIONS. |
|---|---|---|---|---|
| N.os | DATES. | | | |
| 637 | 21 mai 1813. | Ext.s de contrats de mariage entre personnes dont l'une est commerçante | Le registre destiné à constater la remise des extraits de contrats de mariage entre personnes dont l'une est commerçante, et de jugemens de séparation, et l'insertion au tableau dans l'auditoire des tribunaux, dans les chambres des notaires et des avoués, attendu qu'il fait titre à des tiers, doit être tenu sur papier timbré : il est coté et paraphé par les syndics. L'acte qui constate cette remise est également soumis au timbre et à l'enregistrement ; l'expédition doit être faite sur papier de 75 centimes. (*Décision du Ministre de la justice du 5 mai 1813.*) | |
| 638 | 30 dudit. | Autorisations des conseils de préfecture, pour radier des inscript.s prises dans l'intérêt des hospices civils. | Les autorisations des conseils de préfecture pour radier des inscriptions, sont exemptes du timbre lorsqu'il doit être passé un acte authentique pour consentir la radiation. (*Décision du Ministre des finances du 18 mai 1813.*) | |
| 642 | 1.er juillet. | Timbre des regist.s de l'état civil. | Les sommes que les communes peuvent encore devoir pour arriéré du timbre des registres de l'état civil, doivent être comprises au budget de la commune débitrice, pour être acquittées. (*Avis du Conseil d'État du 11 mai 1813.*) | |
| 646 | 27 août. | Paiem.t des droits de timbre des formules de patentes. | Les dispositions de l'instruction générale n.º 601 sont conservées pour l'exercice 1814, quant à la comptabilité du timbre des formules de patentes. Ordres donnés pour faire solder, sans délai, ce qui serait encore dû sur 1813. Modèle du compte à établir à cet égard. (*Décision du Ministre des finances du 27 juillet 1813.*) | |
| » | 31 dudit. | Timbre des regist.s de l'état civil. | Les papiers timbrés pour les registres de l'état civil de 1814, seront payés comptant, et faute de moyens suffisans sur des mandats des maires acceptés par les receveurs des communes, à l'échéance du 31 mars 1814. Compte à rendre de cette disposition et de ce qui peut être dû sur l'arriéré. | |
| 648 | 13 septembre | Timbre des billets et obligations non négociables. — Endossemens. | Les transports, cessions ou endossemens peuvent, sans contravention, être écrits sur de simples billets ou promesses de payer, faits sur du papier au timbre proportionnel de la quotité prescrite. (*Décision du Ministre des finances du 31 août 1813.*) | |
| 659 | 17 mars 1814. | Exécution du décret du 14 juin 1813 portant règlement sur l'organisation et le service des huissiers. Copies des actes qu'ils signi- fient. | Tous les actes de la chambre de discipline, soit en minute, soit en expéditions, à l'exception des certificats et autres pièces à délivrer aux candidats ou à des particuliers, dans leur intérêt personnel, sont exempts du timbre.<br>Les copies doivent être correctes et lisibles et ne peuvent contenir plus de 35 lignes par page de petit papier, 40 lignes par page de moyen papier et 50 lignes par page de grand papier, à peine de 25 fr. d'amende, prononcée sur le procès-verbal que les employés rédigeront de la contravention. (*Décrets des 14 juin et 29 août 1813.*) | |
| » | 18 mai. | Passe-ports à l'in- térieur et à l'é- tranger. | Les lois et réglemens sur les passe-ports continueront à être exécutés comme par le passé. (*Ord. Royale du 20 avril 1814.*) Ceux délivrés par les préfets sur papier timbré ordinaire, en attendant les nouvelles formules, sont soumis au droit de 2 fr. pour l'intérieur et de 10 fr. pour l'étranger ; à la déduction du droit de timbre payé. — Obligation des secrétaires des mairies à cet égard. — Mode de recette. | |

# TIMBRE.

| INSTRUCTIONS GÉNÉRALES. | | OBJETS. | EXTRAIT DÉTAILLÉ DES INSTRUCTIONS. | OBSERVATIONS. |
|---|---|---|---|---|
| N.ᵒˢ | DATES. | | | |
| » | 28 mai 1814. | TIMBRE. — PAPIER LIBRE EMPLOYÉ PENDANT L'OCCUPATION DE LA FRANCE PAR LES ARMÉES ALLIÉES. | Les actes faits sur papier libre, pendant la fermeture des bureaux, dans les départemens occupés précédemment par les puissances alliées seront timbrés à l'extraordinaire ou visés pour timbre, sans amendes et avant l'enregistrement, pour ceux qui doivent être enregistrés dans un délai fixé. Les effets de commerce, avant le protêt, et les autres actes, avant d'en faire usage, sans que le délai puisse s'étendre au-delà d'un mois, à compter du jour où les bureaux auront été rouverts au public. | |
| » | 29 juillet. | TABLES DÉCENNALES DES REGISTRES DE L'ÉTAT CIVIL. | Les tables décennales doivent être en papier timbré. Le papier timbré nécessaire doit être payé comptant pour les trois expéditions des tables. Si des greffiers demandent des facilités ils pourront ne se libérer en totalité que jusqu'au 1.ᵉʳ octobre 1814. Compte à rendre à cet égard. État à fournir. | *V. l'instruction n.° 770.* |
| » | 19 septembre | TIMBRE DES REGIST.ˢ DE L'ÉTAT CIVIL DE 1815. | Les papiers timbrés, nécessaires à ces registres, seront fournis comme par le passé. Le prix sera effectué de la même manière. Envoi, le 1.ᵉʳ mai, d'un état pour en rendre compte. | |
| 664 | 23 novembre | REMISE DES AMENDES POUR TIMBRE. | L'ordonnance royale du 18 novembre 1814, fait remise des amendes pour timbre, en payant les droits simples avant le 1.ᵉʳ avril 1815; elle autorise les banquiers, négocians, etc. et autres commerçans à faire timbrer, dans le même délai, à l'extraordinaire ou par visa, en payant les droits simples, les registres qu'ils doivent tenir. Les amendes encourues par les officiers publics ne sont pas comprises dans cette disposition. | |
| » | 28 dudit. | TIMBRE AU TYPE ROYAL. | A partir du 1.ᵉʳ janvier 1815, il ne pourra être fait usage d'aucun papier timbré qui ne porterait pas le type royal. ( *Ordonnance Royale du 11 novembre 1814* ). Mesures prescrites à cet effet. Dispositions transitoires, ordonnées pour l'échange du papier ou leur contre-timbre. Les peines sont celles prononcées par la loi du 13 brumaire an 7. | |
| » | 16 décembre. | TIMBRE DES REGIST.ˢ DE L'ÉTAT CIVIL POUR 1815 ET 1816. | Les papiers timbrés destinés à la formation des registres de l'état civil seront toujours payés comptant. Les receveurs doivent remettre, dans les premiers jours de janvier, l'état de l'arriéré dû pour les années antérieures à 1815. | |
| 679 | 8 avril 1815. | TIMBRE AU TYPE ROYAL SUPPRIMÉ. | Le timbre royal établi par l'ordonnance du 11 novembre 1814 est supprimé. Usage des papiers frappés de ce timbre. Mode d'échange. ( *Décret du 30 mars 1815.* ) | |
| 697 | 16 août. | TIMBRE ROYAL. | Il ne pourra plus être fait usage d'aucun papier qui ne porterait pas le type royal, vingt jours après la publication de l'ordonnance du 10 août 1815. Mode de contre-timbre des papiers timbrés à l'extraordinaire. Le papier dont l'usage avait été interdit au 1.ᵉʳ janvier 1815, ne peut être ni échangé ni contre-timbré. Les papiers porteront les deux types et continueront à être employés jusqu'à épuisement. | |
| » | 19 octobre. | TIMBRE DES REGIST.ˢ DE L'ÉTAT CIVIL POUR 1816. | Le crédit accordé pour la fourniture des papiers timbrés destinés à la formation des registres de l'état civil doit cesser, et les livraisons doivent en être faites au comptant. | |
| 700 | 17 novembre | TIMBRE. — DROITS ET AMENDES REMIS. | Prorogation, jusqu'au 31 décembre 1815, de la faveur accordée par l'ordonnance royale du 18 novembre 1814. ( *Ordonnance Royale du 8 novembre 1815.* ) | *V. l'instruction n.° 664.* |
| 701 | 27 dudit. | PORT D'ARMES A DÉLIVRER AUX CHEVALIERS DE S.ᵗ-LOUIS. | Les prérogatives accordées aux membres de la légion d'honneur, par l'arrêté du 22 mars 1811, sont communes aux chevaliers de Saint-Louis. Délivrance gratuite des permis de port d'armes, sauf le remboursement du timbre et du papier, fixé à 1 fr. ( *Voir l'instruction n.° 511.* ) | *Rapportée par l'instruct. n.° 732.* |

# TIMBRE.

| INSTRUCTIONS GÉNÉRALES. | | OBJETS. | EXTRAIT DÉTAILLÉ DES INSTRUCTIONS. | OBSERVATIONS. |
|---|---|---|---|---|
| N.ᵒˢ | DATES. | | | |
| » | 18 décembre 1815. | TIMBRE DES REGIST.ˢ DE L'ÉTAT CIVIL POUR 1816. | Faculté aux communes qui les demanderont, mais pour l'année 1816 seulement, de prendre à crédit les papiers timbrés nécessaires à la formation des registres de l'état civil de 1816. | |
| » | 26 dudit. | TIMBRE. — DROITS ET AMENDES REMIS. | Application de la faveur de la remise des droits et amendes accordée par les ordonnances des 18 novembre 1814 et 8 novembre 1815, aux particuliers qui ont acquitté les droits principaux avant la publication de la dernière ordonnance. | |
| » | 1ᵉʳ avril 1816 | NOUVELLE PRESTATION DE SERMENT PAR LES PRÉPOSÉS DES DOUANES. | La nouvelle prestation de serment que doivent faire les préposés des douanes, n'exigera pour l'acte de ce serment, d'autres frais que ceux du timbre. ( *Décision du Min. des fin. du 5 mars 1816.* ) | |
| » | 6 dudit. | PRESTATION DE SERMENT PAR LES PRÉPOSÉS ASSERM.ᵉˢ AVANT LA RESTAURATION. | Les employés assermentés avant la restauration prêteront un nouveau serment. L'acte n'emportera d'autres frais que ceux de timbre. ( *Décis. du Min. des fin.*, du 25 mars 1816. ) | |
| 715 | 29 avril. | AUGMENTATION DES DROITS DE TIMBRE. | Loi du 28 avril 1816, l'augmentation des droits consiste : Pour la 1/2 feuille à ........ 0ᶠ. 35ᶜ. Pour la feuille petit papier à . « 70ᶜ. Pour la feuille d'expédition à . 1ᶠ. 25ᶜ. Pour la feuille grand papier.. 1ᶠ. 50ᶜ. *Idem* dimension supérieure... 2ᶠ. « Pour les effets de commerce de deux cinquièmes du prix actuel. Le tout sans décime. La loi augmente aussi les droits des affiches, journaux et avis. Peines contre les imprimeurs ( voyez amendes. ) Il ne peut plus être admis de papiers au timbre en débet. Les livres de commerce assujettis suivant leur dimension et par feuille à un timbre de 20, 30 et 50 centimes. Solidarité pour le paiement des droits de timbre et amendes prononcés contre les signataires, les prêteurs et emprunteurs, créanciers et débiteurs. Les instances seront instruites et jugées comme celles en matière d'enregistrement. | |
| 716 | 2 mai. | ENVOI DES TIMBRES DESTINÉS A INDIQUER LES AUGMENTATIONS DE PRIX DES PAPIERS TIMBRÉS. | Envoi des timbres destinés à indiquer les augmentations de prix. Délai de trois mois accordé aux officiers publics et aux particuliers pour échanger les papiers qui seront entre leurs mains. Ils pourront les présenter au contre timbre en acquittant les droits de supplément. Dépôt aux tribunaux et cours, du timbre et contre timbre. Procès-verbal de ce dépôt à rédiger sans frais. | |
| 721 | 17 dudit. | MODE DE DÉLIVRANCE DES FORMULES DE PASSE-PORTS A L'INTÉRIEUR. | Mode de délivrance des formules et du paiement : elles ne peuvent être délivrées à crédit. Vérification à faire par les inspecteurs. | |
| 722 | 25 dudit. | QUOTITÉ DU DROIT DE TIMBRE DES FEUILLES DESTINÉES A L'IMPRESSION DES JOURNAUX ET DU PAPIER-MUSIQUE. | La perception du droit de timbre doit être graduée ainsi qu'il suit : la feuille entière de 25 décimètres carrés et au dessous, paiera 5 centimes ; la feuille au-dessus de 25 décimètres carrés jusqu'à 30, 6 centimes ; et ainsi de suite, à raison d'un cent.ᵉ pour chaque excédant entier ou fractionnaire, de 5 décimètres ; — la demi feuille de 12 décimètres 1/2 carrés et au dessous, 3 centimes ; — la demi feuille au-dessus de 12 décimètres 1/2 carrés, jusqu'à 17 1/2, 4 centimes. ( *Décision du Min. des fin.*, du 16 décembre 1816. ) | |

# TIMBRE.

| INSTRUCTIONS GÉNÉRALES. | | OBJETS. | EXTRAIT DÉTAILLÉ DES INSTRUCTIONS. | OBSERVATIONS. |
|---|---|---|---|---|
| N.° | DATES. | | | |
| » | 1<sup>er</sup> juin 1816 | NOUVELLE PRESTA-TION DE SERMENT PAR LES PRÉPOSÉS DES CON-TRIBUTIONS INDIRECT<sup>s</sup> | L'acte de prestation de serment des employés des contributions indirectes, déjà assermentés avant la restauration, ne supportera que les frais de timbre. ( *Décision du Ministre des finances, du 24 mai 1816.* ) | |
| 726 | 3 dudit. | ACTES EN MATIÈRE CRIMINELLE, CORREC-TIONNELLE OU DE PO-LICE, A VISER POUR TIMBRE EN DÉBET. | Les actes et procès-verbaux des huissiers, gendarmes, préposés, gardes champêtres et forestiers (autres que ceux des particuliers) et généralement tous actes et procès-verbaux concernant la police ordinaire, et qui ont pour objet la poursuite et la répression des délits et contraventions aux réglemens généraux de police et d'imposition, continueront à être visés pour timbre et enregistrés en débet, lorsqu'il n'y aura pas de partie civile poursuivante, ou qu'elle aura négligé ou refusé de consigner les frais de poursuites. Le visa du receveur indiquera le montant des droits en débet. L'administration des contributions indirectes reste chargée d'avancer les droits de timbre dans les affaires qui la concernent. ( *Ordonnance Royale du 22 mai 1816* ) | |
| 728 | 25 dudit. | PAIEMENT DU TIM-BRE DES PATENTES DE 1816. | Les receveurs généraux feront l'avance du prix du timbre des patentes. — Il n'y a plus de crédit à faire pour cet objet. ( *Décision du Ministre du finances, du 10 juin 1816.* ) | |
| 731 | 18 juillet. | APPOSITION DU TIM-BRE EN ROUGE SUR LES JOURNAUX POLITI-QUES, ET PERCEPTION D'UN CENTIME PAR FEUILLE. | L'ordonn.<sup>ce</sup> royale du 1.<sup>er</sup> avril 1816 ayant affecté, sur les journaux politiques des départemens, une rétribution d'un centime par feuille pour le service des pensions littéraires, ces journaux seront frappés d'un timbre rouge et le centime en sus sera perçu en même temps que le droit de timbre. Remise spéciale de 5 pour cent, allouée pour cet objet. | |
| 732 | 24 dudit. | PERMIS DE PORT D'ARMES DE CHASSE. | Le droit de permis de port d'armes de chasse sera désormais acquitté au taux uniforme de 15 francs, sans aucune exception. La gratification de 3 francs, précédamment accordée à tout gendarme, garde champêtre ou forestier, qui constate des contraventions de cette nature, est portée à 5 francs. | |
| 741 | 14 septembre | COMPTABILITÉ DU TIMBRE. | Mode de comptabilité pour le renvoi fait, des bureaux au magasin, des anciens papiers timbrés et de ceux échangés aux parties. | |
| 743 | 18 dudit. | TIMBRE DES OBLIG.<sup>s</sup> SOUSCR<sup>s</sup> POUR CAUT.<sup>t</sup> EN NUMÉRAIRE. | Les obligations souscrites pour cautionnement en numéraire sont soumises au timbre proportionnel. Celles faites en papier libre seront visées pour timbre sans amendes. | |
| 744 | 30 dudit. | ANCIENNES EM-PREINTES A BIFFER. | Les empreintes des anciens timbres, qui se trouvent encore sur une partie des papiers de la débite, doivent être biffées. Le timbre royal et le contre-timbre doivent être les seules empreintes en évidence. | |
| 751 | 30 octobre. | TIMBRE DES REG.<sup>s</sup> DE L'ÉTAT CIVIL DE 1817. | Le prix du timbre des registres de l'état civil doit être désormais acquitté au comptant. Il ne peut, sous aucun motif, être accordé de crédit. | |
| 755 | 10 décembre. | TIMBRE POUR EF-FETS DE COMMERCE. | Les effets de commerce, portant uniquement les filigranes et timbre au type royal, seront seuls débités à partir du 1.<sup>er</sup> janvier 1817. Mode à suivre pour constater les anciennes empreintes. | |
| 765 | 13 février 1817. | ACTES DE L'AUTO-RITÉ ADMINISTRATIVE — TIMBRE. | Nouveaux développemens sur les actes administratifs soumis au timbre. Il ne peut être donné aucune suite à des pétitions non timbrées. Les secrétaires généraux, sous-préfets et maires encourraient les peines portées par la loi, s'ils délivraient directement ou indirectement aux particuliers ou aux établissemens publics, agissant comme parties, des expéditions non soumises à la formalité. Recommandation à cet égard aux employés. | |

# TIMBRE.

| INSTRUCTIONS GÉNÉRALES. | | OBJETS. | EXTRAIT DÉTAILLÉ DES INSTRUCTIONS. | OBSERVATIONS. |
|---|---|---|---|---|
| N.º | DATES. | | | |
| 768 | 27 mars 1817. | Droits de timbre en débet. | Loi du 25 mars 1817. Seront visés pour timbre en débet, les actes et procès-verbaux de la police ordinaire, ayant pour objet la poursuite des délits et contraventions aux réglemens généraux de police et d'impositions, lorsqu'il n'y aura pas de partie civile ; les déclarations d'appel de tout jugement en matière correctionnelle. Seront visés pour timbre gratis, les actes de procédure et les jugemens à la requête du ministère public, ayant pour objet des omissions ou rectifications sur les registres de l'état civil, d'actes qui intéressent les indigens, ainsi que le remplacement de ces registres perdus ou incendiés. Les ouvrages périodiques relatifs aux sciences et arts ne paraissant qu'une fois par mois et ayant au moins deux feuilles d'impression, sont exempts du timbre, ainsi que les annonces, prospectus et catalogues de librairie. | |
| 770 | 3 avril. | Tables décennales de l'état civil. | Ces tables doivent être terminées sans retard : il ne peut être accordé de nouveaux crédits pour le papier timbré nécessaire à leur formation. La troisième expédition peut être sur papier libre. *(Décision du Ministre de la justice du 22 février 1817.)* | |
| 774 | 24 dudit. | Exemption du timbre pour les copies à faire, par les greffiers, des reg.ˢ de l'état civil perdus, etc. — Reg.ˢ à tenir par les imprimeurs, aubergistes, etc. | Les greffiers des tribunaux sont autorisés à faire sur papier non timbré, les copies destinées à remplacer les registres perdus par suite d'événemens de force majeure. Les livres que doivent tenir, d'après les réglemens de police, les aubergistes, imprimeurs, etc. seront assujettis au timbre spécial, établi par l'art. 72 de la loi du 28 avril 1816. Passe-ports à l'étranger délivrés gratis aux indigens. | |
| 779 | 31 mai. | Timbre. — Actes administratifs. — Élections. | Tout acte administratif, non compris dans les exceptions, est soumis au timbre. Envoi d'une lettre écrite à ce sujet par le ministre des finances à MM. les Préfets le 9 mai 1817. Les actes autorisés ou prescrits par la loi du 5 février dernier sur les élections, sont exempts du timbre. | *Suite à l'instruct.* n.º 765. |
| 787 | 4 juillet. | Exemption du timbre pour les certificats de vie concernant les pensions militaires. | Les certificats de vie des titulaires des pensions militaires définitives dites soldes de retraite, sont exempts du timbre. (*Art.* 12, *ordonnance Royale du 20 juin 1817.*). | *V. l'instruction* n.º 1051. |
| 798 | 29 août. | Adjudications pour le service de la marine. — Le cahier des charges doit être visé pour timbre. | Le cahier des charges des adjudications générales, à faire dans les ports, sera visé pour timbre dans les villes où il ne peut être revêtu du timbre extraordinaire. | |
| 827 | 7 mars 1818. | Impressions litographiques assujetties au timbre. | Les avis, affiches et annonces imprimés par le procédé litographique, sont assujettis au timbre. (*Décision du Ministre des finances du 20 février 1818.*) | |
| 834 | 18 mai. | Loi du 15 mai 1818 sur les finances. | Le papier pour affiches et annonces ne sera plus fourni par la régie. Les particuliers feront timbrer les papiers dont ils voudront faire usage. Dispositions pour les papiers existant dans les magasins et les bureaux de distribution. On ne pourra se servir de papier de couleur blanche. Amende de 100 fr. contre l'imprimeur, en cas de contravention. Les actes des autorités administratives et des établissemens publics, qui ne portent ni transmission de propriété, d'usufruit | |

# TIMBRE.

| INSTRUCTIONS GÉNÉRALES. | | OBJETS. | EXTRAIT DÉTAILLÉ DES INSTRUCTIONS. | OBSERVATIONS. |
|---|---|---|---|---|
| N.os | DATES. | | | |
| | | | ou de jouissance, ni marchés, ni cautionnemens y relatifs, sont exempts du timbre sur la minute : l'expédition délivrée aux parties sera sur papier timbré, hors le cas d'indigence. L'exemption du timbre est accordée aux annonces, prospectus et catalogues d'objets relatifs aux sciences et arts. Les journaux, outre le droit de timbre, payeront un centime et demi par feuille pour ceux imprimés à Paris ; et un demi centime pour ceux imprimés dans les départemens. Mode de recette de ce droit pour le compte de l'Etat. | |
| 849 | 31 juillet 1818. | TIMBRE DES PATENTES | Moyens d'assurer la perception du droit de timbre sur les formules de patentes. | *V. l'instruction n.º 1056.* |
| 851 | 17 août. | EXEMPTION DU TIMBRE POUR LES ENGAGEMENS VOLONTAIRES. | Les actes et certificats concernant les engagemens volontaires sont exempts du timbre. | |
| 852 | 18 dudit. | PRESCRIPTION DES AMENDES POUR CONTRAVENT.ˢ AUX LOIS SUR LE TIMBRE. | Les amendes encourues pour contraventions aux lois sur le timbre, sont susceptibles de l'application de l'avis du conseil d'état du 18 août 1810 ; en conséquence, elles se prescrivent par deux ans. | |
| 856 | 10 septembre | SERVICE MILITAIRE. | Les actes et certificats concernant les exemptions ou dispenses du service militaire, sont affranchis du droit de timbre. | |
| 857 | 11 dudit. | FORMULES TIMBRÉES DE CERTIFICATS DE VIE POUR LES RENTIERS, etc. | Les formules timbrées de certificats de vie pour les rentiers et pensionnaires de l'Etat, seront à l'avenir délivrées aux notaires certificateurs par les receveurs de l'enregistrement. | |
| 860 | 29 octobre. | ARRÊTÉS POUR L'ALIGNEMENT DES MAISONS OU MURS DE CLÔTURE SUR LA VOIE PUBLIQ.ᵉ | Les arrêtés pour l'alignement des maisons et murs de clôture sur la voie publique, ne sont pas sujets au timbre sur la minute, lorsque les constructions ne portent ni concession ni acquisition de terrains. | |
| 866 | 16 novembre | PIÈCES A PRODUIRE AU SOUTIEN DES DEMANDES DE PRIMES POUR LA PÊCHE DE LA MORUE. | Les diverses pièces à produire à l'appui des demandes de primes pour la pêche de la morue, sont sujettes au timbre, suivant une ordonnance du roi, du 21 octobre 1818. | |
| 868 | 5 décembre. | INSCRIPTIONS HYPOTHÉC.ˢ POUR LA CONSERVATION DES DROITS DU TRÉSOR ROYAL. | Les bordereaux des inscriptions, prises dans l'intérêt du trésor royal, contre les comptables publics, doivent être visés pour timbre en débet. *(Décision du Ministre des finances, du 14 novembre 1818.)* | *V. l'instruction n.º 350, au titre Hypothèques.* |
| 878 | 16 février 1819. | VENTE DES PAPIERS POUR AVIS ET AFFICHES. | Vente aux enchères du papier d'affiches existant dans les magasins des directions et dans les bureaux. Le timbre sera maculé. Formalités de la vente. Etat à fournir. *(Décision du Ministre des finances, du 5 février 1819.)* | |
| 880 | 27 dudit. | CERTIFICATS DE VIE. FORMULES TIMBRÉES. | Mode de la remise aux receveurs de l'enregistrement des formules timbrées pour certificats de vie existant entre les mains des payeurs, dans les départemens. *(Décision du Ministre des finances, du 3 février 1819.)* | |
| 887 | 11 mai. | DÉLIVRANCE DES FORMULES DE PASSEPORTS POUR LES INDIGENS, ET RECETTE DU PRIX DES PORT D'ARMES. | La demande des maires tiendra lieu de certificat pour obtenir les passe-ports destinés aux indigens. *(Décision du Ministre des finances, du 17 mars 1819.)* — Le prix des permis de port d'armes pourra être versé au receveur de l'enregistrement de chaque chef-lieu d'arrondissement. *(Décision du Ministre des finances, du 16 avril 1819.)* | |
| 894 | 22 juin. | VENTE DES PAPIERS ET IMPRESSIONS AUX ANCIENS TIMBRES. | Les papiers et impressions aux anciens timbres seront vendus dans la forme et aux conditions suivies pour l'adjudication des papiers destinés aux avis et affiches. | |

# TIMBRE.

| N.° | DATES. | OBJETS. | EXTRAIT DÉTAILLÉ DES INSTRUCTIONS. | OBSERVATIONS. |
|---|---|---|---|---|
| 895 | 10 juillet 1819. | TIMBRE DES REGISTRES DE RECETTE DES REVENUS DES COMMUNES. | Le registre de recette des receveurs municipaux qui ne sont pas percepteurs, doit continuer d'être timbré. Le registre. ( modèle n ° 3) tenu par les percepteurs-receveurs-municipaux, doit l'être pour les feuilles employées à la recette des revenus communaux. *(Décision du Min. des fin., du 21 mai 1819.)* | *V. l'instruction n.° 918.* |
| 899 | 4 août. | LOI DU 14 JUILLET 1819, SUR LES FINANCES. | Les dispositions des lois qui régissent actuellement la perception des droits de timbre sont maintenues, ainsi que le droit d'un centime et demi sur les journaux imprimés à Paris, et d'un demi centime sur ceux des départemens. | |
| 908 | 4 novembre | TIMBRE DES REGISTRES DE RECETTE DES REVENUS DES COMMUNES. | Les receveurs-municipaux et les percepteurs-receveurs des revenus des communes, sont admis, jusqu'au 1.er janvier 1820, à faire timbrer ou viser pour timbre, les feuilles de leurs registres susceptibles de cette formalité. *(Décision du Ministre des finances, du 22 octobre 1819.)* | *Idem.* |
| 913 | 20 décembre | EXEMPTION DU TIMBRE POUR LE LIVRE DE COPIES DE LETTRES DES COMMERÇANS, ect. | Le livre de copies de lettres des commerçans est exempt du timbre. *(Décision du Min. des fin., du 30 novembre 1819.)* — Les tribunaux ne peuvent homologuer un concordat sur faillite, avant qu'il ait été justifié que les livres du failli ont été soumis à la formalité du timbre. | |
| 918 | 10 janvier 1820. | TIMBRE DES REGIST. DE RECETTE DES RECEVEURS COMMUNAUX. | Nouvelles dispositions sur le timbre de ces registres. Désignation des registres qui doivent être timbrés. — Prorogation jusqu'au premier avril prochain de la faculté de faire timbrer, sans amendes, les feuilles employées. | |
| 921 | 4 mars. | DÉLIVRANCE DES PASSE-PORTS POUR LES INDIGENS. | Ces passe-ports seront à l'avenir délivrés par les receveurs des chefs-lieux de canton. *(Décision du Ministre des finances, du 18 février 1820.)* | |
| 923 | 18 dudit. | VISA POUR TIMBRE DES MANDATS DÉLIVRÉS PAR LES RECEVEURS GÉNÉRAUX SUR LE CAISSIER CENTRAL DU TRÉSOR. | Toute disposition de fonds d'un receveur général sur le caissier central, donnera lieu, de la part du premier, à la délivrance d'un mandat à souche et à talon. Ce mandat sera soumis au timbre. Il sera visé pour timbre aussitôt qu'il aura été détaché de la souche et le droit de timbre acquitté. Contrôle des mandats ainsi visés, au moyen du relevé que les receveurs généraux adresseront aux directeurs. Comparaison exacte à faire par les inspecteurs lors de l'arrêté des comptes. *(Décision du Ministre des finances, du 18 mars 1820.)* | |
| 931 | 25 avril. | DÉCLARATIONS POUR ABATTRE DES BOIS. | Les déclarations de volonté d'abattre des bois appartenant à des particuliers, doivent être faites sur papier timbré. | |
| 941 | 15 juillet. | REGISTRE DES HOSPICES, DES BUREAUX DE BIENFAISANCE ET DES FABRIQUES. | Le droit de timbre sur les registres des hospices et bureaux de bienfaisance, relatifs à des actes d'administration temporelle et extérieure, sera perçu à partir du premier janvier 1818. Les registres de fabrique sont exempts du timbre. | |
| 942 | 20 dudit. | DROITS DE TIMBRE DES ACTES CONTENANT DES ÉNONCIATIONS EN CHIFFRES. | Dans les expéditions d'actes contenant des énonciations en chiffres, pourvu qu'une expédition ne contienne que 25 lignes à la page, compensation faite d'une page à l'autre, il pourra être inséré, dans chacune de ces lignes, autant de syllabes qu'elle peut en comporter. Les expéditions ne pourront, dans aucun cas, être rédigées sur un papier d'un taux inférieur à celui de 1 franc 25 centimes la feuille. | |
| 944 | 26 dudit. | LOI DU 23 JUILLET 1820, SUR LES FINANCES. | Les dispositions des lois qui régissent la perception des droits de timbre, passe-ports et permis de port d'armes, sont maintenues jusqu'au premier avril 1821, ainsi que le centime et demi par feuille et le demi centime sur les journaux de Paris et des départemens. | |

# TIMBRE.

| INSTRUCTIONS GÉNÉRALES. | | OBJETS. | EXTRAIT DÉTAILLÉ DES INSTRUCTIONS. | OBSERVATIONS |
|---|---|---|---|---|
| N.ᵒˢ | DATES. | | | |
| 952 | 25 septembre 1820. | TIMBRE DES ACTES DE DÉCHARGE DE PIÈCES EN MATIÈRE CRIMINELLE. | Les décharges de pièces de conviction données par les particuliers en matière criminelle, ne sont sujettes au timbre que lorsqu'il y a eu partie civile en cause. (*Décision du Ministre des finances, du 11 août 1820.*) | |
| 953 | 28 dudit. | REGISTRES DE RECETTES ET DÉPENSES DES COLLÉGES, etc. FEUILLES D'AUDIENCE EN MATIÈRE CORRECTIONNELLE ET DE POLICE. | Les colléges sont considérés comme établissemens publics. Leurs registres de recettes et dépenses sont sujets au timbre : les certificats d'aptitude délivrés aux élèves en sont exempts, mais les expéditions y sont soumises. Les feuilles d'audience des tribunaux correctionnels et de police doivent être timbrées : faculté accordée aux greffiers de faire viser pour timbre en débet les feuilles destinées aux jugemens rendus à la requête du ministère public. (*Décisions du Ministre des finances, des 26 août et 15 septembre 1820.*) | |
| 957 | 15 novembre | PERMIS DE PORT D'ARMES DE CHASSE. | Transmission d'une lettre de S. Exc. le ministre des finances à MM. les préfets sur l'exécution des lois et règlemens relatifs au port d'armes de chasse. Mode de paiement des gratifications accordées. Dispositions prescrites aux employés. | |
| 978 | 19 avril 1821 | JUGEMENS POUR RECTIFICATIONS SUR LES REGISTRES DE L'ÉTAT CIVIL. | Les jugemens de l'espèce, rendus en faveur d'indigens, recevront gratis la formalité du visa pour timbre sur la production d'un certificat d'indigence en forme, et lorsque la formalité aura été requise par le ministère public. | |
| 981 | 2 juin. | CERTIFICATS DE VIE DÉLIVRÉS AUX MILITAIRES POUR RECEVOIR DES RENTES SUR L'ÉTAT. | L'ordonnance royale qui affranchit du timbre les certificats de vie délivrés aux militaires, étant spéciale pour toucher les pensions militaires et les soldes de retraite ; ceux délivrés pour recevoir des rentes sur l'état, doivent être sur papier timbré. (*Décision du Ministre des finances, du 23 mai 1821.*) | |
| 994 | 5 septembre. | PAIEMENT DES GRATIFICATIONS EN MATIÈRE DE DÉLITS DE CHASSE ET DE PORT D'ARMES. | Le 14 août dernier, le ministre des finances a décidé que les greffiers ne peuvent être contraints à délivrer gratuitement des extraits de jugemens de condamnation ; que l'article 50 du décret du 18 juin 1811 a fixé à 60 centimes, leurs honoraires pour chaque extrait, excepté en matière forestière où ils ne sont portés qu'à 25 centimes ; qu'en se bornant à ce dernier salaire, les greffiers ne doivent éprouver ni contestation, ni refus de la part des parties. Les agens qui ont droit à la gratification, au lieu de requérir un extrait de jugement, peuvent ne produire qu'un certificat sur papier non timbré, qui sera délivré par M. le procureur du roi. | *V. l'instruction n.ᵒ 732.* |
| 998 | 3 octobre. | TIMBRE DES ACTES CONCERNANT LES SERVITUDES IMPOSÉES A LA PROPRIÉTÉ POUR LA DÉFENSE DE L'ÉTAT. | Les soumissions faites par des propriétaires de faire démolir les constructions nouvelles autorisées par les art. 1, 2 et 3 de l'ordonnance royale du premier août 1821, devront être sur papier timbré, et enregistrées moyennant le droit fixe d'un franc. | *V. Enregistrem.ᵗ* |
| 1003 | 25 dudit. | DÉLAI ACCORDÉ AUX MAIRES POUR FAIRE VISER, POUR TIMBRE, LES PIÈCES JUSTIFICATIVES DE LA COMPTABILITÉ COMMUNALE. | Décision du ministre des finances, du 26 septembre 1821, qui accorde aux maires un délai jusqu'au 1.ᵉʳ avril 1822, pour faire viser pour timbre, sans amende, les quittances ou autres pièces qui, aux termes de la loi du 13 brumaire an 7, devraient être timbrées et qui se trouvent jointes aux anciens comptes communaux déposés dans les mairies, sous la condition que ces fonctionnaires acquitteront immédiatement les droits de timbre, et se conformeront, à l'avenir, exactement à la loi précitée. Le délai ci-dessus expiré, sans avoir présenté au visa pour timbre les pièces dont il s'agit et acquitté les droits, les maires seront tenus de payer, indépendamment des droits, les amendes encourues. | *V. les instruct. n.ᵒˢ 1014 et 1041.* |

# TIMBRE.

| INSTRUCTIONS GÉNÉRALES. | | OBJETS. | EXTRAIT DÉTAILLÉ DES INSTRUCTIONS. | OBSERVATIONS. |
|---|---|---|---|---|
| N.os | DATES. | | | |
| 1004 | 21 novembre 1821. | TIMBRE DU REGISTRE TENU PAR LES AVOUÉS. | Tous les avoués sont tenus d'avoir un registre qui doit être coté et paraphé par le président du tribunal auquel ils sont attachés. Ce registre doit être tenu sur papier timbré aux termes du décret du 16 février 1807. (*Décision du Ministre des finances, du 7 novembre 1821.*) | |
| 1006 | 24 dudit. | EXEMPTION DU TIMBRE POUR LES EXT.s DE PLANS ET D'ÉTATS DE CLASS.s CADASTRAUX. | Suivant une décision du ministre des finances, du 14 novembre 1821, les extraits ou copies des plans cadastraux délivrés par les ingénieurs-vérificateurs, sont exempts du timbre. | *V. l'instruction.* |
| 1010 | 5 décembre. | TENUE D'UN REGISTRE SPÉCIAL POUR LA COMPTABILITÉ DES PAPIERS TIMBRÉS. | Il sera tenu dans chaque bureau un registre qui contiendra, 1.º, Les quantités de papiers timbrés qui restaient en nature au bureau le 31 décembre de l'année précédente; 2.º les quantités reçues du garde magasin pendant l'année courante; 3.º celles débitées chaque mois; 4.º le produit en espèces de cette débite; 5.º les papiers existans le dernier jour de l'année. | |
| 1014 | 24 dudit. | TIMBRE DES PIÈCES JUSTIFICATIVES DE LA COMPTABILITÉ DES COMMUNES. | Le ministre des finances a statué, le 30 novembre 1821, en ce qui concerne le timbre des pièces justificatives de la comptabilité communale, que l'exécution de la décision du 26 septembre 1821 ne partira, pour le passé, que du 1.er janvier 1818; que cette décision est maintenue pour le surplus de ses dispositions, et qu'il ne sera pas donné suite aux contraventions commises par les maires à la loi du 13 brumaire an 7, sur le timbre, antérieurement à ladite époque. | *V. les instructions* 1003 *et* 1041. |
| 1021 | 20 février 1822. | CERTIFICATS DE VIE DES ACTIONNAIRES DE TONTINE, POUR RECEVOIR LEURS DIVIDENDES. | Suivant une décision du ministre des finances, du 8 février 1822, les certificats de vie à fournir pour recevoir les dividendes par les actionnaires de la tontine perpétuelle d'amortissement, et généralement par tous intéressés dans les tontines que le gouvernement aura autorisées, et dont les fonds seront employés en achats de rentes perpétuelles sur l'état, sont exempts de l'enregistrement et doivent être délivrés sur papier de 35 centimes. | *V. l'instruction* n.º 604, *au titre* Enregistrement. |
| 1039 | 8 mai. | BUDGET DE L'EXERCICE 1822. | L'art. 14 de la loi du 13 brumaire an 7 assujettissait au timbre proportionnel les lettres de change tirées par seconde, troisième ou quatrième.<br>Aux termes de l'art. 6 de la loi du 1.er mai 1822, les receveurs peuvent enregistrer, sans amende, les lettres de change de l'espèce, lors même qu'elles seraient écrites sur papier non timbré, pourvu que la première, écrite sur papier au timbre proportionnel, soit représentée conjointement au receveur. | *V. enregistrement et bois et forêts.* |
| 1041 | 11 dudit. | TIMBRE DES PIÈCES JUSTIFICATIVES DE LA COMPTABILITÉ COMMUNALE. | D'après les décisions du ministre des finances, du 1.er mai 1822, les préposés de l'enregistrement ne feront aucune répétition de droit de timbre concernant les pièces justificatives jointes aux comptes communaux rendus antérieurement au 1.er janvier 1822; ce n'est qu'à partir de cette époque qu'il est exigible.<br>Exemption du timbre pour les récépissés délivrés par les receveurs des finances aux receveurs municipaux. | *V. les instructions* n.os 1003 *et* 1014. |
| » | 17 juillet. | ENVOI DE FORMULES DE PASSE-PORTS ET PERMIS DE PORT D'ARMES. | D'après la consommation opérée en 1821, il sera envoyé aux directeurs, pour subvenir au besoin de leur département, une quantité suffisante de passe-ports pour l'année. — Les directeurs devront donner connaissance à MM. les préfets des avis qu'ils auront reçus, afin que ces magistrats puissent régler les envois à faire aux préposés chargés de la distribution. | |

# TIMBRE.

<table>
<tr><td colspan="2">INSTRUCTIONS GÉNÉRALES.</td><td rowspan="2">OBJETS</td><td rowspan="2">EXTRAIT DÉTAILLÉ DES INSTRUCTIONS.</td><td rowspan="2">OBSERVATIONS.</td></tr>
<tr><td>N.<sup>os</sup></td><td>DATES.</td></tr>
<tr>
<td>1050</td>
<td>10 août 1822.</td>
<td>TIMBRE. — ACTES D'ADMINISTRAT.<sup>on</sup> RELATIFS AUX COUPES DE BOIS DÉLIVRÉES EN NATURE. — PROCÈS-VERBAUX DE RÉARPENTAGE, RÉCOLLEMENT, etc.</td>
<td>Les actes d'administration relatifs aux coupes de bois délivrées en nature, soit à des communes, soit à des affouagistes, rédigés antérieurement à la délivrance, seront soumis à la formalité du timbre et de l'enregistrement dans le délai de 20 jours, à dater du procès-verbal de délivrance, conformément à la décision ministérielle du 19 germinal an 13; que les procès-verbaux de réarpentage, récolement et autres, postérieurs aux procès-verbaux de délivrance en nature, ne seront soumis à la formalité du timbre que dans le délai de deux mois de leur date, mais au bureau de l'enregistrement de la résidence de l'agent qui aura rédigé lesdits procès-verbaux. (Décision du Ministre des finances, du 12 juillet 1822.)</td>
<td>V. enregistrement et poursuites.</td>
</tr>
<tr>
<td>1051</td>
<td>17 dudit.</td>
<td>TIMBRE, EN CE QUI CONCERNE, 1.° LES AVIS DE NAISSANCES, MARIAGES ET DÉCÈS; 2.° LES CERTIFICATS DE DÉPÔT DE REGISTRES DE L'ÉTAT CIVIL; 3.° LES CERTIFICATS D'ORIGINE DE MARCHANDISES; 4.° LES CERTIFICATS DE VIE DES VEUVES DE MILITAIRES; 5.° LES CERTIFICATS DE VIE DES PENSIONNAIRES SUR FONDS DE RETENUE; 6.° LES EXPÉDITIONS DÉLIVRÉES PAR LES GREFF.<sup>ers</sup> EN MATIÈRE CRIMINELLE; 7.° LES PIÈCES JUSTIFICATIVES DE LA COMPTABILITÉ DES HOSPICES.</td>
<td>

**1.° — *Avis de naissances, mariages et décès.***

Décision du ministre des finances du 19 juin 1822, portant, que les billets de faire part de naissance, de mariages et d'enterremens, sont exempts du timbre et peuvent dès lors être reçus à l'affranchissement dans les bureaux de la poste, sans être soumis à cette formalité.

**2.° — *Certificats de dépôt des registres de l'état civil.***

Le dépôt au greffe des registres de l'état civil n'étant fait que dans l'intérêt général de la société, et ne devant dès-lors donner lieu à aucun frais à la charge des communes, S. Exc. le ministre des finances a statué, le 28 juin 1822, que la prétention des greffiers qui exigeaient que les maires leur fournissent du papier pour rédiger les certificats de dépôt, n'est pas fondée; que les certificats qu'ils délivrent aux maires pour constater la remise faite au greffe des registres de l'état civil, sont exempts du timbre, comme les actes qu'ils dressent du dépôt de ces mêmes registres.

**3.° — *Certificats d'origine de marchandises.***

Décision du ministre des finances, du 17 juillet 1822, portant que les certificats d'origine de marchandises, sont exempts de la formalité du timbre, qu'il ne sera pas donné suite aux procès-verbaux rapportés, et que les préposés de l'enregistrement, ainsi que ceux des octrois, sont, à l'avenir, dispensés de toute surveillance relativement à ces certificats.

**4.° — *Certificats de vie des veuves de milit.<sup>res</sup> décédés.***

Les certificats de vie, délivrés aux veuves de militaires pensionnés par l'état, pour recevoir en cette qualité des pensions sur le trésor royal, sont, en vertu d'une décision de S. Exc. le ministre des finances, du 17 juillet 1822, exempts du timbre.

**5.° — *Certificats de vie et quittances de pension= naires sur fonds de retenue.***

Suivant une décision du ministre des finances, du 19 juin 1822, rendue en conformité de l'ordonnance du 20 juin 1817, les certificats de vie des pensionnaires sur les fonds de retenue, sont assujettis au timbre; mais les quittances ou émargemens qui justifient le paiement de leurs pensions, sont exceptées de cette formalité.
</td>
<td>V. l'instruction n.° 1054.<br><br>V. l'instruction n.° 405, au titre Enregistrement.<br><br>V. l'instruction n.° 193.<br><br>V. l'instruction n.° 787.</td>
</tr>
</table>

| INSTRUCTIONS GÉNÉRALES. | | OBJETS. | EXTRAIT DÉTAILLÉ DES INSTRUCTIONS. | OBSERVATIONS. |
|---|---|---|---|---|
| N.ᵒˢ | DATES. | | | |

| INSTRUCTIONS GÉNÉRALES. N.ᵒˢ | DATES. | OBJETS. | EXTRAIT DÉTAILLÉ DES INSTRUCTIONS. | OBSERVATIONS. |
|---|---|---|---|---|
| | | | **6.° — *Expéditions délivrées par les greffiers en matière criminelle.*** | |
| | | | Décision de LL. Exc. MMgr. le garde des sceaux et le ministre des finances, du 19 juillet 1822, portant que suivant l'art. 48 du décret du 18 juin 1811, les droits d'expédition dûs aux greffiers en matière criminelle, doivent être perçus à raison de 40 centimes par rôle de 28 lignes à la page, et de 14 à 16 syllabes à la ligne. Le prix du papier est aussi remboursé au greffier, lorsque l'expédition est faite sur timbre. Les expéditions devront contenir le même nombre de syllabes et de lignes lorsqu'elles seront délivrées sur papier libre à la réquisition du ministère public. | *V. l'instruction* n.° 531, *au titre* Frais de Justice. |
| | | | **7.° — *Pièces justificatives de la comptabilité des hospices.*** | |
| | | | Décision du ministre des finances, du 17 juillet 1822, qui maintient les solutions existantes, notamment celles insérées dans l'instruction n.° 454, relatives aux timbres des registres et actes des établissemens publics, et qui étend aux hospices la décision du 1.ᵉʳ mai 1822. | *V. les instruct.* n.ᵒˢ 454 *et* 1041. |
| | | | Les préposés ne feront en conséquence aucune répétition de droit de timbre contre les hospices pour les pièces de comptabilité de ces établissemens, produites antérieurement au 1.ᵉʳ janvier 1822, ainsi qu'il leur a été prescrit par l'instruction n.° 1041, à l'égard des pièces de la comptabilité des communes. | |
| 1054 | 4 septembre 1822. | CERTIFICATS DE VIE DES VEUVES DES MARINS AU SERVICE DE L'ÉTAT, ET DES VEUVES ET ORPHELINS DES PRÉPOSÉS DES DOUAN. | Les certificats de vie délivrés aux veuves des marins au service de l'état, ainsi que ceux donnés aux veuves et orphelins des préposés du service actif des douanes, pour toucher des secours sur les fonds de retenue, sont comme ceux délivrés aux veuves des militaires, affranchis du timbre. (*Décision du Ministre des finances, du 28 août 1822.*) | *V. l'instruction* n.° 1051, *nombre* 4. |
| 1056 | 19 dudit. | DÉLIVRANCE DES FORMULES DE PATENTES POUR LES ANNÉES 1822 ET 1823. | Le ministre des finances, à qui il a été fait la question de savoir si l'on pouvait ne donner aux patentables qu'une seule formule de patente pour les deux années 1822 et 1823, a fait connaître, par sa lettre du 9 septembre 1822, adressée à MM. les préfets, que les patentables devant, pour chaque année, être munis d'une formule de patente sur papier timbré, il est indispensable de leur en délivrer une pour chacun des deux exercices ci-dessus indiqués. | *V. l'instruction* n.° 849. |
| 1058 | 16 octobre. | EXEMPTION DU TIMBRE POUR LES PROSPECTUS DES OBJETS RELATIFS AUX ARTS MÉCANIQUES. | Suivant une décision du ministre des finances, du 27 septembre 1822, les prospectus ayant pour objet de publier des découvertes ou procédés relatifs, soit aux arts libéraux, soit aux arts mécaniques, sont exempts du timbre. — D'après cette décision, il ne sera donné aucune suite aux procès-verbaux qui auraient été rapportés pour défaut de timbre de ces prospectus. | *V. l'instruction* n.° 834. |
| 1064 | 10 janvier 1823. | TABLE DÉCENNALE DES ACTES DE L'ÉTAT CIVIL. | Il ne doit être fait aucune délivrance à crédit de papier timbré, pour la formation des tables décennales des actes de l'état civil. — Le coût du papier timbré de la 3.ᵉ expédition de ces tables, ne sera plus payé au greffier, sur exécutoire, comme frais de justice. | *V. la circulaire du* 29 juillet 1814, *au titre* Frais de Justice. |

s rôles de taxes abusives au 1.er

| ...tant à recouvrer au 1.er | | sans espoir | | OBSERVATIONS, |
| d'un | | de recouvrement. | | Dans lesquelles on fera connaître la nature des pour- |
| ...rement douteux. | | | | suites et les causes qui arrêtent ou suspendent le |
| ...e. | Montant. | Nombre. | Montant. | recouvrement. |
| --- | --- | --- | --- | --- |
| | | | | |

BUREAU d

TRIMESTRE d

les condamnés, qu

| IL RESTAIT à recouvrer au 1.er | FRAIS DE JUSTICE consignés sur le sommier pendant le trimestre. | TOTAL. | A DÉDUIRE | | TOTAL. | Nombre et montant d'un recouvrement certai | |
|---|---|---|---|---|---|---|---|
| | | | SOMMES recouvrées pendant le trimestre. | SOMMES tombées en non-valeur pendant le trimestre. | | Nombre. | Monta |
| | | | | | | | |

Certifié véritable par moi Receveur de l'Enregistreme

A            le